Stefan Ehses

Die Gründerhaftung
in der Vorgesellschaft

Stefan Ehses

Die Gründerhaftung in der Vorgesellschaft

Eine Untersuchung von Vor-GmbH, Vor-AG, Vorverein und Vorgenossenschaft

Theorie und Forschung, Bd.666
Rechtswissenschaften, Bd.76

S. Roderer Verlag, Regensburg 2000

Die Deutsche Bibliothek - CIP-Einheitsaufnahme

Ein Titeldatensatz für diese Publikation ist bei Der Deutschen Bibliothek erhältlich

ISBN 3-89783-174-0

Die Arbeit wurde im Sommersemester 2000 vom Fachbereich Rechtswissenschaft der Universität Trier als Dissertation angenommen.

Alle Rechte, insbesondere das Recht der Vervielfältigung und Verbreitung sowie der Übersetzung vorbehalten. Kein Teil des Werkes darf in irgendeiner Form (durch Fotokopie, Mikrofilm oder ein anderes Verfahren) ohne schriftliche Genehmigung des Verlages reproduziert oder unter Verwendung elektronischer Systeme verarbeitet werden.

2000 Roderer Verlag; Regensburg

Meinen Eltern

Vorwort

Die vorliegende Arbeit wurde im Sommersemester 2000 vom Fachbereich Rechtswissenschaft der Universität Trier als Dissertation angenommen.

Mein Dank gilt vor allem Herrn Prof. Dr. Peter O. Mülbert, der die Arbeit angeregt und wesentlich gefördert hat.
Herrn Prof. Dr. Walter F. Lindacher bin ich für die schnelle Erstellung des Zweitgutachtens verbunden.

Bedanken möchte ich mich auch bei meinen Eltern für ihre ideelle und materielle Unterstützung.

Wittlich, im Juli 2000   Stefan Ehses

Inhaltsverzeichnis

Einleitung 1
   I. Problemstellung 1
   II. Abgrenzung des Themas 3
   III. Gang der Abhandlung 3

1. Teil: Die Gründerhaftung in der Vor-GmbH 5
   I. Rechtliche Erfassung der Vor-GmbH 5
      1) Begriff 5
      2) Rechtsnatur 6
         a) Problemstellung 6
         b) Meinungsstand 6
         c) Stellungnahme 9
            (1) Vor-GmbH als Rechtsgebilde "sui generis" 9
            (2) Ausgestaltung des Rechtsgebildes "sui generis" und
               deren Auswirkung auf eine Gründerhaftung 12

   II. Rechtsprechung zur persönlichen Gründerhaftung in der
       Vor-GmbH 15
      1) Ansicht des Reichsgerichts und des BGH in seiner frühen
         Rechtsprechung: Handelndenhaftung 15
      2) Ansicht des BGH bis zu den Vorlagebeschlüssen: beschränkte
         Außenhaftung 15
      3) Vorlagebeschlüsse des BAG und des BGH (2.Senat) 16
      4) Der heutige höchstrichterliche Standpunkt 17
      5) Instanzgerichtliche Kritik 18

   III. Haftungsmodelle zur persönlichen Gründerhaftung in der
        Literatur 19
      1) Keine persönliche Gründerhaftung 19
      2) Beschränkte Außenhaftung 20

3) Unbeschränkte Innenhaftung 20
4) Unbeschränkte Außenhaftung 24
IV. Würdigung der Haftungsmodelle 24

1) Bestehen einer persönlichen Gründerhaftung 24
   a) Fehlende Grundlagen für eine Gründerhaftung 24
   b) § 13 II GmbHG analog 25
   c) Gläubigerschutz in der Vor-GmbH 26
      (1) Kapitalaufbringung und -erhaltung vor Anmeldung zur
          Eintragung 27
          (a) Allgemeines 27
          (b) Pfändung der Stammeinlageverpflichtung 28
      (2) Kapitalaufbringung zwischen Anmeldung zur Eintragung
          und Eintragung ins Register 30
          (a) Pflicht zur kapitalmäßigen Vollausstattung 30
          (b) Fehlende Unterbilanzhaftung 31
          (c) Fehlende registergerichtliche Eintragungskontrolle 32
      (3) Handelndenhaftung/fehlende Publizität 33
      (4) Ausnahmsweise Zulassung einer unbeschränkten Haftung 33
   d) Ergebnis 34

2) Zustimmung zur Geschäftsaufnahme 35

3) Umfang der Gründerhaftung 37
   a) Analogie zu § 171 bzw. § 176 HGB 37
   b) Abhalten von der Gründung einer GmbH 38
   c) Haftungsbeschränkung durch Firmierung 39
   d) "Allgemeiner Haftungsgrundsatz" 41
   e) Abgrenzungsschwierigkeiten zur "unechten Vor-GmbH" ... 42
   f) Einheitlicher Haftungsumfang vor und nach Eintragung 47
      (1) Problemaufriß 47
      (2) Unterbilanzhaftung 47
          (a) Rechtsgrundlage der Unterbilanzhaftung 48
          (b) Ausgestaltung der Unterbilanzhaftung 51
      (3) Inkonsequenz einer beschränkten Gründerhaftung 53
   g) Interessenwiderstreit Geschäftsführer -
      Gründungsgesellschafter 54

(1) Entgegenstehender Wille bezüglich der Handelsregistereintragung 54
(2) Rückgriffsanspruch des Geschäftsführers 56
(3) Interessengerechte Verteilung des Gründungsrisikos 58
(4) Ergebnis 61
h) Abschließende Stellungnahme 61

4) Haftungsrichtung 62
a) Nähe der Vor-GmbH zur GmbH 62
b) Vertrauensschutz aufgrund Firmierung 64
c) Einheitliche Gründerhaftung 65
d) Gefahr des Wettlaufs der Gläubiger 68
e) "Allgemeiner Haftungsgrundsatz" 70
f) Angemessene Verteilung des Risikos zwischen Vorgesellschaftern und Gläubigern 70
(1) Haftungsunterschiede zwischen gesamtschuldnerischer Außenhaftung und anteiliger Innenhaftung 71
(2) Interessen der Vorgesellschaftsgläubiger 74
 (a) Pfändung des Verlustdeckungsanspruchs 74
 (b) Ausnahmsweise Zulassung einer Außenhaftung 84
 (c) Eintragung der Vor-GmbH ins Handelsregister 85
 (d) Verhältnisse im Insolvenzverfahren 87
 (e) Zusammenfassung der Gläubigerinteressen 89
(3) Interessen der Vorgesellschafter 89
g) Kongruenz mit der Haftung der Geschäftsführer
(§ 11 II GmbHG) 92
h) Abgrenzungsschwierigkeiten zur "unechten Vor-GmbH" 93
i) Zwischenergebnis 95

5) Primäre oder subsidiäre Außenhaftung 95

6) Ausnahmen von der Außenhaftung 96
a) § 735 BGB analog 96
b) § 93 InsO 97

V. Zusammenfassung Vor-GmbH 101

2. Teil: Die Gründerhaftung in der Vor-AG ... 103

I. Rechtliche Erfassung der Vor-AG ... 103
1) Begriff ... 103
2) Rechtsnatur ... 103

II. Rechtsprechung zur persönlichen Gründerhaftung in der Vor-AG .. 104
1) Ansicht des Reichsgerichts ... 104
2) Ansichten nach 1945 ... 104

III. Haftungsmodelle zur persönlichen Gründerhaftung in der Vor-AG 105
1) Keine persönliche Gründerhaftung ... 105
2) Beschränkte Außenhaftung ... 106
3) Unbeschränkte (anteilige) Innenhaftung ... 106
4) Unbeschränkte (gesamtschuldnerische) Außenhaftung ... 106

IV. Übertragbarkeit des GmbH-Modells auf die Vor-AG ... 107
1) Bestehen einer persönlichen Gründerhaftung ... 107
2) Umfang der Gründerhaftung ... 109
    a) Einheitlicher Haftungsumfang vor und nach Eintragung ... 109
      (1) Unterbilanzhaftung ... 109
        (a) Unversehrtheitsgrundsatz ... 110
        (b) Entgegenstehen besonderer aktienrechtlicher Gründungsvorschriften ... 111
        (c) Ausgestaltung der Unterbilanzhaftung ... 114
      (2) Inkonsequenz einer beschränkten Gründerhaftung ... 115
    b) Interessenwiderstreit zwischen Vorstand und Gründern ... 115
    c) Abgrenzungsschwierigkeiten zur "unechten Vor-AG" ... 118
    d) Abschließende Stellungnahme zum Haftungsumfang ... 118
3) Haftungsrichtung ... 119
    a) Angemessene Verteilung des Risikos ... 119
      (1) Haftungsunterschiede zwischen gesamtschuldnerischer Außenhaftung und anteiliger Innenhaftung ... 120
        (a) Ausfallhaftung nach § 24 GmbHG analog ... 121

(b) Ergebnis.. 123
(2) Abwägung der Interessen der Gläubiger und der
    Vorgesellschafter 123
(3) Ergebnis.. 125
b) Kongruenz mit der Haftung des Vorstandes
   (§ 41 I S.2 AktG)... 125
c) Abschließende Stellungnahme 126
4) Ausnahme von der Außenhaftung (§ 93 InsO analog) 127

V. Zusammenfassung Vor-AG 127

3. Teil: Die Gründerhaftung im Vorverein 129

I. Rechtliche Erfassung des Vorvereins 129
1) Begriff... 129
2) Rechtsnatur 130
3) Abgrenzung des "echten Vorvereins" vom "unechten
   Vorverein"... 132
4) Abgrenzung zwischen Ideal-Vorverein und Wirtschafts-
   Vorverein 135

II. Gründerhaftung im Ideal-Vorverein 140
1) Haftungsmodelle.. 140
   a) Keine persönliche Gründerhaftung................................ 140
   b) Unbeschränkte Gründerhaftung 140
2) Übertragbarkeit des GmbH-Haftungsmodells auf den Ideal-
   Vorverein... 141
   a) Einheitlicher Haftungsumfang vor und nach Eintragung 141
      (1) Unterbilanzhaftung... 141
         (a) Kapitalaufbringungsgrundsatz 141
         (b) Ausdruck insolvenzrechtlicher Wertungen........ 142
         (c) Allgemeine Gläubigerschutzerwägungen 146
      (2) Ergebnis... 148
   b) Interessenwiderstreit Vorstand - Vereinsmitglieder 149
      (1) Interessen bezüglich des Eintragungszeitpunktes 149
      (2) Interessengerechte Aufteilung von Risiko und Chance 150

c) Verhältnis der Mitgliederhaftungen im Ideal-Vorverein und
nichtrechtsfähigem Idealverein 152
   (1) Mitgliederhaftung im nichtrechtsfähigen Idealverein 153
      (a) Unbeschränkte Mitgliederhaftung 153
      (b) Beschränkte Mitgliederhaftung 154
   (2) Interessenkollisionen bei unterschiedlicher Mitglieder-
      haftung 158
      (a) Abgrenzungsschwierigkeiten 159
      (b) Meiden eines rechtsfähigen Idealvereins 162
      (c) Gleiche Schutzwürdigkeit in Idealvorverein
         und nichtrechtsfähigem Idealverein 163
      (d) Drohende "Flucht" der Mitglieder in den
         nichtrechtsfähigen Idealverein 164
   (3) Ergebnis 165
d) Vereinbarkeit der persönlichen Nichthaftung mit den
Gläubiger- und Mitgliederinteressen 166
e) Ergebnis 168

III. Gründerhaftung im Wirtschafts-Vorverein 168

1) Haftungsmodelle 168

2) Übertragbarkeit des GmbH-Haftungsmodells auf den
Wirtschafts-Vorverein 169
  a) Einheitlicher Haftungsumfang vor und nach Eintragung 169
  b) Interessenwiderstreit Vorstand - Vereinsmitglieder 170
  c) Verhältnis der Mitgliederhaftung im Wirtschafts-Vorverein
    zur Mitgliederhaftung im nichtrechtsfähigen wirtschaftlichen
    Verein 172
    (1) Mitgliederhaftung im nichtrechtsfähigen wirtschaftlichen
      Verein 172
      (a) Haftung bei handelsgewerblicher Betätigung 172
      (b) Haftung bei nicht handelsgewerblicher Betätigung 176
      (c) Ergebnis 180
    (2) Interessenkollisionen bei unterschiedlicher
      Mitgliederhaftung 180
      (a) Abgrenzungsschwierigkeiten 181
      (b) Meiden eines rechtsfähigen Wirtschaftsvereines 182
      (c) Drohende "Flucht" der Mitglieder 182
      (d) Sinn und Zweck des § 22 BGB 183

(e) Ergebnis 184
d) Vereinbarkeit der unbeschränkten persönlichen Haftung mit
   Gläubiger- und Mitgliederinteressen 185
e) Ausgestaltung der unbeschränkten Mitgliederhaftung im
   Wirtschafts-Vorverein 186
f) Ergebnis 189

IV. Vereinbarkeit der Gründer(mitglieder)haftungen im Vorverein 190

V. Zusammenfassung Vorverein 192

4. Teil: Die Gründerhaftung in der Vorgenossenschaft 195

I. Rechtliche Erfassung der Vorgenossenschaft 195

1) Begriff 195

2) Rechtsnatur 196

3) Abgrenzung Vorgenossenschaft - nichtrechtsfähige (Dauer)-
   Genossenschaft 197

II. Haftungsmodelle zur persönlichen Gründerhaftung in der
    Vorgenossenschaft 199

1) Keine persönliche Gründerhaftung 199
2) Beschränkte Außenhaftung 201
3) Unbeschränkte Außenhaftung 202

III. Übertragbarkeit des Vor-GmbH-Haftungsmodells auf die
     Vorgenossenschaft 203

1) Keine persönliche Nichthaftung 203

a) § 2 GenG analog 204
b) Gläubigerschutz in der Vorgenossenschaft 204
   (1) Kapitalausstattung/Gründungsprüfungen 204
   (2) Fehlende Publizität 206
   (3) Vorbelastungsverbot/Handelndenhaftung 207
   (4) Nachschußpflicht i.S.d. § 105 GenG 207
   (5) Pfändbarkeit der Vorgenossenschaftsansprüche 208
   (6) Ergebnis 209

2) Haftungsbeschränkung durch Firmierung 210
3) Einheitlicher Haftungsumfang vor und nach Eintragung 212
   a) Unterbilanzhaftung 213
   b) Inkonsequenz einer beschränkten Gründerhaftung 215
4) Interessenwiderstreit Vorstand - Vorgenossen 216
   a) Entgegenstehender Wille bezüglich der Eintragung
      in das Genossenschaftsregister 216
   b) Verteilung des Gründungsrisikos 219
   c) Ergebnis 222
5) Verhältnis der Genossenhaftungen in der Vorgenossenschaft
   und in der nichtrechtsfähigen Dauergenossenschaft 222
   a) Genossenhaftung in der nichtrechtsfähigen
      Dauergenossenschaft 223
   b) Interessenkollisionen bei unterschiedlicher
      Vorgenossenhaftung 226
6) Ausgestaltung der unbeschränkten Vorgenossenhaftung 228
7) Ausnahme während des Insolvenzverfahrens ? 231

IV. Zusammenfassung Vorgenossenschaft 234

5. Teil: Zusammenfassende Ergebnisse 236

I. Zusammenfassendes Ergebnis bezüglich der Vorgesellschaften ... 236

II. Schlußfolgerungen auf die Systematik der Mitgliederhaftungen
    bei körperschaftlichen Rechtsgebilden 237

III. Schlußfolgerungen auf ein Gesamtkonzept der gesellschafts-
     rechtlichen Mitgliederhaftungen 239

IV. Ausblicke 241

Literaturverzeichnis 243

Abkürzungsverzeichnis

a.A.	anderer Ansicht
a.E.	am Ende
a.F.	alte Fassung
Abs.	Absatz
AcP	Archiv für die civilistische Praxis
AG	Aktiengesellschaft bzw. Die Aktiengesellschaft (Zeitschrift)
AktG	Aktiengesetz
Alt.	Alternative
Anm.	Anmerkung
Aufl.	Auflage
BAG	Bundesarbeitsgericht
BayObLG	Bayerisches Oberstes Landesgericht
BayObLGZ	Entscheidungen des Bayerischen Obersten Landesgerichts in Zivilsachen
BB	Betriebsberater
Bd	Band
BFH	Bundesfinanzhof
BGB	Bürgerliches Gesetzbuch
BGBl.	Bundesgesetzblatt
BGH	Bundesgerichtshof
BGHZ	Entscheidungen des Bundesgerichtshofs in Zivilsachen
BSG	Bundessozialgericht
BT-Drucks.	Drucksache des deutschen Bundestages
BVerfG	Bundesverfassungsgericht
BVerwG	Bundesverwaltungsgericht
bzw.	beziehungsweise
c.i.c.	culpa in contrahendo
DB	Der Betrieb
ders.	derselbe
dies.	dieselben
d.h.	das heißt
Diss.	Dissertation

DM	Deutsche Mark
DNotZ	Deutsche Notar-Zeitschrift
DRiZ	Deutsche Richterzeitung
DRZ	Deutsche Rechtszeitschrift
DStR	Deutsches Steuerrecht
DStZ	Deutsche Steuer-Zeitung
EFG	Enscheidungen der Finanzgerichte
e.G.	eingetragene Genossenschaft
e.G.m.b.H.	eingetragene Genossenschaft mit beschränkter Haftung
Entw.	Entwurf
e.V.	eingetragener Verein
EWiR	Entscheidungen zum Wirtschaftsrecht
f.	folgende
ff.	fortfolgende
FG	Finanzgericht
FN	Fußnote
FS	Festschrift
GbR	Gesellschaft bürgerlichen Rechts
GenG	Genossenschaftsgesetz
ggf.	gegebenenfalls
GmbH	Gesellschaft mit beschränkter Haftung
GmbHG	Gesetz betreffend die Gesellschaften mit beschränkter Haftung
GmbHR	GmbH-Rundschau
GmS-OGB	Gemeinsamer Senat der obersten Gerichtshöfe des Bundes
grds.	grundsätzlich
Großkomm.	Großkommentar
HGB	Handelsgesetzbuch
h.M.	herrschende Meinung
HRefG	Handelsrechtsreformgesetz
HRR	Höchstrichterliche Rechtsprechung
i.d.R.	in der Regel
i.d.S.	im diesem Sinne
i.e.S.	im engeren Sinne

i.G.	in Gründung
insbes.	insbesonders
i.S.d.	im Sinne des
i.V.m.	in Verbindung mit
i.w.S.	im weiteren Sinne
InsO	Insolvenzordnung
JA	Juristische Arbeitsblätter
JR	Juristische Rundschau
JurA	Juristische Analysen
JuS	Juristische Schulung
JW	Juristische Wochenschrift
JZ	Juristenzeitung
KG	Kommanditgesellschaft
KGaA	Kommanditgesellschaft auf Aktien
KGJ	Jahrbuch für Entscheidungen des Kammergerichts
KO	Konkursordnung
Komm.	Kommentar
LAG	Landesarbeitsgericht
LSG	Landessozialgericht
LG	Landgericht
LM	Lindenmaier-Möhring, Nachschlagewerk des Bundesgerichtshofes
MDR	Monatsschrift für Deutsches Recht
m.E.	meines Erachtens
MüKo	Münchener Kommentar
m.w.N.	mit weiteren Nachweisen
n.F.	neue Fassung
NJW	Neue Juristische Wochenschrift
NJW-RR	NJW-Rechtsprechungs-Report Zivilrecht
Nr.	Nummer
NZG	Neue Zeitschrift für Gesellschaftsrecht
OHG	Offene Handelsgesellschaft
OLG	Oberlandesgericht
OLGZ	Entscheidungen der Oberlandesgerichte in Zivilsachen

Rdnr.	Randnummer
RegE	Regierungsentwurf
RG	Reichsgericht
RGZ	Entscheidungen des Reichsgerichts in Zivilsachen
Rpfl.	Der Deutsche Rechtspfleger
Rspr.	Rechtsprechung
S.	Seite
sog.	sogenannte
u.a.	unter anderem
UmwG	Umwandlungsgesetz
usw.	und so weiter
u.U.	unter Umständen
v.	von
VAG	Versicherungsaufsichtsgesetz
vgl.	vergleiche
VVaG	Versicherungsvertrag auf Gegenseitigkeit
WIB	Wirtschaftsrechtliche Beratung
WM	Wertpapier-Mitteilungen
WuB	Wirtschafts- und Bankrecht
z.B.	zum Beispiel
ZfG	Zeitschrift für das gesamte Genossenschaftswesen
ZGR	Zeitschrift für Unternehmens- und Gesellschaftsrecht
ZHR	Zeitschrift für das gesamte Handels- und Wirtschaftsrecht
ZIP	Zeitschrift für Wirtschaftsrecht
ZPO	Zivilprozeßordnung

Einleitung

I. Problemstellung

Die Gründerhaftung in der Vor-GmbH ist seit Jahrzehnten eine der umstrittensten Fragen des Gesellschaftsrechts. Die Problematik war schon Thema vieler Abhandlungen und Dissertationen.[1] Hintergrund der bestehenden Meinungsvielfalt ist, dass der Gesetzgeber bisher von einer näheren gesetzlichen Ausgestaltung der Vor-GmbH und aller anderen Vorgesellschaften, insbesondere auch hinsichtlich einer Gründerhaftung, abgesehen hat und diese Fragen bewußt Wissenschaft und Rechtsprechung überläßt.[2]

Mit der Entscheidung vom 27.01.1997, in der der BGH seine bisherige Rechtsprechung zur Gründerhaftung in der Vor-GmbH geändert hat,[3] hat diese Thematik nun wieder eine neue Aktualität gewonnen. Bis zu diesem Zeitpunkt war der BGH von einer auf die Höhe der Einlageverpflichtung beschränkten Außenhaftung ausgegangen. Nun ersetzt er dieses Haftungsmodell durch eine unbeschränkte Innenhaftung pro rata. Diese Rechtsprechungsänderung des BGH und die ihr vorausgehenden Vorlagebeschlüsse von BAG und BGH haben in der Literatur ein großes Echo hervorgerufen und zu einer erneuten intensiven Diskussion, insbesondere über die Haftungsrichtung (Innen- oder Außenhaftung), geführt.[4]

Die neu aufgeflammte Diskussion zur Gründerhaftung bezieht sich aber fast ausschließlich auf die Vor-GmbH. Inwieweit sich die dort angesprochenen Überlegungen und Ansätze auch auf die anderen Vorgesellschaften (Vor-AG, Vorgenossenschaft, Vorverein) übertragen lassen,

---

[1] Vgl. u.a. Jäger, Derwisch-Ottenberg, Knoche, Schütz, Theobald.

[2] Zu GmbH u.a.: Regierungsentwurf zum GmbHG vom 31.01.1972 (BT-Drucks. 6/3088) zu § 22 E; Regierungsentwurf zu GmbHG vom 26.02.1973 (BT-Drucks. 7/253) zu § 22 E.

[3] BGHZ 134, 333 ff. = BGH, NJW 1997, 1507 ff. = ZIP 1997, 679 ff. = WM 1997, 820 ff. = BB 1997, 905 ff. = DB 1997, 867 = GmbHR 1997, 405 ff. = WiB 1997, 463 ff.

[4] Vgl. u.a. K. Schmidt, ZIP 1997, 671 ff; Altmeppen, NJW 1997, 1509 ff; Ulmer, ZIP 1996, 733 ff; Monhemius, GmbHR 1997, 384 ff; Dauner-Lieb, GmbHR 1996, 82 ff.

wird bis auf wenige Ausführungen zur Vor-AG[5] in der Literatur bisher nicht problematisiert. Die Vorgenossenschaft und den Vorverein läßt man diesbezüglich völlig außer Acht. Dass neben der Gründerhaftung in der Vor-GmbH auch die Gründerhaftung bei den sonstigen Vorgesellschaften von praktischer Bedeutung ist, zeigt sich darin, dass sich in den letzten Jahren unterinstanzliche Gerichte mit dieser Haftungsfrage auch bei der Vor-AG und Vorgenossenschaft auseinanderzusetzen hatten.[6] Aufgrund der Gemeinsamkeiten der Vorgesellschaften (als "Gründungsgesellschaften") drängt sich dabei die Frage auf, ob man nicht von einem einheitlichen Gründerhaftungsmodell für alle Vorgesellschaften auszugehen hat, ob also nicht die Gründer[7] einer Vorgesellschaft immer nach den gleichen Haftungsgrundsätzen haften. An einer solchen Untersuchung aller in Frage kommenden Gründerhaftungen fehlte es bisher weitestgehend. Bis auf Beuthien[8] und Dregger[9] untersuchte niemand die Möglichkeit einer einheitlichen Gründerhaftung.[10] Vielmehr wurde für jede Vorgesellschaft, insbesondere für die Vorgenossenschaft und den Vorverein, die Gründerhaftung getrennt bestimmt (unter teilweise sich widersprechenden Argumenten).

Ziel dieser Arbeit ist daher festzustellen, ob es ein einheitliches Gründerhaftungsmodell für alle Vorgesellschaften gibt und wie dieses dann gegebenenfalls aussieht. Ob es eine solche einheitliche Gründerhaftung in der Vorgesellschaft gibt, läßt sich nur induktiv nachweisen, also durch Untersuchung aller Vorgesellschaften. Insbesondere läßt sich nur so klären, ob nicht Besonderheiten im Recht der

---

[5] Vgl. u.a. Wiedenmann ZIP, 1997, 2029 ff; K. Schmidt, GesR, § 27 II 4 c.

[6] Zur Vor-AG: LG Heidelberg, ZIP 1997, 2045 ff., OLG Karlsruhe ZIP 1998, 1961 ff. (Berufungsinstanz); zur Vorgenossenschaft: LG Göttingen, NJW-RR 1995, 1315.

[7] Unter "Gründern" sind diejenigen Personen zu verstehen, die die "Gesellschaft" durch formwirksamen Abschluß des Gesellschaftsvertrages errichtet haben, soweit sie nicht bereits wieder ausgeschieden sind, sowie die nach Errichtung aufgenommene Gesellschafter. Sie werden im folgenden synonym auch als "Vorgesellschafter" (Vor-GmbH, Vor-AG), "Vorgenossen" (Vorgenossenschaft) oder als "Mitglieder" eines Vorvereins bezeichnet.

[8] Beuthien, ZIP 1996, 305, 316 ff; Beuthien, GmbHR 1996, 309 ff., der schon die gegenwärtige Diskussion zur Gründerhaftung berücksichtigte.

[9] Dregger, S. 10 ff., 79.

[10] K. Schmidt, OHG, S. 271 ff. ließ in seiner Dissertation ausdrücklich die Vorgenossenschaft unberücksichtigt. Rittner, S. 338 ff., beschäftigte sich zwar mit allen Vorgesellschaften, ihren Haftungsverhältnissen widmete er sich jedoch nur marginal (S. 364 f.), wobei er auf die einzelnen Vorgesellschaften nicht speziell einging.

jeweiligen Vorgesellschaft, z.B. entgegenstehende Vorschriften, einer Übertragung des Haftungsmodells der Vor-GmbH und somit einer einheitlichen Gründerhaftung entgegenstehen. Nur wenn man bei allen Vorgesellschaften zum selben Ergebnis kommt, kann man von einer einheitlichen Gründerhaftung sprechen. Andernfalls ist darzustellen, warum gerade bei einer bestimmten Vorgesellschaft die Gründerhaftung abweicht.

Neben der Frage nach einer einheitlichen Gründerhaftung ist darüber hinaus von Interesse, wie sich die jeweilige Haftung der Vorgesellschafter (Mitglieder) in das Gesamtkonzept des Haftungsrechts einbinden läßt.[11]

II. Abgrenzung des Themas

Der Gegenstand der folgenden Untersuchung bezieht sich auf die persönliche Gründerhaftung in der echten[12] Vorgesellschaft.

Nicht Gegenstand dieser Arbeit ist die Handelndenhaftung (z.B. §§ 11 GmbHG; 41 I S.2 AktG; 54 S.2 BGB), die auch die Gründer einer Gesellschaft treffen kann. Die Auseinandersetzung mit der Handelndenhaftung allein würde Stoff genug für eine eigene Abhandlung bieten und so den Rahmen dieser Arbeit sprengen.

III. Gang der Abhandlung

Nacheinander wird auf die Gründerhaftung in der jeweiligen Vorgesellschaft eingegangen. Dabei erfolgt zunächst jeweils eine kurze rechtliche Erfassung der Vorgesellschaft (Rechtsnatur, Begriff, Abgrenzungen), da dies von Bedeutung für die Beurteilung der Haftung der Vorgesellschafter sein kann. Danach werden alle in der Rechtsprechung und Literatur für

---

[11] Dies interessiert insbesondere deshalb, da Reiff in seiner Habilitationsschrift (Reiff, S. 33 ff.), bei dem von ihm hergeleiteten Haftungssystem für "nichtrechtsfähige unternehmenstragende Verbände", die Vorgesellschaften unberücksichtigt gelassen hat.

[12] Soweit im folgenden von "Vorgesellschaft" oder "Vor-GmbH" gesprochen wird, ist immer die "echte Vor-GmbH" gemeint. Zur Abgrenzung der "echten Vor-GmbH" von der "unechten Vor-GmbH" siehe später unter IV. 3e).

diesen Vorgesellschaftstyp diskutierten Gründerhaftungsmodelle dargestellt. Anschließend erfolgt eine Würdigung der Haftungsmodelle, insbesondere bezüglich des Umfangs und der Haftungsrichtung. Besonders intensiv werden dabei die Haftungsmodelle in der Vor-GmbH erörtert. Bei den anderen Vorgesellschaften wird herausgearbeitet, ob die bei der Vor-GmbH entwickelten Gründungshaftungsgrundsätze auf diese Vorgesellschaften Anwendung finden. Im letzten Teil soll untersucht werden, ob man aufgrund der vorher gefundenen Ergebnisse zu den einzelnen Vorgesellschaften eine einheitliche Gründerhaftung anerkennen kann. Zum Abschluß erfolgt eine Einordnung des gefundenen Ergebnisses in das Gesamtkonzept des Haftungsrechts.

1. Teil: Die Gründerhaftung in der Vor-GmbH

I. Rechtliche Erfassung der Vor-GmbH

1) Begriff

§ 11 I GmbHG ist zu entnehmen, dass vor der Eintragung in das Handelsregister die GmbH als solche nicht besteht. Nach heute einhelliger Ansicht entsteht aber mit Errichtung der GmbH, also mit Abschluß des notariellen Gesellschaftsvertrages, die sogenannte "Vor-GmbH".[13]

Die Vor-GmbH ist dabei strikt von der ihr vorausgehenden Vorgründungsgesellschaft abzugrenzen. Diese entsteht mit Abschluß eines schuldrechtlichen Vertrages, in dem sich die Parteien zur Errichtung einer Gesellschaft verpflichten,[14] und endet in der Regel durch Zweckerreichung bei Abschluß des Gesellschaftsvertrages für die GmbH (Errichtung der GmbH).[15] Wird von den Gründern in diesem Vorgründungsstadium bereits ein (kaufmännisches) Handelsgewerbe betrieben,[16] liegt eine OHG vor; andernfalls ist die Vorgründungsgesellschaft eine BGB-Gesellschaft.[17] Die Vorgründungsgesellschaft ist rechtlich nicht Vorläuferin der Vor-GmbH und der künftigen GmbH; Rechte und Pflichten der Vorgründungsgesellschaft gehen daher nicht auf die Vor-GmbH und die spätere GmbH über.[18]

Mit Eintragung ins Handelsregister endet die Vor-GmbH und entsteht die GmbH. Dabei setzen sich die Rechte und Pflichten der Vor-GmbH in der

---

[13] K. Schmidt, GesR, § 34 III 3a; Roth/Altmeppen-Roth, § 11 Rdnr. 36; Baumbach-Hueck, § 11 Rdnr. 3; Hachenburg-Ulmer, Rdnr. 5; Hartmann, WiB 1997, 66.

[14] K. Schmidt, GesR, § 11 II 1; Scholz-K. Schmidt, § 11 Rdnr. 9; Baumbach-Hueck, § 11 Rdnr. 32; Dregger, S. 74; Dehoff, S. 10 f.; LAG Berlin, GmbHR 1998, 181, 182.

[15] Baumbach-Hueck, § 11 Rdnr. 33; Grunewald, S. 323; Dehoff, S. 11.

[16] Nach Änderung des HGB durch das HRefG zum 1.8.1998 kommt es nicht mehr auf das Betreiben eines "vollkaufmännischen" Grundhandelsgewerbes i.S. des § 1 II HGB a.F. an - worauf bisher immer abgestellt wurde -, sondern auf das Betreiben eines kaufmännischen Gewerbes i.S. des § 1 II HGB n.F.

[17] Baumbach-Hueck, § 11 Rdnr. 31; Grunewald, S. 322; Scholz-K. Schmidt, § 11 Rdnr. 16; Dehoff, S. 11; BGH, NJW 1983, 2829; BGHZ 91, 151; LAG Berlin, GmbHR 1998, 181, 182.

[18] Baumbach-Hueck, § 11 Rdnr. 33; Scholz-K. Schmidt, Rdnr. 19; Dregger, S. 75.

eingetragenen GmbH nahtlos fort. Die Vor-GmbH und die aus ihr hervorgehende GmbH sind identisch.[19]

2) Rechtsnatur

a) Problemstellung

Über die Rechtsnatur der Vorgesellschaften und dabei insbesondere der Vor-GmbH wird schon seit den Zeiten des Reichsgerichts lebhaft gestritten. Hintergrund dafür ist, dass der Gesetzgeber die Rechtsnatur der Vorgesellschaften nicht entschieden hat, sondern diese umstrittene Frage der Rechtsprechung und Wissenschaft zur Klärung überließ.[20] Um dieses "Rätsel Vorgesellschaft"[21] zu lösen, wurden und werden die unterschiedlichsten Einordnungen vorgenommen.

b) Meinungsstand

Vom RG[22] und von einem Teil des älteren Schrifttums[23] wurde die Vor-GmbH als Gesellschaft bürgerlichen Rechts angesehen. Diese Auffassung

---

[19] So die "Identitätstheorie" (vgl. K. Schmidt, GesR, § 11 IV 2c; Schmidt-Leithoff in Rowedder, § 11 Rdnr. 126; Lutter, JuS 1998, 1073, 1075; Flume, JurPers, § 5 III 4). A.A. Hachenburg-Ulmer, § 11 Rdnr. 71; Baumbach-Hueck, § 11 Rdnr. 51; Hartmann, WiB 1997, 66; BGHZ 80, 129, 139, nach denen Aktiva und Passiva der Vor-GmbH automatisch im Wege der Gesamtrechtsnachfolge auf die GmbH übergehen. Beide Ansichten führen hinsichtlich der Kontinuität zum selben Ergebnis. Dogmatisch folgerichtiger erscheint aber die "Identitätstheorie", da eine Gesamtrechtsnachfolge einer ausdrücklich gesetzlichen Anordnung bedarf (siehe dazu die Ausführungen bei Mülbert, AcP 199 (1999), 39, 66 ff.), diese aber im Falle des Rechtsformwechsels von einer Vor-GmbH in eine GmbH fehlt.

[20] Zu GmbH u.a.: Regierungsentwurf zum GmbHG vom 31.01.1972 (BT-Drucks. 6/3088) zu § 22 E; Reg. Entw. zum GmbHG vom 26.02.1973 (BT-Drucks. 7/253) zu § 22 E.

[21] So der zum geflügelten Wort gewordene Titel einer Untersuchung von Wiedemann (JurA, 1970, 439 ff.)

[22] RGZ 58, 55, 56; 82, 288, 290; 83, 370, 373; 105, 228, 229; 122, 172, 175; 143, 368, 373; 151, 86, 91.

[23] Scholz, JW 1938, 3149, 3151; Baur, DRZ 1950, 9, 10; Baur, JZ 1951, 209, 211; Henninger, GmbHR 1974, 269; heute noch so: Roth/Altmeppen-Roth, § 11 Rdnr. 37.

wurde vor allem mit einem Rechtsformzwang bzw. einem "numerus clausus" der Gesellschaftsformen begründet, der zwingend eine Einordnung der Vor-GmbH als Gesellschaft bürgerlichen Rechts erfordere. Der vertraglich vereinbarte Zweck der Gesellschaft sei darauf gerichtet, die juristische Person zur Errichtung zu bringen.[24]

Für den Fall, dass die Vor-GmbH schon ein Handelsgewerbe betreibt,[25] wurde von Einigen das Vorliegen einer OHG angenommen.[26]

Ein anderer Teil ordnete die Vor-GmbH als nichtrechtsfähigen Verein ein.[27] Begründet wurde dies damit, dass man der körperschaftlichen Struktur der Gründervereinigung einer Kapitalgesellschaft nur dadurch gerecht werden könne, dass man die Vor-GmbH als nichtrechtsfähigen Verein einordne; die Einordnung als Gesellschaft bürgerlichen Rechts wäre nicht sachgerecht.[28]

Abgewandelt davon sieht eine Ansicht in der Literatur die Vorgesellschaften als "besondere nichtrechtsfähige Wirtschaftsvereine" an. Im Innenverhältnis erkennt sie an, dass das Recht der jeweils angestrebten Gesellschaft angewendet werden kann, soweit dieses nicht die Registereintragung voraussetzt.[29] Bezüglich der Verpflichtungsfähigkeit und der Haftung in der Vorgesellschaft lehnt sie hingegen einen unmittelbaren Rückgriff auf das Recht der eingetragenen Gesellschaft ab. Alle Vorgesellschaften seien aufgrund ihrer körperschaftlichen Struktur nichtrechtsfähige Gründungsvereine; als solche seien sie besondere nichtrechtsfähige Wirtschaftsvereine.[30] Bezüglich des Außenverhältnisses, insbesondere hinsichtlich ihrer Verpflichtungsfähigkeit und Haftung,

---

[24] So RGZ 83, 370, 373; 105, 228, 229.
[25] Nach Änderung des HGB's durch das HRefG 1998 entfällt die bis dahin geltende Differenzierung zwischen Voll- und Minderkaufleuten. Statt von einem "vollkaufmännischen" Handelsgewerbe ist nun von einem "kaufmännischen Handelsgewerbe" (i.S.d. § 1 II n.F.) [im Gegensatz zu einem "kleinkaufmännischen Handelsgewerbe"] zu sprechen.
[26] OLG Hamburg, JZ 1952, 436; BayObLG, BB 1978, 1685; Merkert, BB 1951, 322 f.; Haberkorn, BB 1962, 1408, 1411.
[27] Paul, NJW 1948, 417, 418; Bayer, S. 52 ff.; Schultze-von Lasaulx, FS Olivecrona, S. 576, 605 ff.; Dreßel, S. 32 ff.; Flume, FS Geßler, S. 3, 25; Fabricius, FS Kastner, S. 85, 112 (als nichtrechtsfähiger Wirtschaftsverein).
[28] Schultze-von Lasaulx, FS Olivecrona, S. 576, 605 f.
[29] Beuthien, ZIP 1996, 305, 306; Dreßel, S. 32 f., 74 ff., Flume, JurPers, S. 155 ff.
[30] Beuthien, ZIP 1996, 305, 306; Beuthien/Radke, AP 1998, § 11, Nr. 11; Weber, S. 34 f.

sei daher grundsätzlich auf das Recht des nichtrechtfähigen Vereins, mithin auf § 54 BGB, zurückzugreifen.[31]

Die erste Entscheidung des BGH zur Rechtsnatur einer Vorgesellschaft erging in einem Urteil vom 23.04.1956 zur Vorgenossenschaft.[32] Danach entsteht bei Errichtung der Gesellschaft weder ein nichtrechtsfähiger Verein noch eine Gesellschaft bürgerlichen Rechts. Die im Werden begriffene Genossenschaft sei eine Entwicklungsstufe bei der Entstehung der eingetragenen Genossenschaft und unterstehe dem Recht der eingetragenen Genossenschaft mit Ausnahme derjenigen Vorschriften, die die Rechtsfähigkeit voraussetzen. Als Begründung zog der BGH den Willen der Gründer heran, dem die Einordnung der werdenden Gesellschaft als Verein oder Gesellschaft bürgerlichen Rechts nicht gerecht werde.[33] In einem späteren Urteil vom 12.07.1956 übertrug der BGH diese Rechtsprechung zur Vorgenossenschaft dann auch auf die Vor-GmbH.[34] Seitdem wird die Vor-GmbH in Entscheidungen des BGH als eine Organisationsform "eigener Art" bzw. "sui generis" bezeichnet[35] oder auch als ein "auf die künftige juristische Person hin angelegtes Rechtsgebilde".[36] Sie sei als notwendige Vorstufe zur juristischen Person ein besonderes, vom Gesetzgeber vorausgesetztes Rechtsgebilde mit einer eigentümlichen, zeitlich und sachlich eng begrenzten Aufgabenstellung.[37]

Die Rechtsprechung des BGH hat in der Literatur fast einhellige Zustimmung gefunden.[38] Danach ist die Vor-GmbH ein Rechtsgebilde "sui generis", das bereits dem Recht der GmbH untersteht, soweit dieses nicht die Eintragung voraussetzt.[39] Hinsichtlich der Ausgestaltung dieses Rechtsgebildes ist aber umstritten, ob es sich dabei um eine

---

[31] Beuthien, ZIP 1996, 305, 306; Beuthien/Radke, AP 1998, § 11, Nr. 11; Weber, S. 118 ff.; Dreßel, S. 32 f., 74 ff.; Flume, JurPers, S. 157.
[32] BGHZ 20, 281 ff.
[33] BGHZ 20, 281 ff.
[34] BGHZ 21, 242.
[35] BGHZ 51, 30, 32.
[36] BGHZ 80, 129, 132.
[37] BGH, ZIP 1983, 933, 934; BGHZ 117, 323, 326 f. (für Vor-AG).
[38] Hachenburg-Ulmer, § 11 Rdnr. 8; Baumbach-Hueck, § 11 Rdnr. 6; Lutter/Hommelhoff, § 11 Rdnr. 2; K. Schmidt, GesR, § 34 III 3a; v. Bismarck, S.59 ff.; Hartmann, WiB 1997, 66; Jäger, S. 14; Dilcher, JuS 1966, 89, 90; (vor dem BGH schon so Schreiber, S. 35 f.; Feine, S. 109 ff.; Ganßmüller, GmbHR 1953, 116, 117; Dregger, S. 68 ff.).
[39] Baumbach-Hueck, § 11 Rdnr. 6; Lutter/Hommelhoff, § 11 Rdnr. 2; Hachenburg-Ulmer, § 11 Rdnr. 8 m.w.N.

Gesamthandsgemeinschaft ("sui generis") oder eine gerade nicht gesamthänderisch gebundene Organisationsform "sui generis" handelt.[40]

c) Stellungnahme

(1) Vor-GmbH als Rechtsgebilde "sui generis."

Den Ansichten, die die Vor-GmbH als Gesellschaft bürgerlichen Rechts oder als OHG oder als nichtrechtsfähigen Verein einordnen, kann nicht gefolgt werden.
Gegen die Annahme einer BGB-Gesellschaft spricht schon die Organisation der Vor-GmbH, die von ihrem Verbandszweck und ihrer Organisationsstruktur her weitgehend der der GmbH entspricht. Dies zeigt sich z.b. bereits darin, dass die Vor-GmbH unabhängig vom Mitgliederbestand besteht und Drittorganschaft zugelassen ist.[41] Weiterhin kann die Ansicht, die eine BGB-Gesellschaft annimmt, nicht zufriedenstellend erklären, wie die Rechte und Pflichten der Vor-GmbH auf die eingetragene GmbH übergehen sollen.[42] Sie nimmt an, dass die Rechte und Pflichten der BGB-Gesellschaft als werdende GmbH, ohne dass es einer besonderen Übertragung bedürfe, auf die eingetragene GmbH übergingen.[43] Die Möglichkeit einer solchen identitätswahrenden Umwandlung zwischen den unterschiedlichen Rechtsträgern BGB-Gesellschaft und eingetragene GmbH erscheint dogmatisch nicht herleitbar;[44] anders als die Umwandlung

---

[40] Das Rechtsgebilde "sui generis" als Gesamthand ansehend: Baumbach-Hueck, § 11 Rdnr. 7; Lutter/Hommelhoff, § 11 Rdnr. 2; Hachenburg-Ulmer, § 11 Rdnr. 8, 30, 45; Ulmer, AcP 198 (1998), 113, 115, 123; Flume, JurPers, § 5 III; Hüffer, S. 135; Wiedemann, JurA 1970, 439, 443; Hartmann, WiB 1997, 66; Petersen, S. 87; Dehoff, S. 42 ff., 74; Schütz, S. 148; Binz, S. 179 ff.; a.A. (Gesamthand ablehnend): Rowedder/Schmidt-Leithoff, § 11 Rdnr. 58 ff.; An, S. 29 ff.; Kunz, S. 61 ff.; Brock, S. 38 ff., 127; Büttner, S. 109 ff.
[41] Vgl. Beuthien, ZIP 1996, 305, 307; Dehoff, S. 86; Schmidt-Leithoff, S. 65 FN 1; Binz, S. 150.
[42] Vgl. Jäger, S. 15; An, S. 21.
[43] RGZ 82, 288, 290; 151, 86.
[44] Die Möglichkeit einer Gesamtrechtsnachfolge ist darüberhinaus auch nicht möglich, da es mit Eintragung ins Handelsregister an einem für die Gesamtrechtsnachfolge notwendigen vorherigen Gesellschafterbeschluss zur Schaffung eines neuen Rechtsträgers mangelt (vgl. Mülbert, AcP 199 (1999), 39, 61).

einer BGB-Gesellschaft in eine GmbH[45] hat der Gesetzgeber in diesem Fall eine identitätswahrende Umwandlung nach §§ 190 ff. UmwG nicht geregelt.

Gegen eine Qualifizierung als OHG bei Betreiben eines Gewerbes i.S.d. § 1 II HGB spricht neben der bereits körperschaftlichen Struktur der Vor-GmbH, dass die vorrangige Ausrichtung im Gründungsstadium nicht auf das Betreiben eines Handelsgewerbe unter gemeinschaftlicher Firma i.S. des § 105 HGB gerichtet ist, sondern auf die Errichtung der GmbH durch Eintragung ins Handelsregister; nur in besonderen Fällen muß in diesem Stadium ein Handelsgeschäft betrieben werden, wie z.B. u.U. bei der Bewirkung der Sacheinlagen nach § 7 III GmbHG.[46]

Der Annahme eines nichtrechtsfähigen Vereins ist entgegenzuhalten, dass die Vor-GmbH nicht auf Dauer angelegt ist wie der nichtrechtsfähige Verein, sondern mit Eintragung ins Handelsregister endet.[47]

Des Weiteren kann auch der Hinweis auf den "numerus clausus der Gesellschaftsformen" die Einordnung der Vor-GmbH in einen der gesetzlich geregelten Gesellschaftstypen nicht begründen. Er läßt außer Acht, dass der Gesetzgeber durch die - sei es auch unvollkommene - Regelung der Vor-GmbH die Existenz dieses Verbandstyps als Durchgangsstadium zur juristischen Person anerkennt und ihn nicht etwa dem Recht der Personengesellschaften oder des Vereins unterstellt hat.[48]

Weiterhin ist sich mit der vor allem von Beuthien vertretenden Ansicht auseinanderzusetzen, die über den Ansatz einer einheitlichen Rechtsnatur aller Vorgesellschaften in Form besonderer nichtrechtsfähiger Wirtschaftsvereine eine einheitliche Gründerhaftung in allen Vorgesellschaften begründet.[49] Könnte man dieser Ansicht hinsichtlich dieses "Rechtsnaturansatzes" folgen, läge eine Bejahung einer einheitlichen Gründerhaftung nach § 54 S.1 BGB, wie sie dann angenommen wird,[50] nicht mehr fern.

Diese Ansicht läßt bei ihrer Herleitung der Rechtsnatur der Vor-GmbH und allen anderen Vorgesellschaften aber außer Acht, dass die Vorgesellschaften nicht auf Dauer angelegt sind wie die nichtrechtsfähigen Vereine,

---

[45] Siehe dazu Mülbert, AcP 199 (1999), 39, 50 ff.
[46] Ähnlich Kraft in Kölner Komm., § 41 Rdnr. 24.
[47] Vgl. Kraft in Kölner Komm., § 41 Rdnr. 24; Dehoff, S. 88; An, S. 23.
[48] Vgl. Hachenburg-Ulmer, § 11 Rdnr. 8; Nitschke, S. 145; An, S. 28.
[49] Vgl. Beuthien, ZIP 1996, 305, 307 ff.; Beuthien/Radke, AP 1989, § 11, Nr. 11.
[50] Beuthien, ZIP 1996, 305, 315 ff.; Beuthien, GmbHR 1996, 309, 315.

sondern als Vorstufe zur rechtsfähigen Gesellschaft nur vorübergehend existieren. Vor allem beim Vorverein zeigt sich, dass dieser aufgrund seiner akzessorischen Zweckbestimmung, die Rechtsfähigkeit zu erlangen, dem rechtsfähigen Verein viel näher steht als dem nichtrechtsfähigen Verein.[51] In dem Satzungsbeschluss, die Rechtsfähigkeit anzustreben, kommt der Wille der Vereinsmitglieder zum Ausdruck, den Verein von nun an endgültig dem Personengesellschaftsrecht zu entrücken und dem Recht des rechtsfähigen Vereins zu unterstellen.[52] Die Anwendbarkeit der Vorschriften des nichtrechtsfähigen Vereins, insbesondere des § 54 S.1 BGB mit seinem Verweis ins Gesellschaftsrecht, ist daher beim Vorverein abzulehnen; vielmehr sind die Vorschriften des rechtsfähigen Vereins grundsätzlich heranzuziehen. Dies zeigt, dass der Grundsatz, bei allen Vorgesellschaften auf das Recht des nichtrechtsfähigen Vereins zurückzugreifen, keine Anwendung finden kann.

Die vor allem von Beuthien vertretende Ansicht ist auch insoweit inkonsequent, als sie bei der Frage, welches Recht zur Anwendung kommt, die "Sonderrechtstheorie" des BGH bejaht,[53] aber daneben noch das Recht des nichtrechtsfähigen Vereins anwenden will. Hält man die grundsätzliche Anwendung des GmbH-Rechts auf die Vor-GmbH für richtig, bedeutet dies eine Absage an die für andere Gesellschaftsformen geltenden Vorschriften;[54] ein unmittelbarer Rückgriff auf das Recht des nichtrechtsfähigen Vereins ist dann weder nötig noch möglich. Allenfalls im Wege der Analogie, bei bestehender Regelungslücke und gleicher Interessenlage, können unter Umständen Vorschriften des Vereinsrechts bei der Vor-GmbH zur Anwendung gelangen.

Für die Einordnung als Rechtsgebilde "sui generis" spricht, dass man dadurch der Besonderheit der jeweiligen Vorgesellschaft Rechnung trägt und vermeidet, dass alle Vorgesellschaften schematisch gleichbehandelt werden. Stattdessen kann auf die bestehenden Unterschiede juristisch angemessen eingegangen werden.[55] Dies entspricht am besten den

---

[51] Vgl. Büttner, S. 74 f.; An, S. 23.
[52] Vgl. Büttner, S. 76; An, S. 24.
[53] "Sonderrechtstheorie": "Vor-GmbH untersteht einem Sonderrecht, das aus dem im GmbHG oder im Gesellschaftsvertrag gegebenen Gründungsvorschriften und dem Recht der rechtsfähigen GmbH, soweit es nicht die Eintragung voraussetzt, besteht". Siehe BGHZ 21, 242; 45, 338, 347; 51, 30, 32; 80, 212, 214.
[54] Vgl. Monhemius, GmbHR 1997, 384, 388 FN 33.
[55] Vgl. Haberkorn, BB 1962, 1408, 1410; Ganßmüller, GmbHR 1953, 116, 117; v. Bismarck, S. 65 f.; An, S. 28.

Verhältnissen in der Vorgesellschaft und wird in der Regel auch am ehesten dem Willen der Beteiligten gerecht. Denn die Gesellschafter wollen eine GmbH gründen und denken zu keiner Zeit daran, eine BGB-Gesellschaft bzw. eine OHG oder einen nichtrechtsfähigen Verein ins Leben zu rufen.[56]

Es ist daher dem BGH und der heute herrschenden Lehre zu folgen, die bei einer Vorgesellschaft von einem Rechtsgebilde "sui generis" ausgehen.

(2) Ausgestaltung des Rechtsgebildes "sui generis" und deren Auswirkung auf eine Gründerhaftung

Aus der bloßen Einordnung der Vor-GmbH als Rechtsgebilde "sui generis" läßt sich unmittelbar keine Aussage über eine Haftung der Vorgesellschafter treffen.

Sieht man dieses Rechtsgebilde als eine gesamthänderische Organisationsform an, wie dies teilweise vertreten wird,[57] könnte damit jedoch eine Entscheidung für ein bestimmte Haftungsstruktur einhergehen.[58] Dies wäre dann der Fall, wenn bei Gesamthands(personen)gesellschaften die Gesellschafter notwendigerweise immer einheitlich haften. In Betracht käme dafür eine unbeschränkte persönliche Haftung.

Aus der Einordnung als Gesamthandsgesellschaft folgt jedoch nicht zwingend eine einheitliche Haftungsstruktur. Ein allgemeines Prinzip einer unbeschränkt persönlichen Haftung der Gesellschafter gibt es dort nicht. Dies läßt sich vor allem am Beispiel der Gesellschaft bürgerlichen Rechts zeigen. Stellt man dort auf die Doppelverpflichtungstheorie ab,[59] kann von einer einheitlichen unbeschränkten persönlichen Haftung der

---

[56] Vgl. v. Bismarck, S. 64; Schmidt-Leithoff, S. 67; Dehoff, S. 93; Krebs/Klerx, JuS 1998, 992.

[57] Für die Rechtsprechung u.a. so BGHZ 72, 48; OLG Dresden, NZG 1998, 311 f.; Literaturnachweise siehe unter FN 40.

[58] So schließen Petersen, S. 94 ff., und Flume, FS v. Caemmerer, 517, 528, aus der Gesamthand der Vorgesellschaft auf eine unbeschränkte akzessorische Haftung der Vorgesellschafter (Gesamthänder).

[59] Die Theorie der Doppelverpflichtung u.a. vertretend: BGHZ 74, 240, 241f.; BGH WM 1990, 1035, 1037; 1997, 1666, 1668; Soergel/Hadding, § 714 Rdnr. 8 ff.; Hüffer, S. 100; Grunewald, 1. A. Rdnr. 109 ff.; Habersack, JuS 1993, 1 ff.; ehemals grundlegend Ulmer in FS Fischer, S. 785, 795 ff., und in Müko § 714 Rdnr. 26 ff., der aber nunmehr in ZIP 1999, 554, 559 davon abrückt und sich der Akzessorietätstheorie anschließt.

Gesellschafter nicht gesprochen werden, da es zumindest bei gesetzlich begründeten Gesellschaftsverbindlichkeiten an einer persönlichen Gesellschafterhaftung fehlt. Aus der Akzessorietätstheorie[60] folgt gleichfalls kein Argument für ein allgemeines Prinzip der unbeschränkten Haftung in der Personengesamthandsgemeinschaft. Zwar haften die Gesellschafter nach dieser Meinung für alle Gesellschaftsverbindlichkeiten unbeschränkt akzessorisch, jedoch wird dieses Haftung ausdrücklich nicht aus einem solchen allgemeinen Prinzip, sondern allein aus Sachgesichtspunkten bezüglich der Gesellschaft bürgerlichen Rechts hergeleitet.[61] Wie gerade an der Gesellschaft bürgerlichen Rechts gezeigt, kann von einem allgemeinen gesamthänderischen Haftungsprinzip in Form einer unbeschränkten Gesellschafterhaftung nicht gesprochen werden. Die Haftungsstrukturen in den einzelnen Gesamthandsgesellschaften haben sich wie bei der Gesellschaft bürgerlichen Rechts an den jeweiligen spezifischen Sachgründen zu orientieren.

Würde man die Vor-GmbH als eine Gesamthand "sui generis" anerkennen, so ergäbe sich daraus keine zwingende unbeschränkte Haftung der Vorgesellschafter. Die Haftungsstruktur müßte, wie bei der Gesellschaft bürgerlichen Rechts, anhand von Sachgesichtspunkten in der Vor-GmbH bestimmt werden.

Bei Ablehnung der Gesamthandsstruktur beim Rechtsgebilde "sui generis" müßte die Haftung der Gesellschafter in der Vor-GmbH gleichfalls durch Abwägung von Sachgründen hergeleitet werden, so dass sich daraus kein Unterschied gegenüber einer Einordnung als Gesamthand ergibt. Die Einstufung oder Ablehnung des Rechtsgebildes "sui generis" als Gesamthand hat folglich keine Auswirkungen auf die Haftungsstruktur in der Vor-GmbH. Demzufolge kann es in der vorliegenden Arbeit, die sich ausschließlich mit der Gründerhaftung befasst, dahingestellt bleiben, ob die Vor-GmbH als Rechtsgebilde "sui generis" eine Gesamthandsgesellschaft darstellt oder nicht.

Ergänzend sei vermerkt, dass die Einordnung bezüglich der Frage der Rechtssubjektivität ebenfalls dahingestellt bleiben kann. Die Annahme

---

[60] Generell für die Gesellschaft bürgerlichen Rechts: Mülbert, AcP 199 (1999), 39, 67 ff.; Timm, NJW 1995, 3209, 3215 ff.; Flume, PersGes § 16 IV; Schwark, FS Heinsius, 753 ff.; nur für unternehmenstragende Gesellschaften bürgerlichen Rechts: K. Schmidt, GesR, § 60 III 2; Reiff, 288 ff., 302 ff., 327 ff.; G.H. Roth, ZHR 155 (1991), 24, 40 f.
[61] So vor allem Mülbert, AcP 199 (1999), 39, 67 ff.; Ulmer, ZIP 1999, 554, 555 ff.

einer Rechtsfähigkeit der Vor-GmbH[62] würde einer Zuordnung zu den Gesamthandsgemeinschaften nicht entgegenstehen. Diese werden mittlerweile überwiegend auch als rechtsfähig angesehen.[63]

Für die Frage der Gründerhaftung bringt darüber hinaus auch die auf der Rechtsnatur "sui generis" aufbauende "Sonderrechtstheorie" nichts. Nach der in ständiger Rechtsprechung wiederholten Formel untersteht die Vor-GmbH einem Sonderrecht, das aus dem im GmbHG oder im Gesellschaftsvertrag gegebenen Gründungsvorschriften und dem Recht der rechtsfähigen GmbH, soweit es nicht die Eintragung voraussetzt, besteht.[64] Diese "Sonderrechtstheorie" sagt konkret aber nichts darüber aus, welche (Haftungs)-Vorschriften keine Eintragung ins Handelsregister voraussetzen und so bereits in der Vor-GmbH zur Anwendung kommen, z.B. ob die §§ 13 II, 11 I GmbHG bei der Vor-GmbH anwendbar sind. Eine bestimmte Gründerhaftung läßt sich daher aus der "Sonderrechtstheorie" nicht herleiten.

Als Ergebnis läßt sich feststellen, dass sich aus der Rechtsnatur der Vor-GmbH für das Vorliegen oder die Ausgestaltung einer bestimmten Gründerhaftung nichts ergibt.

---

[62] Für die Rechtsfähigkeit der Vorgesellschaft: Grunewald, 2.E. Rdnr. 29; Rittner, S. 321 ff.; K. Schmidt, GesR, § 27 II 4, 34 III 3; Scholz/K. Schmidt, § 11 Rdnr. 24; Boujong, NZG 1998, 745, 746; nur von "Teilrechtsfähigkeit" sprechend: Hachenburg/Ulmer, § 11 Rdnr. 45; Ulmer, AcP 198 (1998), 113, 115; Schütz, S. 148; Goette, DStR 1998, 179, 180.

[63] Zutreffend die Rechtsfähigkeit der Gesellschaft bürgerlichen Rechts bejahend: Mülbert, AcP 199 (1999), 39, 43 ff., der dies mit den Regelungen der §§ 191 ff., 226 ff. UmwG begründet; Grunewald, 1.A. Rdnr. 101; Raiser AcP 194 (1994), 495, 510 ff.; ders, AcP 199 (1999), 105, 108; Timm NJW 1995, 3209, 3210 ff. (der genauso wie Raiser die GbR als juristische Person einordnet); noch von "Teilrechtsfähigkeit" sprechend: Ulmer, AcP 198 (1998), 113 ff.; Flume, PersGes, § 4 II, 5; Fabricius, S. 127 ff.; BGHZ 116, 86, 88; BGH, NJW 1997, 2754, 2755; Rechtsfähigkeit ablehnend: Vertreter der traditionellen individualistischen Theorie, z.B. Wiedemann, § 5 I; Fikentscher, § 88 I 3; Kübler, § 4, § 6; Berndt/Boin, NJW 1998, 2854, 2861. Die (Teil)- Rechtsfähigkeit einer Erbengemeinschaft annehmend: Grunewald, AcP 197 (1997), 305 ff.; dagegen: Ulmer, AcP 198 (1998), 113, 124 ff.

[64] BGHZ 21, 242; 45, 338, 347; 51, 30, 32; 80, 212, 214.

II. Rechtsprechung zur persönlichen Gründerhaftung in der Vor-GmbH

1) Ansicht des RG und des BGH in seiner frühen Rechtsprechung: Handelndenhaftung

Nach Ansicht des RG waren die Gründer einer GmbH, die der Geschäftseröffnung vor Eintragung ausdrücklich oder konkludent zugestimmt haben, Handelnde i.S. des § 11 II GmbHG. Sie hafteten daher unbeschränkt persönlich.[65]

Dieser Ansicht des RG folgte der BGH in seiner frühen Rechtsprechung.[66] Er ließ dabei dahinstehen, ob schon die generelle Zustimmung zur Eröffnung des Geschäftsbetriebes die Haftung des Gründers nach § 11 II GmbHG auslöst oder ob die Zustimmung im Einzelfall hinzukommen muss.[67] Eine Haftung des Gründers nach § 11 II GmbHG sei jedenfalls dann gegeben, wenn er den Anstoß gegeben habe, dass der Geschäftsführer vor der Eintragung der GmbH ins Handelsregister den Geschäftsbetrieb eröffnet und das einzelne Rechtsgeschäft vorgenommen habe.[68]

2) Ansicht des BGH bis zu den Vorlagebeschlüssen: beschränkte Außenhaftung

In BGHZ 47, 25 ff. gab der BGH seine frühere Rechtsprechung auf. Nach dieser Entscheidung trifft die Gründer, die vor Eintragung der GmbH ihre Zustimmung zur Eröffnung des Geschäftsbetriebes gegeben haben, keine Handelndenhaftung nach § 11 II GmbHG.

In BGHZ 65, 378 ff. und BGHZ 72, 45 ff. wurde diese Rechtsprechungsänderung - nach den mißverständlichen Ausführungen in BGHZ 51, 30 ff. - nochmals bestätigt. In diesen Entscheidungen ging der BGH erstmals von einer eigenständigen Gründerhaftung in der Vor-GmbH aus. Danach hafteten die Gründer den Gläubigern für Verbindlichkeiten der Vor-GmbH beschränkt auf ihre im Gesellschaftsvertrag versprochene

---

[65] RGZ 70, 296, 301; für Vor-AG: RGZ 55, 302 ff.
[66] BGH, NJW 1955, 1228; LM § 11 GmbHG Nr. 6; DB 1961, 501.
[67] BGH, LM § 11 GmbHG Nr. 6; DB 1961, 501.
[68] BGH, DB 1961, 501.

Einlage.[69] Begründet wurde diese beschränkte (Außen-)Haftung damit, dass durch die Bezeichnung "GmbH" deutlich der Wille der Gründer zum Ausdruck komme, nur bis zur Höhe ihrer Einlage zu haften und die Vollmacht des Geschäftsführers entsprechend zu begrenzen.[70]

In dem grundlegenden Urteil BGHZ 80, 129 ff., in dem u.a. das Vorbelastungsverbot aufgegeben und eine Differenzhaftung nach Eintragung der GmbH begründet wurde, ließ der BGH ausdrücklich offen, ob die Gründer nur beschränkt auf ihre Einlage haften oder unbeschränkt.

3) Vorlagebeschlüsse des BAG und des BGH (2. Senat)

Die Vorlagebeschlüsse des BAG vom 23.08.1995 [71] und des BGH vom 04.03.1996 [72] an den Gemeinsamen Senat der obersten Gerichtshöfe des Bundes führten zu einer erneuten Überprüfung der bis dahin von der Rechtsprechung als beschränkte Außenhaftung ausgestalteten Gründerhaftung.

Das BAG war mit der Frage beschäftigt, in welchem Umfang der Gesellschafter einer Vor-GmbH für Sozialversicherungsbeiträge haftet.[73] Anders als das BSG, das in einer früheren Entscheidung für nicht rechtsgeschäftlich begründete Verbindlichkeiten eine unbeschränkte persönliche Haftung der Gründer angenommen hatte,[74] war das BAG der Ansicht, dass die Gründer nur beschränkt haften.[75] Wegen der entgegenstehenden Entscheidung des BSG rief das BAG den Gemeinsamen Senat der obersten Gerichtshöfe des Bundes an mit der Frage, ob die Gesellschafter einer Vor-GmbH für nicht rechtsgeschäftlich begründete Verbindlichkeiten der Vor-GmbH beschränkt oder unbeschränkt haften.[76]

Der BGH (2.Senat) legte in seinem Vorlagebeschluß vom 04.03.1996 dem Gemeinsamen Senat die Frage zur Entscheidung vor, ob die Gesellschafter einer Vor-GmbH für Verbindlichkeiten dieser Gesellschaft unbeschränkt und grundsätzlich nur im Verhältnis zur Vorgesellschaft

---

[69] BGHZ 65, 378, 382; BGHZ 72, 45, 50.
[70] BGHZ 65, 378, 382; BGHZ 72, 45, 50.
[71] BAG, ZIP 1995, 1892.
[72] BGH, ZIP 1996, 590.
[73] BAG, ZIP 1995, 1892.
[74] BSG, ZIP 1986, 645.
[75] BAG, ZIP 1995, 1892.
[76] BAG, ZIP 1995, 1892.

haften.[77] Der BGH wollte seine bisherige Rechtsprechung zur Gründerhaftung (beschränkte Außenhaftung) aufgeben und an deren Stelle eine grundsätzlich unbeschränkte Innenhaftung treten lassen.[78] Da dieses neue Haftungskonzept von der Entscheidung des BSG (Außenhaftung) und von der des BAG (beschränkte Außenhaftung) abwich, sah der BGH sich gezwungen, die Frage des Gründerhaftungsmodells in der Vor-GmbH dem Gemeinsamen Senat vorzulegen.

4) Der heutige höchstrichterliche Standpunkt

Das vor dem gemeinsamen Senat eröffnete Verfahren konnte eingestellt werden,[79] nachdem sich das BSG mit Beschluss vom 31.05.1996[80] und das BAG mit Beschluss vom 10.07.1996[81] der neuen Rechtsauffassung des BGH angeschlossen hatten. Dies erfolgte u.a. aus der Erwägung heraus, dass die Ausgestaltung des Gesellschaftsrechts, insbesondere des Rechts der Vor-GmbH, dem dafür zuständigen und kompetenten Fachsenat des BGH überlassen werden sollte.[82]

Der BGH (2. Senat) bestätigte, nachdem sich das BAG und das BSG seiner Rechtsauffassung angeschlossen hatten, im Urteil vom 27.01.1997 sein im Vorlagebeschluß entworfenes Haftungsmodell.[83] Er gab damit seine bisherige Rechtsprechung einer auf die Einlage beschränkten Außenhaftung auf. Nach dem neuen Haftungskonzept haften die Gesellschafter einer Vor-GmbH für die Verbindlichkeiten dieser Gesellschaft unbeschränkt.[84] Es bestehe eine einheitliche Gründerhaftung in Form einer bis zur Eintragung der Gesellschaft andauernden Verlustdeckungshaftung und einer an die Eintragung geknüpften Vorbelastungshaftung. Diese Verlustdeckungshaftung sei ebenso wie die Vorbelastungshaftung grundsätzlich eine Innenhaftung "pro rata".[85] Ausnahmsweise komme ein unmittelbarer Zugriff auf die Gesellschafter in Frage, wenn die

---

[77] BGH, ZIP 1996, 590.
[78] BGH, ZIP 1996, 590 ff.
[79] Gem. Senat OGB, WIB 1996, 934.
[80] BSG, ZIP 1996, 1549.
[81] BAG, ZIP 1996, 1548.
[82] BAG, ZIP 1997, 1544, 1546.
[83] BGHZ 134, 333 = BGH, ZIP 1997, 679 = NJW 1997, 1507 = BB 1997, 905 = DB 1997, 867 = GmbHR 1997, 405 = WM 1997, 820 = WiB 1997, 463.
[84] BGH, ZIP 1997, 679.
[85] BGH, ZIP 1997, 679.

Vor-GmbH vermögenslos sei, eine Einmann-Vor-GmbH vorliege oder weitere Gläubiger nicht vorhanden seien; dann eröffne diese Möglichkeit keine Abwicklungsschwierigkeiten.[86]

Das BAG hat in späteren Entscheidungen das Haftungsmodell des BGH ganz übernommen und ist von einer grundsätzlich unbeschränkten Innnenhaftung der Gesellschafter der Vor-GmbH ausgegangen.[87] Auch der BFH hat sich der Ansicht der anderen obersten Bundesgerichte angeschlossen, vor allem zur Wahrung der Einheitlichkeit der Rechtsprechung.[88]

5) Instanzgerichtliche Kritik

Das Haftungsmodell des BGH ist bei unterinstanzlichen Gerichten auf erhebliche Kritik gestoßen. So lehnen das LAG Köln[89] und das LSG Baden-Württemberg[90] entgegen der neuen Rechtsprechung des BGH eine Innenhaftung ab. Nach deren Ansicht haften die Gesellschafter einer Vor-GmbH unbeschränkt und unmittelbar i.S. einer Außenhaftung den Gläubigern der Gesellschaft als Gesamtschuldner.[91] In ihrer Begründung greifen die beiden Gerichte auf die Argumente zurück, die in der Literatur für eine unbeschränkte gesamtschuldnerische Außenhaftung vorgebracht werden.[92]

---

[86] BGH, ZIP 1997, 679, 682.
[87] BAG, ZIP 1997, 1544; BAG, GmbHR 1998, 39.
[88] BFH, ZIP 1998, 1149 ff.; für BGH-Modell auch: FG Düsseldorf, EFG 1997, 325 ff.; FG Köln, EFG 1997, 934 f.; FG Saarland, EFG 1998, 261 f.
[89] LAG Köln, ZIP 1997, 1921; mit ebenfalls großen Bedenken gegen das Innenhaftungskonzept, aber letztlich doch offen lassend : LAG Hessen, GmbHR 1998, 785; 1998, 782.
[90] LSG Baden-Württemberg, ZIP 1997, 1651; a.A.: OLG Koblenz, ZIP 1998, 1671.
[91] LAG Köln, ZIP 1997, 1921; LSG Baden-Württemberg, ZIP 1997, 1651 f.
[92] Dazu später unter III. 4).

III. Haftungsmodelle zur persönlichen Gründerhaftung in der Literatur

1) Keine persönliche Gründerhaftung

Teile der Literatur verneinen die persönliche Haftung der Gesellschafter für Verbindlichkeiten der Vor-GmbH. Sie verweisen die Gesellschaftsgläubiger auf das Vermögen der Vor-GmbH, zu der auch noch die offenen Einlageforderungen gegenüber den Vorgesellschaftern gehören sollen, bzw. die Handelndenhaftung nach § 11 II GmbHG.[93]
Innerhalb dieser Meinungsgruppe, die vor allem im Dissertationsschrifttum verbreitet ist, gibt es viele unterschiedliche Ansätze. Fast jede Stimme vertritt ein eigenständiges "Nichthaftungsmodell" und begründet dieses unterschiedlich. Die vertretenen Ansichten kann man dahingehend gliedern, dass der eine Teil die Haftung der Gründer für Verbindlichkeiten, die sowohl vor als auch nach Handelsregisteranmeldung entstanden sind, grundsätzlich verneint,[94] der andere Teil an den Zeitpunkt der Handelsregisteranmeldung anknüpft und erst von da an eine persönliche Gründerhaftung grundsätzlich ablehnt.[95] Beide Meinungsgruppen gehen dabei aber meist nur von einem Grundsatz der persönlichen Haftungsfreistellung aus und lassen ausnahmsweise eine unmittelbare und unbeschränkte Haftung der Vorgesellschafter zu bei Aufgabe der Eintragungsabsicht unter Fortbestand des Verbandes (z.B. bei Liquidation oder Insolvenz der Vor-GmbH).[96] Diese ausnahmsweise Zulassung einer unmittelbaren Haftung

---

[93] Kusserow, S. 184 ff.; Huber, FS Fischer, S. 263, 286 ff.; Weimar, GmbHR 1988, 289, 296 ff.; Knoche, S. 134 ff.; Dregger, S. 79; Schultz, JuS 1982, 732, 736 ff.; Derwisch-Ottenberg, S. 67 ff.; Priester, ZIP 1982, 1141, 1151 ff.; Jäger, S. 205 ff.; ders., WiB 1996, 303, 304; Meyer-Landrut in Meyer-Landrut, § 11 Rdnr. 9; Scholz-Winter, (6. Aufl.), § 11 Rdnr.11; Binz, S. 218 ff., 231 ff.

[94] Kusserow, S. 184 ff.; Huber, FS Fischer, S. 263, 286 ff.; Weimar, GmbHR 1988, 289, 296 ff.; Knoche, S. 134 ff.

[95] Schultz, JuS 1982, 732, 736 ff.; Derwisch-Ottenberg, S. 67 ff.; Priester, ZIP 1982, 1141, 1151 ff.; Jäger, S. 205 ff.; ders., WiB 1996, 303, 304.

[96] Für die Vertreter, die nicht an eine Handelsregistereintragung anknüpfen: Huber, FS Fischer, S. 263, 288; Knoche, S. 133, 184 ff., der der Nichteintragung die Funktion einer auflösenden Rechtsbedingung für die vorläufige Haftungsfreistellung der Gründer zuweist; a.A.: Kusserow, S. 186 ff.; Weimar, GmbHR 1988, 289, 296 ff.; für die Vertreter, die an eine Handelsregistereintragung anknüpfen: Priester, ZIP 1982, 1141, 1151 f.; Schultz, JuS 1982, 732, 738; Jäger, S. 207 f.; Derwisch-Ottenberg, S. 67 ff., 80 ff., die aber für Verbindlichkeiten, die vor Anmeldung entstanden sind, einhellig eine unmittelbare unbeschränkte Haftung annehmen.

beruht dabei letztlich auf einer umfassenden Interessenabwägung, wonach die Interessen der Gründer während des Betreibens der Eintragung überwiegen, wogegen sie bei Scheitern der Eintragung zurücktreten.[97]

Die Begründungen für eine grundsätzlich ausgeschlossene persönliche Gründerhaftung divergieren. Auf die einzelnen Ansätze wird - aus Gründen der Übersichtlichkeit - erst später bei Würdigung dieser Meinungsgruppe eingegangen.

2) Beschränkte Außenhaftung

Der älteren Rechtsprechung des BGH folgend, nimmt ein Teil der Literatur eine beschränkte Außenhaftung der Vorgesellschafter an. Danach sollen die Gründer - orientiert an der Kommanditistenhaftung des § 171 I HGB - für Verbindlichkeiten der Vor-GmbH beschränkt auf ihre noch nicht geleistete Einlage haften.[98] Darüber hinaus wird teilweise dann noch eine subsidiäre Ausfallhaftung nach § 24 GmbHG angenommen.[99]

3) Unbeschränkte Innenhaftung

Das Modell einer unbeschränkten Innenhaftung in Form einer Verlustdeckungshaftung haben maßgeblich Stimpel, Meister und Lieb

---

[97] Vgl. Jäger, S. 48; Knoche, S. 76 ff.; Kusserow, S. 192 ff.; diesbezüglich auf Handelsregistereintragung abstellend: Derwisch-Ottenberg, S. 58 ff.; Schultz, JuS 1982, 732, 738.

[98] Baumbach-Hueck, § 11 Rdnr. 22; Rittner, § 364 f.; Maulbetsch, DB 1984, 1561, 1562; Schmidt-Leithoff in Rowedder, § 11 Rdnr. 31, 91 ff. (der in der 3. Aufl. einer unbeschränkten Innenhaftung aber nicht mehr abgeneigt ist). Ehemals diese Ansicht vertretend, nunmehr von einer unbeschränkten Innenhaftung ausgehend: Hüffer, JuS 1983, 161, 167 f. (Änderung in AktG § 41 Rdnr. 15); Lieb, DB 1970, 961, 966 f. (Änderung in FS Stimpel, S. 399, 400 ff.); Ulmer, ZGR 1981, 593, 600 ff. (Änderung in ZIP 1996, 733, 744 ff.); Hachenburg/Ulmer, § 11 (7. Aufl.), Rdnr. 61 (Änderung in 8. Aufl.); Fleck, ZGR 1975, 212, 228 (Änderung in GmbHR 1993, 551, wobei er aber letztlich offenläßt, ob die Gründerhaftung eine unbeschränkte oder eine auf die Einlage begrenzte Haftung darstellt).

[99] Schmidt-Leithoff in Rowedder, § 11 Rdnr. 94; Hachenburg-Ulmer, (7.Aufl.), § 11 Rdnr. 63; Maulbetsch DB 1984, 1561, 1562.

entwickelt.[100] Der BGH nahm in seiner neuen Entscheidung ausdrücklich Bezug auf dieses Haftungsmodell und dessen Begründung.[101] Im Rahmen der mit den Vorlagebeschlüssen einsetzenden Diskussion in der Literatur schlossen sich dann viele Autoren diesem Modell der unbeschränkten Innenhaftung an.[102] In ihrer Begründung dieses Haftungsmodelles stellten sie weitgehend auf die vom BGH aufgeführten Argumente ab.[103]

Innerhalb der Meinungsgruppe "unbeschränkte Innenhaftung" ist die Ausgestaltung des Verlustdeckungsanspruches (Höhe und Entstehungszeitpunkt) noch nicht abschließend geklärt. Insbesondere zur Frage des Entstehungszeitpunktes bzw. der Fälligkeit der Verlustdeckungshaftung werden die unterschiedlichsten Ansichten vertreten. Ursache dieser Meinungsvielfalt ist die widersprüchliche Äußerung des BGH in diesem Punkt, die von der Literatur unterschiedlich gedeutet wird. Einerseits sagt der BGH, dass die Verlustdeckungshaftung schon während des Bestehens der Vor-GmbH eingreife,[104] an anderer Stelle führt er aber aus, dass die Verlustdeckungshaftung erst mit Scheitern der Eintragung entstehe.[105] Nach einer Ansicht in der Literatur stellt die Verlustdeckungshaftung eine permanent gleitende Innenhaftung von der Aufnahme der geschäftlichen Betätigung bis zur Handelsregistereintragung dar. Mit Aufnahme der Geschäftstätigkeit entstünden sofort verwertbare Ansprüche der Vor-GmbH gegen die Vorgesellschafter.[106] Nach der Gegenansicht entsteht die Verlustdeckungshaftung erst, wenn die beabsichtigte Eintragung

---

[100] Stimpel, FS Fleck, S. 345 ff.; Meister, FS Werner, S. 521 ff.; Lieb, FS Stimpel, S. 399 ff.; ebenfalls bereits vor der BGH-Entscheidung darauf abstellend: Dreher, DStR 1992, 33, 35.
[101] BGH, ZIP 1997, 679 ff.; auch schon im Vorlagebeschluß BGH, ZIP 1996, 590 ff.
[102] Kort, ZIP 1996, 109 ff.; Ulmer, ZIP 1996, 733 ff.; Dauner-Lieb, GmbHR 1996, 82 ff.; Schütz, S. 145 ff.; ders., GmbHR 1996, 727 ff.; Gehrlein, NJW 1996, 1193; Wilken, WiB 1996, 18, 20; Monhemius, GmbHR 1997, 384 ff.; Goette, EWiR 1997, 849 f.; Sandberger, FS Fikentscher, S. 412 (aber nur für Fälle der Neugründung); Goette, DStR 1998, 179 ff.; 1998, 1132 f.; Fleischer, EWiR 1997, 463 f.; Gummert, DStR 1997, 1007 ff., 1611; Hartmann, WiB 1997, 66 ff.; Bork, EWiR 1998, 745 f.; Lutter, JuS 1998, 1073, 1076 ff.
[103] Siehe BGH, ZIP 1997, 679 ff.
[104] BGH, ZIP 1997, 679, 681.
[105] BGH, ZIP 1997, 679, 682.
[106] Meister, FS Werner, S. 521, 549; Ulmer, ZIP 1996, 733, 738; Schütz, S. 165 ff. (trotz des Erkennens des damit einhergehenden Problems der Prüfungszeitpunkte); ders., GmbHR 1996, 734; anders: Baumann, JZ 1998, 597, 598 ff., der eine permanente Verlustdeckungshaftung erst ab Handelsregisteranmeldung annimmt ("GmbH in Anwartschaft") und vorher eine gesamtschuldnerische Außenhaftung bejaht.

scheitert.[107] Unter Scheitern der Eintragung solle die freiwillige oder erzwungene, nach außen erkennbare, Aufgabe des Gründungszieles verstanden werden.[108] Als Fallgruppen für das Scheitern der Eintragung erkennt diese Ansicht dabei u.a. an: die Rücknahme des Eintragungsantrages, die Ablehnung der Eintragung durch das Registergericht, die Nichterfüllung der vom Registergericht gestellten Nachforderungen, die Ablehnung der Eröffnung des Insolvenzverfahrens durch das Insolvenzgericht sowie die Eröffnung der Insolvenz durch das Insolvenzgericht.[109] Gegen eine permanente Verlustdeckungshaftung bringt sie vor, dass diese zwingend die Festlegung von Prüfungszeitpunkten innerhalb des Gründungsstadiums voraussetze, um so zu diesen festgelegten Terminen ggf. bestehende Verluste der jeweils abgelaufenen Teilperiode feststellen zu können. Die Festsetzung solcher Termine könne aber nur rein willkürlich sein und sei sachlich nicht begründbar. Die Gründer seien so den betriebswirtschaftlichen Zufälligkeiten der Unternehmensentwicklung ausgeliefert.[110] Eine dritte Ansicht vertritt K. Schmidt, der die seines Erachtens bei der Vor-GmbH nicht in Betracht kommende Verlustdeckungshaftung als eine Haftung ansieht, die mit Scheitern der Eintragung bzw. Aufgabe der Gründungsabsicht entsteht und mit der Eröffnung des Insolvenzverfahrens oder dem Beginn der Liquidation fällig wird.[111]

Neben dem Entstehungszeitpunkt der Verlustdeckungshaftung ist auch deren Höhe umstritten. Nach einer Ansicht soll die Verlustdeckungshaftung der Höhe nach der Unterbilanzhaftung entsprechen. Die Gesellschafter seien verpflichtet, ein etwa geschmälertes Stammkapital wieder aufzufüllen. Begründet wird dies mit der dann bestehenden Lückenlosigkeit vor und nach Eintragung.[112] Nach der Gegenansicht verpflichtet die Verlustdeckungshaftung die Vorgesellschafter nur zum Ausgleich der Verluste, die über den Betrag des Stammkapitals

---

[107] Monhemius, GmbHR 1997, 384, 387 ff.; Kort, ZIP 1996, 109, 115; Dreher, DStR 1992, 33, 35; An, S. 165; Wiegand, BB 1998, 1065, 1067.
[108] Monhemius, GmbHR 1997, 384, 389; An, S. 169; Baumbach-Hueck, § 11 Rdnr. 26 ff.; Wiegand, BB 1998, 1065, 1067.
[109] Monhemius, GmbHR 1997, 384, 389; An, S. 169 ff.; Gummert, DStR 1997, 1007, 1010; Wiegand, BB 1998, 1065, 1067 f.
[110] Monhemius, GmbHR 1997, 384, 387 f.; An, S. 168 f.; Wiegand, BB 1998, 1065, 1067.
[111] K. Schmidt, ZIP 1996, 593, 594.
[112] Meister, FS Werner, S. 521, 549; Schütz, S. 154; ders.,GmbHR 1996, 727, 734; Brock, S. 69.

hinausgehen. Dies seien solche Verluste, die nach Berücksichtigung der noch zu erbringenden Einlage verbleiben. Eine erneute Aufbringung des Stammkapitals wie bei der Unterbilanzhaftung sei nicht erforderlich.[113] Die Verlustdeckungshaftung solle hinter der Unterbilanzhaftung um den Betrag des Stammkapitals zurückbleiben, da es nicht um die Deckung des Stammkapitals gehe, sondern nur um den Ausgleich der nach Abzug des Stammkapitals verbleibenden anderweitig nicht gedeckten Anlaufverluste. Die volle Stammkapitalausstattung sei erst im Zeitpunkt der Entstehung der GmbH erforderlich.[114]

Ein weiterer umstrittener Punkt unter den Vertretern, die eine unbeschränkte Innenhaftung bejahen, ist der, ob in bestimmten Ausnahmefällen ein unmittelbarer Zugriff der Gläubiger auf die Gesellschafter (Außenhaftung) möglich sei. Im Anschluß an den BGH wird dies von der Literatur wegen fehlender entgegenstehender Interessen weitgehend anerkannt: für eine Einmann-GmbH, für eine Vor-GmbH ohne weitere Gläubiger und für eine vermögenslose Vor-GmbH.[115] Als weiterer Ausnahmefall wird teilweise auch noch die Ablehnung des Insolvenzantrags mangels Masse genannt.[116] Umstritten bleibt dabei aber, ob diese unmittelbare Außenhaftung als anteilige oder als gesamtschuldnerische Haftung ausgestaltet ist.[117] Demgegenüber wird von manchen Vertretern einer Innenhaftung sogar jede Ausnahme vom Innenhaftungskonzept abgelehnt. Als Hauptargument bringen sie dabei vor, die Gläubiger hätten von den Durchgriffsvoraussetzungen und den Vermögensanteilen

---

[113] Stimpel, FS Fleck, S. 345, 363; Ulmer, ZIP 1996, 733, 738; Dauner-Lieb, GmbHR 1996, 82, 90; Kort, ZIP 1996, 109, 112; Gummert, DStR 1997, 1007 ff., 1611; Hachenburg-Ulmer, § 11 Rdnr. 95; Wiegand, BB 1998, 1065, 1069.

[114] Ulmer, ZIP 1996, 733, 738; Kort, ZIP 1996, 109, 115.

[115] Ulmer, ZIP 1996, 733, 735; Dauner-Lieb, GmbHR 1996, 82, 91; Kort, EWiR 1998, 123, 124; Hachenburg-Ulmer, § 11 Rdnr. 67 f.; Schütz, S. 176 (nur bezüglich "Vermögenslosigkeit"); Baumann, JZ 1998, 597, 601 f., der zusätzlich noch einen Durchgriff bei "Organisationsmißbrauch" bejaht (entsprechend der Grundsätze der Durchgriffslehre bei der eingetragenen GmbH).

[116] Ulmer, ZIP 1996, 733, 735; Ensthaler, BB 1997, 1209, 1211; Goette, DStR 1998, 179, 181; OLG Dresden, NZG 1998, 311 f.; offenlassend: LAG Hessen, GmbHR 1986, 785, 786; nur als Indiz für den Ausnahmefall "Vermögenslosigkeit" ansehend: BAG, ZIP 1997, 1546; LAG Hessen, GmbHR 1998, 782, 784.

[117] Für eine anteilige Außenhaftung: BAG, ZIP 1997, 682; BAG, GmbHR 1998, 40 (letztlich offenlassend): für eine gesamtschuldnerische Außenhaftung: Ensthaler, BB 1997, 1209, 1210 f.; LAG Hessen, GmbHR 1998, 782, 784; 785, 786.

innerhalb der Gesellschaft meist keine Kenntnis und seien so dem hohen Risiko einer kostenpflichtigen Klageabweisung ausgesetzt.[118]

4) Unbeschränkte Außenhaftung

Nach einem Teil der Literatur haften die Gründer für Verbindlichkeiten einer Vor-GmbH unbeschränkt persönlich im Wege einer akzessorischen und gesamtschuldnerischen Außenhaftung.[119] Teilweise wird im Fall des Konkurses der Vorgesellschaft aufgrund § 735 BGB analog bzw. § 93 InsO (analog) ausnahmsweise aber ein Innenausgleich zugelassen.[120]
Bezüglich der Argumente dieser Ansicht, die hinsichtlich des Haftungsumfanges denen der unbeschränkten Innenhaftung entsprechen, sei auch hier auf die spätere Diskussion verwiesen.

IV. Würdigung der Haftungsmodelle

1) Bestehen einer persönlichen Gründerhaftung

a) Fehlende Grundlagen für eine Gründerhaftung

Gegen eine persönliche Gründerhaftung wird vorgebracht, es fehle an einer rechtsgeschäftlichen oder gesetzlichen Grundlage.[121] Die

---

[118] Monhemius, GmbHR 1997, 384, 390 f.; Gummert, WiB 1997, 465 f.; Hartmann, WiB 1997, 66, 71.
[119] Flume, JurPers, § 5 III 3; Flume, DB 1998, 45, 46 ff.; Burkert, S. 50; Theobald, S. 111 ff.; v. Einem, DB 1987, 621, 623 f.; W.-H. Roth, ZGR 1984, 597, 626 ff.; K. Schmidt, GesR, § 34 III 3c); ders., ZIP 1996, 353 ff., 594; Wilhelm, FS Knobbe-Keuk, S. 321 ff.; ders., DB 1996, 461 ff.; ders., DStR 1998, 457 ff; Altmeppen, NJW 1997, 1509 ff.; Schwarz, ZIP 1996, 2005 ff.; Beuthien, ZIP 1996, 305, 315 ff.; ders., GmbHR 1996, 309 ff.; Beuthien/Radke AP 98, § 11, Nr. 11; Raiser/Veil, BB 1996, 1344, 1345 ff.; Ensthaler, BB 1997, 257 ff., 1209 ff.; Kleindiek, ZGR 1997, 427 ff.; Schöpflin, JR 1998, 106 f.; Michalski/Barth, NZG 1998, 525 ff., 724 f.
[120] K. Schmidt, ZHR 156 (1992), 93, 119 f.; ders., ZIP 1996, 353, 358 f., 593, 594; ders., ZIP 1997, 671, 673.
[121] Weimar, GmbHR 1988, 289, 296; Binz, S. 220; Kusserow, S. 192; Knoche, S. 141.

Geschäftsführer verträten weder die Gesellschafter persönlich, noch gebe es eine entsprechende gesetzliche Haftungsnorm.[122]

Dem läßt sich aber entgegnen, dass der Gesetzgeber das Recht der Vor-GmbH und dabei auch das Haftungsmodell nicht regeln wollte und diese Probleme der Rechtsprechung und Literatur zur Rechtsfortbildung überließ.[123]

b) § 13 II GmbHG analog

Das Fehlen einer persönlichen Gesellschafterhaftung in der Vor-GmbH wird häufig aus einer analogen Anwendbarkeit von § 13 II GmbHG im Gründungsstadium hergeleitet.[124] Begründet wird diese analoge Anwendung des § 13 II GmbHG u.a. mit der weitgehenden Verselbständigung der Vor-GmbH. Daraus könne und müsse die haftungsrechtliche Konsequenz zugunsten der Gesellschafter gezogen werden, indem man auch die Haftung am Recht der fertigen GmbH ausrichte.[125] Darüber hinaus stellen die Vertreter, die § 13 II GmbHG erst zum Zeitpunkt der Handelsregisteranmeldung zur Anwendung kommen lassen, darauf ab, dass bei einem ordnungsgemäßen Gründungsverfahren der Anmeldende einen Anspruch auf Eintragung habe; hieraus müsse sich bei der Anmeldung auch ein Anspruch auf Behandlung als juristische Person mit deren Haftungsstatut ergeben. Die Eintragung selbst habe nur bestätigende Wirkung.[126] Zudem dürfe der dem registergerichtlichen Prüfungsverfahren immanente Zeitfaktor mit den daran anknüpfenden Zufälligkeiten nicht zu Lasten der sich korrekt verhaltenden Gründer ausschlagen, sondern müsse zu Lasten des Rechtsverkehrs gehen, der sich wegen der eingehaltenen Eintragungsvoraussetzungen auf keine weitergehende Schutzwürdigkeit berufen könne.[127]

---

[122] Huber, FS Fischer, S. 263, 286; Binz, S. 224 ff.
[123] Siehe FN 2, 20.
[124] Für § 13 II GmbHG analog im ganzen Gründungsstadium der Vor-GmbH: Kusserow, S. 192 ff.; Dregger, S. 79; für § 13 II GmbHG analog erst ab dem Zeitpunkt der Handelsregistereintragung: Jäger, S. 208; ders., WiB 1996, 303, 304; Priester, ZIP 1982, 1141, 1151 ff.
[125] Jäger, S. 57, 128 ff.; ders., WiB 1996, 304.
[126] Jäger, S. 154, 208; ders., WiB 1996, 304; ebenfalls für einen Eintragungsanspruch: Schultz, JuS 1982, 732, 738 f.
[127] Jäger, WiB 1996, 304.

Eine Vorverlagerung des Haftungsausschlusses nach § 13 II GmbHG auf das Gründungsstadium der GmbH ist aber abzulehnen. Ansonsten bestünde die "GmbH" materiellrechtlich schon ab Abschluß des Gesellschaftsvertrages bzw. der Handelsregisteranmeldung. Dies wird aber durch § 11 I GmbHG ausdrücklich ausgeschlossen. Eine Vorverlagerung des § 13 II GmbHG auf das Gründungsstadium ist daher contra legem. Die Maßgeblichkeit des Eintragungszeitpunktes ist gesetzgeberischer Wille.[128] Der berechtigte Kern des § 13 II GmbHG besteht gerade darin, dass sich die Gesellschafter die Haftungsbeschränkung erst verdient haben, wenn die registergerichtliche Prüfung vollständig abgeschlossen ist. Denn durch die Eintragung ins Handelsregister wird die Einhaltung der für die Gründung geltenden normativen Bestimmungen dokumentiert und erst ab diesem Zeitpunkt wird den Gläubigern der ihnen zur Verfügung stehende Haftungsfonds erkennbar.[129] Mit § 13 II GmbHG kann folglich die Ablehnung einer persönlichen Haftung der Vorgesellschafter nicht begründet werden.

c) Gläubigerschutz in der Vor-GmbH

Die Vertreter, die eine persönliche Gründerhaftung ablehnen, begründen dies vor allem damit, dass im Gründungsstadium, insbesondere nach Handelsregisteranmeldung, bereits ausreichende Gläubigersicherungsinstrumente zur Verfügung stünden und es daher einer persönlichen Gesellschafterhaftung nicht mehr bedürfe.[130] Bereits mit Errichtung bzw. spätestens mit Handelsregistereintragung verfüge die Vor-GmbH über ein ausreichendes Mindestkapital von geleisteten Einlagen und Einlageforderungen.[131] Außerdem bestehe neben dem gesicherten Haftungsfonds der

---

[128] Vgl. BGH, ZIP 1997, 680; Stimpel, FS Fleck, S. 345, 354 f.; Lieb, FS Stimpel, S. 399, 412 f.; Sandberger, FS Fikentscher, S. 408; Schütz, GmbHR 1996, 727, 731, Dauner-Lieb, GmbHR 1996, 82, 87 f.; Hartmann, WiB 1997, 66, 72; Petersen, S. 27, 56 ff.; Michalski/Barth, NZG 1998, 525, 527.

[129] Vgl. LAG Köln, ZIP 1997, 1921, 1922; Hartmann, WiB 1997, 66, 71; Kleindiek, ZGR 1997, 427, 435; Bokelmann, WuB II. C. § 11 GmbHG; Michalski/Barth, NZG 1998, 525, 527.

[130] Kusserow, S. 186 ff.; Weimar, GmbHR 1988, 289, 295 f.; Knoche, S. 147 ff.; Binz, S. 219 f., 200 ff.

[131] Weimar, GmbHR 1988, 289, 295; Huber, FS Fischer S. 263, 267 f., der aber eine Pfändung der Einlageforderung im Gründungsstadium nicht zuläßt.

Vor-GmbH noch die Handelndenhaftung nach § 11 II GmbHG, die den Gläubigern zur Verfügung stünde.[132] Eine gemeinsame Haftung von Gesellschaftern und Handelnden sei nicht gerechtfertigt, da ein solcher Schutzmechanismus über das notwendige Maß hinausginge und dies eine Besserstellung der Vor-GmbH-Gläubiger gegenüber den Gläubigern einer eingetragenen GmbH bedeuten würde.[133] Darüber hinaus könnten im Gründungsstadium bereits die Vorschriften zur Kapitalaufbringung und -sicherung (§§ 19, 30 ff., 63 f. GmbHG) analog herangezogen werden.[134]

Inwieweit ein ausreichender Gläubigerschutz, der eine persönliche Gründerhaftung entbehrlich machen würde, in der Vor-GmbH tatsächlich vorliegt, wird im folgenden sowohl für den Zeitraum vor als auch nach Anmeldung zur Handelsregistereintragung untersucht.

(1) Kapitalaufbringung und -erhaltung vor Anmeldung zur Eintragung

(a) Allgemeines

Ob die Kapitalerhaltungsvorschriften der §§ 30 ff., 64 GmbHG auch schon bei der Vor-GmbH gelten, ist streitig.[135] Diese Frage braucht aber hier nicht entschieden zu werden, da es beim Gläubigerschutz im Gründungsstadium weniger um eine Frage der Kapitalerhaltung i.d.S. als vielmehr um eine der Kapitalaufbringung geht. Ohne entsprechende Kapitalaufbringung können Geschäftsverluste nicht aufgefangen werden; dann nützen auch die Kapitalerhaltungsvorschriften nichts.[136]

Daher stellt sich die Frage, ob die Kapitalaufbringung in der Vor-GmbH für einen ausreichenden Gläubigerschutz sorgt. Entspricht sie der Kapitalaufbringung in der eingetragenen GmbH, so ist dieser gegeben.

---

[132] Kusserow, S. 189; Knoche, S. 179 ff.; Derwisch-Ottenberg, S. 58 ff.; Schultz, JuS 1982, 732, 738.
[133] Derwisch-Ottenberg, S. 65 f.
[134] Weimar, GmbHR 1988, 289, 296; Kusserow, S. 202; Knoche, S. 160 ff.; für deren Geltung erst ab Handelsregisteranmeldung: Derwisch-Ottenberg, S. 58 ff.; Schultz, JuS 1982, 732, 738.
[135] Für ihre Geltung ab Abschluß des Gesellschaftsvertrages: Weimar, GmbHR 1988, 289, 295; Knoche, S. 160 ff.; Kusserow, S. 146; Schütz, S. 113 ff; Schäfer-Gölz, S. 172 ff.; für ihre Geltung ab Handelsregisteranmeldung: Jäger, S. 168 ff.; Priester, ZIP 1982, 1141, 1144 f.; Schultz, JuS 1982, 732, 735 f.; Derwisch-Ottenberg, S. 67 ff.; gegen jede Geltung in der Vor-GmbH: Altmeppen, NJW 1997, 1509; Theobald, S. 104 ff.
[136] Vgl. Dauner-Lieb, GmbHR 1996, 82, 89; Schütz, GmbHR 1996, 727, 730.

In der Phase vor Stellung des Eintragungsantrages bleibt die Kapitalaufbringung in der Vor-GmbH aber hinter der in der eingetragenen GmbH zurück, da den Gläubigern vor Handelsregisteranmeldung regelmäßig keine zur Befriedigung ihrer Ansprüche effektiv vorhandene Haftungsmasse im Vermögen der Vor-GmbH zur Verfügung steht. Denn bis unmittelbar vor Anmeldung zur Handelsregistereintragung müssen die Gesellschafter noch keine Einlagen in das Gesellschaftsvermögen leisten. Erst zum Zeitpunkt der Anmeldung muß nach § 7 II GmbHG die zu leistende Mindesteinlage eingezahlt sein; an einer gesetzlich normierten früheren Einzahlungspflicht fehlt es.

(b) Pfändung der Stammeinlageverpflichtung

Für eine äquivalente Gläubigersicherung im Stadium vor Handelsregisteranmeldung könnten die - schon mit Errichtung des Gesellschaftsvertrages entstandenen - Stammeinlageverpflichtungen sorgen, dies insbesondere, wenn eine Pfändung der von den Gründern noch nicht erbrachten Bareinlageverpflichtungen möglich wäre.[137]

Eine solche Pfändbarkeit der Einlageverpflichtungen im Gründungsstadium wird teilweise bejaht[138], teilweise grundsätzlich verneint.[139] Die besseren Argumente sprechen dabei für eine grundsätzliche Unpfändbarkeit der Einlageverpflichtung.

Zweck der Stammeinlagen ist es, als Kapitalbasis der eingetragenen GmbH tatsächlich zur Verfügung zu stehen. Das Gesellschaftsvermögen als gemeinsamer Haftungsstock aller Gläubiger soll zunächst einmal, d.h. zumindest zum Zeitpunkt der Handelsregistereintragung, allen Gläubigern zur Verfügung stehen. Dieser Rechtsgedanke kommt in § 19 II GmbHG zum Ausdruck.[140] Folge dieser Zweckbestimmung der Stammeinlagen als Kapitalbasis der eingetragenen GmbH ist es, dass sie tatsächlich dem Vermögen der Gesellschaft zugute kommen müssen. Eine Pfändbarkeit der Stammeinlageverpflichtung im Gründungsstadium ist daher grundsätzlich nicht möglich.

---

[137] So Binz, S. 204 ff.
[138] Binz, S. 204 ff.; Schütz, S. 104 ff.; Weimar, GmbHR 1986, 289, 295.
[139] Huber, FS Fischer, S. 263, 286 f.; Knoche, S. 155 f.; Theobald, S. 98 ff.
[140] Vgl. Theobald, S. 99; Huber, FS Fischer, S. 263, 287.

In den Fällen, in denen der Anspruch des pfändenden Gläubigers gegen die Gesellschaft der Einlagverpflichtung gleichwertig ist,[141] könnte man ausnahmsweise an die Zulässigkeit einer Pfändung denken, wie dies auch von der h.M. bei der eingetragenen GmbH[142] angenommen wird.[143] Da eine Einlagepfändung i.d.R. erst dann vorgenommen wird, wenn die Vor-GmbH ihre Verbindlichkeiten nicht mehr erfüllen kann, kommt aber einer solchen Ausnahme praktisch keine Bedeutung zu.

Für das Ergebnis einer (grundsätzlichen) Unpfändbarkeit der Stammeinlageverpflichtungen spricht ergänzend, dass dies von der h.M. für die eingetragene GmbH[144] entsprechend vertreten wird. Wenn schon in der eingetragenen GmbH, wo zumindest das Mindestkapital bereits aufgebracht sein muß und die registergerichtliche Prüfungskontrolle durchlaufen wurde, die Stammeinlage grundsätzlich unpfändbar ist, so muß dies zum Schutz aller Gläubiger erst recht in der Vor-GmbH gelten. Eine Pfändbarkeit der Stammeinlageverpflichtung ist somit in der Vor-GmbH abzulehnen.

Als Ergebnis für die Phase vor Handelsregisteranmeldung läßt sich feststellen, dass die Stammeinlageverpflichtung der Gesellschafter keinen ausreichenden Gläubigerschutz in der Vor-GmbH gewährleistet. Aufgrund ihrer grundsätzlichen Unpfändbarkeit können die Gläubiger darauf nicht zurückgreifen. Sie bietet so keine Kompensation für die erst unmittelbar vor Anmeldung zum Handelsregister erforderliche tatsächliche Aufbringung der Mindesteinlagen (§ 7 II, III GmbHG).

Selbst wenn man eine Pfändbarkeit angenommen hätte, hätte dies wegen der fehlenden Publizität in der Vor-GmbH trotzdem nicht für einen ausreichenden Gläubigerschutz gesorgt. Die Gläubiger wären in diesem Fall aufgrund der i.d.R. für sie nicht zu erkennenden Höhe des Stammkapitals, der Anzahl und der Namen der Vorgesellschafter und - entscheidend -

---

[141] Damit ist gemeint, dass der Anspruch des Gläubigers fällig ist und darüber hinaus die GmbH in der Lage ist, alle fälligen Gesellschaftsschulden in voller Höhe zu bezahlen, d.h. die Gesellschaft durch die Einziehung der Einlageforderung seitens des Gläubigers nur den Einsatz von liquiden Mitteln erspart (vgl. OLG Hamm, GmbHR 1992, 370 f.; Bayer, ZIP 1989, 8, 9; Huber, FS Fischer, S. 263, 286 f.)

[142] RGZ 55, 352; 133, 81; BGHZ 53, 71 ff.; 69, 282; BGH, NJW 1992, 2229; OLG Hamm, GmbHR 1992, 370; OLG Celle, GmbHR 1992, 371; Baumbach-Hueck, § 19 Rdnr. 31; Scholz-Schneider, § 19 Rdnr. 150; Roth/Altmeppen-Roth, § 19 Rdnr. 12; Bayer, ZIP 1989, 8, 9; a.A.: Volmer, GmbHR 1998, 579, 580; K. Schmidt, ZHR 157 (1993), 291 ff., die eine Pfändung immer ohne jede Einschränkung zulassen.

[143] Vgl. Huber, FS Fischer S. 263, 287.

[144] Siehe Ansichten unter FN 142.

der jeweils übernommenen Stammmeinlagen bei der Pfändung unkalkulierbaren Problemen und Risiken ausgesetzt.

(2) Kapitalaufbringung zwischen Anmeldung zur Eintragung und Eintragung ins Register

In der Phase zwischen Handelsregisteranmeldung und -eintragung könnte - wegen der dann bereits aufgebrachten Mindesteinlage - eine ausreichende Kapitalaufbringung, die für eine äquivalente Gläubigersicherung wie bei der GmbH sorgt, gegeben sein. Es könnte eine kapitalmäßige Kontinuität zwischen der Vor-GmbH ab Anmeldung und der eingetragenen GmbH vorliegen.

(a) Pflicht zur kapitalmäßigen Vollausstattung

Gegen eine kapitalmäßige Kontinuität wird eingewendet, dass erst mit Eintragung die Pflicht zur kapitalmäßigen Vollausstattung entstünde. Begründet wird dies damit, dass mit Eintragung der GmbH die Resteinlage fällig werde und ein effektiv aufgebrachtes Kapital, vor allem aus Gläubigerschutzgründen, dringend erforderlich sei.[145]

Diesem Einwand kann nicht gefolgt werden, da mit Eintragung ins Handelsregister die Resteinlagen nicht automatisch fällig werden. Einlageforderungen, deren Fälligkeit im Gesellschaftsvertrag für einen Zeitpunkt nach Eintragung vereinbart wurde, würden vollkommen ausser Acht gelassen und es würde so der Wille dieser Gesellschafter bezüglich des Fälligkeitszeitpunktes ohne jede gesetzliche Voraussetzung umgangen. Darüber hinaus kann bei einem im Gesellschaftsvertrag fehlenden Fälligkeitszeitpunkt nicht von einer automatischen Fälligkeit zum Eintragungszeitpunkt ausgegangen werden.[146] Dies würde mit den §§ 45, 46 Nr.2 GmbHG kollidieren, die Ausdruck der Finanzierungs- und

---

[145] So Schütz, S. 108 f.
[146] So auch die wohl h.M.: Hachenburg-Ulmer, § 19 Rdnr. 7; Rowedder in Rowedder, § 19 Rdnr. 18 (entgegen Vorauflage); Baumbach-Hueck, § 19 Rdnr. 14 f.; Lutter/ Hommelhoff, § 19 Rdnr. 14; a.A.: RGZ 76, 434, 438; 83, 370, 375; 149, 294, 300; Schütz, S. 52 ff. (generelle Fälligkeit zum Eintragungszeitpunkt); Scholz-Schneider, § 19 Rdnr. 9 ff. (Fälligkeit zum Eintragungszeitpunkt nur ausnahmsweise bei Liquiditätsengpaß und bei Unterbilanz).

Dispositionsfreiheit der Gesellschafter sind. Selbst wenn man bei fehlender gesellschaftsvertraglicher Vereinbarung von einer Fälligkeit zum Eintragungszeitpunkt ausginge, könnte man daraus noch keine kapitalmäßige Vollausstattung folgern. Die Fälligkeit der Forderung allein bedeutet noch nicht, dass das Kapital zu diesem Zeitpunkt tatsächlich aufgebracht ist, also den Gläubigern effektiv zur Verfügung steht.

Der Begründung einer "Pflicht zur kapitalmäßigen Vollaufbringung" im Eintragungszeitpunkt über eine automatisch eintretende Fälligkeit der Resteinlageforderungen ist also nicht zu folgen. Insofern könnte man von einer kapitalmäßigen Kontinuität zwischen der Vor-GmbH ab Anmeldung und entstandener GmbH sprechen.[147]

(b) Fehlende Unterbilanzhaftung

Die Ablehnung "der Pflicht zur kapitalmäßigen Vollausstattung" bedeutet aber noch nicht, dass in der Vor-GmbH ab Anmeldung eine genauso effektive Kapitalaufbringung und ein entsprechender Gläubigerschutz gewährleistet ist wie bei der eingetragenen GmbH. Bei der eingetragenen GmbH tritt im Zeitpunkt der Eintragung die unbeschränkte Unterbilanzhaftung hinzu, die durch eine gegebenenfalls eintretende interne Haftung der Gesellschafter gewährleistet, dass das Gesellschaftsvermögen im Zeitpunkt der Eintragung mindestens die Höhe des Stammkapitals aufweist.[148] Ein entsprechender Gläubigerschutz fehlt in der Vor-GmbH, wenn man von einer persönlichen Nichthaftung der Vorgesellschafter ausgeht. Da die Unterbilanzhaftung an den Eintragungszeitpunkt anknüpft und nicht an den früheren der Anmeldung,[149] kann diese Haftung in der Vor-GmbH noch nicht zur Anwendung kommen.

Von einer kapitalmäßigen Kontinuität zwischen der Vor-GmbH ab Handelsregisteranmeldung und einer eingetragenen GmbH kann folglich schon aus diesem Grund nicht gesprochen werden.

---

[147] So auch Theobald, S. 97; Derwisch-Ottenberg, S. 52; ausdrücklich ablehnend: Knoche, S. 153, der die effektive Kapitalausstattung im Zeitpunkt der Handelsregisteranmeldung als besser ansieht als nach Handelsregistereintragung.
[148] Bezüglich der Rechtsnatur und Ausgestaltung der Unterbilanzhaftung im GmbH-Recht sei auf die ausführliche Begründung und Herleitung (mit zahlreichen Literaturnachweisen) verwiesen unter IV. 3f) (2)(a).
[149] Siehe entsprechende Ausführungen unter IV. 3f) (2)(b).

(c) Fehlende registergerichtliche Eintragungskontrolle

Neben der grundsätzlichen Unpfändbarkeit der Stammeinlageverpflichtung in der Vor-GmbH besteht in dem Fehlen des Kontrollmechanismus der registergerichtlichen Eintragungskontrolle, die erst an den Zeitpunkt der Handelsregistereintragung anknüpft, das wesentlichste Gläubigerschutzdefizit vor Handelsregisteranmeldung. Erst im Verlauf der Gründungsprüfung durch das Registergericht wird festgestellt, ob die normativen Gründungsbestimmungen, wie z.B. die richtige Bewertung der Sacheinlagen oder die wertmäßige Erhaltung des Stammkapitals,[150] auch wirklich erfüllt worden sind.[151] Stellt das Registergericht fest, dass diese Voraussetzungen bei der Eintragungsanmeldung nicht bestanden, hat es nach § 9c GmbHG die Handelsregistereintragung abzulehnen; dies ist sogar für den Fall anzuerkennen, dass die Ablehnungsgründe erst nach Anmeldung eintreten.[152]

Folglich fehlt es in der Vor-GmbH, auch im Zeitraum zwischen Handelsregisteranmeldung und -eintragung, an einer ausreichend gesicherten Kapitalaufbringung entsprechend der in der eingetragenen GmbH.

---

[150] Eine nur wertmäßige Erhaltung des Stammkapitals für ausreichend haltend: Spiegelberger/Walz, GmbHR 1998, 761, 766; Scholz-Winter, § 8 Rdnr. 24; Schütz, S. 80; Theobald, S. 67; Roth, DNotZ 1989, 3, 9 f.; BGH, NJW 1992, 3000, 3002; a.A (für "Bardepotpflicht"): OLG Köln, GmbHR 1988, 227; BayObLG, GmbHR 1988, 215.
[151] Vgl. Theobald, S. 96 ff.; Schütz, S. 109; a.A.: Binz, S. 206 ff.
[152] So auf den Eintragungszeitpunkt abstellend (h.M.): OLG Hamm, DB 1993, 86; OLG Düsseldorf, NJW-RR 1998, 898 f.; Meister, FS Werner, S. 521, 534 ff.; Raiser, S. 160 ff.; Roth, DNotZ, 1989, 3, 8 f.; Schütz, S. 78 ff.; ders., GmbHR 1996, 727, 730 f.; Dauner-Lieb, GmbHR 1996, 82, 88; Spiegelberger/Walz, GmbHR 1998, 761, 766; BGHZ 80, 129, 136 ff., und BGHZ 80, 182, 184 (dahingehend, aber nicht ganz eindeutig); a.A. (nur den Anmeldungszeitpunkt als maßgebend auffassend): Knoche, S. 154; Hachenburg-Ulmer, § 7 Rdnr. 57, § 9c Rdnr. 32; § 11 Rdnr. 91 f.; Scholz-Winter, § 9c Rdnr. 24; Lutter/Hommelhoff, § 7 Rdnr. 15. Eine solche Eintragungskontrolle bedeutet aber nicht, dass das Registergericht sie unmittelbar vor Eintragung auf das genaueste noch einmal zu überprüfen hätte, denn dies ginge an der Rechtspraktikabilität vorbei. Erhält das Gericht jedoch Kenntnis oder vermutet es, dass die Voraussetzungen einer ordnungsgemäßen Errichtung nun vor Eintragung nicht mehr gegeben sind, hat die registergerichtliche Prüfung noch einmal zu erfolgen, was dann gegebenenfalls zu einer Ablehnung der Eintragung führt.

(3) Handelndenhaftung/ fehlende Publizität

Das aufgezeigte Kapitalaufbringungsdefizit in der Vor-GmbH kann nicht durch die Handelndenhaftung nach § 11 II GmbHG behoben werden,[153] da die Handelndenhaftung nur bei rechtsgeschäftlichem Handeln, nicht aber bei gesetzlichen Verbindlichkeiten zur Anwendung kommt.

An einem ausreichenden Gläubigerschutz in der Vor-GmbH mangelt es zudem deshalb, weil vor Eintragung die Publizität über das Handelsregisters fehlt und die Gläubiger so keinen Einblick in den ihnen zur Verfügung stehenden Haftungsfonds und die Gesellschafterliste (nach § 40 GmbHG) haben. Die Belange der Gläubigersicherung verlangen daher neben einem möglicherweise nicht ausreichenden Vermögen der Vor-GmbH und der Handelndenhaftung nach § 11 II GmbHG das Hinzutreten einer persönlichen Haftung der Gründer.

(4) Ausnahmsweise Zulassung einer unbeschränkten Haftung

Ein Großteil der Vertreter, die eine persönliche Gründerhaftung grundsätzlich ablehnen, nimmt ausnahmsweise eine unmittelbare und unbeschränkte Vorgesellschafterhaftung an, wenn die Eintragung der Vor-GmbH scheitert, so z.B. bei Liquidation oder im Insolvenzverfahren.[154]

Gegen diese Auffassung ist zunächst einzuwenden, dass deren Vertreter inkonsequent handeln. Wenn die Vorgesellschafter wegen eines ausreichenden Gläubigerschutzes grundsätzlich persönlich nicht haften sollen, dann müßte dies auch im Extremfall der Insolvenz oder der Liquidation gelten.[155] Dadurch, dass sie in solchen Fallgruppen eine unbeschränkte Außenhaftung annehmen wollen, zeigen sie gerade, dass es ohne eine persönliche Gründerhaftung an einem ausreichenden Gläubigerschutz in der Vor-GmbH fehlt.

Zudem kann man, wenn man in den Fällen des Scheiterns der Eintragung eine persönliche Gesellschafterhaftung annimmt, nicht mehr

---

[153] So aber Kusserow, S. 189; Knoche, S. 179 ff.; Derwisch-Ottenberg, S. 58 ff.; Schultz, JuS 1982, 732, 738.
[154] Siehe FN 96.
[155] Vgl. Dauner-Lieb, GmbHR 1996, FN 89; Dreßel, S. 66 f.

von einem Ausnahmefall sprechen. Diese Fälle des Scheiterns der Eintragung sind gerade die Konstellationen, in denen eine Gründerhaftung in der Praxis erst relevant wird. In den Fällen, in denen die Vor-GmbH zur Eintragung kommt, spielt die Gründerhaftung keine Rolle. Folglich müßte man bei dieser Ansicht eher von dem Grundsatz der unbeschränkten Haftung sprechen. Deren Vertreter sollten daher, wenn sie die Gläubigerproblematik im Fall des Scheiterns der Eintragung schon erkennen, konsequent handeln und eine persönliche Gründerhaftung in allen Fallkonstellationen zulassen, wobei aus ihrem Blickwinkel eine unbeschränkte Außenhaftung am nächsten läge.

Darüber hinaus entstehen mit einer Differenzierung nach dem Scheitern der Eintragung erhebliche Gläubigerrisiken, da die Gläubiger im Gründungsstadium einer GmbH i.d.R. keinen Einblick in die Gesellschaftsinterna haben. Für sie ist also meist nicht ersichtlich, ob nun - im Sinne dieser Ansicht - ein Fall des Scheiterns der Eintragung vorliegt oder nicht. Die Gläubiger würden sich folglich bei einer Klageerhebung erheblichen Prozess- und Kostenrisiken aussetzen, welche unzumutbar erscheinen.

Es zeigt sich, dass auch eine "ausnahmsweise" Zulassung einer unbeschränkten persönlichen Haftung im Falle des Scheiterns der Eintragung die Annahme einer "grundsätzlichen" persönlichen Nichthaftung nicht rechtfertigen kann.

d) Ergebnis

Die Belange einer ausreichenden Gläubigersicherung vor Handelsregistereintragung verlangen, dass die Vorgesellschafter einer Vor-GmbH für Verbindlichkeiten der Gesellschaft persönlich haften. Ansonsten würden die Gläubiger bei Vermögenslosigkeit der Vor-GmbH mangels ausreichender Kapitalaufbringung und -erhaltung im Gründungsstadium fast vollkommen schutzlos dastehen. Sie müßten allein das Solvenzrisiko der Vor-GmbH tragen. Da dieses Ergebnis im Hinblick auf eine gerechte Verteilung der Risiken im Gründungsstadium untragbar erscheint, ist es erforderlich, neben der Vor-GmbH auch die Vorgesellschafter persönlich haften zu lassen.

2) Zustimmung zur Geschäftsaufnahme

Es stellt sich die Frage, ob als einschränkende Voraussetzung für die notwendige persönliche Haftung der Vorgesellschafter erforderlich ist, dass diese der vorzeitigen Geschäftsaufnahme zugestimmt haben.

Sowohl bei einer Unterbilanzhaftung[156] als auch bei einer Gründerhaftung vor Eintragung, gleich, ob eine Außen- oder Innenhaftung favorisiert wird,[157] wird eine solche Voraussetzung teilweise angenommen. Begründet wird dies damit, dass erst eine übereinstimmende vorzeitige Geschäftsaufnahme die Risikozuweisung an die Vorgesellschafter legitimiere.[158] Es leuchte nicht ein, einen Vorgesellschafter, der einer Geschäftseröffnung vor Eintragung nicht zugestimmt habe, für die Folgen eigenmächtig vom Geschäftsführer abgeschlossener Verträge aufkommen zu lassen. Die Geschäftspartner seien über § 179 BGB ausreichend geschützt.[159]

Ausgangspunkt dieses Ansatzes ist, dass die Vertretungsmacht der Geschäftsführer, wie dies die wohl noch herrschende Ansicht annimmt,[160] auf gründungsnotwendige Geschäfte beschränkt sei und nur durch Entschließung aller Gesellschafter erweitert werden könne. Dies führe bei fehlender Zustimmung dazu, dass mangels ausreichender Vertretungsmacht der Geschäftsführer keine Verbindlichkeiten der Vor-GmbH und somit auch keine Haftung der Vorgesellschafter entstehe. Letztlich ist also diese Frage des Zustimmungserfordernisses originär eine Frage der Vertretung der Vor-GmbH und keine Frage der Gründerhaftung.

---

[156] BGHZ 80, 129, 139; 105, 300, 303; Dreßel, S. 37 ff.; Lutter/Hommelhoff, § 11 Rdnr. 6; Hachenburg-Ulmer, § 11 Rdnr. 26 f., 54 f., 85; Lutter, JuS 1998, 1073, 1075 f. ("de facto aber nur bei einer Bargründung").
[157] Schütz, S. 19; Goette, DStR 1998, 179; Kleindiek, ZGR 1997, 427, 434; Wiedemann, ZIP 1997, 2029, 2032; Dreßel, S. 37 ff.; K. Schmidt, OHG, S. 338; Wiegand, BB 1998, 1065, 1071; Michalski/Barth, NZG 1998, 525, 530; Schöpflin, JR 1998, 106, 107; so wohl auch: BGH, ZIP 1997, 679, 682.
[158] Kleindiek, ZGR 1997, 427, 434; Schütz, S. 25.
[159] Fleck, GmbHR 1983, 5, 9; Schütz, S. 25; Lutter/Hommelhoff, § 11 Rdnr. 6; Baumbach-Hueck, § 11 Rdnr. 10; Lutter, JuS 1998, 1073, 1076.
[160] BGHZ 80, 129, 139; 105, 300, 303; Baumbach-Hueck, § 11 Rdnr. 18; Hachenburg-Ulmer, § 11 Rdnr. 27, 55; Lutter/Hommelhoff, § 11 Rdnr. 6; Schütz, S. 23 ff.; Fleck, GmbHR 1983, 5, 8 f.; Ulmer, ZGR 1981, 593, 596 ff.; Wiegand, BB 1998, 1065, 1071; Krebs/Klerx, JuS 1998, 992 f.; a.A. für unbeschränkte Vertretungmacht gemäß § 37 II GmbHG: Scholz-K. Schmidt, § 11 Rdnr. 63; K. Schmidt, GesR, § 34 III 3b); Theobald, S. 29 ff.; Jäger, S. 205; An, S. 127 ff.; W.-H. Roth, ZGR 1984, 597, 608 f.; Binz, S. 141ff.; Dregger, S. 82.

Dem Erfordernis einer Zustimmung aller Vorgesellschafter zu einer vorzeitigen Geschäftsaufnahme im Gründungsstadium und somit auch zum Entstehen einer Gründerhaftung kann nicht gefolgt werden. Eine beschränkte Vertretungsmacht der Geschäftsführer ist nur bei rechtsgeschäftlich begründeten Verbindlichkeiten relevant. Bei gesetzlichen Verbindlichkeiten der Vor-GmbH, die auch von der Gründerhaftung erfaßt werden, ist der Umfang der Vertretungsmacht der Geschäftsführer dagegen irrelevant. Die Voraussetzungen einer Gründerhaftung sollten jedoch einheitlich sein, gleich, ob sie hinsichtlich rechtsgeschäftlicher oder gesetzlicher Verbindlichkeiten der Vor-GmbH zur Anwendung kommen.

Des Weiteren spricht gegen eine beschränkte Vertretungsmacht (auf gründungsnotwendige Geschäfte) und somit gegen ein Zustimmungserfordernis aller Vorgesellschafter, dass - nach der zu Recht erfolgten Aufgabe des Vorbelastungsverbotes[161] - eine Deckungsgleichheit des Gesellschaftszwecks von Vor-GmbH und GmbH anzuerkennen ist. Beide können in gleicher Weise nach außen wirtschaftlich (werbend) tätig werden. Eine Zustimmung der Gesellschafter zur Geschäftsaufnahme bedeutet keine Veränderung des Gesellschaftszwecks.[162]

Für eine unbeschränkte Vertretungsmacht kann zudem angeführt werden, dass Organe einer "werbenden Handelsgesellschaft", wie die Vor-GmbH eben eine ist, soweit ersichtlich, Dritten gegenüber ansonsten immer eine unbegrenzte Vertretungsmacht besitzen (z.B. §§ 37 II GmBHG, 82 I AktG, 27 II GenG, 126 II HGB).[163]

Darüber hinaus sprechen gegen ein Zustimmungserfordernis aller Vorgesellschafter vor allem noch Verkehrsschutzbedürfnisse. Im täglichen Rechtsverkehr ist nicht erkennbar, ob eine Zustimmung der Gründer zur Geschäftsaufnahme vorliegt oder nicht. Es würde zu erheblichen Rechtsunsicherheiten führen, wenn den Vorgesellschaftsgläubigern die fehlende Zustimmung zur Geschäftsaufnahme einer Gründerhaftung entgegenhalten werden könnte, obwohl dies für sie nicht erkennbar ist.[164] Die vermeintlichen "Vorgesellschaftsgläubiger" würden so bei jeder Geltendmachung von "Vorgesellschaftsverbindlichkeiten", sei es gegen die

---

[161] Zur gerechtfertigten Aufgabe des Vorbelastungsverbotes mit den dementsprechenden Argumenten siehe BGH, ZIP 1981, 394, 396 f.; An, S. 85; Schütz, S. 40; Gehrlein, DB 1996, 561, 563, und die Ausführungen unter IV. 3f)(2)(a).
[162] Vgl. K. Schmidt, GmbHR 1987, 79 f., 84; ders.,GesR, § 11 IV 2b), § 34 III 3b); Scholz-K. Schmidt, § 11 Rdnr. 26; Theobald, S. 19 ff., 23 ff., 31, 35.
[163] Vgl. Theobald, S. 26; Wiedemann, JurA 1970, 439, 455; Binz, S. 143.
[164] Vgl. An, S. 175 f.; Weimar, GmbHR 1988, 289, 292.

Vorgesellschafter oder die Vor-GmbH selbst, erheblichen Risiken ausgesetzt, wie z.B. dem Risiko einer kostenpflichtigen Klageabweisung. Zuzugeben ist zwar, dass auch bei Ablehnung des Zustimmungserfordernisses immer noch Risiken für den Rechtsverkehr bestehen bleiben. So muß ein Geschäftspartner einer Vor-GmbH das Risiko tragen, ob der für die Vor-GmbH Auftretende überhaupt Geschäftsführer ist. Dieses Problem für den Rechtsverkehr besteht aber nicht nur bei der Vor-GmbH, sondern immer im Vertretungsrecht. Außerdem ist es für einen mit der Vor-GmbH Kontrahierenden i.d.R. viel einfacher zu ermitteln, ob ein für die Vor-GmbH Auftretender Geschäftsführungsbefugnis besitzt, als herauszufinden, ob alle Gesellschafter der Aufnahme der Geschäftstätigkeit zugestimmt haben. Die Vorgesellschafter stehen weiterhin auch nicht ganz schutzlos da, da sie in den Fällen, in denen die Geschäftsführer ohne Vertretungsmacht handeln, unter Umständen durch die Grundsätze über den Mißbrauch der Vertretungsmacht geschützt werden.[165] Zudem besteht auch die Möglichkeit, beim Geschäftsführer Regress zu nehmen, wenn er trotz fehlender Zustimmung der Gesellschafter (im Innenverhältnis) Geschäfte getätigt hat. Das Erfordernis der Zustimmung der Vorgesellschafter zur Geschäftsaufnahme als Voraussetzung einer Gründerhaftung ist folglich, vor allem aus Gründen des Verkehrsschutzes, abzulehnen.

Voraussetzung für eine Gründerhaftung ist allein, dass die Vor-GmbH wirksam verpflichtet wurde und die Inanspruchgenommenen zum Zeitpunkt der Inanspruchnahme noch Vorgesellschafter (Gründer) sind.

3) Umfang der Gründerhaftung

a) Analogie zu §§ 171, 176 HGB

Die Vertreter einer - auf die noch nicht geleistete Einlage - beschränkten Gründerhaftung ziehen als eine Begründung ihrer Ansicht eine Analogie zu den §§ 171, 176 HGB heran.[166]

---

[165] Vgl. An, S. 175; Weimar, GmbHR 1988, 289, 292.
[166] Ulmer, ZGR 1981, 593, 610, 613; Paul, NJW 1947/48, 417, 418; Dehoff, S. 73.

Um eine solche Analogie bejahen zu können, müßten eine planwidrige Regelungslücke und eine gleichartige Interessenlage bestehen. Teilweise wird bereits das Bestehen einer Regelungslücke verneint.[167] Auf jeden Fall fehlt es an einer gleichartigen Interessenlage in der Vor-GmbH und in der KG. In der KG haftet neben den Kommanditisten zumindest noch ein Gesellschafter als Komplementär unbeschränkt persönlich. Liegt eine GmbH & Co. KG vor, haftet neben dem Kommanditisten wenigstens immer noch die eingetragene GmbH mit ihrem Vermögen. In der Vor-GmbH gibt es hingegen kein hinreichendes Äquivalent für diese Komplementärhaftung. Die unbeschränkte Handelndenhaftung nach § 11 II GmbHG reicht dazu nicht aus, da sie nur für rechtsgeschäftliche Verbindlichkeiten gilt und nicht für gesetzliche.[168] Daher kann eine beschränkte Haftung nicht auf eine Analogie zu §§ 171, 176 HGB gestützt werden.

b) Abhalten von der Gründung einer GmbH

Die Vertreter einer beschränkten Gründerhaftung wenden außerdem gegen eine unbeschränkte persönliche Haftung der Vorgesellschafter ein, dass diese untragbare wirtschaftliche Folgen habe und so von der Wahl der Rechtsform GmbH abschrecke.[169]

Diese Argumentation geht aber fehl. Denn wer das Risiko von Anlaufverlusten bis zum Zeitpunkt der Eintragung nicht übernehmen will, ist dazu nicht gezwungen. Er kann erst nach Eintragung der GmbH ins Handelsregister mit der Geschäftsaufnahme beginnen. Auch würde in den Fällen der erfolgreichen GmbH-Gründung das unbeschränkte Verlustrisiko über den Umweg der Unterbilanzhaftung doch wieder die Gesellschafter treffen.[170]

---

[167] So K. Schmidt, GesR, § 34 III 3c.
[168] Vgl. Beuthien, GmbHR 1996, 309, 310; An, S. 158 f.; Wilhelm, DB 1996, 461, 462 f.; Schütz, S. 140; Jäger, S. 22 ff.
[169] Kort, ZIP 1996, 109, 113; Ulmer, ZIP 1996, 733, 738; Baumann, JZ 1998, 597 f.
[170] Vgl. Hartmann, WiB 1997, 66, 68.

c) Haftungsbeschränkung durch Firmierung

Als Hauptargument für eine beschränkte Haftung wird darüber hinaus vorgebracht, durch das Auftreten des Geschäftsführers für eine "GmbH" oder "GmbH i.G." komme regelmäßig der Wille zu einer derartigen Haftungsbegrenzung zum Ausdruck. Dadurch werde für die Vertragspartner erkennbar, dass die Vertretungsmacht und die ihr entsprechenden Vertragserklärungen des Geschäftsführers darauf beschränkt seien, die Gesellschaft bis zur Höhe ihrer Einlage zu verpflichten. Dem Geschäftspartner einer Vor-GmbH würde mit einer unbeschränkten Haftung der Gründer mehr gewährt als er legitimerweise erwarten könne.[171]

Dieser Argumentation kann aus vielerlei Gründen nicht gefolgt werden. Zum einen stellt sie nur auf rechtsgeschäftlich begründete Verbindlichkeiten ab. Auf gesetzliche Verbindlichkeiten, die meist sehr eng mit den rechtsgeschäftlichen Verbindlichkeiten verbunden sind, ist eine solche "rechtsgeschäftliche Begründung" nicht übertragbar. Zöge man daraus den Umkehrschluß für die gesetzlichen Verbindlichkeiten, käme man zu einem unterschiedlichen Haftungsumfang bei rechtsgeschäftlichen (beschränkte Haftung) und gesetzlichen Verbindlichkeiten (unbeschränkte Haftung). Da rechtsgeschäftliche und gesetzliche Verbindlichkeiten - wie z.B. Sozialverpflichtungen - meist in einem sehr engen Verhältnis zueinander stehen, wäre aber eine solche unterschiedliche Behandlung nicht einsichtig und interessengerecht. Der vorliegende Ansatz ist daher schon deshalb zu verwerfen, da er den Haftungsumfang für rechtsgeschäftliche und gesetzliche Verbindlichkeiten nicht einheitlich bestimmen und begründen kann.[172]

Darüber hinaus können die vorgebrachten Argumente nicht einmal eine Haftungsbeschränkung nur für rechtsgeschäftliche Verbindlichkeiten begründen. Dem bloßen Auftreten als "Vor-GmbH" bzw. "GmbH" kann kein Wille zur Haftungsbeschränkung entnommen werden. Die Annahme, der Wille der Gesellschafter ginge im Gründungsstadium auf eine beschränkte Haftung, ist reine Fiktion. Die Gesellschafter machen sich in der Regel darüber überhaupt keine Gedanken. Ihr Wille wäre zudem eher auf einen vollkommen persönlichen Haftungsausschluß wie bei der GmbH (nach § 13 II GmbHG) gerichtet als auf eine bloße

---

[171] BGHZ 65, 378, 382; 72, 45, 49; 80, 182, 184; Baumbach-<u>Hueck</u>, § 11 Rdnr. 22; <u>Maulbetsch</u>, DB 1984, 1561, 1562.

[172] Vgl. <u>Raiser/Veil</u>, BB 1996, 1344, 1346; <u>Ensthaler</u>, BB 1997, 257, 258; <u>An</u>, S. 149.

Haftungsbeschränkung.[173] Auch wenn man einen "Willen zur Haftungsbeschränkung" annehmen würde, könnte er für sich noch zu keiner derartigen Haftungsbeschränkung führen. Die Haftungssystematik hat sich nicht an dem Willen der Gesellschafter zu orientieren, sondern an dem Willen des Gesetzgebers und den Bedürfnissen des Rechtsverkehrs.

Das bloße Auftreten unter der Firmenbezeichnung "GmbH" führt zudem noch keine automatische Haftungsbeschränkung der Gesellschafter herbei. Sie besagt nur, um welchen Gesellschaftstypus es sich möglicherweise handelt. Über die Haftung für den Fall, dass diese Bezeichnung verfehlt ist, wird damit nichts ausgesagt. Sonst wäre bei jeder Gesellschaft (z.B. OHG, GbR), nur wenn sie unter der falschen Bezeichnung "GmbH" auftreten würde, eine Haftungsbeschränkung gegeben, ohne dass sie die Voraussetzungen, die eine solche Haftungsbegrenzung erfordert (z.B. ausreichende Kapitalaufbringung), erfüllt. Eine bloße Gesellschaftsbezeichnung "GmbH" beinhaltet daher keine automatische haftungsrechtliche Konsequenz.[174] Die Tatsache allein, dass eine Gesellschaft nach außen hin als "GmbH" auftritt, kann daher für die Annahme einer Haftungsbeschränkung nichts aussagen.

Der Zusatz "Vor-" bzw. "i.G" legt nur offen, dass sich die Gesellschaft noch im Vorstadium befindet. Über Art, Inhalt und Umfang der Vorgesellschafterhaftung und den Willen der Gesellschafter diesbezüglich sagt dieser Zusatz nichts aus. Für den Vertragspartner ergibt sich daraus auch noch kein Vertrauen in eine beschränkte Haftung der Gesellschafter, zumal in der Praxis nicht ganz unbekannt sein dürfte, dass die Frage der Gründerhaftung sehr umstritten ist.[175] Eine Haftungsbeschränkung ergibt sich erst dann, wenn eine solche zwischen den Vertragsparteien individuell vereinbart wurde.[176]

Des Weiteren kann eine Haftungsbeschränkung der Gründer schon deshalb nicht auf eine hinreichende Warnung der Gläubiger durch Firmierung oder einen entsprechenden Willen der einzelnen Gesellschafter gestützt werden, da es hierbei nicht um eine rechtsgeschäftliche Verpflichtung der Gründer geht - nur die Vor-GmbH wird rechtsgeschäftlich

---

[173] Vgl. Flume, FS v. Caemmerer, S. 526; Jäger, S. 22; Schütz, S. 128.
[174] Vgl. Flume, JurPers, S. 165; Schütz, S. 128 f.; An, S. 159.
[175] Zu denken ist dabei insbesondere an die notarielle Beratung bei Abschluß eines Gesellschaftsvertrages.
[176] Vgl. Beuthien, ZIP 1996, 309, 317. So nun entsprechend für die GbRmbH höchstrichterlich entschieden (BGH NJW 1999, 3483 ff.).

verpflichtet -, sondern um die Haftung der Gründer für die Verbindlichkeiten der Vorgesellschaft.[177]

Es läßt sich somit feststellen, dass auch das dritte und letzte Argument der Vertreter einer beschränkten Haftung, der Ansatz einer "Haftungsbeschränkung durch Firmierung", eine beschränkte Gründerhaftung nicht herleiten kann.

Obwohl dieses Ergebnis mittelbar für eine unbeschränkte Gründerhaftung spricht, muß eine solche Haftung erst noch positiv hergeleitet werden.

d) "Allgemeiner Haftungsgrundsatz"

Die Vertreter einer unbeschränkten Haftung leiten diesen Haftungsumfang vor allem aus allgemeinen Grundsätzen des bürgerlichen Rechts und des Handelsrechts her. Danach hafte derjenige, der als Einzelperson oder in Gemeinschaft mit anderen Geschäfte betreibt, für die daraus entstehenden Verpflichtungen unbeschränkt. Dieser Grundsatz gelte solange, wie er nicht durch Gesetz abgeändert werde - z.B. durch § 171 HGB oder § 13 II GmbHG - oder die Gesellschafter mit dem Vertragspartner keine vertragliche Beschränkung der Haftung herbeiführen. Angesichts dieser gesetzlichen Konzeption sei nicht etwa die Annahme einer unbeschränkten, sondern diejenige einer beschränkten Haftung begründungsbedürftig.[178]

Gegenstimmen verneinen hingegen einen solchen allgemeinen Grundsatz. Bei einer "unternehmenstragenden" Gesellschaft bürgerlichen Rechts, wenn man der herrschenden Lehre von der Doppelverpflichtung folge, und beim nichtrechtsfähigen Idealverein würden die Gesellschafter entgegen diesem "Grundsatz" nur beschränkt haften. Es könne also nicht

---

[177] So BGH, ZIP 1997, 679, 680; BGH, ZIP 1996, 590, 591; Stimpel, FS Fleck, S. 345, 360.

[178] BGH, ZIP 1997, 679, 680; Flume, JurPers, § 5 III 3; ders.,PersGes., § 16 IV 4; Stimpel, FS Fleck, S. 345, 360; John, S. 324 f.; Theobald, S. 82; W.-H. Roth, ZGR 1984, 597, 609 ff.; Wilhelm, FS Knobbe-Keuk, S. 238 ff.; ders., DStR 1998, 457, 458; Schöpflin, JR 1998, 106, 107; Ensthaler, BB 1997, 1209, 1210; Kleindiek, ZGR 1997, 427, 436; LAG Hessen, GmbHR 1998, 782, 784; Lutter, JuS 1998, 1073, 1077; Michalski/Barth, NZG 1998, 525, 527, 530; K. Schmidt, OHG, S. 323 ff.; ders, GesR, § 18 IV 1); ders, ZIP 1996, 353, 355, der diesen Grundsatz als "unternehmensrechtliches Prinzip der unbeschränkten Haftung" bezeichnet.

von einem allgemein gültigen Haftungsgrundsatz des bürgerlichen Rechts und des Handelsrechts gesprochen werden.[179]

Diesen Gegenstimmen ist insofern Recht zu geben, als aus dem Betreiben von Geschäften als Einzelperson oder als Gemeinschaft eine unbeschränkte Haftung nicht automatisch folgt. Wie bereits hinsichtlich der Gesamthandsgemeinschaften, hier besonders der Gesellschaft bürgerlichen Rechts, aufgezeigt wurde, ergibt sich die Haftungsstruktur nicht aus einem allgemeinen Grundsatz der unbeschränkten Haftung, sondern aus Sachgesichtspunkten in der einzelnen Gesellschaft.[180]

Dies bedeutet aber nicht, dass man im Ergebnis nicht zu einer unbeschränkten Haftung aller Personen und Gesellschaften, die Geschäfte betreiben, kommen kann. Nur ergäbe sich dies dann nicht aus einem allgemeinen Haftungsgrundsatz, sondern aus den einzelnen individuellen Sachgründen. Erst dann könnte man überhaupt von einem einheitlichen "Haftungsgrundsatz" sprechen.

Wer dagegen von einem "allgemeinen Haftungsgrundsatz" ausgeht und daraus die Ausgestaltung der einzelnen speziellen Haftungsstrukturen herleitet, setzt sich dem Einwand eines Zirkelschlusses aus. Der Grundsatz (unbeschränkte Haftung), der eigentlich zu beweisen wäre, wird vorausgesetzt, um damit die unbeschränkten Haftungen in den jeweiligen Gesellschaften, insbesondere in der Vor-GmbH, zu begründen. Ihrerseits dienten diese einzelnen Haftungen dann als Argument für das Bestehen des Grundsatzes der unbeschränkten Haftung.

Es zeigt sich, dass auf das von den Vertretern einer unbeschränkten Haftung herangezogene Argument eines entsprechenden Haftungsgrundsatzes im Bürgerlichen Recht und im Handelsrecht nicht abgestellt werden kann.

e) Abgrenzungsschwierigkeiten zur "unechten Vor-GmbH"

Für eine unbeschränkte Gründerhaftung in der echten Vor-GmbH wird darüber hinaus vorgebracht, sie vermeide ansonsten drohende

---

[179] Ulmer, ZIP 1996, 733, 737; Kort, ZIP 1996, 109, 113; Baumann, JZ 1998, 597, 598.
[180] Siehe entsprechende Ausführungen unter I. 2c)(2).

Abgrenzungsschwierigkeiten zur "unechten Vor-GmbH".[181]

Eine unechte Vor-GmbH liegt nach der ganz überwiegenden Meinung vor, wenn trotz formgerechten Gesellschaftsvertrages die Gründung einer GmbH von vornehrein nicht beabsichtigt war oder die Eintragungsabsicht später unter Fortsetzung der Tätigkeit aufgegeben wurde;[182] letzteres soll vor allem dann gelten, wenn die Eintragung ins Handelsregister nicht mehr ernsthaft betrieben wird, sei es, dass die Anmeldung nicht vorgenommen, der Eintragungsantrag zurückgenommen wird oder vom Registergericht monierte Eintragungshindernisse nicht beseitigt werden.[183] Ab dem Zeitpunkt der Fortsetzung der Tätigkeit nach Aufgabe der Eintragungsabsicht findet nicht mehr das Recht der Vorgesellschaften Anwendung, sondern je nach Ausgestaltung der Gesellschaft das Recht der Gesellschaft bürgerlichen Rechts oder der OHG.[184] Nach fast einhelliger Ansicht haften die Gesellschafter einer "unechten Vorgesellschaft" bei Betreiben eines Handelsgewerbes[185] als OHG nach § 128 HGB, sonst als BGB-Gesellschaft den Gesellschaftsgläubigern unbeschränkt und

---

[181] Baumbach-Hueck, § 11 Rdnr. 28 ff.; Hachenburg-Ulmer, § 11 Rdnr. 18 f.; Knoche, S. 57 ff.; Jäger, S. 27; Theobald, S. 133 f.; Petersen, S. 96; Dreßel, S. 64; Gehrlein, DB 1996, 561, 565; Kleindiek, ZGR 1997, 427, 445 ff.; Wilhelm, DStR 1998, 457, 459; Beuthien/Radke, AP 1998, § 11 Nr. 11; Michalski/Barth, NZG 1998, 525, 529.

[182] BFH, ZIP 1998, 1149, 1150; BAG, GmbHR 1998, 39, 40; BGHZ 80, 129, 142 f.; Baumbach-Hueck, § 11 Rdnr. 28; Hachenburg-Ulmer, § 11 Rdnr. 18 f.; Schütz, S. 84; Boujong, WiB 1997, 238, 240; Kort, ZIP 1996, 109, 111; Schwarz, ZIP 1996, 2005 f.; Bork, EWiR 1998, 745, 746; Saenger, EWiR 1999, 171 f.;Dehoff, S. 137; a.A.: Schultze-von Lasaulx, JZ 1952, 390, 394, der für das Entstehen einer "unechten Vorgesellschaft" allein die Aufnahme des Geschäftsbetriebs ausreichen läßt; Derwisch-Ottenberg, S. 52, der schon eine unvollständige Leistung einer Mindesteinlage für ausreichend hält.

[183] BFH, ZIP 1998, 1149, 1150; Baumbach-Hueck, § 11 Rdnr. 28; Knoche, S 59; Kunz, S. 37 f. Darüber hinaus ist umstritten, welche weiteren Kriterien zur Ermittlung einer Aufgabe des Eintragungswillens heranzuziehen sind (vgl. vor allem die Darstellung bei Schwarz, ZIP 1996, 2005, 2006).

[184] BFH, ZIP 1998, 1149, 1151; BAG, GmbHR 1998, 39, 40; Baumbach-Hueck, § 11 Rdnr. 29; Kort, ZIP 1996, 109, 111; Kohte, EWiR 1998, 373; Goette, DStR 1998, 179, 181.

[185] Nach Änderung des HGB durch das HRefG zum 1.8.1998 kommt es nicht mehr auf das Betreiben eines vollkaufmännischen Grundhandelsgewerbes i.S.d. § 1 II HGB a.F., sondern auf das Betreiben eines kaufmännischen Handelsgewerbes i.S.d. § 1 II HGB n.F. an.

unmittelbar für Neu- als auch Altverbindlichkeiten der Vorgesellschaft.[186]
Einer solchen Einordnung der Gesellschafterhaftung in der unechten Vor-GmbH ist zuzustimmen. Durch die Aufgabe der Eintragungsabsicht entfällt der Charakter als Vorstufe der von den Gründern angestrebten rechtsfähigen GmbH. Solche Gründergemeinschaften stellen dann keine "Vorgesellschaft" mehr dar. Sie haben sich den Haftungsregelungen der herkömmlichen, vom Gesetz für den Dauerbetrieb von wirtschaftlicher Betätigung zur Verfügung gestellten Gesellschaftstypen zu unterwerfen.[187] Sonst wäre es möglich, sich dauerhaft wirtschaftlich zu betätigen, ohne einer unbeschränkten Gesellschafterhaftung, wie sie bei der OHG und der Gesellschaft bürgerlichen Rechts existiert, oder der Aufbringungspflicht eines Haftungsfonds, wie bei den Kapitalgesellschaften, ausgesetzt zu sein. Dies würde Gläubigerschutzgesichtspunkten widersprechen. Dadurch, dass früher einmal die Handelsregistereintragung beabsichtigt war, kann eine haftungsmäßige Vergünstigung nicht gerechtfertigt werden. Die Gründer einer Gesellschaft würden gerade dazu eingeladen, bei geplanter wirtschaftlicher Betätigung eine Eintragungsabsicht im Gesellschaftsvertrag nur zum Schein abzugeben, um haftungsrechtlich besser dazustehen als in der OHG und in der Gesellschaft bürgerlichen Rechts. Nur wenn die Gesellschafter unmittelbar nach Aufgabe der Eintragungsabsicht die Vor-GmbH ordnungsgemäß auflösen und liquidieren, sind sie schutzwürdig. Dann waren sie nur in der Zeit wirtschaftlich tätig geworden, in der ihr Handeln auf die Handelsregistereintragung abzielte. Als Ergebnis läßt sich somit feststellen, dass die Gesellschafter einer unechten Vor-GmbH für Verbindlichkeiten der Gesellschaft unbeschränkt und unmittelbar haften.
Diese Einordnung der Gesellschafterhaftung in der unechten Vor-GmbH hat zur Folge, dass bei Annahme einer beschränkten Haftung in der echten Vor-GmbH es einer Abgrenzung beider Vorgesellschaftsformen bedarf.

---

[186] Baumbach-Hueck, § 11 Rdnr. 28; Hachenburg-Ulmer, § 11 Rdnr. 19; Knoche, S. 58; Theobald, S. 134; Nitschke, S. 148 f.; Kleindiek, ZGR 1997, 427, 446; Bork, EWiR 1998, 745, 746; Goette, DStR 1998, 179, 181; immer als OHG ansehend: Schütz, S. 84; a.A. LG Dresden EWiR 1999, 171 f., das bedenklicherweise danach differenziert, ob die Gesellschafter sich an der werbenden Tätigkeit beteiligt haben. Haben sie dies nicht, sollen sie nur einer unbeschränkten Innenhaftung ausgesetzt sein (dagegen mit guter Begründung: Saenger, EWiR 1999, 171, 172).

[187] Vgl. Baumbach-Hueck, § 11 Rdnr. 28; Hachenburg-Ulmer, § 11 Rdnr. 19; Kleindiek, ZGR 1997, 427, 446; Saenger, EWiR 1999, 171 f.; Knoche, S. 58; Schütz, S. 38; Theobald, S. 134.

Die Gesellschaftsgläubiger müßten bei geplanter Inanspruchnahme eines Vorgesellschafters feststellen, ob ihnen eine unechte Vor-GmbH (unbeschränkte Gesellschafterhaftung) oder eine echte Vor-GmbH (beschränkte Gesellschafterhaftung) gegenübersteht.

Eine Abgrenzung zwischen echter und unechter Vorgesellschaft ist für die Gläubiger einer Vor-GmbH aber kaum durchführbar. Da das Differenzierungskriterium "Aufgabe der Eintragungsabsicht" im subjektiven Bereich liegt, ist praktisch kaum feststellbar, ob die Eintragungsabsicht bereits aufgegeben wurde oder nicht. Dazu kommt noch, dass für die Gläubiger mangels Einblick in die Vorgesellschaftsinterna schwer zu ermitteln ist, ob nach Aufgabe der Eintragungsabsicht die wirtschaftliche Betätigung fortgesetzt wurde. Darüber hinaus ist für Außenstehende regelmäßig nicht zu erkennen, ob bei Abschluß des notariellen Gesellschaftsvertrages eine Eintragungsabsicht überhaupt (noch) bestand. Eine Registerpublizität fehlt im Gründungsstadium.

Die geschilderten Abgrenzungsschwierigkeiten für die Gläubiger lassen sich nicht durch eine interessengerechte Verteilung der Beweislasten in Verbindung mit einer Verobjektivierung des subjektiven Kriteriums "Aufgabe der Eintragungsabsicht" anhand verschiedener Fallgruppen[188] beheben. Zwar ließe sich dadurch eine interessengerechte gerichtliche Abgrenzung vornehmen, zur Beseitung der aufgezeigten Probleme der Gesellschaftsgläubiger führt dies jedoch nicht. Die Vorgesellschaftsgläubiger können dann immer noch nicht sicher sein, welche Vor-GmbH-Form vorliegt. Die Vorgesellschafter hätten, selbst wenn eine verobjektivierte Fallgruppe gegeben wäre, die Möglichkeit, die eintretende Vermutung durch Beweismittel zu widerlegen. Zum anderen bestünde für die Gläubiger das große Problem, das Vorliegen einer solchen Fallgruppe zu erkennen und zu beweisen. Dies hätte zur Folge, dass die Vorgesellschaftsgläubiger bei geplanter Inanspruchnahme der Gesellschafter mangels Bestimmbarkeit der Vor-GmbH-Form nicht wüßten, ob die Gesellschafter unbeschränkt (unechte Vor-GmbH) oder nur beschränkt (echte Vor-GmbH) haften. Für sie bestünde das Risiko, mit einer echten Vor-GmbH

---

[188] Als unwiderlegbare Fallgruppen für die Annahme einer "Aufgabe der Eintragungsabsicht" kämen in Frage die Rücknahme der Handelsregisteranmeldung oder die (rechtskräftige) Ablehnung der Eintragung ins Handelsregister durch das Registergericht, als widerlegbare Fallgruppen die alsbaldige Nichtbeseitigung der vom Registergericht monierten Eintragungshindernisse, die überlange Dauer des Eintragungsverfahrens oder die Nichtstellung eines Antrages auf Eintragung ins Handelsregister (vgl. Baumbach-Hueck, § 11 Rdnr. 28; Kunz, S. 35 ff.).

zu tun zu haben. In diesem Fall würde eine Klage auf unbeschränkte Haftung eines Gesellschafters, z.B. des einzig Solventen, - wenn man von einer Außenhaftung ausgeht -[189] zur zumindest teilweisen Klageabweisung führen. Bei einer sehr geringen Stammeinlage dieses Gesellschafters, was für die Gläubiger im Gründungsstadium zudem nicht ersichtlich ist, würden sie u.U. nur einen Bruchteil des eingeklagten Anspruches zuerkannt bekommen. Im Falle, dass der Gesellschafter seine Einlage bereits voll geleistet hat, würde die Klage sogar in vollem Umfange abgewiesen.

Zwar lassen sich die eben geschilderten Risiken durch eine Stufenklage gegen die Gesellschaft, welche zunächst auf Auskunft über eine bestehende Eintragungsabsicht gerichtet ist, reduzieren, jedoch läßt sich die Problematik damit immer noch nicht interessengerecht lösen. In vielen Fällen verbleibt bei den Gesellschaftsgläubiger dann immer noch das Prozess- und Kostenrisiko. Es besteht z.B die Gefahr, dass die Eintragungsabsicht erst nach Auskunftserteilung aufgegeben wird (z.B. Insolvenz) und so die Klage auf der 3. Stufe abgewiesen wird, bei den meist sehr lange anhängigen Stufenklagen eine nicht ganz ungewöhnliche Konstellation. Des Weiteren wüßten im Falle einer "echten Vor-GmbH" die Gläubiger so immer noch nicht, in welcher Höhe die u.U. solventeren Gesellschafter beschränkt haften. Die meist lange Verfahrensdauer einer Stufenklage würde auch in den Fällen, in denen aus Sicht des Gläubigers möglicherweise die Insolvenz der Gesellschaft und der Gesellschafter droht, die Erlangung eines Vollstreckungstitels weit hinauszögern, was bei einem "Wettlauf der Gläubiger" zu einem Forderungsausfall führen kann.

Die geschilderten unzumutbaren Probleme für die Vorgesellschaftsgläubiger, die mit einer Abgrenzung einer echten von einer unechten Vor-GmbH einhergehen, lassen sich durch eine einheitliche Gründerhaftung in beiden Gesellschaften am besten vermeiden. Die Gläubiger müssen, wenn sie die Vorgesellschafter in Anspruch nehmen wollen, keine Abgrenzung zwischen den beiden Vor-GmbH-Typen mehr vornehmen. Da so die drohenden Abgrenzungsschwierigkeiten problemlos umgangen werden können, ist aus Gläubigergesichtspunkten von einer einheitlichen Gründerhaftung in der echten und in der unechten Vor-GmbH auszugehen. Diese einheitliche Haftung der Gesellschafter ist vom Haftungsumfang

---

[189] Zur Frage, wie sich die unbeschränkte Außenhaftung in der unechten Vor-GmbH auf die Haftungsrichtung in der echten Vor-GmbH auswirkt (Innen- oder Außenhaftung?), siehe Erläuterungen im folgenden unter IV. 4h).

unbeschränkt. Dies folgt aus der unzweifelhaft als unbeschränkte Haftung ausgestalteten Gesellschafterhaftung in der unechten Vor-GmbH.

f) Einheitlicher Haftungsumfang vor und nach Eintragung

(1) Problemaufriß

Als Argument für eine unbeschränkte Haftung der Vorgesellschafter wird des Weiteren auf einen anderenfalls eintretenden Wertungswiderspruch zu der nach Eintragung einsetzenden unbeschränkten Unterbilanzhaftung verwiesen. Es sei eine nicht hinnehmbare Inkonsequenz, die Haftung bis zur Eintragung auf die bedungene Einlage zu beschränken, nach Eintragung die Gesellschafter hingegen mit einer unbeschränkten Unterbilanzhaftung haften zu lassen.[190]

Diese Argumentation für eine unbeschränkte Gründerhaftung setzt eine unbeschränkte Unterbilanzhaftung, die im Zeitpunkt der Handelsregistereintragung entsteht, voraus. Daher muß man, bevor man sich mit dieser Argumentation auseinandersetzt, prüfen, ob eine unbeschränkte Unterbilanzhaftung ab Eintragung existiert.

(2) Unterbilanzhaftung

Die Unterbilanzhaftung, die teilweise auch als Vorbelastungs- oder Differenzhaftung bezeichnet wird,[191] wurde von Ulmer entwickelt[192] und vom BGH mit dem Grundsatzurteil BGHZ 80, 129 ff., in dem er das Vorbelastungsverbot durch die Unterbilanzhaftung ersetzte, in ständiger

---

[190] BGH, ZIP 1997, 679, 680; Meister, FS Werner, S. 521, 548; Lieb, FS Stimpel, S. 399, 411, 414; Stimpel, FS Fleck, S. 345, 360; Hachenburg-Ulmer, § 11 Rdnr. 64; Derßel, S. 64; Petersen, S. 95 f.; Schütz, S. 134 f.; K. Schmidt, ZHR 156 (1992), 93, 108; Gehrlein, DB 1996, 561, 566; Kleindiek, ZGR 1997, 427, 438; Trapp, WuB II C. § 11 GmbHG S. 718; Michalski/Barth, NZG 1998, 525,527.
[191] A.A. Scholz-K. Schmidt, § 11 Rdnr. 121 ff., der zwischen einer Differenzhaftung (ab Anmeldung) und einer Vorbelastungshaftung (ab Eintragung) differenziert.
[192] Ulmer, FS Ballerstedt, S. 279, 292 ff.; Hachenburg-Ulmer, (7.Aufl.), § 11 Rdnr. 27.

Rechtsprechung übernommen.[193] Danach sollen die Gesellschafter der GmbH bei Einverständnis mit der vorzeitigen Geschäftsaufnahme anteilig in Höhe der Differenz zwischen dem Stammkapital und dem Wert des Gesellschaftsvermögens im Zeitpunkt der Eintragung haften, was gegebenenfalls eine Ausfallhaftung nach § 24 GmbHG einschließen soll.[194] In der Literatur ist die Unterbilanzhaftung auf weitgehende Zustimmung gestoßen,[195] wobei aber die genaue Ausgestaltung teilweise streitig ist.

(a) Rechtsgrundlage der Unterbilanzhaftung

Einige Stimmen greifen zur Begründung der Unterbilanzhaftung auf den Rechtsgedanken des § 9 I GmbHG zurück.[196]

Einer solchen Begründung kann jedoch nicht gefolgt werden, da die Differenzhaftung nach § 9 I GmbHG und die Unterbilanzhaftung zwei unterschiedliche Haftungsformen darstellen. Während bei § 9 I GmbHG allein der Sacheinleger die Wertdifferenz der genau konkretisierbaren Sacheinlage auszugleichen hat, soll durch die Unterbilanzhaftung das generelle Verlustrisiko aus vorzeitiger Geschäftsaufnahme durch eine anteilige Haftung aller Gesellschafter kompensiert werden. Dabei läßt sich aus § 9 I GmbHG, der sich nur auf Sacheinlagen bezieht, nichts herleiten, was eine Anwendung auch auf Bargründungsfälle rechtfertigen könnte. Die Unterbilanzhaftung bezieht sich im Gegensatz dazu auf alle Einlagen, sowohl auf Sach- als auch Bareinlagen. Darüber hinaus ist in § 9 I GmbHG der gesetzgeberische Ausdruck einer "allgemeinen Differenzhaftung" nicht zu erkennen, da nicht das allgemeine Verlustrisiko der Gesellschaft, sondern nur das spezielle Überbewertungsrisiko (von Sacheinlagen) aufgefangen werden soll. Gegen eine analoge Anwendung von § 9 I GmbHG spricht zudem, dass sich § 9 I GmbHG und die

---

[193] BGHZ 80, 129, 140 ff.; 80, 183, 185; BGH, NJW 1982, 932; BGH, WM 1982, 40; BGHZ 105, 300, 302 ff.
[194] BGH, ZIP 1981, 396, 398; BGHZ 105, 300, 303.
[195] Baumbach-Hueck, § 11 Rdnr. 57; Scholz-K. Schmidt, § 11 Rdnr. 124 ff.; Meister, FS Werner, S. 521, 526 ff.; Lutter/Hommelhoff, § 11 Rdnr. 10 ff.; Binz, S. 124 ff.; M. Scholz, S. 119 ff.; Hüffer, JuS 1983, 161, 167 ff.; Flume, NJW 1981, 1753 f.; Fleck, GmbHR 1983, 5, 9 ff.; John, BB 1982, 505, 509 ff.; K. Schmidt, NJW 1981, 1345 f.; Raiser, S. 182 f; Ulmer, ZGR 1981, 593, 602 f.; Gehrlein, DB 1996, 561, 562 ff.; Theobald, S. 53 ff.; Knoche, S. 28 ff.; a.A. (Unterbilanzhaftung ablehnend): Schäfer-Gölz, S.128 ff.; Dreßel, S.64; Huber, FS Fischer, S.263, 290 ff.; Scholz-Winter, (6.Aufl.), Rdnr. 38.
[196] Lutter/ Hommelhoff, § 11 Rdnr. 10; BGH, ZIP 1981, 396 ff.

Unterbilanzhaftung auf verschiedene Bewertungszeitpunkte beziehen. Während § 9 I GmbHG die Anmeldung zum Handelsregister als auslösendes Moment der Haftung wählt, soll die Unterbilanzhaftung - nach überwiegender Ansicht - erst mit Eintragung ins Handelsregister entstehen. Aus § 9 I GmbHG analog läßt sich also eine Unterbilanzhaftung nicht herleiten.[197]

Andere Stimmen versuchen die Unterbilanzhaftung durch einen Hinweis auf die ähnlich gelagerten Fälle der freiwilligen Mehrleistungen von Gesellschaftern vor Eintragung der GmbH zu begründen.[198] Nach der früher höchstrichterlichen Rechtsprechung und Teilen der Literatur wird der Gesellschafter bei freiwilligen Mehrleistungen von seinen Einlageverpflichtungen nur insoweit frei, als die freiwillig über die vorgeschriebene Mindestquote hinaus erbrachten Leistungen bei Eintragung zumindest wertmäßig der GmbH zur Verfügung stehen; soweit dies nicht der Fall ist, muß er seine Einlage erneut, gewissermaßen zum zweiten Mal, leisten.[199]

Aus einer solchen Parallele kann jedoch die Unterbilanzhaftung nicht begründet werden. Zum einen handelt es sich bei dem zur Begründung herangezogenen "Grundsatz der vorzeitigen freiwilligen Leistung von Bareinlagen" um keine gesicherte und allgemein anerkannte Erkenntnis; vielmehr widerspricht dem die heute herrschende Meinung.[200] Zum anderen kann aus einem solchen - wenn überhaupt existierenden - Grundsatz kein Schluß auf eine Unterbilanzhaftung gezogen werden. Die Haftung beim Verbrauch freiwilliger Einlageleistungen trifft nur diejenigen Gesellschafter, die die Vorleistung erbracht haben und zwar beschränkt bis zur Höhe ihrer Einlageverpflichtung. Bei der Unterbilanzhaftung sollen dagegen alle Gesellschafter, und zwar unbeschränkt, haften. Dies zeigt, dass es an der zur Begründung herangezogenen Parallelität zwischen "vorzeitigen freiwilligen Leistungen von Bareinlagen" und der

---

[197] Vgl. zur Ablehnung von § 9 I GmbHG analog: Knoche, S. 31 f.; Theobald, S. 57 f.; Schäfer-Gölz, S. 133 ff.; Dreßel, S. 51; An, S. 93 f.; Kusserow, S. 134; Hachenburg-Ulmer, § 11 Rdnr. 84; John, BB 1982, 505, 510.
[198] Ulmer, FS Ballerstedt, S. 279, 292; Binz, S. 127 f.; Hachenburg-Ulmer, (7.Aufl.), § 11 Rdnr. 28.
[199] RGZ 83, 370, 374 ff.; 149, 293, 303 f.; BGHZ 37, 75, 77 f.; 51, 157, 159 ff.; Hachenburg-Ulmer, (7. Aufl.), § 11 Rdnr. 40 ff.; differenzierend: Lutter, S. 128 ff.
[200] BGHZ 105, 300, 303; OLG Stuttgart, GmbHR 1995, 118; OLG Frankfurt, GmbHR 1992, 604; Hachen-burg/Ulmer, (8.Aufl.), § 7 Rdnr. 42 m.w.N., Meister, FS Werner, S. 531; Hüffer, § 36a Rdnr. 3; K.Schmidt, ZHR 156, 101 f.

Unterbilanzhaftung fehlt.[201] Mit einer solchen Parallele läßt sich die Unterbilanzhaftung daher nicht begründen.

Die überwiegende Anzahl der Vertreter einer Unterbilanzhaftung begründet diese Haftung mit dem sogenannten Unversehrtheitsgrundsatz. Für das Kapitalgesellschaftsrecht ergebe sich daraus, dass der Gesellschaft, wenn sie mit Eintragung ins Handelsregister entstehe, das satzungsmäßige Stammkapital unversehrt zur Verfügung stehen müsse.[202]

Der Unversehrtheitsgrundsatz ist gesetzlich nicht ausdrücklich geregelt. Er ergibt sich aber im Recht der Kapitalgesellschaften aus dem ungeschriebenen Prinzip der Kapitalaufbringung und -erhaltung. Es ist ein Kerngedanke des Kapitalgesellschaftsrechts, dass die Gesellschaft mit ihrem garantierten Mindestkapital als unerläßlicher Betriebs- und Haftungsgrundlage ins Leben treten muß.[203] Der Schutz dieses Garantiefonds gebietet es, dass er im Zeitpunkt der Entstehung der Gesellschaft wertmäßig erhalten ist und ihr tatsächlich zur Verfügung steht.[204] Die Gläubiger würden sonst allein auf ein wirtschaftlich nicht ausreichendes Vermögen verwiesen, obwohl ihnen durch die Handelsregistereintragung die Vollständigkeit des Haftungsfonds kundgetan wird. Eine ausreichende Sicherung der Gläubiger der Gesellschaft, insbesondere der Neugläubiger, wäre nicht gewährleistet. Das Risiko der Entstehung der Gesellschaft würde einseitig zu Lasten der Gläubiger verteilt.[205] Das Prinzip der Kapitalaufbringung und -erhaltung kommt in den Kapitalaufbringungsvorschriften des GmbH-Rechts zum Ausdruck; den §§ 19, 21 ff.GmbHG, aber auch den §§ 7 ff. GmbHG, die auf den Anmeldezeitpunkt abstellen, kann entnommen werden, dass sie eine Aufbringung des satzungsgemässen Stammkapitals als Mindesthaftungsfonds der Gesellschaft gewährleisten sollen.[206] Darüber hinaus findet für Kapitalgesellschaften dieser Grundsatz in den Vorschriften des Umwandlungsgesetzes (§§ 220, 245

---

[201] Vgl. Knoche, S. 32; M. Scholz, S. 126 f.
[202] BGH, ZIP 1981, 394, 396; BGHZ 105, 300, 302; Stimpel, FS Fleck, S. 345, 348; Ulmer, ZGR 1981, 593, 602; Theobald, S. 59 ff.; Hachenburg-Ulmer, § 11 Rdnr. 81; Baumbach-Hueck, § 11 Rdnr. 57; Lutter, S. 50 ff., 120, nach dem dieser Rechtsgrundsatz auch in anderen Ländern zur Anwendung kommt.
[203] Vgl. BGH, ZIP 1981, 394, 396; BGHZ 105, 300, 302; Stimpel, FS Fleck, S. 345, 348; Theobald S. 59 ff.; Schütz, S. 39; Gehrlein, DB 1996, 561, 563; ähnlich Petersen, S. 43 ff.; An S. 98 f., die die Unterbilanzhaftung aber nur als Instrument der Kapitalerhaltung ansehen.
[204] Vgl. Schäfer-Gölz, S. 122 f.; Theobald, S. 60 f.; Schütz, S. 39.
[205] Vgl. Theobald, S. 60 f.; An, S. 98.
[206] Vgl. Hachenburg-Ulmer, § 11 Rdnr. 81.

UmwG) seine Bestätigung. Danach kann bei einem Formwechsel in eine Kapitalgesellschaft eine Eintragung nicht erfolgen, wenn der Nennbetrag des Stammkapitals nicht durch entsprechendes Nettovermögen belegt ist.[207] Die Grundsätze zur vorzeitigen freiwilligen Leistung von Bareinlagen und das vor der Unterbilanzhaftung vertretene Vorbelastungsverbot waren ebenfalls Ausfluß dieses Kapitalaufbringungs- und erhaltungsprinzips.[208] Mit Hilfe des Vorbelastungsverbotes sollte sichergestellt werden, dass die Gesellschaft im Zeitpunkt der Eintragung mit unversehrtem Stammkapital, ohne Vorbelastungen aus der Gründungsphase, zur Entstehung gelangt.[209] Dieser Schutzgedanke der Kapitalaufbringung und -erhaltung aus dem Unversehrtheitsgrundsatz muß auch nach der gerechtfertigten Aufgabe des Vorbelastungsverbots (z.B. wegen der leichten Umgehbarkeit und der sonst ungerechtfertigten Aufspaltung von verbleibendem und übergehendem Vermögen[210]) weiter gelten. Die das Vorbelastungsverbot ablösende Vorbelastungshaftung, die für eine Aufbringung des Stammkapitals durch eine anteilige Haftung der Gesellschafter sorgt, ist nur eine andere, wenn auch "bessere" Sanktion dieses Unversehrtheitsgrundsatzes.[211] Die Unterbilanzhaftung läßt sich somit, zumindest für Kapitalgesellschaften wie die GmbH, aus dem Unversehrtheitsgrundsatz ableiten.

(b) Ausgestaltung der Unterbilanzhaftung

Wichtig hinsichtlich der späteren Diskussion über eine einheitliche Gründerhaftung vor und nach Eintragung sind noch die Fragen bezüglich der Höhe und des Entstehungszeitpunktes der Unterbilanzhaftung.

Nach fast einhelliger Ansicht haften bei der Unterbilanzhaftung die Gesellschafter anteilig für den Fehlbetrag zwischen der satzungsgemäßen Stammkapitalziffer und dem Wert des Gesellschaftsvermögens (Unterbilanz). Dabei soll die Unterbilanzhaftung nicht auf die Höhe des Stammkapitals beschränkt sein, sondern vielmehr unbegrenzt jede

---

[207] Vgl. Sandberger, FS Fikentscher, 389, 397.
[208] Vgl. Knoche, S. 32 f.; Theobald, S. 59; Schütz, S.40.
[209] Vgl. BGHZ 17, 385 ff.; 45, 338 ff.; 53, 210 ff.; 65, 378 ff.; Gehrlein, DB 1996, 562.
[210] Dazu mit noch weiteren stichhaltigen Argumenten: BGH, ZIP 1981, 396 f.; Gehrlein, DB 1996, 561, 563; An, S. 85 f.; Schütz, S. 40 f.
[211] Vgl. K. Schmidt, GesR, § 34 III 4d; Scholz-K. Schmidt, § 11 Rdnr. 121; An, S. 98.

darüberhinausgehende Überschuldung ausgleichen.[212] Einer solchen unbeschränkten Unterbilanzhaftung ist auch zu folgen, da es gerade Ausfluß des Kapitalaufbringungsprinzips ist, das Stammkapital voll bereitzustellen. Nur eine höhenmäßig unbegrenzte Unterbilanzhaftung ist mit dem Unversehrtheitsgrundsatz in Einklang zu bringen.[213] Im Interesse der vollen Kapitalausstattung ist es geboten, dabei jeden Verlust auszugleichen, auch den für notwendige Gründungskosten.[214]

Bezüglich des zeitlichen Anknüpfungspunktes der Unterbilanzhaftung ist entgegen einer verbreiteten Gegenansicht, die an den Anmeldezeitpunkt anknüpft, auf den Eintragungszeitpunkt in das Handelsregister abzustellen, da der Unversehrtheitsgrundsatz auf die Sicherung des Stammkapitals in der eingetragenen GmbH abzielt. Würde man auf den Anmeldezeitpunkt abstellen, müßte danach das Stammkapital nicht mehr von den Gesellschaftern aufgebracht werden, so dass ab diesem Zeitpunkt die Gläubiger das Verlustrisiko in vollem Umfang zu tragen hätten und bei Eintragung überhaupt kein Stammkapital mehr zur Verfügung stehen könnte. Der Garantiefonds soll aber gerade im Zeitpunkt der Entstehung der GmbH, in dem sie in den Rechtsverkehr ohne persönliche Haftung der Gesellschafter tritt, wertmäßig gedeckt sein.[215]

---

[212] BGH, ZIP 1981, 394, 397 f.; BGHZ 105, 300, 303 f.; Baumbach-Hueck, § 11 Rdnr. 59; Hachenburg-Ulmer, § 11 Rdnr. 87 ff.; Knoche, S. 34; Theobald, S. 62 f.; M. Scholz, S. 124; Kusserow, S. 142; Fleck, GmbHR 1983, 5, 10; a.A. Binz, S. 130 f., der von einer auf das Stammkapital begrenzten Unterbilanzhaftung ausgeht. Die Bewertung des Gesellschaftsvermögens (in der Vorbelastungsbilanz) erfolgt nach der Ertragswertmethode (siehe dazu näher BGH, ZIP 1998, 2151 f.; Hachenburg-Ulmer, § 11 Rdnr. 89).
[213] Vgl. Knoche, S. 34; Kusserow, S. 142; Petersen, S. 52.
[214] Für einen "vollen" Verlustausgleich i. d. S.: Theobald, S. 63 f.; M. Scholz, S. 128 f; Raiser, S.183; für einen Verlustausgleich mit Ausnahme der notwendigen Gründungskosten: Baumbach-Hueck, § 11 Rdnr. 59; BGHZ 80, 129, 140; BGHZ 105, 300, 303; für einen Verlustausgleich nur hinsichtlich der Kosten, die durch die Vorwegnahme der Geschäftstätigkeit herbeigeführt wurden: Hachenburg-Ulmer, § 11 Rdnr. 89; K. Schmidt, GesR, § 34 III 4d).
[215] Vgl. h.M.: BGHZ 80, 129, 140 ff.; 105, 300, 302 f.; Baumbach-Hueck, § 11 Rdnr. 58; Hachenburg-Ulmer, § 11 Rdnr. 81, 86; Lutter/Hommelhoff, § 11 Rdnr. 11; M. Scholz, S. 131; Binz, S. 129 f.; Knoche, S. 130; Theobald, S. 59 ff.; Schütz, S. 46 ff.; Stimpel, FS Fleck, S. 345, 349 f.; John, BB 1982, 505, 510 f.; Fleck, GmbHR 1983, 5, 10; a.A. Scholz-K. Schmidt, § 11 Rdnr. 126; ders, ZHR 156 (1992), 93, 94; Priester ZIP 1982, 1141, 1146 ff.

(3) Inkonsequenz einer beschränkten Gründerhaftung

Wie festgestellt, entsteht mit Eintragung der GmbH ins Handelsregister eine unbeschränkte Unterbilanzhaftung. Würde man nun eine beschränkte Haftung der Gesellschafter vor Eintragung annehmen, käme man zu erheblichen Wertungswidersprüchen bezüglich der Gesellschafterhaftung vor und nach Eintragung. Der Gesellschafter würde bis zu Eintragung ins Handelsregister beschränkt haften, nach erfolgter Eintragung hingegen unbeschränkt. Dies würde bei Verlusten der Vorgesellschaft für die Gründer einen erheblichen Anreiz bieten, die Eintragung nicht weiterzubetreiben und die Gesellschaft zu liquidieren, um so die drohende unbeschränkte Unterbilanzhaftung nicht zur Entstehung kommen zu lassen.[216] Sie würden gleichfalls dazu animiert, gerade besonders riskante Geschäfte im Gründungsstadium durchzuführen, da sie dann gegebenenfalls eintretende Verluste durch Liquidation der Gesellschaft auf ihre Einlage beschränken könnten, wogegen ihnen die erhöhten Chancen des Geschäfts verblieben.[217] Auch wären die Gesellschafter ausgerechnet im Moment der Entstehung der GmbH, dem Ziel, das im Gründungsstadium angestrebt wird, haftungsrechtlich schlechter gestellt als in der Zeit der Gründung.[218]

Diese Wertungswidersprüche können nur vermieden werden durch einen einheitlichen Haftungsumfang vor und nach Eintragung. Da - wie bereits ausgeführt - die Unterbilanzhaftung als unbeschränkte Haftung ausgestaltet ist, folgt daraus, dass die Gesellschafterhaftung vor Eintragung ebenfalls eine unbeschränkte Haftung darstellen muß. Dieses Ergebnis trägt auch einer einheitlichen Risikoentscheidung Rechnung. Das Geschäftsrisiko aus der Gründungsphase der GmbH tragen die Gesellschafter.[219]

---

[216] Vgl. BGH, ZIP 1997, 679, 680 f.; Meister, FS Werner, S. 521, 548; Lieb, FS Stimpel, S. 399, 407; Stimpel, FS Fleck, S. 345, 360; Hachenburg-Ulmer, § 11 Rdnr 64; Gehrlein, DB 1996, 561, 566; Kleindiek, ZGR 1997, 427, 431 ff.; Hartmann, WiB 1997, 66, 71; Trapp, WuB II C. § 11 GmbHG 1.96; Lutter, JuS 1998, 1073, 1077; Michalski/Barth, NZG 1998, 525, 527.

[217] Vgl. Meister, FS Werner, S. 521, 548; Knoche, S. 100 f.; Jäger, S. 27.

[218] Vgl. Lieb, FS Stimpel, S. 399, 407; Dreßel, S. 64; Schütz, S. 134; Kleindiek, ZGR 1997, 427, 433.

[219] Vgl. BGH, ZIP 1997, 679, 681; Kleindiek, ZGR 1997, 427, 433.

g) Interessenwiderstreit zwischen Geschäftsführern - Gründungsgesellschaftern

Für eine unbeschränkte Gründerhaftung könnte neben den drohenden Abgrenzungsschwierigkeiten zur unechten Vor-GmbH und dem Erfordernis eines einheitlichen Haftungsumfangs vor und nach Eintragung des Weiteren noch die Interessenlage zwischen den Geschäftsführern und den Vorgesellschaftern sprechen.

(1) Entgegenstehender Wille bezüglich der Handelsregistereintragung

Dementsprechend wird von einigen Stimmen ausgeführt, dass allein eine unbeschränkte Haftung geeignet sei, einen drohenden Interessenwiderstreit zwischen Geschäftsführern und Gründungsgesellschaftern hinsichtlich der Handelsregistereintragung zu verhindern.[220]

Ein Geschäftsführer haftet nach § 11 II GmbHG unbeschränkt für die von ihm für die Vor-GmbH bzw für die künftige GmbH[221] durch rechtsgeschäftliches bzw. rechtsgeschäftsähnliches "Handeln"[222] eingegangenen Verbindlichkeiten. Mit Eintragung ins Handelsregister entfällt diese Handelndenhaftung. Ziel der Geschäftsführer ist es daher, insbesondere bei Gesellschaften in wirtschaftlichen Krisensituationen, die GmbH zur Eintragung zu bringen, um die unbeschränkte Handelndenhaftung zu vermeiden.

Dieses Bedürfnis haben die Gründergesellschafter bei Annahme einer beschränkten Gründerhaftung hingegen nicht. Da nur Geschäftsführer oder Personen, die wie solche auftreten, "Handelnde" i.S.d. § 11 II GmbHG

---

[220] BGH, ZIP 1997, 681; Meister, FS Werner, S. 521, 551 ff.; Schütz, S. 121 f.; W.-H. Roth, ZGR 1984, 597, 619; Jäger, S. 25 ff.; Gehrlein, DB 1996, 561, 566; An, S. 160; Michalski/Barth, NZG 1998, 525, 527.

[221] Streitig ist diesbezüglich heute noch, ob ein Auftreten im Namen der künftigen GmbH oder im Namen der Vor-GmbH erforderlich ist. Dabei stellt sich besonders die Frage, ob § 11 GmbHG lediglich als besondere Ausprägung der falsus-procurator-Haftung des BGB für den Fall des Handelns im Namen der (künftigen) Gesellschaft zu verstehen ist. Siehe zum Streitstand u.a.: Baumbach-Hueck, § 11 Rdnr. 44 m.w.N.

[222] Ein Haftung nach § 11 II GmbHG für rechtsgeschäftlichsähnliches Handeln mit guten Argumenten bejahend: OLG Karlsruhe, NZG 1998, 268 f.; Michalski, NZG 1998, 248; weiterhin bejahend: Hachenburg-Ulmer, § 11 Rdnr. 108; Baumbach-Hueck, § 11 Rdnr. 45; Lutter/Hommelhoff, § 11 Rdnr. 19; Krebs/Klerx, JuS 1998, 992, 994; a.A. Scholz-K. Schmidt, § 11 Rdnr. 106.

sind, sind die Gründer einer unbeschränkten Handelndenhaftung i.d.R. nicht ausgesetzt.[223] Im Gegensatz zu den "handelnden" Geschäftsführern wäre ihr Interesse - bei Annahme einer beschränkten Gründerhaftung - auf die Nichteintragung der GmbH gerichtet. Denn mit Eintragung ins Handelsregister würden sie wegen der dann zur Anwendung kommenden unbeschränkten Unterbilanzhaftung weitergehender haften als vor Eintragung. Ihr Bestreben, insbesondere bei angeschlagenen Gesellschaften, ginge dahin, die Gesellschaft nicht zur Eintragung kommen zu lassen (z.b. durch Weisungen an die Geschäftsführer, die Eintragungsanmeldung zu unterlassen oder durch Nichtbereitstellung der Mindesteinlagen), sondern sie im Gründungsstadium zu liquidieren.

Dieser Interessenwiderstreit zwischen Geschäftsführern und Gesellschaftern hinsichtlich der Erlangung der Rechtsfähigkeit durch Eintragung ins Handelsregister wird bei Annahme einer unbeschränkten Gründerhaftung beseitigt. Die Vorgesellschafter haben dann kein Interesse mehr, sich der Handelsregistereintragung zu widersetzen, da sie sowohl vor wie nach Handelsregistereintragung gleichermaßen unbeschränkt haften.

Folglich spricht dieser Gesichtspunkt ebenfalls für eine unbeschränkte Haftung der Vorgesellschafter.

---

[223] So die herrschende Meinung (enger Handelndenbegriff): BGHZ 47, 25, 28 f.; 65, 378, 380; BGH, WM 1980, 955; Baumbach-Hueck, § 11 Rdnr. 43; Hachenburg-Ulmer, § 11 Rdnr. 105 ff.; Scholz-K. Schmidt, § 11 Rdnr. 103 ff.; Dreßel, S. 96 ff.; Petersen, S. 106 f.; Schütz, S. 32 ff.; a.A. (weiter Handelndenbegriff), die u.a. auch die Gründer, die einer Geschäftsaufnahme vor Eintragung zugestimmt haben, nach § 11 II GmbHG haften lassen will: RGZ 55, 302, 304; 70, 296, 301; BGH, NJW 1955, 1228; Dregger, S. 108; Wilhelm, DB 1996, 921, 923; a.A. (Handelndenhaftung nach § 11 II GmbHG ganz ablehnend): Brock, S. 133 f. Eine Handelndenhaftung nach § 11 II GmbHG ist auch noch heute - bei Ablehnung einer Straffunktion dieser Norm - anzuerkennen. Dies ergibt sich zum einen daraus, dass sich der Gesetzgeber zu einer Streichung dieser Norm nicht entschieden hat und Art. 7 der Richtlinie der EG vom 9.3.1968 eine entsprechende Norm im Kapitalgesellschaftsrecht fordert. Die "weite Handelndenhaftung" ist abzulehnen, da der Strafcharakter, auf den sich diese Ansicht vor allem stützte, und der - wegen der damals vorherrschenden Ansicht einer Nichtexistenz einer Vorgesellschaft - eine rechtsgeschäftliche Betätigung im Gründungsstadium verhindern wollte, heute nach Anerkennung der Vor-GmbH als Rechtsgebilde und Haftungsobjekt sowie nach Aufgabe des Vorbelastungsverbotes nicht mehr aufrecht zu erhalten ist. Eine Heranziehung von Gesellschaftern, die bei Abschluß eines konkreten Rechtsgeschäftes überhaupt nicht mitgewirkt haben, wäre zudem zu weitgehend und mit dem Wortlaut eines "Handelnden" nicht vereinbar. Nur die Personen, die als Organe ein Rechtsgeschäft herbeigeführt haben ("gehandelt" haben), sollen nach § 11 II GmbHG haften.

(2) Rückgriffsanspruch des Geschäftsführers

Darüber hinaus wird gegen eine beschränkte Haftung noch ein zweiter Wertungswiderspruch im Verhältnis zwischen Gründern und Geschäftsführern vorgebracht. Dieser ergebe sich daraus, dass bei Annahme einer beschränkten Haftung die Gesellschafter einerseits nur beschränkt auf ihre Einlage haften würden, andererseits aber zugleich Rückgriffsansprüchen der handelnden Geschäftsführer (wegen § 11 II GmbHG) in unbeschränkter Höhe ausgesetzt seien, die von den Gesellschaftsgläubigern gepfändet werden können. Dieser Wertungswiderspruch ließe sich nur durch eine unbeschränkte Gründerhaftung lösen.[224]

Folgt man der Prämisse, dass die nach § 11 II GmbHG Handelnden einen unbeschränkten Rückgriffsanspruch sowohl gegen die Gesellschaft als auch gegen die Gesellschafter haben, ist nur die Annahme einer unbeschränkten Gründerhaftung konsequent. Eine beschränkte Gründerhaftung der Vorgesellschafter würde durch diese unbeschränkten Rückgriffsansprüche der selbst unbeschränkt haftenden Geschäftsführer sonst völlig umgangen.

Aber gerade die Frage, ob und in welcher Höhe die Handelnden einen Rückgriffsanspruch gegen die Gesellschafter haben, ist umstritten. Es wird von einem völligen Ausschluß des Rückgriffs über eine beschränkte Ausgleichspflicht der Gründer bis zu einem unbeschränkten Rückgriff fast alles vertreten.[225] Daher ist zu überprüfen, ob die dem Wertungswiderspruch zugrunde liegende Prämisse, ein unbeschränkter Rückgriffsanspruch des Handelnden gegen die Gesellschafter, überhaupt aufrecht zu erhalten ist.

Hintergrund eines solchen Rückgriffanspruches ist, dass man den Geschäftsführern bei ordnungsgemäßem Verhalten nicht die vollen Risiken

---

[224] Meister, FS Werner, S. 521, 551 f.; W.-H. Roth, ZGR 1984, 597, 619 ff.; Jäger, S. 25; Knoche, S. 129 ff.
[225] Für einen Ausschluß: Scholz-K. Schmidt, § 11 Rdnr. 115 ff.; Hachenburg-Ulmer, § 11 Rdnr. 121 ff.; An, S. 144; Huber, FS Fischer, S. 263, 288 f.; Dreher, DStR 1992, 33, 36; für einen beschränkten Rückgriff: Schmidt-Leithoff in Rowedder, § 11 Rdnr. 120; Hachenburg-Ulmer, (7.Aufl.), § 11 Rdnr. 114; Kleindiek, ZGR 1997, 427, 431; BGHZ 86, 122, 126 (für Regelfall); für einen unbeschränkten Rückgriff: Meister, FS Werner, S. 521, 551 ff.; W.-H. Roth, ZGR 1984, 597, 619 ff.; Dreßel, S. 106; Theobald, S. 129 ff.; Flume, NJW 1981, 1753, 1755; Lieb, FS Stimpel, S. 399, 403 f.; Goette, DStR 1998, 179, 181; BGHZ 86, 122, 126 (für Ausnahme); Klein, S. 131 ff. (der diesen aber aus § 11 II GmbHG herleitet).

einer Geschäftsaufnahme im Gründungsstadium auferlegen möchte, zumal die Gefahr besteht, dass Rückgriffansprüche gegen die Vor-GmbH aufgrund des nicht ausreichend gesicherten Gesellschaftsvermögens nicht durchzusetzen sind.[226] Diese Interessen der Geschäftsführer, zuzüglich der Überlegung - auf die im folgenden noch näher eingegangen wird -, dass Risiken im Gründungsstadium nicht den Geschäftsführern, sondern den Vorgesellschaftern zuzuweisen seien, sprächen für die Notwendigkeit, neben der Haftungsmasse der Vor-GmbH auch noch die Vermögen der Vorgesellschafter für Rückgriffansprüche der Geschäftsführer unbeschränkt einzustehen zu lassen.

Der BGH versucht, durch eine interessengerechte Auslegung des Dienstvertrages des Geschäftsführers nach §§ 611, 675, 670, 421 BGB zu einem unbeschränkten Rückgriffsanspruch gegen die Gesellschafter zu kommen.[227] Dem ist jedoch nicht zu folgen. Aus der Anerkennung einer weitgehenden Verselbständigung der Vor-GmbH ergibt sich, dass die Handelnden mit den Gründern in der Regel in keinerlei Rechtsbeziehung stehen. Eine unmittelbare vertragliche Beziehung besteht nur zwischen der Vorgesellschaft und dem handelnden Geschäftsführer, da letzterer den Anstellungsvertrag mit der Gesellschaft und nicht mit den Gründern persönlich schließt.[228] Aus einem Vertragsverhältnis zwischen Geschäftsführer und Vor-GmbH kann den Vorgesellschaftern ein Rückgriffsanspruch der Geschäftsführer nicht aufgebürdet werden; dies würde einen unzulässigen Vertrag zu Lasten Dritter darstellen. Der Anstellungsvertrag sieht zudem im Regelfall keinen Regressanspruch des Handelnden gegen die Gründer vor. So ergibt sich kein Rückgriffsanspruch der Geschäftsführer gegen die Vorgesellschafter.

Zu einem solchen Anspruch gelangt man aber über den allgemein anerkannten Rückgriffsanspruch des Geschäftsführers gegen die Vor-GmbH.[229] Die Geschäftsführer stehen mit ihrem Rückgriffsanspruch der Vor-GmbH wie ein Vorgesellschaftsgläubiger gegenüber. Das heißt, dass je nach Ausgestaltung der Gründerhaftung ein eigener Rückgriffsanspruch gegen die Vorgesellschafter vorliegt. Bei Bejahung einer Gründeraußenhaftung

---

[226] Vgl. Klein, S. 131 ff.; BGHZ 86, 122, 126; Hachenburg-Ulmer, (7 II. Aufl.), § 11 Rdnr. 114.
[227] BGHZ 86, 122, 126.
[228] Vgl. Klein, S. 94; Scholz-K. Schmidt, § 11 Rdnr. 115; Dreßel, S. 77.
[229] Für Rückgriffsanspruch gegen Vorgesellschaft (nach § 670 BGB) u.a.: Hachenburg-Ulmer, (7 II. Aufl.), § 11 Rdnr. 112; Klein, S. 88 ff.; Dreßel, S. 106; Petersen, S. 113; W.-H. Roth, ZGR 1984, 597, 619.

wäre ein eigener Rückgriffsanspruch der Geschäftsführer gegen die Vorgesellschafter gegeben; dieser wäre je nach Umfang der Gründerhaftung unbeschränkt oder beschränkt. Bei Bejahung einer Gründerinnenhaftung entfiele ein solcher unmittelbarer Rückgriffsanspruch; jedoch könnten dann die Geschäftsführer bei einem Rückgriffsanspruch gegen die Vor-GmbH deren Verlustdeckungsanspruch gegen die Vorgesellschafter pfänden. Die Frage des Rückgriffsanspruches gegen die Vorgesellschafter ist also letztlich eine Frage der Ausgestaltung der Gründerhaftung. Daher ist der Ansatz, über einen Rückgriffanspruch des Geschäftsführers gegen die Vorgesellschafter die Ausgestaltung der Gründerhaftung, insbesondere hinsichtlich des Haftungsumfangs, zu begründen, zu verwerfen. Er würde zu einem Zirkelschluß führen. Nicht die Ausgestaltung der Gründerhaftung ergibt sich aus den Rückgriffsansprüchen, sondern die Existenz und Ausgestaltung der Rückgriffsansprüche ergibt sich aus der Gründerhaftung.

(3) Interessengerechte Verteilung des Gründungsrisikos

Herausgearbeitet wurde bereits, dass die Interessenlage zwischen Geschäftsführern und Gesellschaftern hinsichtlich des Willens, die Rechtsfähigkeit zu erlangen, für eine unbeschränkte Haftung spricht. Aus einer interessengerechten Verteilung der Gründungsrisiken zwischen Geschäftsführern und Gesellschaftern könnte sich ein weiteres Argument für diesen Haftungsumfang ergeben. Dabei sollte sowohl auf Vor-GmbH's mit erwerbswirtschaftlicher Zielsetzung, dem Regelfall, als auch auf solche, die allein nichtwirtschaftliche, ideelle Zwecke verfolgen, eingegangen werden.

Im Fall einer Vor-GmbH, die wirtschaftliche Zwecke verfolgt, spricht die Interessenlage zwischen Geschäftsführern und Vorgesellschaftern eindeutig für eine unbeschränkte Gründerhaftung. Eine beschränkte Haftung der Vorgesellschafter wäre gegenüber der unbeschränkten Handelndenhaftung nach § 11 II GmbHG unbefriedigend. Bedenklich erschiene dabei besonders, dass die Gesellschafter im Fall der Gewinnerzielung diesen Gewinn abschöpfen, andererseits bei Verlusten ihr Risiko auf die Einlage beschränken könnten. Die Geschäftsführer, die keine Gesellschafter sind, müßten dagegen für Verluste unbeschränkt nach § 11 II GmbHG haften, ohne dass sie in der Regel an den Gewinnen partizipieren. Die unbeschränkt haftenden Geschäftsführer könnten - bei Annahme einer beschränkten Gründerhaftung - die Vorgesellschafter dann auch nur beschränkt in Höhe ihrer Einlage in Regress nehmen. Eine solche Aufteilung von Risiko und Gewinn in der Vor-GmbH ist nicht interessengerecht. Zudem ist noch zu berücksichtigen, dass der handelnde Geschäftsführer das Risiko nur bedingt steuern kann, da nicht er, sondern die Gesellschafter bestimmen, ob schon vor Eintragung der Gesellschaft die Geschäftstätigkeit aufgenommen wird. Die Geschäftsführer sind (im Innenverhältnis) weisungsabhängig von den Gesellschaftern. Das Geschäftsrisiko im Gründungsstadium einer erwerbswirtschaftlichen GmbH kann daher nicht einseitig den Geschäftsführern aufgebürdet werden.[230] Interessen- und sachgerecht erscheint es, auch die Vorgesellschafter unbeschränkt haften zu lassen. Dann hat ein nach § 11 II GmbHG unbeschränkt haftender Geschäftsführer zudem die Möglichkeit, bei einem Rückgriff die Vorgesellschafter (direkt oder über einen Verlustdeckungsanspruch der Vor-GmbH - was noch herauszuarbeiten ist) unbeschränkt in Anspruch nehmen zu können.

Bei einer ideellen, nichtwirtschaftliche Ziele verfolgenden Vor-GmbH könnte die interessengerechte Verteilung des Risikos zwischen Geschäftsführern und Vorgesellschaftern zu einem anderen Ergebnis führen.

Eine solche GmbH, teilweise auch "nonprofit-GmbH" genannt,[231] ist zulässig. Aus § 1 GmbHG ergibt sich, dass eine GmbH jeden gesetzlich zulässigen Zweck verfolgen darf. Eine erwerbswirtschaftliche Zielsetzung, wie sie der Regelfall sein dürfte, ist nicht erforderlich.[232]

Die rein ideellen Bestrebungen in einer Vor-GmbH dieser Art führen zu einer anderen Aufteilung von Risiken und Vorteilen als bei einer "erwerbswirtschaftlichen" Vor-GmbH. Eine Abschöpfung von Gewinnen durch die Vorgesellschafter ist nicht möglich. Sollten überhaupt Gewinne - entgegen dem Gesellschaftszweck - auftreten, stehen den Gesellschaftern diese Gewinnanteile nicht zu.[233] Aufgrund dieser fehlenden Gewinnpartizipationsmöglichkeit erscheint, anders als bei der

---

[230] Vgl. W.-H. Roth, ZGR 1984, 597, 619 ff.; Meister, FS Werner, S. 521, 551 f.; An, S. 142; Theobald, S. 129 ff.; Petersen, S. 125, 133.
[231] So Priester, GmbHR 1999, 149 ff.
[232] Zur umstrittenen Abgrenzung zwischen "erwerbswirtschaftlichen" und "nonprofit"-GmbH´s siehe Priester, GmbHR 1999, 149 ff.
[233] Vgl. Priester, GmbHR 1999, 149, 153. Bei Liquidaton der Gesellschaft dürfen die Mitglieder aufgrund § 55 Nr. 2 AO auch nur ihre eingezahlten Kapitalanteile oder den gemeinsamen Wert aller Sacheinlagen zurückerhalten.

erwerbswirtschaftlichen GmbH, eine nur beschränkte Gründerhaftung vertretbar. Einer fehlenden Gewinnchance stünde eine eingeschränkte Haftung gegenüber. Die Verteilung von Risiko und Gewinn bezüglich der Vorgesellschafter wäre ausgewogen. Darüber hinaus stünden einer solchen Haftung nicht die Interessen der Gläubiger und der Geschäftsführer unvertretbar entgegen. Mangels erwerbswirtschaftlicher Tätigkeit bestehen kaum Verlustrisiken. Daraus folgt ein geringeres Gläubigerschutzbedürfnis als bei der "erwerbswirtschaftlichen" GmbH. Die Gläubigerschutzrisiken erscheinen mit einer beschränkten Gründerhaftung neben einer unbeschränkten Haftung der Geschäftsführer nach § 11 II GmbHG vertretbar abgedeckt; zumal die Geschäftsführer meist dafür verantwortlich sein dürften, wenn eine "non-profit"-GmbH Verluste macht. Anders als bei der "erwerbswirtschaftlichen" Vor-GmbH ist daher bei einer "non-profit"-Vor-GmbH aus dem Gesichtspunkt einer interessengerechten Verteilung des wirtschaftlichen Risikos eine beschränkte Haftung der Vorgesellschafter nicht unvertretbar.

Diese unterschiedliche Interessenlage bei einer "erwerbswirtschaftlichen" und einer "non-profit"-GmbH kann aber nicht zu einem differenzierten Gründerhaftungsmodell führen.

Mit einer solchen Differenzierung gingen nicht zu vertretende Gläubigerrisiken einher. Für die Gläubiger wäre es bei einer notwendigen Inanspruchnahme der Vorgesellschafter nicht erkennbar, ob ihnen nun eine "erwerbswirtschaftliche" Vor-GmbH mit einer unbeschränkten oder eine "non-profit"-Vor-GmbH mit einer nur beschränkten Gründerhaftung gegenüber steht.[234] Mangels fehlender Publizität im Gründungsstadium und i.d.R. fehlendem Einblick in die Interna der Vorgesellschaft ließe sich für sie der Zweck der Gesellschaft, ob wirtschaftlich oder ideell, nicht bestimmen. Hinzu kommt noch, dass die genaue Abgrenzung zwischen den beiden GmbH-"Formen" selbst sehr umstritten ist.[235] Die Gläubiger könnten folglich wegen mangelnder Abgrenzbarkeit bei Klageerhebung gegen die Vorgesellschafter nicht erkennen, ob diese unbeschränkt oder beschränkt haften; bei einer beschränkten Haftung stellt sich zusätzlich noch die Frage der jeweiligen Stammeinlagehöhe. Sie wären so erheblichen Prozessrisiken ausgesetzt. Aus diesem Gesichtspunkt ist ein

---

[234] Selbst bei einer ideell tätig werdenden Vor-GmbH kann das Bedürfnis nach einer Inanspruchnahme der Vorgesellschafter existieren, da auch dort - wenn auch unwahrscheinlicher - die Möglichkeit der Vermögenslosigkeit der Vorgesellschaft besteht.
[235] Siehe dazu Priester, GmbHR 1999, 149, 151.

einheitliches Haftungsmodell für "erwerbswirtschaftliche" und "non-profit"-Vor-GmbH´s erforderlich.

Dieses Haftungsmodell ist als unbeschränkte Gründerhaftung auszugestalten. Dafür spricht, dass nur dieses Modell bei einer "erwerbswirtschaftlichen" Vor-GmbH, wie bereits ausführlich dargelegt, interessengerecht ist. Zudem spricht auch die Interessenlage in der "non-profit"-Vor-GmbH nicht gegen eine unbeschränkte Haftung. Im Verhältnis zwischen den Geschäftsführern und den Vorgesellschaftern ließe sie zwar eine beschränkte Gründerhaftung zu, eine unbeschränkte Haftung schließt sie aber nicht aus. Darüber hinaus kommen die anderen Argumente, die bei einer "erwerbswirtschaftlichen" Vor-GmbH für eine unbeschränkte Haftung herangezogen werden, bei der "non-profit"-Vor-GmbH ebenfalls zur Anwendung. Sowohl die Abgrenzungsschwierigkeiten gegenüber einer unechten Vor-GmbH als auch der Wertungswiderspruch hinsichtlich des Eintragungszeitpunktes treten bei der "non-profit"-Vor-GmbH auf. Dies bedeutet, dass einer einheitlichen unbeschränkten Gründerhaftung auch die Verhältnisse in der "non-profit"-Vor-GmbH nicht entgegenstehen.

(4) Ergebnis

Die Interessenlage zwischen Geschäftsführern und Vorgesellschaftern einer Vor-GmbH spricht ebenfalls für eine als unbeschränkte Haftung ausgestaltete Gründerhaftung. Gewichtigstes Argument hierbei ist der ansonsten drohende Interessenwiderstreit bezüglich der Herbeiführung der Eintragung. Außerdem führt eine unbeschränkte Haftung zu einer interessengerechten Verteilung des Risikos zwischen Vorgesellschaftern, Geschäftsführern und Gläubigern.

h) Abschließende Stellungnahme

Die von den Vertretern einer beschränkten Haftung verwendeten Argumente sind nicht stichhaltig. Allein die Ausgestaltung der Gründerhaftung als unbeschränkte Haftung kann überzeugen. Dieses Ergebnis läßt sich mit drei gewichtigen Argumenten begründen.

Zum einen sprechen für eine unbeschränkte Haftung die ansonsten drohenden Abgrenzungsschwierigkeiten gegenüber einer unechten

Vor-GmbH. Mangels Publizität und Einblick in die Vorgesellschaftsinterna ist eine solche Abgrenzung für Gläubiger kaum möglich. Nur mit einem einheitlichen Haftungsumfang in beiden Gesellschaften kann dies vermieden werden. Da die Haftung der Gesellschafter in der unechten Vor-GmbH zweifellos unbeschränkt ist, ist die Haftung in der echten Vor-GmbH gleichfalls unbeschränkt auszugestalten.

Des Weiteren ist ein einheitlicher Haftungsumfang vor und nach Eintragung erforderlich. Eine nur beschränkte Haftung würde zu erheblichen Wertungswidersprüchen mit der nach Eintragung einsetzenden unbeschränkten Unterbilanzhaftung führen. Dies würde den Gründern bei Verlusten der Vorgesellschaft den erheblichen Anreiz bieten, die Eintragung nicht weiterzubetreiben und die Gesellschaft zu liquidieren, um so der drohenden Unterbilanzhaftung zu entgehen.

Darüber hinaus beseitigt eine unbeschränkte Gründerhaftung einen Interessenwiderstreit zwischen Geschäftsführern und Gesellschaftern bezüglich der Herbeiführung der Eintragung in das Handelsregister und verteilt das Risiko zwischen beiden interessengerecht. Bei Annahme einer beschränkten Haftung würden sich sonst die Gesellschafter wegen der Besorgnis der unbeschränkten Unterbilanzhaftung der Eintragung widersetzen, wogegen die Geschäftsführer zur Vermeidung der Handelndenhaftung auf die Eintragung drängen würden.

4) Haftungsrichtung

Nach Feststellung der Gründerhaftung als unbeschränkte Haftung stellt sich die Frage, wem gegenüber diese persönliche Haftung für Vorgesellschaftsverbindlichkeiten besteht. Denkbar sind dabei ein unmittelbarer Anspruch der Vorgesellschaftsgläubiger (Außenhaftung) als auch ein Verlustdeckungsanspruch der Vor-GmbH (Innenhaftung).

a) Nähe der Vor-GmbH zur GmbH

Die Vertreter des Innenhaftungskonzepts stellen u.a. darauf ab, ein solches Haftungskonzept sei GmbH-typisch (z.B. §§ 9, 9a, 22, 24, 26 ff., 30 ff. GmbHG). Aus der Nähe der Vor-GmbH zur eingetragenen GmbH als deren Vorstufe ergebe sich, dass die Haftungsverfassung der Vor-

GmbH so weitgehend wie gesellschaftsrechtlich möglich dem Vorbild der fertigen GmbH anzupassen sei. Die anteilige Innenhaftung sei ein durchgängiges Strukturprinzip des GmbH-Rechts und des GmbH-Konzernrechts, das sowohl vor als auch nach Eintragung gelte. Eine gesamtschuldnerische Außenhaftung, wie sie z.B. für die OHG Anwendung finde, sei dagegen vollkommen GmbH-fremd und daher für die Vorgesellschafterhaftung unpassend.[236]

Dieser Argumentation kann nicht gefolgt werden. Dagegen spricht, dass die gesetzliche Haftungsverfassung der GmbH auf die eingetragene, mit dem privilegierten Status der Haftungsbeschränkung versehene, Gesellschaft ausgerichtet ist und nicht auf die Vor-GmbH. Dies verdeutlichen die §§ 11 I und § 13 II GmbHG. § 13 II GmbHG schließt dabei die Außenhaftung nach Eintragung aus.[237]

Außerdem bezieht sich die gesetzlich normierte Innenhaftung der Gesellschafter nur auf Zahlungspflichten gegenüber der GmbH, die der Aufbringung und Sicherung des gesetzlich vorausgesetzten Garantiekapitals dienen. Über die Ausgestaltung der Gründerhaftung in der nichteingetragenen Vor-GmbH sagen diese Vorschriften, die von einer Innenhaftung in der eingetragenen GmbH ausgehen, jedoch nichts aus. Entsprechend kann eine möglicherweise bestehende Gesellschafterinnenhaftung im gesetzlich nicht geregelten GmbH-Konzernrecht keine Aussage zu der Haftungsstruktur in der "unverbundenen Vor-GmbH" machen.

Darüber hinaus kennen die Vorschriften des GmbHG, die sich auf das Gründungsstadium beziehen, sowohl eine Ausgestaltung als Außenhaftung (siehe § 11 II GmbHG) als auch als Innenhaftung (z.B. §§ 9, 9a GmbHG), wobei der Gesetzgeber bezüglich der Haftung für Verbindlichkeiten der Vor-GmbH sogar ausschließlich eine gesamtschuldnerische Außenhaftung in § 11 II GmbHG vorsieht.[238] Es zeigt sich damit, dass die Innenhaftung kein ausschließliches und durchgängiges Strukturprinzip des

---

[236] BGH, ZIP 1997, 679, 681; Stimpel, FS Fleck, S. 345, 362; Ulmer, ZIP 1996, 733, 737 f.; Schütz, S. 143, 150 ff., 154 ff.; ders., GmbHR 1996, 727, 732 f.; Goette, DStR 1996, 519; ders., DStR 1998, 179, 180; Hartmann, WiB 1997, 66, 71; Kort, EWiR 1997, 123, 124.

[237] Nur in ganz besonderen Fällen wird - entgegen dem Wortlaut des § 13 II GmbHG - ausnahmsweise eine "Durchgriffshaftung" zugelassen. Siehe dazu K.Schmidt, GesR, § 9 I, II m.w.N.

[238] Vgl. Kleindiek, ZGR 1997, 427, 437 f.; Raiser/Veil, BB 1996, 1344, 1349; Beuthien, GmbHR 1996, 309, 312 f.; Flume, DB 1998, 45, 48; Michalski/Barth, NZG 1998, 525, 528.

GmbH-Rechts ist, das sowohl vor als auch nach Eintragung gilt. Von einer Systemwidrigkeit der gesamtschuldnerischen Außenhaftung in der Vor-GmbH kann folglich insbesondere wegen § 11 II GmbHG nicht gesprochen werden. Die Haftungsrichtung in der Vor-GmbH ist anhand anderer Kriterien als der GmbH-Typik der Innenhaftung zu bestimmen. Die Ausgestaltung der Haftung in der eingetragenen GmbH kann noch nichts darüber aussagen, ob die Vorgesellschafter nach außen oder nach innen haften.

b) Vertrauensschutz aufgrund Firmierung

Als weiteres Argument bringen die Vertreter des Innenhaftungsmodells vor, die Vorgesellschaftsgläubiger könnten angesichts der Firmierung "GmbH i.G." oder "GmbH" nicht mit einer persönlichen Außenhaftung der Vorgesellschafter rechnen. Die Gründerhaftung habe sich an dieser Erwartung des Rechtsverkehrs zu orientieren. Sonst würde den Gläubigern mehr gewährt als sie legitimerweise erwarten dürften.[239] Auch schließe der Wille, die GmbH als Gesellschaftsform zu wählen, die personengesellschaftsrechtsähnliche Außenhaftung der Gründergesellschafter aus.[240]

Die Stimmen, die sich damit gegen eine Außenhaftung wenden, bejahen trotzdem eine unbeschränkte und keine beschränkte Haftung,[241] obwohl dieselben Argumente für die Begründung einer beschränkten Gründerhaftung herangezogen werden.[242] Eine solche Argumentationsweise ist inkonsequent. Wer auf den Willen der Vorgesellschafter und einen Vertrauensschutz aufgrund Firmierung abstellt, muß nicht nur eine Innenhaftung annehmen, sondern auch eine beschränkte Haftung der Vorgesellschafter. Denn die Erwartungen des Rechtsverkehrs, wenn solche überhaupt vorhanden sind, richten sich bei einer Kontrahierung mit einer "GmbH" oder "GmbH i.G." auf eine bloße beschränkte Innenhaftung der Gesellschafter. Einerseits auf diese Weise die Innenhaftung zu begründen,

---

[239] Schütz, GmbHR 1996, 727, 732 f.; Ulmer, ZIP 1996, 733, 738; Kort, ZIP 1996, 109, 113; ders., EWiR 1998, 123, 124.
[240] Kort, EWiR 1998, 123, 124.
[241] So Schütz, GmbHR 1996, 727, 732; Ulmer, ZIP 1996, 733, 738; Kort, ZIP 1996, 109, 112 ff.
[242] Siehe diese Argumente unter IV. 3c).

andererseits aber eine beschränkte Haftung abzulehnen, bedeutet, die eigene Argumentation nicht folgerichtig zu Ende gedacht zu haben. Darüber hinaus kann, wie bereits bei der Frage des Haftungsumfanges gezeigt, eine Argumentation, die auf den Willen der Gründer und einen Vertrauensschutz aufgrund Firmierung abstellt, nicht gefolgt werden.[243] Dies gilt auch hinsichtlich der Frage der Haftungsrichtung. Dieser Ansatz ist schon deshalb unzureichend, da er nur an rechtsgeschäftlich begründete Verbindlichkeiten ansetzt und gesetzliche Verbindlichkeiten unberücksichtigt läßt.

Zudem kann dem bloßen Auftreten als "GmbH" oder "GmbH i.G." kein Wille entnommen werden, nur der GmbH nach innen zu haften und nicht den Gläubigern gesamtschuldnerisch nach außen. Der Zusatz "Vor-" bzw. "i.G." legt nur offen, dass sich die Gesellschaft noch im Vorgründungsstadium befindet. Über die Ausgestaltung einer gegebenenfalls bestehenden Gründerhaftung und den Willen der Gesellschafter diesbezüglich sagt dies aber noch nichts aus. Für die Vorgesellschaftsgläubiger ergibt sich daraus allein noch kein Vertrauen in eine anteilige Innenhaftung, zumal § 11 II GmbHG bezüglich der Handelndenhaftung eine Außenhaftung in der Vor-GmbH begründet. Mit dem Geschäftsabschluss mit der Vorgesellschaft geht des Weiteren kein Verzicht der Gläubiger einher; dies wäre reine Fiktion. Die Firmierung als "GmbH" oder " GmbH i.G." kann daher eine Ausgestaltung der Gründerhaftung als Innenhaftung - aber auch als Außenhaftung - nicht begründen.

c) Einheitliche Gründerhaftung

Wie bereits dargelegt, bedarf es - zur Vermeidung von Wertungswidersprüchen - eines einheitlichen Haftungsumfanges vor und nach Eintragung in Form einer unbeschränkten Haftung.[244] Daraus könnte weiter gefolgert werden, dass sich die Gründerhaftung auch bezüglich der Haftungsrichtung an der als Innenhaftung ausgestalteten Unterbilanzhaftung auszurichten hat. Diese Sichtweise wird von vielen Anhängern der Innenhaftung aus rechtssystematischen Überlegungen vertreten. Danach streite eine weitgehende Kongruenz mit der Unterbilanzhaftung, die sich schon im gleichen Haftungsumfang zeige, für eine als interne

---

[243] Siehe IV. 3c).
[244] Siehe IV. 3f).

Verlustdeckungshaftung ausgestaltete Gründerhaftung. Die interne Verlustdeckungshaftung sei ein gleichwertiges Äquivalent zur internen Unterbilanzhaftung nach Eintragung;[245] sie stelle eine "Unterbilanzhaftung in nascendi"[246] bzw. eine "vorprojizierte Unterbilanzhaftung" dar.[247] Es sei auch sonst fraglich, wie sich eine bis zur Eintragung bestehende Außenhaftung, auch im Verhältnis zu den Altgläubigern, ipso iure in eine Innenhaftung umwandeln solle.[248] Auszugehen sei daher von einer einheitlichen Gesellschafterhaftung mit gleichem Haftungsumfang und gleicher Haftungsrichtung. Nur diese Anpassung der Gründerhaftung an die Unterbilanzhaftung verhindere Wertungswidersprüche vor und nach Eintragung.[249]

Dieses vorgebrachte Argument für eine als Innenhaftung ausgestaltete Gründerhaftung kann nicht überzeugen. Bezüglich des Willens zur Handelsregistereintragung ergibt sich, anders als bei der Frage des Haftungsumfangs,[250] in Bezug auf die Haftungsrichtung kein Wertungswiderspruch. Die Gesellschafter stünden bei einer als unmittelbare gesamtschuldnerische Außenhaftung ausgestalteten Gründerhaftung mit Eintragung ins Handelsregister sogar besser da als vorher. Mit Eintragung kommt die anteilige Unterbilanzhaftung zur Anwendung. Sie wären dann keiner unmittelbaren gesamtschuldnerischen Haftung mehr ausgesetzt, sondern lediglich einer anteiligen Innenhaftung. Dies hätte sogar zur Folge, dass für die Vorgesellschafter im Gründungsstadium ein gewisser Druck bestünde, ähnlich wie für die Geschäftsführer durch § 11 II GmbHG, die Eintragung ins Handelsregister zu betreiben und zu beschleunigen (z.B. durch entsprechende Weisungen an die Geschäftsführer). Obwohl die Druckfunktion des § 11 II GmbHG für die Gesellschafter, auch aufgrund Art. 2 I GG, mittlerweile als obsolet anzusehen ist, wäre ein gewisser anderweitiger Druck zur Eintragung nicht unbedingt negativ zu bewerten.

Des Weiteren ist die gesamtschuldnerische Außenhaftung nicht deshalb auszuschließen, weil mit Eintragung diese Haftung enden würde und ab

---

[245] BGH, ZIP 1997, 679, 681; Meister, FS Werner, S. 521, 550; Gehrlein, NJW 1996, 1193; ders., DB 1996, 561, 567; Lutter, JuS 1998, 1073, 1077; Schütz, S. 152 ff., ders., GmbHR 1996, 727, 732.
[246] Goette, DStR 1996, 519.
[247] K. Schmidt, ZIP 1996, 679, 681; Kleindiek, ZGR 1997, 427, 443.
[248] Hartmann, WiB 1997, 66, 71.
[249] BGH, ZIP 1997, 679, 681; Schütz, GmbHR 1996, 727, 732.
[250] Siehe dazu die Ausführungen unter IV. 3f) (3).

diesem Zeitpunkt nur noch eine interne Unterbilanzhaftung existiert. Das Ende einer Außenhaftung mit Eintragung folgt aus § 13 II GmbHG, wonach ab dem Eintragungszeitpunkt nur noch der Zugriff auf das Gesellschaftsvermögen offensteht und folglich eine unmittelbare Gesellschafterhaftung nicht möglich ist.[251] Es ist nichts ersichtlich, was dafür spräche, dass sich eine Außenhaftung vor und eine Innenhaftung nach Eintragung grundsätzlich nicht abstimmen ließen.

Darüber hinaus spricht gegen die Argumentation der Vertreter einer Innenhaftung, dass ein weitgehender Gleichlauf zwischen Gründerhaftung und Unterbilanzhaftung überhaupt nicht gegeben ist, von dem aus man auf eine einheitliche Haftungsrichtung schließen könnte. Einzuräumen ist zwar, dass beiden Haftungen eine einheitliche Risikozuweisung zugrunde liegt: die Gesellschafter tragen das Haftungsrisiko für Verluste aus einer Geschäftstätigkeit der Vorgesellschaft.[252] Jedoch sind beide Haftungen verschieden. Die Gründerhaftung ist ein "aliud" zur Unterbilanzhaftung.[253] Die Unterbilanzhaftung als Ausfluß des Unversehrtheitsgrundsatzes knüpft an das Prinzip der Kapitalaufbringung und -erhaltung an. Danach haben die Gesellschafter den Fehlbetrag zwischen dem satzungsgemäßen Stammkapital und dem Wert des Gesellschaftsvermögens im Zeitpunkt der Handelsregistereintragung zu ersetzen.[254] Die Ausgestaltung als Innenhaftung erklärt sich aus § 13 II GmbHG, wonach nach Handelsregistereintragung nur noch der Zugriff auf das Gesellschaftsvermögen offensteht. Die Gründerhaftung hingegen setzt nicht am Unversehrtheitsgrundsatz an; denn es fehlt im Gründungsstadium an der Maßgeblichkeit der Handelsregistereintragung. Zudem muß zu diesem Zeitpunkt das Stammkapital noch nicht voll aufgebracht sein.[255] Die Nichtgeltung des Unversehrtheitsgrundsatzes in der Vor-GmbH bejaht sogar die überwiegende Anzahl der Vertreter einer Innenhaftung, die annehmen, dass eine interne Verlustdeckungshaftung, anders als die Unterbilanzhaftung, um den Betrag des Stammkapitals hinter der in der Unterbilanzhaftung

---

[251] Das Ende einer als Außenhaftung ausgestalteten Gründerhaftung mit Eintragung ist auch für Altverbindlichkeiten erforderlich. Ansonsten würde es zu Abstimmungsproblemen mit der Unterbilanzhaftung kommen. Es bestünde u.U. die Gefahr einer doppelten Belastung der Gesellschafter.
[252] Vgl. Kleindiek, ZGR 1997, 427, 444 f.
[253] Vgl. Kort, ZIP 1996, 109, 115.
[254] Siehe IV. 3f) (2)(b).
[255] Vgl. Beuthien, GmbHR 1996, 309, 312 f.; Altmeppen, NJW 1997, 1509, 1510; Kort, ZIP 1996, 109, 115.

zurückbleibt.[256] Diese Unterschiede hinsichtlich der Herleitung und der Höhe zeigen, dass eine gegebenfalls vor Eintragung existierende interne Verlustdeckungshaftung kein gleichwertiges Äquivalent zur Unterbilanzhaftung nach Eintragung darstellt. Die Unterbilanzhaftung sagt noch nichts aus über die Struktur der Vorgesellschafterhaftung.

Gegen die von der Innenhaftung gewünschte "einheitliche Gründerhaftung" läßt sich ergänzend noch anführen, dass diese Ansicht letztlich nicht konsequent umgesetzt wird. Denn neben der grundsätzlich als Innenhaftung ausgestalteten Verlustdeckungshaftung wird auch noch in bestimmten Ausnahmefällen eine Außenhaftung zugelassen und bei der "unechten" Vor-GmbH sogar eine gesamtschuldnerische Außenhaftung.[257]

Festzustellen ist also, dass unter dem Gesichtspunkt einer "einheitlichen Gründerhaftung" eine als unbeschränkt anteilige Innenhaftung ausgestaltete Gründerhaftung nicht begründet werden kann.

d) Gefahr des Wettlaufs der Gläubiger

Die Gegner einer Außenhaftung befürchten, besonders im Falle der Insolvenz der Vor-GmbH, einen "Wettlauf der Gläubiger", der — insbesondere, wenn einzelne Gesellschafter illiquide seien - zu ungleichen Befriedigungschancen der Gläubiger führe. Wären die Ansprüche der Gläubiger an die Vor-GmbH gerichtet, ließe dies eine gleichmäßige Befriedigung der Gläubiger erwarten. Dabei könnte dann der als Innenhaftung ausgestaltete Verlustdeckungsanspruch der Vor-GmbH gegen die Gesellschafter zur Befriedigung der Gläubiger herangezogen werden.[258]

Das vorgebrachte Argument des "drohenden Wettlaufs der Gläubiger" begründet aber kein zwingendes Erfordernis zur ausschließlichen Ausgestaltung als Innenhaftung. Denn der "Wettlauf der Gläubiger" um den schnellsten Vollstreckungszugriff entspricht dem grundsätzlich geltenden allgemeinen Prioritätsprinzip des Zwangsvollstreckungsrechts. Ungleiche Befriedigungschancen der Gläubiger sind dem Prioritätsprinzip gerade immanent. Darüber hinaus kann selbst ein interner

---

[256] Siehe FN 113.
[257] Ähnlich Michalski/Barth, NZG 1998, 724, 725.
[258] BGH, ZIP 1996, 590, 592; BGH, ZIP 1997, 679, 682; Hartmann, WiB 1997, 66, 71; Lutter, JuS 1998, 1073, 1077; Kort, EWiR 1998, 123, 124; Bork, EWiR 1998, 745, 746.

Verlustdeckungsanspruch einen "Wettlauf der Gläubiger" letztlich nicht verhindern. Es gewännen diejenigen Gläubiger, die als erste auf Grund eines Titels gegen die Vor-GmbH deren Verlustdeckungsanspruch gegen die Vorgesellschafter pfänden würden (bevor die Vorgesellschafter selbst insolvent werden).[259]

Inkonsequent handeln die Vertreter, die den "Wettlauf der Gläubiger" als Argument gegen eine Außenhaftung anführen, auch insoweit, als sie trotzdem eine Außenhaftung ausnahmsweise zulassen (z.B. bei Vermögenslosigkeit der Vor-GmbH). Gerade bei Vermögenslosigkeit einer Vor-GmbH wird ein "Wettlauf der Gläubiger", anders als bei einer solventen Vor-GmbH, aber relevant werden.[260]

Auch wenn man, wie dies zur Vermeidung eines Wettlaufes der Gläubiger teilweise vertreten wird, über § 735 BGB analog bzw. § 93 InsO (analog) im Insolvenzverfahren zu einer Geltendmachung der persönlichen Vorgesellschafterhaftung nur durch den Insolvenzverwalter käme,[261] würde dies nur die Haftungsabwicklung im Insolvenzfall regeln, aber noch nichts über die grundsätzliche Haftungsrichtung der Gründerhaftung (außerhalb des Insolvenzverfahrens) aussagen.[262] Eine Anwendung von § 93 InsO im Insolvenzfall der Vor-GmbH würde sogar eher für eine grundsätzliche Außenhaftung der Vorgesellschafter sprechen, da in den Gesellschaften, die der Gesetzgeber als "Gesellschaften ohne Rechtspersönlichkeit" in § 93 InsO erfassen wollte,[263] die Gesellschafter außerhalb des Insolvenzverfahrens für Gesellschaftsverbindlichkeiten auch immer den Gläubigern gegenüber nach außen und nicht nach innen haften. Aus § 93 InsO (analog) bzw. § 735 BGB analog läßt sich daher letztlich keine Begründung für eine grundsätzliche Ausgestaltung der Gründerhaftung als Innenhaftung ableiten.

Die Gefahr eines "Wettlaufs der Gläubiger" kann eine Innenhaftung nicht begründen.

---

[259] Vgl. LAG Köln, ZIP 1997, 1921, 1924; Beuthien, GmbHR 1996, 309, 314; Trapp, WuB II C. § 11 GmbHG 1. 96.
[260] Vgl. Michalski/Barth, NZG 1998, 525, 531.
[261] So K. Schmidt, ZIP 1996, 353, 359, 594; ders, ZIP 1997, 671, 673; ders ZGR 1998, 633, 669 f.
[262] Vgl. Michalski/Barth, NZG 1998, 525, 530 f.
[263] Legaldefinition in § 11 II Nr. 1 InsO: Gesellschaft bürgerlichen Rechts, OHG, KG, Partenreederei, Europäische wirtschaftliche Interessenvereinigung

e) "Allgemeiner Haftungsgrundsatz"

Die Vertreter einer unbeschränkten Außenhaftung stellen bei der Frage der Haftungsrichtung wie schon bei der Frage des Haftungsumfangs zur Begründung größtenteils auf ein "allgemeines Haftungsprinzip des Bürgerlichen Rechts und des Handelsrechts" ab. Danach führe das Betreiben von Geschäften zur unbeschränkten Haftung und zwar in Form einer gesamtschuldnerischen Außenhaftung (entsprechend § 128 HGB).[264]

Wie aber bereits ausgeführt, kann dieser angebliche Haftungsgrundsatz nicht als Begründung herangezogen werden. Denn es würde gerade das vorausgesetzt, was eigentlich zu beweisen ist. Dieser Haftungsgrundsatz ist aber erst bewiesen, wenn er für alle Haftungsverhältnisse gilt.[265] Sowohl Haftungungsrichtung als auch Haftungsumfang sind anhand von Sacherwägungen in der jeweiligen Gesellschaft zu ermitteln. Daher kann auch bezüglich der Frage der Haftungsrichtung nicht auf einen "allgemeinen Grundsatz der unbeschränkten (Außen)-Haftung im Bürgerlichen Recht und im Handelsrechts" zurückgegriffen werden.

f) Angemessene Verteilung des Risikos zwischen Vorgesellschaftern und Gläubigern

Die Ausgestaltung der Gründerhaftung könnte sich aus einer angemessenen Verteilung des wirtschaftlichen Risikos zwischen Gläubigern und Gesellschaftern ergeben.[266] Viele Vertreter sowohl einer Innen- als auch einer Außenhaftung folgen diesem Ansatz, kommen aber zu unterschiedlichen Ergebnissen, je nachdem, ob sie mehr auf die Interessen der Gesellschafter oder der Gläubiger abstellen.

---

[264] LSG Baden-Würtenberg, ZIP 1997, 1651, 1652; Theobald, S. 82; Wilhelm, FS Knobbe-Keuk, S. 321, 338 f.; ders., DStR 1998, 457, 458; K. Schmidt, ZIP 1996, 353, 358; Ensthaler, BB 1997, 1209, 1210; Flume, DB 1998, 45, 46 f.; Schöpflin JR 1998, 106, 107.

[265] Siehe entsprechende Ausführungen unter IV. 3d). Im Versuch der Begründung einer Außenhaftung mit diesem "Haftungsgrundsatz" sieht Lutter (JuS 1998, 1077) richtigerweise auch einen Zirkelschluß, obwohl er bei der Frage des Umfanges der Gründerhaftung inkonsequenterweise gerade selbst auf den "allgemeinen Haftungsgrundsatz der unbeschränkten Haftung" abstellt.

[266] Vgl. K. Schmidt, ZIP 1996, 593.

(1) Haftungsunterschiede zwischen gesamtschuldnerischer Außenhaftung und anteiliger Innenhaftung

Zunächst stellt sich die Frage, inwieweit Haftungsunterschiede, insbesondere hinsichtlich des Haftungsvolumens, zwischen einer akzessorischen gesamtschuldnerischen Außenhaftung und einer anteiligen Verlustdeckungshaftung im Innenverhältnis bestehen. Führt ein Haftungsmodell zu einem "Mehr" an Haftung des einzelnen Gesellschafters, so wäre dies bei der Abwägung der beiderseitigen Interessen besonders zu berücksichtigen.

Bei einer (akzessorischen) gesamtschuldnerischen Außenhaftung haftet ein Gesellschafter unmittelbar und unbeschränkt in voller Höhe der Gesellschaftsverbindlichkeit. Dabei bezieht sich die Haftung auf ein konkretes Schuldverhältnis zwischen Gesellschaftsgläubiger und Vor- GmbH. Eine interne Verlustdeckungshaftung bezieht sich dagegen, wie die Unterbilanzhaftung, nicht auf eine konkrete Verbindlichkeit, sondern auf bilanzwirksame Geschäftsvorfälle. Die Gesellschafter haften anteilig für bilanzielle Verluste in der Höhe, in der Verbindlichkeiten nicht durch Aktiva gedeckt sind.[267] Dies führt dazu, dass eine gesamtschuldnerische Außenhaftung und eine interne Verlustdeckungshaftung hinsichtlich ihres Haftungsvolumens nicht deckungsgleich sind.

Anhand folgenden Beispiels (bei Annahme eines ungeschmälerten Eigenkapitals) ist dies gut aufzuzeigen[268]: Im Fall einer entgeltlichen Beschaffung von aktivierungsfähigen Vermögensgegenständen entsprechend ihrem tatsächlichen Wert greift lediglich eine gesamtschuldnerische Außenhaftung. Aufgrund des neutralen Charakters des Beschaffungsgeschäfts hat sich kein das Vermögen der Vor-GmbH schmälernder Verlust ergeben und somit auch keine Verlustdeckungshaftung zu Lasten der Gesellschafter. Bilanzrechtliche Verluste bezüglich dieses Beschaffungsgegenstandes treten erst dann auf, wenn auch meist nicht in voller Höhe des Wertes, wenn das Unternehmen Abschreibungen darauf vornimmt, was jedoch in dem kurzen Stadium der Gründungsphase kaum vorkommen wird. Auch wenn Verlustdeckungshaftung und Außenhaftung bezüglich eines Geschäftes höhenmäßig identisch sein können, wie z.B., wenn die Vor-GmbH keinen aktivierbaren Vermögensgegenstand, sondern eine nichtaktivierbare Dienstleistung erwirbt, ist festzustellen, dass kein

---

[267] Vgl. Monhemius, GmbHR 1997, 384 ff.; Wiegand, BB 1998, 1065, 1066.
[268] Vgl. Monhemius, GmbHR 1997, 384, 385 f.; Wiegand, BB 1998, 1065, 1066.

Gleichlauf von Außenhaftung und Verlustdeckungshaftung hinsichtlich der jeweiligen konkreten Haftungshöhe besteht. Dies liegt letztlich in der Tatsache begründet, dass bilanzielle Verluste keine Verbindlichkeiten, also Fremdkapital, darstellen, sondern das Eigenkapital des Unternehmens schmälern.[269]

Für Gesellschaftsverbindlichkeiten bei fehlender "Unterbilanz" eine gesamtschuldnerische Außenhaftung, nicht aber eine Verlustdeckungshaftung, zu begründen, wird von den Vertretern einer Innenhaftung als ein Übermaß an Gläubigerschutz kritisiert.[270] Um dies zu vermeiden und zu einem Gleichlauf von Außenhaftung und Verlustdeckungshaftung zu kommen, könnte man - wie dies K. Schmidt vertritt [271]- die Außenhaftung dergestalt einschränken, dass die Gründer nur für diejenigen Verbindlichkeiten der Vor-GmbH nach außen haften sollen, die nicht aus dem freien Gesellschaftsvermögen beglichen werden können ("Unterbilanz"). Mit einem solchen Ansatz wäre zwar ein weitgehender Gleichlauf von Außenhaftung und Verlustdeckungshaftung hergestellt, doch ist dies in der Praxis kaum durchführbar. Die Gesellschaftsgläubiger würden mangels Einblick in die Bilanz der Vor-GmbH vor das kaum lösbare Problem gestellt, herauszufinden, ob ihr Anspruch tatsächlich eine solche "Unterbilanz" verursacht hat oder nicht.[272] Daher ist diesem Ansatz, der die Außenhaftung einschränken möchte, nicht zu folgen.

Die festgestellten Haftungsunterschiede zwischen einer gesamtschuldnerischen Außenhaftung und einer internen Verlustdeckungshaftung spielen für das Haftungsvolumen im Ergebnis aber keine Rolle. Ein Vorgesellschaftsgläubiger hat sowohl bei einer Außen- als auch Innenhaftung einen Anspruch nur in Höhe der von der Vor-GmbH eingegangenen Verbindlichkeit. Dieser besteht bei einer Außenhaftung unmittelbar akzessorisch, bei der Innenhaftung zunächst gegen die Vor-GmbH selbst, wobei gegebenenfalls bis zu dieser Höhe der Verlustdeckungsanspruch gepfändet werden kann. Der Haftungsunterschied zwischen einer gesamtschuldnerischen Außenhaftung und einer anteiligen Verlustdeckungshaftung führt auch bei den Vorgesellschaftern letztlich zu keinem unterschiedlichen Haftungsumfang. Durch eine gesamtschuldnerische

---

[269] Vgl. Monhemius, GmbHR 1997, 384, 386; Wiegand, BB 1998, 1065, 1066.
[270] Stimpel, FS Fleck, S. 345, 361; Monhemius, GmbHR 1997, 384, 386 ff.; Hartmann, WiB 1997, 66, 71.
[271] K. Schmidt, ZIP 1996, 353, 356 f.
[272] Vgl. Monhemius, GmbHR 1997, 384, 386.

Außenhaftung würden die Vorgesellschafter nicht einem Mehr an Haftung ausgesetzt. Ein durch eine Außenhaftung in Anspruch genommener Vorgesellschafter könnte bei der Vor-GmbH und den Mitgesellschaftern entsprechend Regress nehmen oder vor Zahlung einen Freistellungsanspruch nach § 257 BGB gegen die Vor-GmbH geltend machen. Der Regressanspruch gegen die Vor-GmbH ergäbe sich dabei aus § 110 HGB analog, da bei der akzessorischen gesamtschuldnerischen Außenhaftung der Vorgesellschafter die gleiche Interessenlage besteht wie bei der akzessorischen gesamtschuldnerischen Außenhaftung der Gesellschafter einer OHG nach § 128 HGB.[273] Der Regressanspruch gegen die Mitgesellschafter folgt entsprechend aus § 426 I BGB.[274] Bei einer Gesellschaftsverbindlichkeit, die keine Verlustdeckungshaftung hervorruft, könnte der Vorgesellschafter, wenn er durch eine gesamtschuldnerische Außenhaftung in Anspruch genommen würde, unproblematisch bei der dann solventen Vor-GmbH in vollem Umfang Regress nehmen. Der Gesellschafter müßte dann, wie es in diesem Fall auch bei einer Innenhaftung wäre, letztlich nicht für die Gesellschaftsverbindlichkeiten aufkommen. Das Gesellschaftsvermögen würde die Verbindlichkeiten tragen. Löst eine Verbindlichkeit einen bilanziellen Verlust aus, ist der Haftungsumfang für die Vorgesellschafter bei einer gesamtschuldnerischen Außenhaftung und einer internen Verlustdeckungshaftung ebenfalls gleich. Bei der Verlustdeckungshaftung würden dann für den Teil, für den man sich nicht aus dem Vorgesellschaftsvermögen befriedigen kann, die Gesellschafter anteilig entsprechend ihrer Gesellschaftsbeteiligung haften. Wäre ein Mitgesellschafter insolvent, ist die anteilige Haftung entsprechend höher, was bei Insolvenz aller Mitgesellschafter letztlich eine volle, alleinige Haftung bedeuten würde. Bei einer gesamtschuldnerischen Außenhaftung käme man über den Weg des Regresses letztlich zum selben Ergebnis. Der durch eine gesamtschuldnerische Außenhaftung in Anspruch genommene

---

[273] So auch Scholz-K. Schmidt, § 11 Rdnr. 87; ders., OHG, S. 356; Altmeppen, NJW 1997, 3272, 3273; Raiser/Veil, BB 1996, 1344, 1347/1348; Hachenburg-Ulmer, (7 II. Aufl.), § 111 Rdnr. 67; abweichend: K. Schmidt, GesR, § 49 V 2), der neben § 110 HGB immer noch § 774 BGB analog zu Anwendung kommen läßt; a.A. Theobald, S. 142 f., der insbesondere Bedenken hat, wenn Regress nach Eintragung der GmbH erfolgt.

[274] Zur Frage, ob dieser Regressanspruch gegen die Mitgesellschafter - entsprechend der einhelligen Ansicht im OHG-Recht (BGHZ 37, 299, 303; BGH, NJW 1980, 339 f.; BGH, WM 1988, 447, 448; Großkomm. HGB-Habersack, § 128 Rdnr. 49) - subsidiär ist, siehe spätere Ausführungen unter IV. 5).

Gesellschafter könnte sich zunächst soweit wie möglich am Vorgesellschaftsvermögen befriedigen. Dann könnte er nach § 426 I BGB analog die Mitgesellschafter entsprechend ihrer Stammeinlage in Regress nehmen. Bei der Insolvenz von Mitgesellschaftern verbliebe es bei seiner höheren bzw. alleinigen Haftung, die der Verlustdeckungshaftung mit Ausfallhaftung nach § 24 GmbHG entspricht. Dies zeigt, dass auch, wenn die zu erstattene Summe nicht aus dem Gesellschaftsvermögen gedeckt werden kann, die gesamtschuldnerische Außenhaftung letztlich zum selben Ergebnis führt wie die internen Verlustdeckungshaftung. Es kommt zu einer Verlustverteilung zwischen den Vorgesellschaftern nach Maßgabe ihrer Beteiligung am Gesellschaftsvermögen. Jeder Gesellschafter muß für den Teil der Gesellschaftsverbindlichkeiten anteilig seinem Gesellschaftsanteils aufkommen, der nicht aus dem Gesellschaftsvermögen erlangt werden kann.

Es bleibt daher festzustellen, dass die Ausgestaltung der Gründerhaftung als anteilige Innenhaftung bzw. gesamtschuldnerische Außenhaftung nicht das Volumen der Haftung der Vorgesellschafter, sondern lediglich die Art und Weise der Haftungsabwicklung sowie die Zuteilung der Regresslasten betrifft.[275] Die Entscheidung für eine Haftungsrichtung muß sich daher aus einer angemessenen Verteilung der Risiken zwischen Gläubigern und Vorgesellschaftern ergeben.

(2) Interessen der Vorgesellschaftsgläubiger

(a) Pfändung des Verlustdeckungsanspruchs

Für eine Innenhaftung wird vorgebracht, dass durch sie den Vorgesellschaftsgläubigern keine unzumutbaren Nachteile entstünden, da

---

[275] Vgl. K. Schmidt, ZIP 1996, 353, 356, 593; Kleindiek, ZGR 1997, 427, 434; Raiser/Veil, BB 1996, 1344, 1349; Michalski/Barth, NZG 1998, 525, 529; Lutter, JuS 1998, 1073, 1077; Ensthaler, BB 1996, 257, 259; Sandberger, FS Fikentscher, S. 409 ff.

bei Vermögenslosigkeit der Vorgesellschaft[276] im Wege der Pfändung der Verlustdeckungsanspruch der Vorgesellschaft gegen die Vorgesellschafter verwertet werden könne.[277]

Praktisch bedeutet dieser Weg folgendes: Die Gesellschaftsgläubiger müssen zunächst einen Titel gegen die Vor-GmbH erstreiten und diesen dann, wenn die Vorgesellschaft nicht zahlt, vollstrecken. Stellen sie bei Vollstreckung dieses Titels in das Gesellschaftsvermögen fest, dass dies nicht zur vollen Befriedigung führt, haben sie noch die Möglichkeit, die Verlustdeckungsansprüche der Vor-GmbH gegen die Gesellschafter zu pfänden und sich überweisen zu lassen. Zahlen dann die Vorgesellschafter nicht freiwillig, sind noch Teil-Klagen und gegebenenfalls Teil-Zwangsvollstreckungen gegen die einzelnen Vorgesellschafter persönlich aus dem bei der Vor-GmbH gepfändeten Verlustdeckungsanspruch erforderlich. Bei Uneinbringlichkeit bei einzelnen Vorgesellschaftern müssen die Gesellschaftsgläubiger dann noch die Ausfallhaftung nach § 24 GmbHG gegen die solventen Vorgesellschafter einzeln geltend machen.[278]

Ein solch mühsamer und langwieriger Weg bei einer vermögenslosen

---

[276] Unter Vermögenslosigkeit einer Gesellschaft ist allgemein der Fall zu verstehen, dass kein für die Gläubigerbefriedigung verwertbares Aktivvermögen vorhanden ist (siehe z.B. K. Schmidt, GesR, § 11 VI 5b). Bei der folgenden Betrachtung soll "Vermögenslosigkeit" so zu verstehen sein, dass kein Aktivvermögen mehr vorhanden ist mit Ausnahme der - gegebenenfalls existierenden - Verlustdeckungsansprüche. So möchten auch die Vertreter des Innenhaftungsmodells den Begriff "Vermögenslosigkeit" verstanden sehen, da ansonsten eine Vor-GmbH eigentlich nie vermögenslos oder einfach auch nur überschuldet bzw. zahlungsunfähig wäre (Vermögenslosigkeit der Vor-GmbH ist nur für den Fall denkbar, dass auch alle Vorgesellschafter vermögenslos sind). Siehe Bork, EWiR 1998, 745, 746; Wiegand, BB 1998, 1065, 1069; Wilken, WiB 1997, 1294 f.; ebenfalls so: Ensthaler, BB 1997, 257, 260; LAG Köln, ZIP 1997, 1921, 1924. Sollte man schließlich zu einer Ablehnung eines Verlustdeckungsanspruchs in der Vor-GmbH kommen, entspräche der hier verwandte Begriff der "Vermögenslosigkeit" dann dem allgemein anerkannten "Vermögenslosigkeitsbegriff".
[277] BGH, ZIP 1997, 679, 681; ZIP 1996, 590, 592; Hachenburg-Ulmer, § 11 Rdnr. 66; Gehrlein, DB 1996, 561, 567; Hartmann, WiB 1997, 66, 69.
[278] Vgl. Hartmann, WiB 1997, 66, 69; K. Schmidt, ZIP 1996, 593, 594; ders., ZIP 1997, 671, 673; Altmeppen, ZIP 1997, 1653; Schwarz, ZIP 1996, 2005, 2007; Schöpflin, JR 1998, 106, 107; LAG Köln, ZIP 1997, 1921, 1923; Michalski/Barth, NZG 1998, 525, 529.

Vor-GmbH führt aber für einen Vorgesellschaftsgläubiger zu einer erheblichen Erschwernis der Durchsetzbarkeit seiner Forderungen.[279] Zur Durchsetzung ihrer Forderung müssen die Vorgesellschaftsgläubiger bei einer Außenhaftung nur gegen die Vorgesellschafter klagen und dann notfalls in deren Vermögen zwangsvollstrecken, bei einer Innenhaftung dagegen aber mindestens zweimal, zuerst gegen die Vorgesellschaft und dann nach Pfändung des Verlustdeckungsanspruches der Gesellschaft gegen die Vorgesellschafter persönlich.[280] Eine Innenhaftung verzögert so den Zugriff auf das Gesellschafterprivatvermögen, insbesondere bei Vermögenslosigkeit der Vor-GmbH und drohender Insolvenz der Vorgesellschafter, in kaum zumutbarer Weise. Bei der Außenhaftung steht einem Vorgesellschaftsgläubiger hingegen die Möglichkeit offen, unmittelbar gegen einen solvent erscheinenden Vorgesellschafter bzw. gleichzeitig gegen die Vorgesellschaft und die Vorgesellschafter zu klagen. Er kann also bei drohender Insolvenz viel schneller gegen die Gesellschafter vorgehen, was von unschätzbarem Vorteil ist.[281]

Die Schlechterstellung der Vorgesellschaftsgläubiger beim Innenhaftungsmodell wird besonders deutlich, wenn die Vor-GmbH mehrere Gesellschafter hat. Die Vorgesellschafter haften dann anteilig entsprechend ihrer Einlagepflicht für den Verlustdeckungsanspruch der Vorgesellschaft.[282] Die Vorgesellschaftsgläubiger müssen nach erfolgter Pfändung und Überweisung aller Verlustdeckungsansprüche (in mehreren oder in

---

[279] Vgl. LAG Köln, ZIP 1997, 1921, 1923; Ensthaler, BB 1996, 257, 259; Raiser/Veil, BB 1996, 1344, 1349; Beuthien, GmbHR 1996, 309, 313; K. Schmidt, ZIP 1997, 671, 673; Wilhelm, DStR 1998, 457, spricht in diesem Sinne von einer "prozeduralen Haftungsbeschränkung".
[280] Vgl. LAG Köln, ZIP 1997, 1921, 1923; Beuthien, GmbHR 1996, 309, 313.
[281] Vgl. Beuthien, GmbHR 1996, 309, 313.
[282] Vgl. LAG Köln, ZIP 1997, 1921,1923; Beuthien, GmbHR 1996, 309, 313 f.; Hartmann, WiB 1997, 66, 71; Michalski/Barth, NZG 1998, 525, 529; K. Schmidt, ZIP 1996, 353, 357, die - wenn eine Verlustdeckungshaftung überhaupt zur Anwendung käme - aufgrund eines gesellschaftsrechtlichen Gleichbehandlungsgrundsatzes keine "Gesamtschuld" im Innenverhältnis annehmen würden; a.A. Altmeppen, NJW 1997, 3273 f., der dagegen von einer Ausgleichspflicht der einzelnen Gesellschafter bis zur Höhe ihrer gesamten Innenhaftung mit der Möglichkeit des internen Regresses ausgeht. Bei einem solchen Verständnis einer Innenhaftung bestünde für einen klagenden Gläubiger aber das Problem, nicht erkennen zu können, welche Gesellschafter bereits in Anspruch genommen wurden und in welcher Höhe, so dass erhebliche Prozeß- und Vollstreckungsrisiken auch nach diesem Modell bestünden.

einem Pfändungs- und Überweisungsbeschluß)[283] die Verlustdeckungshaftung in entsprechend vielen Teilbeträgen von den Vorgesellschaftern einfordern und gegebenenfalls entsprechend viele Leistungsklagen erheben und Zwangsvollstreckungen in deren Vermögen betreiben. Bei Geltendmachung einer Ausfallhaftung entsprechend § 24 GmbHG ist dieses Procedere wieder erforderlich. Dies wirft aber für die Gesellschaftsgläubiger über die bisher geschilderten Probleme hinaus weitere Schwierigkeiten und Risiken auf. Mangels Publizität im Gründungsstadium (z.b. fehlt die Gesellschafterliste nach § 40 GmbHG) sind den Gläubigern in der Regel die inneren Verhältnisse in der Vor-GmbH nicht klar. Sie wissen daher meist nicht, wieviele Gesellschafter die Vor-GmbH hat, wie deren Namen und ladungsfähige Anschriften lauten sowie in welcher Höhe sie jeweils beteiligt sind. Dadurch können sie nicht erkennen, wie hoch die Verlustdeckungsansprüche gegen die einzelnen Vorgesellschafter sind, geschweige denn, ob aufgrund etwaiger Insolvenz einzelner Vorgesellschafter die übrigen entsprechend höher haften.[284]

Einzelne Stimmen bringen gegen diese Argumentation vor, dass es den Geschäftsführern einer insolventen Vor-GmbH daran gelegen sei, dass nicht sie nach § 11 II GmbHG, sondern die Gründer nach Pfändung der Verlustdeckungsansprüche persönlich in Anspruch genommen werden. Daher würden die Geschäftsführer einer solchen Vor-GmbH bereitwillig mit den anspruchstellenden Gesellschaftsgläubigern kooperieren und ihnen die nicht ohne weiteres zu beschaffenden Informationen für eine Inanspruchnahme der Gründer erteilen (z.B. Name, Anschrift oder Anteil der Vorgesellschafter; Höhe des Verlustdeckungsanspruchs) oder aber die Verlustausgleichsansprüche der Vor-GmbH selbst den Gründern gegenüber geltend machen und einziehen. So wären für die Vorgesellschaftsgläubiger auch bei einer als anteiligen Innenhaftung ausgestalteten Gründerhaftung realiter keine Schwierigkeiten bei Durchsetzung ihrer

---

[283] Es steht im Ermessen des Gerichts, ob es einen Beschluß oder mehrere erläßt, wenn mehrere Forderungen eines Schuldners gegen verschiedene Drittschuldner (hier: Vorgesellschafter) zu pfänden sind. Siehe Stöber, Forderungspfändung, Rdnr. 475, 547; Baumbach-Hartmann, ZPO, § 829 Rdnr. 13; Schuschke in Schuschke/ Walker, § 829 Rdnr. 41.

[284] Vgl. Raiser/Veil, BB 1996, 1344, 1348; K. Schmidt, ZIP 1997, 671, 673; Altmeppen, NJW 1997, 3272, 3274; Michalski/-Barth, NZG 1998, 724, 725; Flume, DB 1998, 45, 48; Bork, EWiR 1998, 745, 746; Jüntgen, JuS 1999, 728.

Ansprüche, auch wenn mehrere Vorgesellschafter vorhanden sind, gegeben.[285]

Diese Gegenargumentation ist aber nicht stichhaltig. Zum einen bezieht sie sich nur auf rechtsgeschäftlich eingegangene Verbindlichkeiten. Bei gesetzlich begründeten Verbindlichkeiten kommt eine Geschäftsführerhaftung nach § 11 II GmbHG überhaupt nicht in Frage. Bei einer solchen Konstellation besitzen die Geschäftsführer überhaupt kein Interesse, die Vorgesellschaftsgläubiger über Gesellschaftsinterna zu informieren; stehen ihnen die Vorgesellschafter i.d.R. doch viel näher. Zum anderen würde auch eine Kooperation mit den Vorgesellschaftsgläubigern die Geschäftsführer i.d.R. nicht vor eigener Inanspruchnahme schützen. Selbst wenn ein Vorgesellschaftsgläubiger vom Geschäftsführer alle nötigen Informationen erhält, ist (bei rechtsgeschäftlich begründeten Verbindlichkeiten) eine Inanspruchnahme der Vorgesellschafter immer noch mit mehr Mühe und Aufwand verbunden (u.U. sind 2 Klagen nötig) als die der solventen Geschäftsführer aufgrund der unmittelbaren, unbeschränkten, gesamtschuldnerischen Handelndenhaftung nach § 11 II GmbHG. Ein praktisch und rational denkender Gläubiger würde daher, wenn ein oder mehrere Geschäftsführer solvent erscheinen, diese in Anspruch nehmen und nicht über den - trotz Kenntnis der Gesellschaftsinterna - mühevolleren Weg einer Pfändung und Geltendmachung der Verlustdeckungsansprüche gehen. Eine solche drohende "Regelinanspruchnahme" der Geschäftsführer würde aber - worauf später noch ausführlicher eingegangen wird[286] - zu einer unangemessenen Risikoverteilung im Gründungsstadium zu Lasten der Geschäftsführer führen.

Die Auskunftspflichten des Schuldners nach § 836 III S.1 ZPO und des Drittschuldners nach § 840 I ZPO könnten aber für einen ausreichenden Gläubigerschutz bei Pfändung und Verwertung der internen Verlustdeckungsansprüche sorgen. Nach § 836 III S.1 ZPO ist der Schuldner, im vorliegenden Fall die Vor-GmbH, aufgrund einer vorher ergangenen Pfändung und Überweisung verpflichtet, den Vorgesellschaftsgläubigern alle Auskünfte zu erteilen, die zur erfolgreichen Geltendmachung der Forderung (des Verlustdeckungsanspruchs) gegenüber den Drittschuldnern erforderlich sind.[287] Darunter fallen z.B. die Mitteilung von Daten, die zur

---

[285] So Goette, DStR 1998, 179, 181; Schütz, S. 169 f.
[286] Siehe dazu die späteren Ausführungen unter IV. 4g).
[287] Schuschke in Schuschke/Walker, § 836 Rdnr. 5; MüKo-Smid, ZPO, § 836 Rdnr. 10; Baumbach-Hartmann, ZPO, § 836 Rdnr. 5; Wieczorek/Schütze, § 836 Rdnr. C.

Errechnung der Forderung von Bedeutung sind, die Mitteilung, ob die Forderung bereits tituliert ist,[288] Nennung des Wohnsitzes bzw. des Aufenthaltsortes der Drittschuldner;[289] oder Informationen, wenn möglich, über die persönlichen und wirtschaftlichen Verhältnisse der Drittschuldner.[290] Nach § 840 I ZPO haben die Drittschuldner, also hier die Vorgesellschafter, auf Verlangen des Gläubigers entsprechend der Aufforderung, die vom Umfang maximal begrenzt wird durch den Rahmen des § 840 I Nr. 1-3 ZPO, Auskunft zu erteilen.[291]

Beide Auskunftspflichten setzen zumindest voraus, dass die Forderung, hier der jeweilige Verlustdeckungsanspruch der Vor-GmbH gegenüber den einzelnen Vorgesellschaftern, bereits wirksam gepfändet worden ist, das heißt, dass ein wirksamer Pfändungsbeschluß des Gerichts ergangen ist und dieser dem Drittschuldner, also dem jeweiligen Vorgesellschafter, zugestellt wurde.[292] Das bedeutet, dass die Gläubiger im Zeitraum vor Zustellung eines wirksamen Pfändungsbeschlusses keine Auskunftsrechte gegenüber den Schuldnern und Drittschuldnern haben. Aber gerade vor Stellung des Pfändungsantrages benötigt der Vorgesellschaftsgläubiger wichtige Interna (insbesondere Name und Anschrift), um überhaupt eine wirksame Forderungspfändung der Verlustdeckungsansprüche zu erreichen. Denn der sogenannte "Bestimmtheitsgrundsatz" verlangt, dass u.a. die zu pfändende Forderung und der Drittschuldner im Pfändungsantrag und später im Pfändungsbeschluß so genau bezeichnet sein müssen, dass selbst ein unbeteiligter Dritter sie bestimmen kann.[293] Auch wenn daran keine übermäßigen Anforderungen gestellt werden, da eben die Gläubiger die Verhältnisse der Schuldners meist nur oberflächlich

---

[288] Schuschke in Schuschke/Walker, § 836 Rdnr. 5.
[289] Soergel-Zeiss, § 402 Rdnr. 2, da nach allgemeiner Ansicht die Auskunftspflicht nach § 836 III ZPO der nach § 402 BGB entspricht (siehe z.B. MüKo-Smid, ZPO, § 836 Rdnr. 10; Baumbach-Hartmann, ZPO, § 836 Rdnr. 5; Zöller/Stöber § 836 Rdnr. 8).
[290] MüKo-Roth, § 402 BGB Rdnr. 5.
[291] Schuschke in Schuschke/Walker, § 840 Rdnr. 7; MüKo-Smid, § 840 Rdnr. 10 ff.
[292] Für § 840 I ZPO, wo eine Überweisung der Forderung noch nicht erforderlich ist: Schuschke in Schuschke/Walker, § 840 Rdnr. 3; MüKo-Smid, ZPO, § 840 Rdnr. 5; Baumbach-Hartmann, ZPO, § 840 Rdnr. 4; Stöber, Forderungspfändung, Rdnr. 621. Für § 836 III: Schuschke in Schuschke/Walker, § 836 Rdnr. 5; Stöber, Forderungspfändung, Rdnr. 621.
[293] Zum "Bestimmtheitsgrundsatz" siehe BGHZ 13, 42 ff.; 93, 82, 83 f.; Baumbach-Hartmann, ZPO, § 829 Rdnr. 10, 15 ff; Zöller-Stöber, § 829 Rdnr. 8; Stöber, Forderungspfändung, Rdnr. 496 ff.; Schuschke in Schuschke/Walker, § 829 Rdnr. 37; Musielak, Rdnr. 532.

kennen,[294] kann dies den Gläubigern erhebliche Probleme bereiten. Nicht benannt zu werden braucht zwar die Forderungshöhe,[295] die bei Verlustdeckungsansprüchen selbst von der Vor-GmbH schwer zu ermitteln ist. Des Weiteren bereitet auch der Rechtsgrund der Forderung den Gläubigern keine Schwierigkeiten. Die Bezeichnung der zu pfändenden Forderung als z.B. "Anspruch der Vor-GmbH gegenüber ihren Vorgesellschaftern auf anteilige Verlustdeckung in Höhe des bilanziellen Verlustes der Vor-GmbH" oder ähnlich, erscheint - besonders im Hinblick auf die von der Rechtsprechung schon als hinreichend "bestimmt" angesehenen Bezeichnungen[296]- ausreichend "bestimmt" zu sein.[297] Zur Unwirksamkeit der Pfändung von Verlustdeckungsansprüchen dürfte aber führen, wenn der Gläubiger nicht die Namen der Vorgesellschafter, also der Drittschuldner, anzugeben vermag. Zwar müssen die Drittschuldner im Pfändungsantrag und -beschluß nicht namentlich bezeichnet sein, doch müssen sie bei verständiger Auslegung aus dem Pfändungsbeschluß unzweifelhaft festgestellt werden können.[298] Eine einfache Bezeichnung der Drittschuldner bei fehlender Kenntnis der Vorgesellschafternamen als "Gesellschafter der Vor-GmbH" erfüllt diese Voraussetzungen einer hinreichenden Bestimmtheit nicht. Kennt ein Vorgesellschaftsgläubiger folglich die Gesellschafter oder nur einen Teil der Gesellschafter nicht, kann er die Verlustdeckungsansprüche der Vor-GmbH gegen diese Gesellschafter nicht pfänden lassen. Ihm kommt dabei - mangels wirksamer Pfändung - eben auch noch keine Auskunftspflicht zugute, die die mangelnde Publizität im Gründungsstadium auszugleichen vermag. Bei fehlender Kenntnis der Vorgesellschafter wäre eine Zustellung eines Pfändungsbeschlusses auch überhaupt nicht möglich, so dass auch unter diesem Gesichtspunkt eine wirksame Forderungspfändung ausfallen würde.

Dies zeigt, dass schon die Pfändung eines Verlustdeckungsanspruches mit erheblichen Problemen und Risiken für die Gläubiger verbunden ist -

---

[294] So BGH, NJW 1983, 886; Baumbach-<u>Hartmann</u>, ZPO, § 829 Rdnr. 11; <u>Schuschke</u> in Schuschke/Walker, § 829 Rdnr. 37; Zöller-<u>Stöber</u>, § 829 Rdnr. 8.

[295] <u>Stöber</u>, Forderungspfändung, Rdnr. 499.

[296] Siehe Beispiele zu Rechtsprechungsentscheidungen hinsichtlich "bestimmter" und "zu unbestimmter" Bezeichnungen bei Baumbach-<u>Hartmann</u>, ZPO, § 829 Rdnr. 19 ff.; <u>Schuschke</u> in Schuschke/Walker, § 829 Rdnr. 38.

[297] So ähnlich bei Pfändung eines Unterbilanzhaftungsanspruches: <u>Hornstein</u>, GmbHR 1998, 229, 231.

[298] BGH MDR 1961, 408; BGH NJW 1967, 821f.; <u>Schuschke</u> in Schuschke/Walker, § 829 Rdnr. 38.

vor allem die Ermittlung der Vorgesellschafter und deren Adressen -, die eine Durchsetzbarkeit des Anspruchs gegen die Vorgesellschafter erheblich erschweren und teilweise fast unmöglich machen. Zeit, die Verhältnisse in der Vor-GmbH - wenn dies überhaupt möglich sein sollte - zu ermitteln, verbleibt den Gläubigern zudem meist nicht, da sie im Fall einer drohenden Insolvenz der Vor-GmbH deren Verlustdeckungsanspruch gegen die Vorgesellschafter möglichst schnell pfänden müssen, um anderen Gesellschaftsgläubigern zuvor zu kommen. Anderenfalls könnten die Gesellschafter bereits illiquide oder insolvent geworden sein..

Darüber hinaus können die bei Geltendmachung des bereits gepfändeten und überwiesenen Verlustdeckungsanspruches zur Verfügung stehenden Auskunftspflichten nach § 836 III und § 840 I ZPO einen schnellen und ausreichenden Gläubigerschutz nicht immer gewährleisten. Im Idealfall, wenn die Schuldner bzw. Drittschuldner alle erforderlichen Informationen zur Geltendmachung der gepfändeten Ansprüche dem Vorgesellschaftsgläubiger richtig, ausreichend und möglichst schnell erteilen, kann der Gläubiger seine Ansprüche aus der gepfändeten und überwiesenen Forderung (Verlustdeckungsanspruch) unproblematisch und ohne große Risiken gegen die Vorgesellschafter durchsetzen.

Hinsichtlich der Auskunftspflicht des Schuldners (Vor-GmbH) nach § 836 III ZPO ist zwar nach der 2. Zwangsvollstreckungsnovelle[299] bei Nichterteilung eine Klage auf Auskunft nicht mehr vonnöten[300], so dass die ehemals damit verbundenen Mühen und Risiken entfallen, jedoch ist damit immer noch nicht gewährleistet, dass der Schuldner - trotz einer gegebenenfalls dann eintretenden Schadenersatzpflicht[301] - die notwendige Auskunft überhaupt bzw. vollständig und genau erteilt.

In diesen - nicht selten eintretenden - Fällen bleiben die Gläubiger auf ihr Auskunftsrecht gegenüber den Drittschuldnern nach § 840 I ZPO angewiesen. § 840 I ZPO räumt jedoch nur ein sehr enges Auskunftsrecht ein, wie es in den Nr. 1-3 normiert ist. Darüber hinaus gehende Auskünfte müssen nicht erteilt werden. So muß der Drittschuldner keine Auskunft zu

---

[299] Sie trat zum 1.1.1999 in Kraft (BGBl. I 3039).
[300] Siehe dazu Thomas/Putzo, § 836 Rdnr. 18; zur alten Rechtslage bis zum 31.12.98 (Einklagen der Auskunftspflicht nach § 836 III): MüKo-Smid, ZPO, § 836 Rdnr. 12; Münzberg in Stein Jonas, § 836 Rdnr. 12; Wieczorek/Schütze, § 836 Rdnr. C1; Schuschke in Schuschke/Walker, § 836 Rdnr. 5.
[301] Der Schuldner macht sich schadenersatzpflichtig, wenn er seine Auskunfts- und Offenbarungspflicht schuldhaft verletzt. Siehe Baumbach/Hartmann, ZPO, § 836 Rdnr. 5; MüKo-Smid, ZPO, § 836 Rdnr. 10; Schuschke, in Schuschke/Walker, § 836 Rdnr. 5.

wichtigen Einzelfragen, wie Einreden, Fälligkeit, Bedingungen oder ausgeübten Gestaltungsrechten, geben.[302] Er ist auch nur verpflichtet anzugeben, ob und inwieweit er die Forderung als begründet anerkennt und Zahlung zu leisten bereit ist. Erkennt er die gepfändete Forderung nicht an, so braucht er den Grund nicht auszuführen,[303] so dass der Gläubiger bei späterer gerichtlicher Geltendmachung, wenn der Schuldner nach § 836 III ZPO die entsprechenden Informationen nicht geben kann (z.B. über mögliche Einreden des Drittschuldners), diesbezüglich die selben Prozessrisiken trägt wie ohne bestehende Auskunftspflichten. Bei der Auskunftspflicht nach § 840 I ZPO kommt auch noch hinzu, dass der Gläubiger die Kosten der Drittschuldnerauskünfte zu tragen hat,[304] was sich bei einer Vielzahl von Drittschuldneranfragen, wie sie eben bei vielen Vorgesellschaftern nötig sind, "summieren" kann. Insbesondere bei geringen Forderungen wird sich daher die Einholung von Drittschuldnerauskünften nicht rechnen.

Es zeigt sich somit, dass die Auskunftspflichten nach § 836 III S.1 und § 840 I ZPO, auch wenn sie meist den Gläubigern zur Hilfe gereichen, nicht immer einen schnellen und umfassenden Gläubigerschutz bei Geltendmachung eines bereits gepfändeten Verlustdeckungsanspruchs gegenüber den Vorgesellschaftern einzuräumen vermögen. § 836 III S.1 und § 840 I ZPO können daher im Stadium nach einer wirksamen Pfändung und Überweisung der Verlustdeckungsansprüche der Vor-GmbH nicht als Argument für einen ausreichenden Gläubigerschutz bei Verwertung eines internen anteiligen Verlustdeckungsanspruches herhalten. Als Hilfe bei Pfändung der Verlustdeckungsansprüche kommen - wie eben ausgeführt - die §§ 836 III S. 1 und 840 I ZPO ebenfalls nicht in Betracht, da diese erst eine wirksame Pfändung der Forderung (Verlustdeckungsanspruch) voraussetzen. Die Auskunftspflichten des Schuldners nach § 836 III S.1

---

[302] Zöller-Stöber, § 840 Rdnr. 5; Stöber, Forderungspfändung, Rdnr. 642; Münzberg in Stein-Jonas, § 840 Rdnr. 9; MüKo-Smid, ZPO, § 840 Rdnr. 11,

[303] So die h.M.: OLG München, NJW 1975, 174 f.; Schuschke in Schuschke/Walker, § 840 Rdnr. 7; Münzberg in Stein-Jonas, § 840 Rdnr. 9; Stöber, Forderungspfändung, Rdnr. 641 f.; a.A.: Foerste, NJW 1999, 904 ff., der aus § 840 I ZPO zudem die Pflicht zur Begründung der Erklärung entnimmt.

[304] So MüKo-Smid, ZPO, § 840 Rdnr. 8 (mit guter Begründung); Wieczorek/Schütze, § 840 Rdnr. C1; Baumbach-Hartmann, ZPO, § 840 Rdnr. 13 (mit Ausnahme von Anwaltskosten); a.A.: BAG, BB 1985, 1199; Petersen, BB 1986, 188 f.; Zöller-Stöber, ZPO, § 840 Rdnr. 11 (besonders umstritten ist bei dieser Frage vor allem, ob Anwaltskosten des Drittschuldners, die mit der Auskunftserteilung in Zusammenhang stehen, zu ersetzen sind).

ZPO und des Drittschuldners nach § 840 I ZPO können daher nicht für einen ausreichenden Gläubigerschutz bei Pfändung und Verwertung der internen Verlustdeckungsansprüche sorgen.

Um das geschilderte Problem einer erschwerten Durchsetzbarkeit der Gläubigeransprüche bei einer Innenhaftung zu entkräften, wird ergänzend vorgebracht, dass Prozessrisiken auch bei der Außenhaftung bestünden[305] und das Ausfallrisiko der Gläubiger ein allgemeines Vollstreckungsrisiko sei, das es immer gebe.[306]

Dem ist insoweit zuzustimmen, als ein Gläubiger immer dem Risiko eines Ausfalls seiner Forderung und gegebenenfalls Prozessrisiken ausgesetzt ist. Sind z.B. neben der Vorgesellschaft auch alle Mitgesellschafter vermögenslos, trägt der Gläubiger, gleich, ob man eine Innen- oder Außenhaftung annimmt, das allgemeine Vollstreckungsrisiko. Auch bei einer Außenhaftung kann man gegen einen, vielleicht den einzigen, vermögenslosen Gesellschafter vorgehen, so dass man die sich daraus ergebenden Kosten tragen muß. Jedoch sind Ausfall- und Prozessrisiken aus den eben ausgeführten Gründen bei einer anteiligen Innenhaftung deutlich höher als bei einer gesamtschuldnerischen Außenhaftung. Bei einer gesamtschuldnerischen Außenhaftung muß der Gläubiger nicht die vielen Klagen und Zwangsvollstreckungen - mit den damit für ihn aufgrund mangelner Einsicht in die Vor-GmbH einhergehenden hohen Risiken - vornehmen, sondern er kann sich einen aus seiner Sicht solventen Gesellschafter zur Erfüllung der Vorgesellschafterverbindlichkeit heraussuchen und dann, wenn dieser nicht freiwillig zahlt, nach vorheriger Klage in dessen Privatvermögen vollstrecken. Man kann also nicht davon sprechen, dass das Ausfallrisiko bei einer Außen- und Innenhaftung gleich wäre. Bei einer Innenhaftung sind die Vorgesellschaftsgläubiger einem weit höheren Risiko ausgesetzt.

Gegen eine Innenhaftung spricht darüber hinaus noch die Interessenlage beim einstweiligen Rechtsschutz. Die Gläubiger hätten bei einer solchen Ausgestaltung große Probleme, ihre Interessen wahrzunehmen. Droht bei einer insolventen Vor-GmbH, dass deren einziger in Deutschland noch residierender Gesellschafter sich zur Verlagerung seines Vermögens ins Ausland anschickt, kann der Gläubiger dies nur durch einen Arrest (§§ 916 ff. ZPO) verhindern. Müßte sich der Gläubiger den Arrestanspruch erst durch eine Arrest-Forderungspfändung bei der Vor-GmbH beschaffen

---

[305] Schütz, GmbHR 1996, 727, 735.
[306] Hartmann, WiB 1997, 66, 71; Baumann, JZ 1998, 597, 600; An, S. 165.

(§ 930 ZPO), könnte von einer wirksamen Forderungsdurchsetzung nicht mehr die Rede sein, insbesondere, da dies dem Gläubiger nur einen Teil seiner Forderung gegen den Vorgesellschafter einbrächte.[307]

Zusammenfassend zeigt sich, dass bei einer vermögenslosen Vor-GmbH eine anteilige Innenhaftung im Gegensatz zu einer gesamtschuldnerischen Außenhaftung eine unzumutbare Belastung für die Gläubiger darstellt, da die Durchsetzbarkeit ihrer Ansprüche erheblich erschwert wird.

(b) Ausnahmsweise Zulassung einer Außenhaftung

Die Vertreter einer Innenhaftung erkennen die - eben geschilderten - Probleme ihres Haftungsmodells bei "Vermögenslosigkeit" der Vor-GmbH zumeist auch selbst. Sie wollen sie dadurch lösen, dass sie in den Fällen einer vermögenslosen Vor-GmbH[308] wie auch in den Fällen einer Einmann-Vor-GmbH oder einer Vor-GmbH mit nur einem Gläubiger ausnahmsweise einen unmittelbaren Zugriff gestatten. Einige erweitern diese Ausnahmetatbestände noch um den Fall der Ablehnung eines Insolvenzverfahrens mangels Masse.[309] Begründet werden diese Ausnahmen damit, dass sie keine Abwicklungsschwierigkeiten eröffnen.[310]

Gegen einen solchen ausnahmsweise eröffneten unmittelbaren Zugriff spricht besonders, dass die Gläubiger von den Durchgriffsvoraussetzungen (z.B. Vermögenslosigkeit der Vor-GmbH oder Ablehnung der Insolvenz mangels Masse - wenn sie den Insolvenzantrag als Gläubiger nicht selbst gestellt haben) meist keine Kenntnis haben. Sieht man die Innenhaftung als Regel- und die Außenhaftung als Ausnahmefall an, wie es diese Ansicht annimmt, hätten die Gläubiger zudem die Beweislast für das Vorliegen dieser Ausnahmevoraussetzungen zu tragen. Diese dürften sie mangels Einblick und Zugang zu den Gesellschaftsinterna i.d.R. nicht erbringen können. Sie würden so dem hohen Risiko einer kostenpflichtigen

---

[307] Vgl. K. Schmidt, ZIP 1997, 671, 673.
[308] Zum Begriff der "Vermögenslosigkeit" siehe FN 276.
[309] Siehe zu den Ausnahmefällen FN 115 f.
[310] BGH, ZIP 1996, 590, 592; 1997, 679, 682; Hachenburg-Ulmer, § 11 Rdnr. 67 f.; ders., ZIP 1996, 733, 735; Dauner-Lieb, GmbHR 1996, 82, 91; Kort, EWiR 1998, 123, 124.

Klageabweisung ausgesetzt. Bei Verneinung der Durchgriffsvoraussetzungen müßten sie die Kosten tragen.[311]

Darüber hinaus würde mit den Ausnahmefallgruppen einer "gesamtschuldnerischen Außenhaftung" die Ausnahme zur Regel gemacht, da diese Fälle in der Praxis am häufigsten auftreten.[312] Dies zeigt sich an den bisher gerichtsrelevant gewordenen Fällen. In den Fällen einer solventen Vor-GmbH spielt eine Gründerhaftung i.d.R. keine Rolle.

Eine ausnahmsweise Zulassung eines unmittelbaren Zugriffs auf die Vorgesellschafter ist daher abzulehnen. Es lassen sich so die aus einer Innenhaftung bei einer vermögenslosen Vor-GmbH ergebenden unzumutbaren Belastungen der Vorgesellschaftsgläubiger nicht lösen.

(c) Eintragung der Vor-GmbH ins Handelsregister

Nachdem festgestellt wurde, dass eine Innenhaftung bei vermögensloser Vor-GmbH die Gläubiger erheblich belastet, stellt sich nun die Frage, ob dies auch bei einer solventen Vor-GmbH gilt.

Da bei einer solventen Vor-GmbH die Vorgesellschaftsgläubiger auf jeden Fall - sei es auch nach Klage und Zwangsvollstreckung - ihre Forderungen von der Vor-GmbH selbst beglichen erhalten, spricht in diesem Fall nichts gegen das Innenhaftungsmodell. Es bedarf dann nicht mehr einer für den Gläubiger unzumutbaren Pfändung des Verlustdeckungsanspruchs. Von Vorteil ist das Innenhaftungskonzept sogar dann, wenn vor Eintragung Klage gegen die Vorgesellschaft erhoben und die Gesellschaft später eingetragen wurde.[313] Der Prozess wird dann automatisch von der eingetragenen GmbH fortgesetzt.[314] Rechtskräftige Urteile wirken für und gegen die eingetragene GmbH fort. Vollstreckungstitel gegen die

---

[311] Vgl. Monhemius, GmbHR 1997, 384, 390 f.; Hartmann, WiB 1997, 66, 71; Gummert, WiB 1997, 465 f.; Michalski/Barth, NZG 1998, 525, 529, 725; Trapp, WuB II C. § 11 GmbHG 2.96 S. 720.

[312] Altmeppen, NJW 1997, 3272, 3274; Raiser/Veil, BB 1996, 1344, 1347.

[313] Konsequenterweise können dies aber nur die vertreten, die von einer permanenten Verlustdeckungshaftung ausgehen und die Verlustdeckungshaftung nicht erst mit Scheitern der Eintragung entstehen lassen. Siehe dazu FN 115, 117.

[314] Scholz-K. Schmidt, § 11 Rdnr. 137; Hachenburg-Ulmer, § 11 Rdnr. 74.

Vor-GmbH können ohne eine nach § 727 ZPO erforderliche Titelumschreibung für die Vollstreckung gegen die eingetragene GmbH verwendet werden.[315] Diesen problemlosen Übergang von einer Vor-GmbH auf eine eingetragene GmbH ziehen die Vertreter einer Innenhaftung heran und verweisen demgegenüber auf die mit Eintragung einhergehenden Probleme der Außenhaftung. Würde ein Gläubiger - bei Annahme einer gesamtschuldnerischen Außenhaftung - vor Eintragung gegen einen Vorgesellschafter persönlich klagen und würde dann später während des Verfahrens die GmbH ins Handelsregister eingetragen, käme es zur Erledigung der Klage, da mit Eintragung die persönliche Haftung der Gesellschafter erlischt.[316]

Eine unzumutbare Beeinträchtigung der Gläubigerinteressen erfolgt durch eine solche Erledigung aber nicht. Die Kostentragung obliegt im Regelfall den Gesellschaftern. Im Falle einer beiderseitigen Erledigungserklärung hat das Gericht nach § 91a ZPO über die Kosten unter Berücksichtigung des bisherigen Sach- und Streitstandes nach billigem Ermessen zu entscheiden. Da bei Annahme einer als Außenhaftung ausgestalteten Gründerhaftung - unter Zugrundelegung eines berechtigten Anspruchs - die Vorgesellschafter zur Begleichung der Vorgesellschaftsverbindlichkeiten verurteilt worden wären, haben sie bei Erledigung die anfallenden Kosten zu tragen. Zum selben Ergebnis kommt man auch bei einer einseitigen Erledigungserklärung. Wenn man der h.M. folgt,[317] sind die Kosten dann ebenfalls dem Beklagten, also dem Gesellschafter, aufzuerlegen. Das Kostenrisiko trägt somit der Vorgesellschafter und nicht der Gläubiger. Dieses stellt also keine Gläubigerbeeinträchtigung dar.

Zuzugeben ist zwar, dass bei einer als Außenhaftung ausgestalteten Gründerhaftung mit Eintragung der Gesellschaft ins Handelsregister die Geltendmachung der Vorgesellschaftsverbindlichkeit im Vergleich zu einer Innenhaftung erschwert ist. Der Gläubiger muß nun, wenn er nicht bereits gegen die Vorgesellschaft vorgegangen ist, erneut klagen, jetzt gegen die eingetragene GmbH. Jedoch ist aus Gläubigersicht diese Erschwernis gegenüber den schwerwiegenden Beeinträchtigungen, die mit

---

[315] OLG Stuttgart, NJW-RR 1989, 637; Scholz-K. Schmidt, § 11 Rdnr. 137; Kunz, S. 148 ff., 159.
[316] Vgl. An, S. 165; Ulmer, ZIP 1996, 733, 736; Stimpel, FS Fleck, S. 345, 363 f.; Schütz, S. 172 f.; so ebenfalls: Michalski/Barth NZG 1998, 525, 529 FN 67.
[317] BGHZ 83, 12, 16; Musielak, Rdnr. 243; Zöller-Vollkommer, § 91a Rdnr. 41 m.w.N.; a.A. für Kostenteilung: Gottwald in Rosenberg/Schwab/Gottwald, § 132 III 3f.; MüKo-Lindacher, ZPO, § 91a Rdnr. 94.

einer Innenhaftung im Falle einer verschuldeten und nicht zur Eintragung gelangenden Vor-GmbH einhergehen, vernachlässigenswert, zumal die Gläubiger mit Eintragung aufgrund der dann einsetzenden Unterbilanzhaftung sogar meist besser dastehen.

Ergänzend sei festgestellt, dass die Bedeutung der Fallgruppe "spätere Eintragung ins Handelsregister" sehr gering ist. Wenn ein Vorgesellschaftsgläubiger nicht gleichzeitig Klage gegen die Vor-GmbH und die einzelnen Vorgesellschafter erhebt,[318] wird er, wenn er von einer solventen Vor-GmbH ausgeht oder eine alsbaldige Eintragung ins Handelsregister erwartet, i.d.R. keine Klage gegen einen Vorgesellschafter erheben, sondern gegen die Vor-GmbH selbst vorgehen. Die geringe Bedeutung dieser Fallgruppe zeigt sich schon darin, dass die Judikatur[319] - soweit ersichtlich - erst einen derartigen Fall zu entscheiden hatte.[320] Die entscheidungserheblichen Fälle bezogen sich sonst ausschließlich auf Fälle, in denen die Eintragung fehlgeschlagen war (Liquidation, Konkurs). Bei einer insolventen Vor-GmbH kommt es aber im Regelfall überhaupt nicht zur Eintragung.

Es läßt sich feststellen, dass eine spätere Eintragung ins Handelsregister nicht gegen eine Außenhaftung der Vorgesellschafter spricht. Zwar kann dies eine Klageerhebung gegen die GmbH erforderlich machen mit gewissen Prozesskostenrisiken, jedoch wiegen die Gläubigerrisiken, die mit einer Innenhaftung bei einer verschuldeten Vor-GmbH verbunden sind, weit schwerer.

(d) Verhältnisse im Insolvenzverfahren

Unbeleuchtet blieben bisher die Verhältnisse in einem Insolvenzverfahren.[321] Dieser Fallgruppe kommt in der Praxis eine meist geringere Relevanz zu, da annähernd 3/4 aller Insolvenzanträge mangels Masse

---

[318] Eine solche gleichzeitige Klageerhebung ist zulässig, da die Vor-GmbH und die Vorgesellschafter als Streitgenossen i.S.d. §§ 59, 60 ZPO verschiedene Prozeßparteien sind.
[319] OLG Saarbrücken, GmbHR 1992, 307 ff.
[320] Vgl. Raiser/Veil, BB 1996, 1344, 1347.
[321] Bezüglich näherer Ausführungen zur Insolvenz in der Vor-GmbH sei vor allem auf Haas, DStR 1999, 985 ff., verwiesen. Bemerkt sei dazu aber, dass seine Anerkennung des Überschuldenstatbestands des § 19 I InsO bei einer Vor-GmbH sehr zweifelhaft erscheint.

abgelehnt werden.[322]

Geht man immer von einer (internen) Verlustdeckungshaftung bei der Vor-GmbH aus, gibt es den Fall einer insolventen Vor-GmbH[323] nicht, bis auf den kaum denkbaren Ausnahmefall, dass auch alle Vorgesellschafter selbst zahlungsunfähig sind.[324] Bei einer Ausgestaltung als interne Verlustdeckungshaftung spielt also eine Fallgruppe "Insolvenzverfahren" überhaupt keine Rolle.

Eine gesamtschuldnerische Außenhaftung erscheint aus Gläubigergesichtspunkten nicht unvertretbar. Wenn man über § 93 InsO analog ausnahmsweise unter Vermeidung eines "Wettlaufes der Gläubiger" eine ausschließliche Geltendmachung durch den Insolvenzverwalter zuließe, würde dies, wie bereits ausgeführt,[325] noch nichts über eine allgemeine Ausgestaltung der Gründerhaftung aussagen; die Analogie würde sogar eher für eine grundsätzliche gesamtschuldnerische Außenhaftung sprechen.

Die Fallgruppe "Insolvenzverfahren" ist daher nicht geeignet, aus ihr die grundsätzliche Ausgestaltung der Gründerhaftung herzuleiten. Sollte man später zu einer als gesamtschuldnerischen Außenhaftung ausgestalteten Gründerhaftung kommen, ist dann gegebenenfalls zu entscheiden, ob nicht ausnahmsweise im Insolvenzverfahren eine Innenhaftung nach § 93 InsO analog in Betracht kommt.

---

[322] Siehe Insolvenzstatistiken, ZIP 1994, 875 ff., 1998, 1981 ff. In der neuen Insolvenzordnung wird zwar durch den Insolvenzkostenzuschuß nach § 26 I S.2 InsO dem Schuldner die Möglichkeit eingeräumt, eine Abweisung mangels Masse zu verhindern. Jedoch wird dies in der Praxis kaum dafür sorgen, dass deutlich mehr Insolvenzverfahren durchgeführt werden (so auch Smid, WM 1998, 1313 ff.). Die Schuldner werden sich gut überlegen, ob sie entsprechende Geldbeträge für eine solche Gesellschaft vorschießen werden. Dies wird sich bei einer masselosen oder massearmen Gesellschaft meist nicht rentieren, da sie im anschließenden Insolvenz-verfahren dann nichts oder kaum etwas erhalten werden. Auch der Erstattungsanspruch nach § 26 III InsO wird keinen besonderen Anreiz bieten, da trotz der Beweislastumkehr ein erhebliches Prozeßkostenrisiko für den vorschießenden Gläubiger verbleibt (hinsichtlich § 26 III InsO so auch K. Schmidt, ZGR 1998, 633, 640).

[323] Nach ganz h.M. ist die Vor-GmbH als insolvenzfähig anzusehen (Haas, DStR 1999, 985; Hachenburg-Ulmer, § 11 Rdnr. 50; Scholz-K. Schmidt, § 11 Rdnr. 35).

[324] So auch Haas, DStR 1999, 985, 987.

[325] Siehe unter IV. 4d) bzw. spätere Ausführungen unter IV. 5b).

(e) Zusammenfassung der Gläubigerinteressen

Aus Gläubigergesichtspunkten läßt sich abschließend folgendes zur Ausgestaltung der Gründerhaftung sagen: Eine anteilige Innenhaftung führt zu einer übermäßigen und unzumutbaren Belastung der Vorgesellschaftsgläubiger bei Vorliegen einer vermögenslosen Vor-GmbH. Durch die gegebenenfalls notwendige Vielzahl von Klagen und Zwangsvollstreckungen mit den sich daraus ergebenden hohen Risiken wird den Vorgesellschaftsgläubigern die Durchsetzung ihrer Forderungen erheblich erschwert. Diese Gläubigerrisiken wiegen so schwer, dass sie nicht durch die geringen Vorteile bei späterer Eintragung ins Handelsregister wettgemacht werden können.

Der naheliegende Gedanke, die beiden Haftungsmodelle zu verbinden, indem man bei einer solventen Vor-GmbH eine anteilige Innenhaftung und bei Vermögenslosigkeit der Vor-GmbH eine gesamtschuldnerische Außenhaftung zuläßt, führt nicht weiter, da die Gläubiger mangels Einblick in die Vorgesellschaftsinterna nicht erkennen können, ob die Vor-GmbH vermögenslos ist oder nicht und sie damit sogar höheren Risiken ausgesetzt wären.

Festzustellen ist, dass die Gläubigerinteressen eindeutig für eine Ausgestaltung der Gründerhaftung als gesamtschuldnerische Außenhaftung sprechen.

(3) Interessen der Vorgesellschafter

Fraglich ist aber, ob nicht aus Gesellschaftersicht eine gesamtschuldnerische Außenhaftung - trotz gleichen Haftungsvolumens - im Vergleich zu einer anteiligen Innenhaftung ein Übermaß an Gläubigerschutz gewährt.

Die Vertreter einer Innenhaftung bringen vor, dass die Gläubiger bei einer gesamtschuldnerischen Außenhaftung zu unbegrenzten direkten Ansprüchen gegen die Vorgesellschafter kämen, selbst dann, wenn die Vor-GmbH mit ausreichender Haftungsmasse ausgestattet sei und die Vorgesellschafter vielleicht nur einen "Zwergenanteil" hielten (Bsp.: Gesellschafter mit 1000,- DM-Einlage haftet für 1 Million DM).[326] Den Gründern wäre es dann verwehrt, sich auf ihre Beteiligungsquote und die

---

[326] Stimpel, FS Fleck, S.345, 361 ff.; Monhemius, GmbHR 1997, 384, 386 f.; Hartmann, WiB 1997, 66, 71.

Zahlungsfähigkeit der Vor-GmbH zu berufen.[327] Ebenfalls würden die Gesellschafter durch eine Außenhaftung gegebenenfalls in einen Streit um die Berechtigung der Gläubigerforderung (z.b. wegen Sachmangel, Leistungsstörung) gegen die Vor-GmbH hineingezogen. Dies sei für einen nur kapitalmäßig beteiligten Gesellschafter ohne Geschäftsführung und somit ohne ausreichenden Einblick in die Vor-GmbH unzumutbar. Es bestünde so die Gefahr, dass solche Gesellschafter mögliche Einreden mangels Kenntnis nicht geltend machen.[328] Der Rechtsstreit würde also letztlich auf dem Rücken des meist geschäftsunerfahrenen Gesellschafters ausgetragen.[329]

Die vorgebrachten Argumente gegen eine gesamtschuldnerische Haftung können nicht überzeugen. Zuzugeben ist zwar, dass aus Sicht der Gesellschafter jede Risikoabwälzung auf die Vorgesellschaftsgläubiger vorzugswürdig ist. Jedoch führen solche Gesichtspunkte allein noch nicht zu einer nicht mehr hinnehmbaren Beeinträchtigung der Interessen der Vorgesellschafter.

In den Fällen einer solventen Vor-GmbH mit ausreichender Haftmasse ergeben sich für den durch eine gesamtschuldnerische Außenhaftung in Anspruch genommenen Vorgesellschafter keine Abwicklungsprobleme. Er kann im Regelfall[330] einen Freistellungsanspruch gegen die Vor-GmbH geltend machen bzw. nach Zahlung von der Vor-GmbH vollen Regress nehmen. Es bedarf also keiner Berufung auf die Zahlungsfähigkeit der Vor-GmbH, um die Vorgesellschafter ausreichend zu sichern; dasselbe gilt auch in diesen Fällen für einen Minderheitsgesellschafter mit nur einem "Zwergenanteil".

Problematischer sind hingegen für einen solchen Minderheitsgesellschafter wie auch für alle anderen Gesellschafter die Fälle, in denen den durch eine Außenhaftung in Anspruch genommenen Gesellschaftern eine vermögenslose Vor-GmbH gegenübersteht. Hier verbleibt ihnen nur noch die Möglichkeit des Regresses gegen die einzelnen Mitgesellschafter entsprechend ihrer Beteiligung am Gesellschaftsvermögen. Ein solcher Regress, besonders bei vielen Mitgesellschaftern, kann mühevoll und mit

---

[327] Ulmer, ZIP 1996, 733, 736.
[328] Stimpel, FS Fleck, S. 345, 363; Ulmer, ZIP 1996, 733, 735; Schütz, S. 174; BGH, ZIP 1997, 679, 681.
[329] Stimpel, FS Fleck, S. 345, 361; Schütz, S. 144; An, S. 164.
[330] Ausnahmen davon können sich aus dem Innenverhältnis zwischen Vor-GmbH und Vorgesellschafter ergeben, z.B. dann, wenn der Vorgesellschafter Einreden der Vor-GmbH gegenüber dem Gläubiger nicht geltend gemacht hatte.

dem Risiko der Insolvenz einzelner Mitgesellschafter behaftet sein. Das Regress- und Ausfallrisiko ist damit bei der gesamtschuldnerischen Außenhaftung, anders als bei der Innenhaftung, den Vorgesellschaftern auferlegt. Eine solche Verlagerung des Risikos auf die Vorgesellschafter erscheint aber gerechtfertigt. Die Vorgesellschafter können das Regressrisiko meist besser beherrschen als die außenstehenden Gläubiger, da sie i.d.R., anders als die Gläubiger, Einblick in die Gesellschaft und in die Vermögensverhältnisse der Mitgesellschafter haben,[331] zumal sie sich letztere selbst ausgesucht haben.[332]

Darüber hinaus können die Vorgesellschafter den Gefahren einer gesamtschuldnerischen Aussenhaftung auch gut begegnen. Durch eine Beschränkung der Anzahl und des Umfangs der Geschäfte vor Eintragung sowie deren Risiken auf das Notwendigste (im Innenverhältnis zu den Geschäftsführern), wenn man überhaupt vor Eintragung ins Handelsregister einen Geschäftsbetrieb aufnehmen will, können die Vorgesellschafter selbst die Gefahr einer Inanspruchnahme erheblich reduzieren. Dies erreichen sie zudem, wenn sie die Dauer der Eintragungsverfahrens möglichst kurz zu halten versuchen, indem sie z.B. die Gründungsvorschriften schnell und einwandfrei erfüllen (z.B. Mindesteinlageleistung) und (mit ihrer Weisungsbefugnis) Druck auf die Geschäftsführer ausüben, die Gesellschaft zur Eintragung zu bringen.[333] Mit Eintragung entfällt dann eine gesamtschuldnerische Außenhaftung der Gesellschafter. Eine angemessene Kapitalausstattung der Vor-GmbH durch die Vorgesellschafter sorgt des Weiteren dafür, dass für die Gläubiger ein Anreiz geschaffen wird, direkt auf das Vermögen der Vorgesellschaft zuzugreifen, bzw. die Vorgesellschafter die Möglichkeit haben, ohne Probleme bei der Vor-GmbH Regress zu nehmen.[334] Darüber hinaus ist ein völlig geschäftsunerfahrener Gesellschafter mit einem "Zwergenanteil" meist nicht schutzwürdiger als die anderen Mitgesellschafter. Wenn die Geschäftsführer abredewidrig handeln, steht ihm, wie allen anderen Mitgesellschaftern, neben der normalen Möglichkeit des Regresses gegen die Mitgesellschafter zudem noch ein Regress gegen die Geschäftsführer zu.[335] Im Falle eines Rechtsstreites ist ein solcher Minderheitsgesellschafter zumeist auch nicht

---

[331] Vgl. Beuthien, GmbHR 1996, 309, 314.
[332] Vgl. Michalski/Barth, NZG 1998, 525, 529.
[333] Vgl. Michalski/Barth, NZG 1998, 525, 528.
[334] Vgl. Raiser/Veil, BB 1996, 1344, 1347.
[335] Vgl. Altmeppen, NJW 1997, 1509, 1510.

auf sich allein gestellt, da auch die Vor-GmbH und die Mitgesellschafter ein großes Interesse daran haben, dass er einen erfolgreichen Prozess führt, in dem er alle Einreden, insbesondere die der Vorgesellschaft, geltend macht, da ihnen sonst sein Regress droht.

Die aufgeführten Argumente zeigen, dass eine gesamtschuldnerische Außenhaftung der Gesellschafter zu keiner nicht mehr hinnehmbaren Beeinträchtigung der Interessen der Vorgesellschafter führt. Den Gesellschaftern ist es zuzumuten, Regress bei der Vorgesellschaft bzw. ihren Mitgesellschaftern zu nehmen. Anderenfalls - bei Bejahung einer Innenhaftung - würde das Rückgriffsrisiko von den Vorgesellschaftern auf die Gläubiger verlagert. So würde über die Technik der Haftungsabwicklung die durch die unbeschränkte Haftung getroffene Entscheidung zur Zuweisung des allgemeinen Haftungsrisikos auf die Vorgesellschafter konterkariert.[336]

Die Interessen der Vorgesellschafter können folglich, wie auch bereits die Interessen der Vorgesellschaftsgläubiger, keine anteilige Innenhaftung rechtfertigen. Vielmehr sprechen die aufgezeigten Erschwernisse bei der Durchsetzung der Forderungen im Falle einer vermögenslosen Vor-GmbH für die Ausgestaltung der Gründerhaftung als gesamtschuldnerische Außenhaftung.

g) Kongruenz mit der Haftung der Geschäftsführer (§ 11 II GmbHG)

Aus einer interessengerechten Verteilung des wirtschaftlichen Risikos zwischen Vorgesellschaftern und Geschäftsführern ergibt sich ein Gleichlauf des Haftungsumfangs bei der Gründerhaftung und der Handelndenhaftung in Form einer unbeschränkten Haftung. Anderenfalls - bei Annahme einer beschränkten Gründerhaftung - käme es zu einer bedenklichen Aufteilung von Risiko und Gewinn in der Vor-GmbH zu Lasten der unbeschränkt haftenden (handelnden) Geschäftsführer. Das Geschäftsrisiko wäre so einseitig den Geschäftsführern aufgebürdet.[337]

Bei der Frage der Haftungsrichtung der Gründerhaftung könnte man sich ebenfalls, wie dies hinsichtlich des Haftungsumfang erfolgt, an der Handelndenhaftung nach § 11 II GmbHG ausrichten. Nach § 11 II GmbHG

---

[336] Vgl. Kleindiek, ZGR 1997, 427, 441; ähnlich Michalski/Barth, NZG 1998, 525, 529, 531.
[337] So Wilhelm, DStR 1998, 457, 458; siehe außerdem die Ausführungen unter IV. 3e).

haften die handelnden Geschäftsführer persönlich, unmittelbar und gesamtschuldnerisch nach außen. Dies könnte für eine Ausgestaltung der Gründerhaftung als gesamtschuldnerische Außenhaftung sprechen.[338]
Zwar ändert eine unterschiedliche Ausgestaltung der unbeschränkten Gründerhaftung als Innen- bzw. Außenhaftung nicht das Haftungsvolumen der Vorgesellschafter; jedoch würde eine Innenhaftung der Gründer wegen der damit für die Vorgesellschaftsgläubiger verbundenen Schwierigkeiten der Durchsetzung der Ansprüche dazu führen, dass von den Vorgesellschaftsgläubigern weitgehend nur die gesamtschuldnerisch haftenden Geschäftsführer in Anspruch genommen würden. Interessengerecht erscheint es daher, die Gründer wie die handelnden Geschäftsführer einer gesamtschuldnerischen Außenhaftung auszusetzen. Dafür spricht zudem, dass dann ein nach § 11 II GmbHG in Anspruch genommener Geschäftsführer einen unbeschränkten direkten Rückgriffsanspruch gegen die Vorgesellschafter hat und so gegebenenfalls nicht auf eine risikobehaftete Pfändung des Verlustdeckungsanspruches der Vor-GmbH gegenüber den Vorgesellschaftern angewiesen ist. Eine Ausgestaltung der Gründerhaftung als gesamtschuldnerische Außenhaftung führt darüber hinaus dazu, dass die Gesellschafter die Eintragung ins Handelsregister ebenso anstreben werden wie die Geschäftsführer, da sie mit einer anteiligen internen Unterbilanzhaftung nach Eintragung meist besser dastehen.

Auch das Verhältnis zwischen Vorgesellschaftern und Geschäftsführern spricht daher für eine Ausgestaltung der Gründerhaftung als gesamtschuldnerische Außenhaftung.

h) Abgrenzungsschwierigkeiten zur "unechten Vor-GmbH"

Wie bei der Frage des Haftungsumfangs werden auch bei der Frage der Haftungsrichtung die drohenden Abgrenzungsschwierigkeiten zur "unechten Vor-GmbH" problematisiert.[339] Viele Verfechter einer gesamtschuldnerischen Außenhaftung folgern aus der unbeschränkten

---

[338] So Beuthien, GmbHR 1996, 309, 315; Schöpflin, JR 1998, 106, 107; Wilhelm, DStR 1998, 457, 458 f.; a.A. Goette, DStR 1998, 179, 181, der die Handelndenhaftung nach § 11 II GmbHG als Argument für eine als Innenhaftung ausgestaltete Gründerhaftung heranzieht.
[339] Siehe IV. 3e).

Außenhaftung bei der "unechten Vor-GmbH" wegen einer sonst – angeblich - drohenden Inkongruenz eine entsprechende Haftung bei der echten Vor-GmbH.[340]

Von den Vertretern einer Innenhaftung wird genau gegenteilig argumentiert. Von ihrem Innenhaftungskonzept bei der echten Vor-GmbH ausgehend, nehmen sie, um Abgrenzungsschwierigkeiten zu vermeiden, auch bei der "unechten Vor-GmbH" eine unbeschränkte Innenhaftung an.[341] Der BGH hat in seinem Vorlagebeschluß ebenfalls diese Ansicht vertreten,[342] in seiner späteren Entscheidung aber diese Frage ausdrücklich offengelassen.[343]

Wie bereits dargestellt, haften die Gesellschafter einer "unechten Vor-GmbH" aber immer unbeschränkt nach außen.[344] Daher kann bei der "unechten Vor-GmbH" auf keinen Fall eine Innenhaftung angenommen werden, auch wenn dies der Vermeidung von Abgrenzungsschwierigkeiten zur echten Vor-GmbH dienen würde. Bestehende Abgrenzungsschwierigkeiten lassen sich nur dadurch vermeiden, dass man die Gesellschafter einer echten Vor-GmbH wie die einer unechten unmittelbar und unbeschränkt haften läßt.

Da die Probleme, die mit einer Abgrenzung einhergehen, für die Vorgesellschaftsgläubiger eine unzumutbare Beeinträchtigung darstellen würden, ist eine einheitliche Haftungsstruktur in beiden Vor-GmbH-"Formen" zwingend geboten. Die Vorgesellschaftsgläubiger wüßten sonst i.d.R. nicht, ob sie ihren Anspruch nur gegen die Vor-GmbH (Innenhaftung) oder aber darüber hinaus noch unmittelbar gegen die Vorgesellschafter (Außenhaftung) geltend machen können. Denn sie können im Regelfall mangels Einblick in die Vorgesellschaftsinterna nicht erkennen, welche Vor-GmbH-"Form" vorliegt, z.B. ob infolge der Aufgabe der Eintragungsabsicht und Fortführung des Geschäftsbetriebes eine unechte Vor-GmbH gegeben ist. Eine unmittelbare Klage gegen einen Vorgesellschafter, die für die Gläubiger insbesondere im Falle der

---

[340] Theobald, S. 133; Schwarz, ZIP 1996, 2005, 2006 f.; Beuthien, ZIP 1996, 305, 319; Kleindiek, ZGR 1997, 427, 445 ff.
[341] Gehrlein, NJW 1996, 1193; ders., DB 1996, 561, 567; Kort, ZIP 1996, 109, 111 ff., der sich aber später in EWiR 1998, 184, bei einer "unechten Vor-GmbH" für eine Außenhaftung ausgesprochen hat.
[342] BGH, ZIP 1996, 590, 592.
[343] BGH, ZIP 1997, 679, 682.
[344] Siehe IV. 3e).

Vermögenslosigkeit von praktischer Relevanz ist, wäre somit mit erheblichen Prozess- und Kostenrisiken verbunden. Aus drohenden Abgrenzungsschwierigkeiten zwischen einer echten und einer unechten Vor-GmbH ergibt sich somit das Erfordernis einer einheitlichen Haftung in Form einer unbeschränkten Außenhaftung der Vorgesellschafter. Neben den bisher bereits dargestellten Argumenten für eine Außenhaftung der Vorgesellschafter stellt dies ein besonders gewichtiges dar.

i) Zwischenergebnis

Die unbeschränkte Haftung der Vorgesellschafter für Verbindlichkeiten der Vor-GmbH ist als Außenhaftung auszugestalten. Dafür sprechen vor allem die ansonsten drohenden Abgrenzungsschwierigkeiten zur unechten Vor-GmbH, die zu erheblichen Gläubigerrisiken führen würden. Dieses Ergebnis findet seine Bestätigung in einer für Vorgesellschaftsgläubiger und Vorgesellschafter angemessenen Verteilung des wirtschaftlichen Risikos. Zudem ist eine Außenhaftung im Verhältnis zwischen Vorgesellschaftern und Geschäftsführern die interessengerechte Lösung.

5) Primäre oder subsidiäre Außenhaftung

Es fragt sich, ob die gesamtschuldnerische Außenhaftung der Vorgesellschafter als primäre oder subsidiäre Haftung auszugestalten ist.
Eine subsidiäre Haftung könnte so ausgestaltet sein, dass die Vorgesellschaftsgläubiger zuerst gegen die Vor-GmbH vorgehen müssen und die Vorgesellschafter erst dann haften, wenn eine Zwangsvollstreckung gegen die Vorgesellschaft ohne Erfolg geblieben ist oder dies von vorneherein offenkundig war.[345] Dadurch könnten Interessen der Vorgesellschafter, wie z.B die vorrangige Heranziehung einer solventen Vor-GmbH, Berücksichtigung finden.
Wegen des Schutzbedürfnisses der Vorgesellschaftsgläubiger ist eine solche nur subsidiäre Außenhaftung abzulehnen. Bei einer Subsidiarität der gesamtschuldnerischen Außenhaftung würde das oben als

---

[345] So W.-H. Roth, ZGR 1984, 597, 627, der den Vorgesellschaftern eine "Einrede der Vorausklage" analog § 771 BGB einräumen möchte; Petersen S. 98.

interessengerecht gefundene Ergebnis einer generellen Außenhaftung wieder erheblich zurückgenommen. Die Vorgesellschaftsgläubiger wären gezwungen, sich zunächst einmal an die kapitalmäßig noch ungesicherte Vorgesellschaft zu halten, dies sogar dann, wenn sie erhebliche Zweifel an der Durchsetzbarkeit ihrer Forderung gegenüber der Vor-GmbH hätten, insbesondere, wenn sie vermuten, dass die Vor-GmbH vermögenslos ist. Eine Subsidiarität der gesamtschuldnerischen Außenhaftung ist daher nicht zu rechtfertigen.[346] Den Vorgesellschaftsgläubigern soll es offen stehen, ob sie für Vorgesellschaftsverbindlichkeiten allein die Vorgesellschaft, allein einen Vorgesellschafter oder Vorgesellschaft und Vorgesellschafter zusammen in Anspruch nehmen. Die Interessen der Vorgesellschafter werden zudem dadurch nicht in unzumutbarer Weise beeinträchtigt.

Darüber hinaus käme man bei einer subsidiären Außenhaftung zu Abgrenzungsschwierigkeiten gegenüber der Haftung in der unechten Vor-GmbH, wo die Gesellschafter als Mitglieder einer OHG bzw. Gesellschaft bürgerlichen Rechts primär haften. Eine Abgrenzung zur unechten Vor-GmbH ist aber, wie bereits ausführlich dargelegt,[347] aus Gläubigerschutzgründen gerade zu vermeiden.

Die Argumente sprechen folglich für eine als primäre, gesamtschuldnerische, akzessorische Außenhaftung ausgestaltete Gründerhaftung.

6) Ausnahmen von der Außenhaftung

Als Ergebnis der bisherigen Prüfung wurde festgestellt, dass die Gesellschafter einer Vor-GmbH für Gesellschaftsverbindlichkeiten unmittelbar und unbeschränkt haften. Es stellt sich die Frage, ob hiervon für bestimmte Fälle Ausnahmen zuzulassen sind.

a) § 735 BGB analog

Die gesamtschuldnerische Außenhaftung könnte im Falle eines Insolvenzverfahrens über die Vor-GmbH durch eine Innenhaftung ersetzt werden. Ein solcher nur für das Insolvenzverfahren geltender Innenausgleich wird teilweise mit § 735 BGB analog begründet. Danach

---

[346] Für eine Ablehnung der Subsidiarität ebenfalls: Theobald, S. 136 ff.
[347] Siehe entsprechende Ausführungen unter IV. 3e).

soll die Haftungsabwicklung im Insolvenzverfahren nur noch durch den Insolvenzverwalter erfolgen.[348]

Eine - möglicherweise bestehende - analoge Anwendbarkeit von § 735 BGB führt jedoch im Insolvenzfall nicht zu einer Verdrängung der Außenhaftung der Vorgesellschafter für Verbindlichkeiten der Vor-GmbH. § 735 BGB gilt nur im Innenverhältnis zwischen der Gesellschaft und den Gesellschaftern. Es handelt sich um keine Vorschrift betreffend eine Haftung der Gesellschafter gegenüber den Gesellschaftsgläubigern, sondern um eine reine Nachschußpflicht bei Liquidation im Innenverhältnis zwischen Gesellschafter und Gesellschaft. Eine gleichzeitige Außenhaftung der Gesellschafter gegenüber den Gläubigern kann dadurch nicht ausgeschlossen werden.[349] Zudem kommt noch hinzu, dass § 735 BGB dispositives Recht ist und somit von den Gesellschaftern abbedungen werden kann.[350] Aus § 735 BGB analog ergibt sich somit im Insolvenzverfahren keine Ausnahme von der Außenhaftung.

b) § 93 InsO analog

Einige Stimmen meinen, dass im Insolvenzverfahren über eine Vor-GmbH aufgrund des neuen, am 1.1.1999 in Kraft getretenen, § 93 InsO ausnahmsweise ein Innenausgleich erfolge.[351]

Nach § 93 InsO kann im Insolvenzverfahren über das Vermögen einer "Gesellschaft ohne eigene Rechtspersönlichkeit" oder KGaA die persönliche Haftung eines Gesellschafters für die Verbindlichkeiten der Gesellschaft während der Dauer des Insolvenzverfahrens nur vom Insolvenzverwalter geltend gemacht werden. Wie der Legaldefinition des § 11 II Nr.1 InsO und der Regierungsbegründung[352] zu § 93 InsO zu entnehmen ist, fallen unter eine "Gesellschaft ohne eigene Rechtspersönlichkeit" die

---

[348] K. Schmidt, ZIP 1996, 353, 359, 594; ders., ZIP 1997, 671, 673; Wilhelm, FS Knobbe-Keuck, S. 321, 332 f., der sich sogar für eine direkte Anwendbarkeit des § 735 BGB ausspricht.
[349] Palandt- Thomas, § 735 Rdnr. 1, 3.
[350] Vgl. An, S. 172.
[351] K. Schmidt, ZIP 1996, 353, 359, 594; ders., ZIP 1997, 671, 673; ders., ZGR 1998, 633, 669 f.; Altmeppen, NJW 1997, 3272, 3273; Baumann, JZ 1998, 597, 601; Michalski/Barth, NZG 1998, 525, 530 f.
[352] Begründung RegE zu § 105 RegE (BR-Drucks. 1/92), abgedruckt in Kübler/Prütting. S. 273 f.; Uhlenbruck. S. 400 f.; Balz/Landfermann, S. 175 f.

Gesellschaft bürgerlichen Rechts, die OHG, die KG, die Partenreederei und die Europäische wirtschaftliche Interessenvereinigung. Die Vorgesellschaften werden dabei nicht erfaßt. Daher kann § 93 InsO nicht direkt auf die Vor-GmbH angewendet werden.

Eine analoge Anwendung kommt jedoch in Betracht. Eine planwidrige Regelungslücke liegt vor, da der Gesetzgeber die Insolvenz in der Vor-GmbH nicht geregelt und die Probleme, die sich mit der Vor-GmbH ergeben, vielmehr Rechtsprechung und Literatur überlassen hat.

Weiterhin müßte bei der Vor-GmbH eine gleiche Interessenlage für eine ausschließliche Geltendmachung der Ansprüche durch den Insolvenzverwalter bestehen wie bei den anerkannten "Gesellschaften ohne Rechtspersönlichkeit". Als Begründung für die ausschließliche Geltendmachung durch den Insolvenzverwalter in § 93 InsO wird im Regierungsentwurf vorgebracht, dass es gerechtfertigt sei, die persönliche Haftung der Gesellschafter der Gesamtheit der Gesellschaftsgläubiger zugute kommen zu lassen. Im Interesse der gleichmäßigen Befriedigung der Gesellschaftsgläubiger wirke diese Vorschrift darauf hin, dass sich keiner dieser Gläubiger in der Insolvenz der Gesellschaft durch einen schnellen Zugriff auf persönlich haftende Gesellschafter Sondervorteile verschaffe.[353] Ebenfalls werde ein Beitrag zur Überwindung der Masseamut der Insolvenzen geleistet.[354] Dieselbe Interessenlage besteht in der Vor-GmbH. Dort würde eine ausschließliche Geltendmachung durch den Insolvenzverwalter zu einer Vermehrung der Insolvenzmasse und somit zu einer höheren Quote der Gesellschaftsgläubiger führen. Die Gläubiger könnten dann gleichmäßig entsprechend dieser Quote befriedigt werden, ohne dass es zu einem Wettlauf der Gläubiger käme.

Darüber hinaus sind auch die Rechtssubjektivität und die Haftungsverhältnisse in der Vor-GmbH vergleichbar mit den Verhältnissen in den "Gesellschaften ohne Rechtspersönlichkeit", wie z.B. OHG, KG. Sowohl die Vor-GmbH als auch die als Gesamthand verfaßten[355] "Gesellschaften ohne Rechtspersönlichkeit" sind rechtsfähig.[356] Bei den "Gesellschaften ohne Rechtspersönlichkeit" haften für Verbindlichkeiten

---

[353] Begründung RegE zu § 105 RegE (BR-Drucks. 1/92), abgedruckt in Kübler/Prütting, S. 273 f.; <u>Bork</u>, in Kölner Schrift zur Insolvenzordnung, S. 1018; <u>Theißen</u>, ZIP 1998, 1625, 1626.

[354] Begründung RegE zu § 105 RegE (BR-Drucks. 1/92), abgedruckt in Kübler/Prütting, S. 273 f.; <u>Theißen</u>, ZIP 1998, 1625, 1626.

[355] Siehe u.a. bei <u>K. Schmidt</u>, GesR, § 8 IV.

[356] Siehe entsprechende Ausführungen unter I. 2c) (2).

der Gesellschaft ausserhalb der Insolvenzfälle - wie bei der Vor-GmbH - neben dem Gesellschaftsvermögen auch die Gesellschafter unbeschränkt gesamtschuldnerisch nach außen.

Im Fall eines Insolvenzverfahrens erscheint es daher gerechtfertigt, bei der Vor-GmbH wie bei den "Gesellschaften ohne Rechtspersönlichkeit" ausnahmsweise statt der gesamtschuldnerischen Außenhaftung der Gesellschafter eine ausschließliche Geltendmachung der Gesellschaftsverbindlichkeiten durch den Insolvenzverwalter zuzulassen. Aus der gesamtschuldnerischen Außenhaftung der Vorgesellschafter gegenüber den Vorgesellschaftsgläubigern wird mit Eröffnung des Insolvenzverfahrens eine gesamtschuldnerische Innenhaftung der Vorgesellschafter gegenüber der Vor-GmbH, die vom Insolvenzverwalter geltend zu machen ist.[357] Der Insolvenzverwalter ist dann berechtigt, alles das einzufordern, was zur Befriedigung der Vorgesellschaftsgläubiger erforderlich ist.[358]

Eine solche Ausgestaltung der Gründerhaftung im Insolvenzverfahren ist mit der anhand angemessener Verteilung der Risiken herausgearbeiteten grundsätzlich gesamtschuldnerischen Außenhaftung der Vorgesellschafter vereinbar. Die sonst größte Schwäche des Innenhaftungskonzepts, die unzumutbare Erschwerung der Durchsetzbarkeit der Ansprüche durch die gegebenenfalls nach einer Pfändung des

---

[357] Ebenfalls für eine gesamtschuldnerische Haftung im Falle des § 93 InsO: Theißen, ZIP 1998, 1625, 1628. Für die Vor-GmbH so wohl auch Haas, DStR 1999, 985, 986. Weitergehend wird dazu noch vertreten, dass auch bei Geltendmachung durch den Insolvenzverwalter die Gesellschaftsgläubiger Anspruchsberechtigte bleiben; dem Insolvenzverwalter sei lediglich eine ausschließliche Einziehungsermächigung sowie Prozeßführungsbefugnis zugewiesen (so: Breuer S. 91; Dinsthüler, ZIP 1998, 1697, 1706.

[358] In der Praxis können aber Probleme dadurch auftreten, dass zu Beginn eines Insolvenzverfahrens oft noch nicht festgestellt werden kann, in welcher Höhe ein Rückgriff des Insolvenzverwalters auf die persönlich haftenden Gesellschafter neben dem noch zur Verfügung stehenden Gesellschaftsvermögen erforderlich ist. Landfermann, S. 145, sieht den Insolvenzverwalter berechtigt, direkt bis zur Höhe der Summe aller Insolvenzforderungen Zahlungen von den Gesellschaftern einzufordern. Ein gegebenenfalls anfallender Überschuß sei bei der Schlußverteilung nach § 199 InsO an die Gesellschafter zurückzuerstatten. A.A.: Begründung RegE zu § 105 RegE in Kübler/Prütting zu § 93 InsO, die verlangt, dass keine Zahlungen eingefordert werden, die über den Betrag hinausgehen, der bei Berücksichtigung des Liquidationswertes der bereits vorhandenen Insolvenzmasse zur Befriedigung aller Insolvenzgläubiger erforderlich ist. Letztere Ansicht weist dahingehend Schwächen auf, als bei Beginn eines Insolvenzverfahrens der Wert der zur Befriedigung stehenden Insolvenzmasse und die Berechtigung der geltendgemachten Gläubigerforderungen noch meist nicht klar ist. Der Insolvenzverwalter wird i.d.R. dann nur soviel von den Gesellschaftern einfordern, wie er letztlich für die Befriedigung aller Gläubiger für erforderlich hält.

Verlustdeckungsanspruches erforderlichen zahlreichen risikobehafteten Klagen und Zwangsvollstreckungen gegen die Vorgesellschafter, kommt im Insolvenzverfahren nicht zum Tragen. Ein Vorgesellschaftsgläubiger muß seine Forderung gegen die sich im Insolvenzverfahren befindliche Vor-GmbH richten. Er wird dann ohne Pfändung der Verlustdeckungsansprüche vom Insolvenzverwalter, der diese Ansprüche dann selbst gegenüber den Vorgesellschaftern geltend zu machen hat, in Höhe der Insolvenzquote befriedigt. Bei Fehlern diesbezüglich ist der Insolvenzverwalter den Gläubigern nach § 60 InsO schadenersatzpflichtig. Für die Gläubiger ist zudem klar erkennbar durch die §§ 30 ff. InsO, insbesondere § 30 II InsO (besondere Zustellung des Eröffnungsbeschlusses über das Insolvenzverfahren), ob sie nun unmittelbar gegen die Vorgesellschafter vorgehen können (kein Insolvenzverfahren) oder ob ein Insolvenzverfahren vorliegt, so dass der Ausnahmefall des § 93 InsO zur Anwendung gelangt. Ihnen erwachsen dahingehend keine Probleme. Dem Gläubigerschutz wird darüber hinaus noch dadurch Rechnung getragen, dass die Innenhaftung nicht als anteilige, sondern als gesamtschuldnerische Haftung ausgestaltet ist. Der gesetzgeberische Wille einer ausschließlichen Geltendmachung von Ansprüchen im Insolvenzverfahren durch den Insolvenzverwalter zur Sicherung einer gleichmäßigen Gläubigerbefriedigung, der auch auf die Vor-GmbH übertragbar ist, beeinträchtigt damit nicht die Interessen der Vorgesellschaftsgläubiger in unzumutbarer Weise.

Aus der analogen Anwendbarkeit des § 93 InsO auf die Vor-GmbH ergibt sich daher, dass die gesamtschuldnerische Außenhaftung der Vorgesellschafter für Verbindlichkeiten der Vor-GmbH im Insolvenzverfahren sich ausnahmsweise in eine Innenhaftung derart wandelt, dass die persönliche gesamtschuldnerische Haftung der Vorgesellschafter nur vom Insolvenzverwalter geltend gemacht werden kann.

V. Zusammenfassung Vor-GmbH

Die Vor-GmbH ist als "werdende juristische Person" ein rechtsfähiges Rechtsgebilde "sui generis", auf das die Vorschriften des GmbH-Rechts Anwendung finden, soweit diese nicht die Eintragung voraussetzen. Für Verbindlichkeiten der Vor-GmbH haften neben dem Vermögen der Vor-GmbH auch die Vorgesellschafter persönlich, da es sonst an einem ausreichenden Gläubigerschutz vor Eintragung fehlt.

Die Zustimmung der Vorgesellschafter zur vorzeitigen Geschäftsaufnahme vor Handelsregistereintragung ist dabei - vor allem aus Verkehrssicherungsgesichtspunkten - keine notwendige Voraussetzung einer Gründerhaftung.

Die Vorgesellschafterhaftung für Verbindlichkeiten der Vor-GmbH (Gründerhaftung) ist grundsätzlich als primäre, unbeschränkte, gesamtschuldnerische, akzessorische Außenhaftung ausgestaltet. Nur während eines Insolvenzverfahrens ergibt sich aus einer analogen Anwendung von § 93 InsO eine ausnahmsweise als Innenhaftung ausgestaltete Vorgesellschafterhaftung. Die persönliche gesamtschuldnerische Haftung der Vorgesellschafter kann dann nur noch vom Insolvenzverwalter geltend gemacht werden.

Für die Ausgestaltung der Gründerhaftung als unbeschränkte Außenhaftung sprechen vor allem die ansonsten drohenden Abgrenzungsschwierigkeiten zur unechten Vor-GmbH. Mangels Einblick in die Vorgesellschaftsinterna ist es für die Vorgesellschaftsgläubiger i.d.R. nicht möglich zu erkennen, welche Vor-GmbH-"Form" vorliegt. Um den Gläubigern daraus keine unzumutbaren Prozess- und Kostenrisiken erwachsen zu lassen, ist es geboten, in der echten und der unechten Vor-GmbH von einer einheitlichen Gesellschafterhaftung in Form einer unbeschränkten Außenhaftung auszugehen.

Als gewichtiges Argument für eine Ausgestaltung als unbeschränkte Haftung tritt daneben das Erfordernis eines einheitlichen Haftungsumfanges vor und nach Handelsregistereintragung. Bei Annahme einer beschränkten Haftung entstünden nicht hinnehmbare Wertungswidersprüche im Eintragungszeitpunkt hinsichtlich der dann als unbeschränkte Haftung eingreifenden Unterbilanzhaftung. Darüber hinaus führt auch die interessengerechte Verteilung der Risiken zwischen Geschäftsführern und Vorgesellschaftern zum Ergebnis einer unbeschränkten Gründerhaftung.

Hinsichtlich der Haftungsrichtung findet das Ergebnis einer primären, akzessorischen, gesamtschuldnerischen Außenhaftung seine Bestätigung in einer angemessenen Risikoverteilung zwischen Vorgesellschaftsgläubigern und Vorgesellschaftern. Eine anteilige Innenhaftung würde, vor allem bei einer vermögenslosen Vor-GmbH, zu einer unzumutbaren Erschwernis der Durchsetzbarkeit der Forderungen der Vorgesellschaftsgläubiger führen. Die Vorgesellschafter können zudem die Rückgriffsrisiken besser beherrschen und tragen als die Vorgesellschaftsgläubiger. Dieses Ergebnis einer unbeschränkten gesamtschuldnerischen Außenhaftung stellt darüber hinaus die interessengerechte Lösung zur Aufteilung des Geschäftsrisikos im Gründungsstadium zwischen Vorgesellschaftern und handelnden Geschäftsführern dar.

2. Teil: Die Gründerhaftung in der Vor-AG

I. Rechtliche Erfassung der Vor-AG

1) Begriff

Die Vor-AG ensteht mit "Errichtung der Gesellschaft" i.S.d. § 29 AktG, das heißt mit Feststellung der Satzung (§ 23 AktG) und der Übernahme sämtlicher Aktien durch die Gründer (§ 29 AktG).[359]
Im Zeitraum zwischen Abschluß eines wirksamen Vorgründungsvertrages und der Errichtung besteht eine Vorgründungsgesellschaft, die - wie im GmbH-Recht - bei Betreiben eines kaufmännischen Handelsgewerbes eine OHG, ansonsten eine Gesellschaft bürgerlichen Rechts darstellt.[360]
Die Vor-AG endet mit Eintragung ins Handelsregister.

2) Rechtsnatur

Die bereits bei der Vor-GmbH dargestellte Auseinandersetzung über die Rechtsnatur der Vorgesellschaft wird ebenso bei der Vor-AG geführt.[361]
Bezüglich der Rechtsnatur der Vor-AG wurde früher vertreten, dass sie eine Gesellschaft bürgerlichen Rechts, eine OHG oder ein nichtrechtsfähiger Verein sei.[362] Diesen Ansichten ist aus den schon bei der Vor-GmbH geschilderten Gründen aber nicht zu folgen.
Die Vor-AG ist wie die Vor-GmbH ein rechtsfähiges Rechtsgebilde "sui generis". Auf sie finden die Vorschriften der eingetragenen AG Anwendung, soweit diese nicht die Eintragung voraussetzen. Sie ist als "werdende juristische Person" eine bereits rechtlich verselbständigte Körperschaft.[363]

---

[359] Hüffer, § 41 Rdnr. 3; Kraft in Kölner Komm., § 41 Rdnr. 18; Wiedenmann, ZIP 1997, 2029, 2030.
[360] Hüffer, § 41 Rdnr. 3; An, S. 12.
[361] Siehe Ausführungen für die Vor-GmbH unter 1.Teil I. 2).
[362] Eine GbR annehmend u.a.: RGZ 119, 170, 171; 149, 348, 356; 154, 270, 286; Brodmann, § 200 Anm. 1; für eine Einordnung als nichtrechtsfähigen Verein: Bayer, JZ 1952, 551 f.
[363] So auch ausdrücklich für Vor-AG: BGHZ 117, 323, 326.

II. Rechtsprechung zur persönlichen Gründerhaftung in der Vor-AG

1) Ansicht des Reichsgerichts

Nach Ansicht des Reichsgerichts haften die Gründer einer Vor-AG, die der Geschäftseröffnung vor Eintragung zugestimmt haben - entsprechend den Gründern einer Vor-GmbH - unbeschränkt persönlich als Handelnde i.S.d. § 200 I HGB a.f.[364] § 200 I HGB a.f. entsprach damals dem heutigen § 41 I S. 2 AktG.

2) Ansichten nach 1945

Zur persönlichen Gründerhaftung in der Vor-AG ist bisher noch keine höchstrichterliche Entscheidung des BGH ergangen. Soweit ersichtlich, liegt im Urteil des LG Heidelberg vom 11.6.1997[365] überhaupt die erste Rechtsprechungsentscheidung zur persönlichen Gründerhaftung in der Vor-AG nach den Reichsgerichtsentscheidungen vor.

Nach dem Urteil des Landgerichts Heidelberg ist die neuere Rechtsprechung des BGH zur Haftungsverfassung der Vor-GmbH auf die Vor-AG übertragbar. Danach haften die Gründer grundsätzlich der Vor-AG gegenüber entsprechend ihrem Anteil am Grundkapital der AG (interner Verlustdeckungsanspruch). Ausnahmsweise sei bei Vermögenslosigkeit der Vor-AG statt einer Innenhaftung ein unmittelbarer Zugriff der Vorgesellschaftsgläubiger auf die Gründer zuzulassen. Diese Außenhaftung sei jedoch nur als anteilige Haftung pro rata ausgestaltet und nicht, wie bei der Vor-GmbH, als gesamtschuldnerische Außenhaftung, da der Rechtsgedanke des § 24 GmbHG auf das Aktienrecht nicht übertragbar sei. Bezüglich der Ausgestaltung als unbeschränkte Haftung zieht das LG für die Vor-AG die selben Argumente heran wie der BGH bei Begründung seiner neuen Rechtsprechung zur Vor-GmbH. Es stellt dabei vor allem auf eine einheitliche Gründerhaftung ab, die sich in eine Verlustdeckungshaftung vor Eintragung und in eine Unterbilanzhaftung nach Eintragung aufspalte. Weiterhin soll für eine unbeschränkte Haftung sprechen, dass

---

[364] RGZ 55, 302 ff; 154, 276, 286.
[365] LG Heidelberg, ZIP 1997, 2045 ff.

nur diese einen Interessenwiderstreit zwischen Geschäftsführern und Gesellschaftern beseitige. Als Argument für eine Ausgestaltung der Haftung als anteilige Innenhaftung führt das LG an, dass eine gesamtschuldnerische Außenhaftung zu einer vollständigen Risikoverlagerung auf die Gründeraktionäre zugunsten der Vorgesellschaftsgläubiger führe, was angesichts der Struktur der AG mit ihrem breitgestreuten Kapitalbesitz und dem Fehlen einer § 24 GmbHG entsprechenden Norm nicht vertretbar wäre. Eine analoge Heranziehung des Rechtsgedanken des § 24 GmbHG sei im Aktienrecht auch nicht möglich.[366]

Das OLG Karlsruhe bestätigte in der Berufungsinstanz diese Ansicht des LG Heidelberg zur Gründerhaftung in der Vor-AG. Nach dessen Meinung haften die Gründungsgesellschafter einer AG entsprechend der Rechtsprechung des BGH zur Gründerhaftung in der Vor-GmbH für entstandene Verluste der Vor-AG anteilig im Innenverhältnis.[367]

III. Haftungsmodelle zur persönlichen Gründerhaftung in der Vor-AG

1) Keine persönliche Gründerhaftung

Einige Stimmen verneinen bei der Vor-AG die persönliche Haftung der Gründer für Verbindlichkeiten der Vorgesellschaft.

Als Begründung führen sie vor allem einen bereits im Gründungsstadium ausreichenden Gläubigerschutz an. Dieser Schutz würde durch das Vorgesellschaftsvermögen, das durch strenge Kapitalaufbringungs- und -erhaltungsvorschriften gesichert sei, und die Handelndenhaftung nach § 41 I S. 2 AktG gewährleistet.[368] Zudem ziehen sie zur Begründung einer fehlenden persönlichen Haftung § 1 I S.2 AktG analog heran.[369]

---

[366] LG Heidelberg, ZIP 1997, 2047 f.
[367] OLG Karlsruhe ZIP 1998, 1961 ff., das aber der alten Rechtsprechung des BGH zur Vor-GmbH ("beschränkte Außenhaftung") noch für die Fälle Bedeutung zukommen läßt, die sich vor dieser Rechtsprechungsänderung ereigneten (siehe S. 1963).
[368] Weimar, AG 1992, 69, 77 ff.; ders., DStR 1997, 1170, 1174.
[369] Dregger, S. 79.

2) Beschränkte Außenhaftung

Andere vertreten bei der Vor-AG, dass die Gründer den Vorgesellschaftsgläubigern gegenüber nur beschränkt in Höhe ihres Aktienanteils für Vorgesellschaftsverbindlichkeiten einzustehen haben.[370]

3) Unbeschränkte (anteilige) Innenhaftung

Wie das LG Heidelberg und das OLG Karlsruhe überträgt auch ein Teil der Literatur die vom BGH für die Vor-GmbH entwickelte anteilige Verlustdeckungshaftung auf die Vor-AG.[371] Danach sollen die Gründer für Verluste der Vor-AG grundsätzlich dieser gegenüber entsprechend ihrem Anteil am Grundkapital haften. Eine Ausfallhaftung entsprechend § 24 GmbHG entfalle. Nur ausnahmsweise, wenn keine schützenswerten Interessen anderer Gläubiger oder Gründer entgegenstehen, wie z.B. bei einer vermögenslosen Vor-AG, wird ein Direktzugriff, auch wenn nur ein anteiliger, auf die Gründer zugelassen.[372] Hinsichtlich der Begründung dieser unbeschränkten anteiligen Innenhaftung wird auf die selben Argumente zurückgegriffen wie bei der Vor-GmbH.

4) Unbeschränkte (gesamtschuldnerische) Außenhaftung

Von Teilen der Literatur wird eine unbeschränkte gesamtschuldnerische Außenhaftung der Vorgesellschafter für Verbindlichkeiten der Vor-AG angenommen.[373]

Als Begründung dienen hierfür der Hinweis auf einen "allgemeinen Haftungsgrundsatz der unbeschränkten Außenhaftung im bürgerlichen Recht und im Handelsrecht"[374] sowie vor allem die nur damit in Einklang zu bringenden Interessen der Gläubiger der Vor-AG. Gegen eine anteilige

---

[370] Baumbach-Hueck, AktG, § 29 Rdnr. 5; Kraft in Kölner Komm., § 41 Rdnr. 92, aber nur in Fällen von einfachen zweckgedeckten Geschäften.
[371] Wiedenmann, ZIP 1997, 2029, 2031 ff.; Hüffer, § 41 Rdnr. 15; Hommelhoff/Freytag, DStR 1996, 1367, 1368; Kort, EWiR 1998, 1011 f.; Jäger, NZG 1999, 573, 574.
[372] Wiedenmann, ZIP 1997, 2029, 2037.
[373] K. Schmidt, § 27 II 4c); Flume, DB 1998, 45, 49; Reiff, EWiR 1998, 51, 52.
[374] Flume, DB 1998, 45, 49.

Innenhaftung bei der Vor-AG wird dementsprechend vorgebracht, dass, wenn man mit den Vertretern dieser Ansicht die analoge Anwendung des § 24 GmbHG in der Vor-AG bei Vermögenslosigkeit eines Gründers ablehne, es zu keiner einheitlichen Gründerhaftung in Vor-GmbH und Vor-AG, sondern zu einer Benachteiligung der Vor-GmbH-Gesellschafter in Bezug auf die Gründeraktionäre käme, was nicht zu begründen sei und einen erhöhten Anreiz für die Vorgesellschafter biete, statt einer GmbH eine AG zu gründen.[375]

IV. Übertragbarkeit des Vor-GmbH-Modells auf die Vor-AG

1) Bestehen einer persönlichen Gründerhaftung

Hinsichtlich der Frage, ob die Gründer einer Vor-AG überhaupt für Verbindlichkeiten bzw. Verluste der Vor-AG persönlich in Anspruch genommen werden können, kann weitgehend auf die entsprechenden Argumente zur Vor-GmbH zurückgegriffen werden.[376]

Gegen eine Vorverlagerung des § 1 I S.2 AktG spricht, dass sonst materiellrechtlich schon mit Abschluß des Gesellschaftsvertrags eine "AG" bestünde, ohne dass die Gründungsvoraussetzungen (z.B. geleistete Mindesteinlage oder registergerichtliche Eintragungskontrolle) vorlägen.

Bei der Vor-AG fehlt es wie bei der Vor-GmbH an einem angemessenen Gläubigerschutz im Gründungsstadium. Ein durch Vorschriften der Kapitalaufbringung und -erhaltung ausreichend gesicherter Haftungsfonds liegt in der Vor-AG noch nicht vor. Erst unmittelbar vor Handelsregistereintragung müssen die Gründer nach §§ 36 II, 36a AktG überhaupt eine Mindesteinlage (endgültig zur freien Verfügung des Vorstands)[377] leisten, die ein Viertel des geringsten Ausgabepreises zu betragen hat. Vor diesem Zeitpunkt braucht noch kein tatsächlich aufgebrachter Haftungsfonds der Vor-AG bereitzustehen, auf den die Vorgesellschaftsgläubiger zurückgreifen könnten. Selbst wenn die Mindesteinlage eingezahlt wurde, ist ein ausreichender Gläubigerschutz nicht gegeben, da

---

[375] Reiff, EWiR 1998, 51, 52.
[376] Vgl. Argumentation bei der Vor-GmbH unter 1.Teil IV. 1).
[377] Siehe dazu Hüffer, § 36 Rdnr. 7 ff.; Kraft in Kölner Komm., § 36 Rdnr. 28 ff.

im Gründungsstadium noch der Mechanismus der registergerichtlichen Eintragungskontrolle nach § 38 AktG fehlt. Erst im Verlauf dieser Gründungsprüfung durch das Registergericht wird festgestellt, ob die normativen Gründungsbestimmungen (ordnungsgemäße Anmeldung und Errichtung), wie z.B. die richtige Bewertung und vollständige Einbringung der Sacheinlagen, auch wirklich erfüllt worden sind. Stellt das Registergericht bei seiner Prüfung fest, dass diese Voraussetzungen nicht bestehen, hat es nach § 38 I S.2 bzw. § 38 II GmbHG die Handelsregistereintragung abzulehnen; maßgeblicher Zeitpunkt für das Vorliegen der Eintragungsvoraussetzungen ist dabei nicht die Handelsregisteranmeldung, sondern die Handelsregistereintragung.[378] Der Gründungsbericht der Gründer nach § 32 AktG, die Gründungsprüfung des Vorstands (§§ 33 I, 34 AktG) und gegebenenfalls die Prüfung der Gründungsprüfer (§§ 33 II, 34 AktG), die alle vor der registergerichtlichen Prüfung vorgenommen werden, können selbst noch für keine ausreichende Gläubigersicherung sorgen, obwohl sie über den Gläubigerschutz in der Vor-GmbH hinausgehen,[379] da sie u.a. einen weitaus geringeren Prüfungsumfang als die registergerichtliche Prüfung haben (siehe § 32 II, 34 I AktG) - z.B. müssen zu dem Zeitpunkt dieser Gründungsprüfungen Sach- und Bareinlagen noch nicht erbracht worden sein, so dass eine diesbezügliche Prüfung fehlt - und bei festgestellten Gründungsmängeln ein direktes Eintragungshindernis nicht besteht.[380]

Mit Ausnahme der einsehbaren Gründungsberichte (§ 34 III S.2 AktG) fehlt es im Gründungsstadium der AG auch an der notwendigen Publizität. Die Publizität des Handelsregisters liegt erst mit Eintragung vor. So haben die Gläubiger vor Eintragung der AG ins Handelsregister keinen Überblick über den ihnen zur Verfügung stehenden Haftungsfonds.

---

[378] Vgl. Hüffer, § 38 Rdnr. 3 ff.
[379] Für einen Gläubigerschutz sorgt dabei u.a. das Einsichtsrecht nach § 34 III S.2 AktG. Danach kann jedermann den Bericht der Gründungsprüfer bei Gericht (ohne Nachweis eines rechtlichen oder wirtschaftlichen Interesses) einsehen. [siehe Hüffer, § 35 Rdnr. 6].
[380] Festgestellte Gründungsmängel in einem Gründungsbericht werden i.d.R. zur Folge haben, dass das Registergericht die Eintragung ablehnt, auch wenn dies nicht zwingend ist [vgl. Hüffer, § 38 Rdnr. 3; Kraft in Kölner Komm., § 38 Rdnr. 16; abweichend: Geßler-Eckardt, § 38 Rdnr. 20 f.] Die Gründungsprüfungen nach § 33 AktG sollen dem Registergericht die Prüfung nach § 38 AktG nur erleichtern helfen [vgl. Kraft in Kölner Komm., § 34 Rdnr. 2]. Es ist aber möglich, dass Gründungsmängel, die in der Gründungsprüfung nach § 33 AktG festgestellt wurden, vor der registergerichtlichen Prüfung beseitigt werden.

Es zeigt sich, dass im Gründungsstadium der AG wie bei der GmbH ein Gläubigerschutzdefizit besteht. Die Belange einer adäquater Gläubigersicherung verlangen daher bei der Vor-AG wie auch schon bei der Vor-GmbH neben dem Vermögen der Vorgesellschaft und der Handelndenhaftung nach § 41 I S.2 AktG das Hinzutreten einer persönlichen Gründerhaftung als weiterer Haftung.

2) Umfang der Gründerhaftung

Die Gründerhaftung in der Vor-GmbH ist - nach dem hier vertretenen Modell - als unbeschränkte Haftung ausgestaltet. Es fragt sich, ob dieses Modell auf die Verhältnisse in der Vor-AG übertragbar ist und somit auch bei der Vor-AG eine unbeschränkte Gründerhaftung besteht.

a) Einheitlicher Haftungsumfang vor und nach Eintragung

Ein Hauptgrund für die Ausgestaltung der Gründerhaftung in der Vor-GmbH als unbeschränkte Haftung ergibt sich aus den sonst drohenden erheblichen Wertungswidersprüchen vor und nach Eintragung ins Handelsregister. Eine beschränkte Gesellschafterhaftung vor Eintragung ist mit der unbeschränkten Unterbilanzhaftung nach Eintragung unvereinbar. Um dieses Argument eines einheitlichen Haftungsumfangs vor und nach Eintragung auf die Vor-AG übertragen zu können, müßte bei der AG mit Eintragung ins Handelsregister eine unbeschränkte Unterbilanzhaftung entstehen.

(1) Unterbilanzhaftung

Die Literatur befürwortet überwiegend eine Unterbilanzhaftung bei der AG.[381] Die höchstrichterliche Rechtsprechung läßt hingegen diese Frage

---

[381] Hüffer, § 41 Rdnr. 8; Kraft in Kölner Komm., § 41 Rdnr. 118 ff.; K. Schmidt, GesR, § 27 II 4c); An, S. 87 ff.; Lutter, NJW 1989, 2649, 2653 f.; Escher-Weingart, AG 1987, 310 ff.; Farrenkopf/Cahn, AG 1985, 209 ff; Wiedenmann, ZIP 1997, 2029, 2031.

bisher ausdrücklich offen.[382]
Es ist im folgenden zu untersuchen, ob es eine Unterbilanzhaftung auch im Aktienrecht gibt.

(a) Unversehrtheitsgrundsatz

Die Unterbilanzhaftung wurde im GmbH-Recht rechtsfortbildend aus dem Unversehrtheitsgrundsatz als einer Ausprägung des Grundsatzes realer Kapitalaufbringung und -erhaltung entwickelt. Dies folgt daraus, dass die GmbH aus Gläubigerschutzgründen mit ihrem garantierten Stammkapital als unerläßlicher Betriebs- und Haftungsgrundlage ins Leben treten muß. Das garantierte Stammkapital bildet insoweit ein Korrelat für die fehlende persönliche Haftung einer natürlichen Person.

Eine gleichartige Interessenlage wie bei der GmbH ist bei der AG gegeben. Eine reale Kapitalaufbringung und -erhaltung ist bei der AG wie bei der GmbH im Eintragungszeitpunkt, also zu dem Zeitpunkt, in dem sich die AG die Haftungsbeschränkung verdient, zur Sicherung der Gläubiger erforderlich. Die Kapitalaufbringung und -erhaltung dient bei AG und GmbH demselben Ziel, nämlich der Schaffung eines Garantiekapitals für die Gläubiger der juristischen Person. Das Grundkapital soll zumindest bei Handelsregistereintragung unversehrt zur Verfügung stehen. Das früher zur Kapitalerhaltung herangezogene Vorbelastungsverbot kann bei der Vor-AG - entsprechend den Ausführungen zur Vor-GmbH - wegen seiner Schwächen nicht mehr aufrecht erhalten werden.[383] Zur Sicherung einer ausreichenden Kapitalaufbringung und -erhaltung im Eintragungszeitpunkt ist daher auch bei der AG eine Unterbilanzhaftung erforderlich.

Dafür spricht auch, dass das Aktienrecht von der Grundtendenz her die Kapitalaufbringung und -erhaltung strengeren Regeln unterwirft als das GmbH-Recht. Dies äußert sich z.B. in der umfangreicheren Gründungsprüfung bei der AG (§§ 32, 33, 34, 38 AktG) als bei der GmbH (§ 5 IV GmbHG). Eine Ablehnung der Unterbilanzhaftung bei der AG würde entgegen dieser "Grundtendenz" zu einer viel unsichereren Kapitalaufbringung und -sicherung in der AG führen als in der GmbH.

Zudem würde die Gefahr bestehen, dass zur bloßen Umgehung der strengen unbeschränkten Unterbilanzhaftung bei der GmbH, insbesondere

---
[382] BGH, ZIP 1981, 397; BGH, NJW 1982, 3302; hingegen bejahend: LG Heidelberg, ZIP 1997, 2047 f.
[383] Siehe dazu bei der Vor-GmbH: 1.Teil IV. 3f)(2)(a).

bei geplanten riskanten Geschäften im Gründungsstadium, statt einer GmbH einfach eine AG gegründet wird.[384]

Die gleiche Interessenlage bei GmbH und AG, insbesondere das Bedürfnis nach einem unversehrten Gesellschaftskapital im Eintragungszeitpunkt, spricht daher bei der AG für eine Unterbilanzhaftung. Aus dem Unversehrtheitsgrundsatz könnte sich also bei der Vor-AG eine Unterbilanzhaftung herleiten lassen.

(b) Entgegenstehen besonderer aktienrechtlicher Gründungsvorschriften

Eine Unterbilanzhaftung im Aktienrecht könnte aber noch daran scheitern, dass spezielle Gründungsvorschriften des Aktienrechts, die über die im GmbHG vorhandenen Regelungen hinausgehen, dem entgegenstehen; dies könnte z.b. dann sein, wenn diese Vorschriften ausdrücklich das Vorbelastungsverbot im Aktienrecht statuieren und so eine Unterbilanzhaftung mangels Vorbelastungen ausschlössen.

Diesbezüglich steht zum einen § 41 II AktG in Frage. Es wird behauptet, dass dessen Anwendungsbereich leerläuft bei Anerkennung einer Unterbilanzhaftung unter zwangsläufiger Aufgabe des Vorbelastungsverbotes, da es mit Aufgabe des Vorbelastungsverbotes keine Vorbelastungen mehr gibt, die nach § 41 II AktG übernommen werden können[385].

Zum einen wäre es denkbar, um einen verbleibenden Anwendungsbereich zu erhalten, § 41 II AktG auf die Übernahme der Handelndenhaftung nach § 41 I S.2 AktG anwenden. Die Handelndenhaftung im Aktienrecht würde demnach nicht mit Eintragung ins Handelsregister wie bei der Vor-GmbH, sondern erst mit vertraglicher Übernahme erlöschen.[386]

Auch wenn man die Übernahme der Handelndenhaftung ablehnt, wofür u.a. die strukturellen Gemeinsamkeiten der Handelndenhaftung im Aktien- und GmbH-Recht sprechen,[387] bleibt doch noch ein eigenständiger, wenn auch sehr kleiner, Anwendungsbereich für die rechtsgeschäftliche Übernahme i.S.d. § 41 II AktG. § 41 II AktG kommt zur Anwendung, wenn

---

[384] Vgl. Schwegler S. 31. Daran ändert auch nichts, dass im übrigen das Recht der AG für die Gesellschafter "strenger" ist als das Recht der GmbH.
[385] So Kraft in Kölner Komm., § 41 Rdnr. 77, 119.
[386] Escher-Weingart, AG 1987, 310, 311; a.A. Lutter, NJW 1989, 2649, 2654; Schwegler, S. 54.
[387] Vgl. Lutter, NJW 1989, 2649, 2654; Schwegler, S. 54 mit weiteren Argumenten.

Verpflichtungen im Namen der Gesellschaft eingegangen werden, die aber mangels Vertretungsmacht des Handelnden weder für die Vor-AG noch für die eingetragene AG wirksam geworden sind, die die eingetragene AG aber übernehmen will.[388] Wenn man richtigerweise eine unbeschränkte Vertretungsmacht des Vorstandes annimmt,[389] verbleiben noch die Fälle des Mißbrauchs der Vertretungsmacht und die Fälle, in denen der für die Vor-AG Auftretende überhaupt keine Vertretungsmacht besitzt. § 41 II AktG verbleibt somit trotz der mit der Unterbilanzhaftung einhergehenden Aufgabe des Vorbelastungsverbotes noch ein rudimentärer Anwendungsbereich.

Aus § 41 II AktG läßt sich zudem nicht entnehmen, dass der Eintritt der AG in Verbindlichkeiten ausschließlich auf dem Wege der rechtsgeschäftlichen Verpflichtung nach § 41 II AktG erfolgt, so dass die die Unterbilanzhaftung voraussetzende Identitätstheorie ausgeschlossen und eine Diskontinuität von Vor-AG und AG gegeben wäre.[390] Gegen eine solche Auffassung spricht bereits der Wortlaut des § 41 II AktG. § 41 II AktG ordnet nicht an, dass die AG in jede Verbindlichkeit durch Schuldübernahme eintreten müsse, sondern stellt vielmehr eine Regelung für den Fall auf, dass die AG hinsichtlich einer vom Gesetz nicht näher beschriebenen Verbindlichkeit einen Schuldübernahmevertrag abschließt.[391]

Trotz eines verbleibenden Anwendungsbereichs könnte § 41 II AktG der Unterbilanzhaftung entgegenstehen, wenn in § 41 II AktG ausdrücklich das Vorbelastungsverbot für das Aktienrecht festgeschrieben und somit eine Rechtsfortbildung unter Aufgabe des Vorbelastungsverbotes contra legem wäre. § 41 II AktG wurde vor der Anerkennung einer Unterbilanzhaftung immer als Ausprägung des Vorbelastungsverbotes verstanden.[392] Bei § 41 II AktG handelt es sich aber um eine Gesetzesnorm, die vom Gesetzgeber des AktG 1965 unbesehen aus dem AktG 1937 übernommen wurde. Der Gesetzgeber überließ dabei ausdrücklich die Rechts- und Haftungsverhältnisse der Vor-AG inklusive der Problematik des § 41 II AktG Rechtsprechung und Wissenschaft zur Regelung und

---

[388] Vgl. Lutter, NJW 1989, 2649, 2654; Schwegler, S. 64; Farrenkopf/Cahn, AG 1985, 209; Wiedenmann, ZIP 1997, 2029, 2031.
[389] Dies gilt entsprechend den Ausführungen zur Vor-GmbH im 1.Teil IV. 2).
[390] So aber Horn, NJW 1964, 86, 89.
[391] Vgl. Schwegler, S. 38.
[392] Vgl. Baumbach-Hueck, AktG, § 41 Rdnr.5; Schwegler, S. 38 ff.; Lutter, NJW 1989, 2649, 2653.

wollte keine abschließende gesetzliche Wertung bezüglich dieser Frage vornehmen.[393] Daher schreibt § 41 II AktG das Vorbelastungsverbot nicht zwingend vor. Die Kapitalaufbringung und -erhaltung, die das Vorbelastungsverbot und seine Ausprägung § 41 II AktG gewährleisten sollten, wird nun durch die Annahme einer Unterbilanzhaftung sogar besser erreicht. § 41 II AktG steht somit einer Unterbilanzhaftung unter Aufgabe des Vorbelastungsverbotes nicht entgegen.

Nach §§ 26 II, 27 AktG haftet die eingetragene AG für Gründungsaufwand, Sachübernahmen und Sacheinlagen, die in der Satzung festgesetzt sind. In diesem Fall gehen die Verbindlichkeiten von der Vor-AG automatisch auf die AG über. Wären diese Regelungen abschliessend, würde dies im Umkehrschluß bedeuten, dass nur diese Verbindlichkeiten und nicht alle Vorbelastungen automatisch auf die AG übergehen mit der Folge, dass für eine Unterbilanzhaftung kein Raum mehr wäre.

§ 26 II und § 27 AktG beziehen sich aber nur auf Grundlagengeschäfte (Gründungsaufwand, Sachübernahme, Sacheinlage). Solche Grundlagengeschäfte unterstehen den Gründern und nicht dem Vorstand. Die §§ 26 II, 27 AktG betreffen also nicht die vom Vorstand getätigten Geschäfte im Gründungsstadium.[394] Eine solche Regelungslücke für die vom Vorstand getätigten Geschäfte spricht dafür, dass die §§ 26 II, 27 AktG keine allgemeinen, abschließenden Regelungen für den Übergang von Verbindlichkeiten auf die AG darstellen.

Den Gesetzesmaterialien zu den §§ 26, 27 AktG läßt sich zudem entnehmen, dass der Gesetzgeber die Problematik einer Vorbelastung mit anderen Verbindlichkeiten als den dort genannten Geschäften nicht regeln wollte. Die §§ 26, 27 AktG sollten als Reaktion auf die Gründerjahre eine Schutzmaßnahme für besonders gefährliche Geschäfte darstellen. Zur Frage, ob die Gesellschaft mit weiteren Verbindlichkeiten zulässigerweise belastet werden kann, wollte der Gesetzgeber keine Aussage treffen. Die Problemlösung überließ er vielmehr wie bei anderen Fragen zur Vor-AG auch Rechtsprechung und Lehre.[395] Die §§ 26 II, 27 AktG können daher nicht als abschließende Regelungen für den Übergang von Verbindlichkeiten der Vor-AG auf die AG angesehen werden, so dass sie einer Unterbilanzhaftung nicht entgegenstehen.

---

[393] BT-Drucks IV/171 S. 110; Kropff, Begr. des RegE zum AktG 1965 zu § 41, S. 60.
[394] Vgl. Wiedenmann, ZIP 1997, 2029, 2031; Weimar, AG 1992, 69, 71.
[395] Vgl. BT-Drucks IV/171 S. 110; Kropff, Begr. des RegE zum AktG 1965 zu § 41, S. 2.

Einwände gegen eine Unterbilanzhaftung im Aktienrecht werden teilweise noch auf §§ 36, 37 I S.2 AktG gestützt.[396] Nach diesen Regelungen muß im Anmeldezeitpunkt der auf die Aktien einzuzahlende Betrag zur freien Verfügung des Vorstandes stehen. Etwaige Vorbelastungen stehen einer solchen freien Verfügung durch den Vorstand nicht entgegen, da durch die Unterbilanzhaftung gerade ein eventuelles Soll im Vermögen ausgeglichen wird und so sogar noch ein weitergehenderer Schutz als durch das Vorbelastungsverbot erreicht wird.[397] Aus §§ 36, 37 I S.2 AktG ergibt sich folglich nichts, was gegen eine Unterbilanzhaftung spricht.

Da keine weiteren aktienrechtlichen Gründungsvorschriften in Betracht kommen, die einer Unterbilanzhaftung entgegenstehen könnten, ist auch im Aktienrecht eine Unterbilanzhaftung zu bejahen. Sie läßt sich aus dem Unversehrtheitsgrundsatz herleiten.

(c) Ausgestaltung der Unterbilanzhaftung

Die Unterbilanzhaftung ist wie im GmbH-Recht als unbeschränkte anteilige Innenhaftung ausgestaltet. Danach haften die Aktionäre anteilig für den Fehlbetrag zwischen dem satzungsgemäßen Grundkapital und dem Wert des Gesellschaftsvermögens (Unterbilanz).[398]

Dem steht auch nicht § 54 I AktG entgegen, wonach die Verpflichtung der Aktionäre zur Leistung der Einlage auf den Nennbetrag beschränkt ist, da § 54 I AktG sich nur auf die Einlagepflicht bezieht, die von der Gründerhaftung vor und nach Eintragung zu trennen ist.[399] Im Interesse der vollen Kapitalaufbringung und -erhaltung ist es wie bei der Vor-GmbH geboten, jeden Verlust auszugleichen, auch für notwendige Gründungskosten.[400]

---

[396] So Geßler-Eckardt, § 41 Rdnr. 15, der seine Auffassung jedoch nicht näher begründet.
[397] Vgl. Weimar, AG 1992, 69, 72; Wiedenmann, ZIP 1997, 2029, 2031; ähnlich Farrenkopf/Cahn, AG 1985, 209, 210.
[398] Hüffer, § 41 Rdnr. 8; Kraft in Kölner Komm., § 41 Rdnr. 120; Geßler-Eckardt, § 41Rdnr. 15; Wiedenmann, ZIP 1997, 2029, 2031; Hommelhoff/Freytag, DStR 1996, 1367, 1368.
[399] Farrenkopff/Cahn, AG 1985, 209, 211.
[400] A.A. Schwegler, S. 67, 75, 89, die die Sondervorteile nach § 26 I AktG, den Gründungsaufwand nach § 26 II AktG und die Sachübernahmeverträge nach § 27 AktG als zulässige Vorbelastungen von der Unterbilanzhaftung ausnehmen möchte.

(2) Inkonsequenz einer beschränkten Gründerhaftung

Wie festgestellt wurde, entsteht mit Eintragung der AG ins Handelsregister eine unbeschränkte Unterbilanzhaftung. Daraus ergibt sich, dass eine beschränkte Haftung der Gründer vor Eintragung - entsprechend den Ausführungen zur Vor-GmbH - zu erheblichen Wertungswidersprüchen führen würde. Die Gründer würden bis zur Eintragung ins Handelsregister nur beschränkt haften, nach erfolgter Eintragung hingegen unbeschränkt. Sie wären ausgerechnet im Moment des Entstehens der AG, dem Ziel, das im Gründungsstadium angestrebt wird, haftungsrechtlich schlechter gestellt als in der Zeit, in der die Gesellschaft den Status der Haftungsbeschränkung noch nicht erworben hat. Zudem würde den Gründern bei Verlusten der Vorgesellschaft ein erheblicher Anreiz geboten, die Vor-AG zu liquidieren, um so die drohende unbeschränkte Unterbilanzhaftung nicht zur Entstehung kommen zu lassen.[401] Diese Wertungswidersprüche können wie bei der GmbH nur durch einen einheitlichen Haftungsumfang in Form einer unbeschränkten Haftung vermieden werden. Daher ist die Gründerhaftung in der Vor-AG auch als unbeschränkte Haftung auszugestalten.

b) Interessenwiderstreit zwischen Vorstand und Gründern

Bei der Vor-GmbH sprechen noch drohende Interessenkollisionen zwischen Geschäftsführern und Gesellschaftern für eine Ausgestaltung der Gründerhaftung als unbeschränkte Haftung.[402] Diese Gesichtspunkte könnten auf das Verhältnis Vorstand - AG - Gründer und somit auf die Vor-AG übertragbar sein.

Auch bei der Vor-AG divergieren bei Annahme einer beschränkten Gründerhaftung die Ziele von Vorstand und AG-Gründern bezüglich der Eintragung einer Vor-AG. Der Vorstand würde zur Vermeidung einer unbeschränkten Handelndenhaftung nach § 41 I S.2 AktG auf die Eintragung ins Handelsregister drängen, wogegen die Gründer, die vor Eintragung nur beschränkt haften würden, sich der Eintragung wegen der Besorgnis der unbeschränkten Unterbilanzhaftung widersetzen würden. Dieser Interessenwiderstreit ist in der Vor-AG noch problematischer als in

---

[401] Vgl. Ausführungen diesbezüglich zur Vor-GmbH unter 1.Teil IV. 3f)(3).
[402] Vgl. Ausführungen dazu unter 1.Teil IV. 3e).

der Vor-GmbH, da nach § 36 I AktG die Anmeldung ins Handelsregister durch alle Gründer und Mitglieder des Vorstandes und Aufsichtsrates erfolgen muß.[403]

Gelöst werden kann diese Problematik aber dadurch, dass man die Gründerhaftung als unbeschränkte Haftung ausgestaltet. Die AG-Gründer haben dann kein Interesse mehr, sich der Handelsregistereintragung zu widersetzen, da sie vor wie nach Handelsregistereintragung gleichermaßen unbeschränkt haften.

Ein zweiter Gesichtspunkt, der bei der Vor-GmbH für eine unbeschränkte Gründerhaftung spricht, ist der, dass eine nur beschränkte Haftung gegenüber der unbeschränkten Handelndenhaftung, insbesondere unter dem Blickwinkel einer interessengerechten Aufteilung von Risiko und Gewinn in der Vorgesellschaft, unbefriedigend ist.[404]

Diesen Bedenken könnten in der Vor-AG aber die Möglichkeiten entgegenstehen, die § 26 II AktG und §§ 86, 87 AktG den Mitgliedern des Vorstandes bieten. Nach § 26 II AktG kann durch Festsetzung in der Satzung dem Vorstand als "Drittem" eine Belohnung für die Gründung der AG gewährt werden; diese Vergütung kann auch dazu dienen, die mit der Gründung übernommenen Risiken auszugleichen.[405] Weiterhin wird in §§ 86, 87 AktG ausdrücklich die Zulässigkeit von Gewinnbeteiligungen der Vorstandsmitglieder klargestellt. In der Satzung bzw. im Anstellungsvertrag kann dem Vorstand eine Beteiligung am Gewinn des Unternehmens eingeräumt werden. Solche Gewinnbeteiligungen für den Vorstand, besonders über Aktienoptionen (stock options), haben - soweit ersichtlich - eine immer größer werdende Bedeutung, insbesondere bei den großen börsennotierten Publikumsgesellschaften (z.B Daimler-Chrysler). § 26 II bzw. §§ 86, 87 AktG zeigen, dass der Vorstand am Gewinn der Vor-AG partizipieren, bzw. ihm eine "Risikoprämie" gewährt werden kann.

Diese Vorschriften räumen diese Möglichkeit jedoch nur ein; zwingend ist dies nicht. Ob die Vorstandsmitglieder Zuwendungen erhalten, hängt letztlich von den Gründern selbst ab. Die interessengerechte Aufteilung von Risiko und Gewinn liegt allein in den Händen der Gründer. Sie entscheiden darüber, ob der Vorstand neben den Risiken, die sich im Gründungsstadium für ihn, z.B. aus der unbeschränkten Haftung nach § 41

---
[403] Für Anmeldung in dieser Form: BGH, NJW 1992, 2824 f.; Hüffer, § 36 Rdnr. 3 f.; Kraft in Kölner Komm., § 36 Rdnr. 10 ff.
[404] Vgl. Ausführungen dazu unter 1.Teil IV. 3e) (3).
[405] Kraft in Kölner Komm., § 26 Rdnr. 27.

I S.2 AktG, ergeben, am Gewinn der Vor-AG beteiligt wird. Es kann darüber hinaus nicht aus der verbreiteten Gewinnbeteiligung des Vorstandes bei der eingetragenen AG geschlossen werden, dass dies bereits der Regelfall bei der Vor-AG ist. Die Fälle von Gewinnbeteiligungen beziehen sich, soweit ersichtlich, auf eingetragene Aktiengesellschaften. Ziel in der Vor-AG ist i.d.R. auch weniger die Erzielung von Gewinnen als primär das Erreichen der Eintragung.

Neben der Verteilung des Gewinnes und der Chancen steuern die Gründer einer Vor-AG maßgeblich die Geschicke und Risiken in der Vor-AG durch die Entscheidung zur Aufnahme der Geschäftstätigkeit im Gründungsstadium, durch die Beteiligung an der Eintragungsanmeldung oder durch bestimmte Festsetzungen in der Satzung. Es zeigt sich somit, dass die Aufteilung von Risiko und Gewinn in der Vor-AG weitestgehend in den Händen der Gründer liegt. Der Vorstand, der mit der unbeschränkten Handelndenhaftung nach § 41 I S.2 AktG ein sehr hohes Risiko im Gründungsstadium trägt, kann an den Chancen und Gewinnen der Vorgesellschaft nur partizipieren, wenn er zugleich selbst Gründer ist oder die Gründer ihm dies einräumen. Eine nur beschränkte Haftung der Gründer für Verluste der Vor-AG wäre vor diesem Hintergrund nicht interessengerecht. Die Gründer könnten sonst in dem Fall, in dem die Vor-AG Gewinne macht, diese abschöpfen, während sie bei Verlusten ihr Risiko auf die Einlage beschränken;[406] die ("handelnden") Vorstandsmitglieder dagegen würden unbeschränkt nach § 41 I S.2 AktG haften, ohne dass sie in der Regel an den Gewinnen partizipieren. Bei Annahme einer beschränkten Gründerhaftung würde somit im Gründungsstadium das Geschäftsrisiko der AG einseitig dem Vorstand aufgebürdet. Interessen- und sachgerechter erscheint es daher, die Gründer einer Vor-AG auch unbeschränkt haften zu lassen.

Für eine unbeschränkte Gründerhaftung sprechen folglich der ansonsten drohende Interessenwiderstreit zwischen Vorstand und Gründern

---

[406] Dies gilt für den Regelfall, die "erwerbswirtschaftliche" Vor-AG. Bei einer "non-profit"-Vor-AG (siehe *Priester*, GmbHR 1999, 149, 150) stehen den Gesellschaftern keine Gesellschaftsgewinne zu. Wie aber bereits entsprechend bei der Vor-GmbH ausgeführt, kommt dieser abweichenden Interessenlage in der "non-profit"-Gesellschaft keine Bedeutung hinsichtlich der Ermittlung der Gründerhaftung zu. Die Gründerhaftung muß zur Vermeidung von Abgrenzungsschwierigkeiten einheitlich anhand einer "erwerbswirtschaftlichen" Vor-AG ausgestaltet werden (siehe entsprechende Ausführungen zur Vor-GmbH unter 1.Teil IV. 3e) (3)).

bezüglich der Herbeiführung der Eintragung und zudem eine interessengerechtere Verteilung des Gründungsrisikos zwischen beiden.

c) Abgrenzungsschwierigkeiten zur "unechten Vor-AG"

Bei der Vor-AG gilt das treffende Argument eines erforderlichen Gleichlaufes der Gesellschafterhaftungen wie bei einer echten und einer unechten Vor-GmbH entsprechend.

Bei Fehlen einer Eintragungsabsicht bzw. der Aufgabe dieser Absicht unter Fortsetzung der wirtschaftlichen Tätigkeit liegt eine unechte Vor-AG vor, die je nach Ausgestaltung eine Gesellschaft bürgerlichen Rechts oder eine OHG darstellt. Deren Gesellschafter haften unbeschränkt den Gesellschaftsgläubigern gegenüber.[407]

Zur Vermeidung von drohenden unzumutbaren Abgrenzungsschwierigkeiten zwischen beiden Vorgesellschaftsformen ist es erforderlich, in der echten Vor-AG die gleiche Haftungsstruktur wie in der unechten anzunehmen, d.h. eine unbeschränkte Außenhaftung. Ansonsten entstünden den Vor-AG-Gläubigern erhebliche Prozess- und Kostenrisiken bei Geltendmachung einer Vorgesellschafterhaftung, da für sie mangels Einblick in die Interna der Vor-AG i.d.R. nicht erkennbar ist, welche Vorgesellschaftsform - mit welcher Haftung - ihnen gegenüber steht.[408]

Daraus folgt, dass die Gründerhaftung in der Vor-AG als unbeschränkte (Außen)-Haftung auszugestalten ist.

d) Abschließende Stellungnahme zum Haftungsumfang

Das Modell einer unbeschränkten Gründerhaftung ist von der Vor-GmbH auf die Vor-AG übertragbar. Spezielle Vorschriften und Argumente aus dem Aktienrecht, die einer Übertragbarkeit entgegenstehen würden, sind nicht feststellbar.

Für eine Ausgestaltung der Gründerhaftung als unbeschränkte Haftung spricht vor allem das Erfordernis einer einheitlichen Gesellschafterhaftung in der echten und in der unechten Vor-AG, um aus

---

[407] Siehe dazu die näheren Ausführungen zur unechten Vor-GmbH unter 1.Teil IV. 3e), die entsprechend auf die unechte Vor-AG übertragbar sind.
[408] Vgl. entsprechende Ausführungen zur Vor-GmbH unter 1.Teil IV. 3e) und 4h).

Gläubigerschutzgründen eine drohende Abgrenzung zwischen beiden Vorgesellschaftsformen zu vermeiden.

Darüber hinaus hilft eine solche Haftung, erhebliche Wertungswidersprüche hinsichtlich des Haftungsumfangs vor und nach Eintragung auszuräumen. Denn vor Eintragung haften die Gründer einer Vor-AG dann genauso unbeschränkt wie nach Eintragung (unbeschränkte Unterbilanzhaftung).

Die unbeschränkte Vorgesellschafterhaftung sorgt zudem für die angemessene Lösung hinsichtlich des Interessenwiderstreits zwischen Vorstand und Gründern bezüglich der Herbeiführung der Handelsregistereintragung sowie der interessengerechten Verteilung des Gründungsrisikos.

3) Haftungsrichtung

Wie bereits im Rahmen des Haftungsumfanges festgestellt, spricht das Erfordernis einer einheitlichen Vorgesellschafterhaftung in der echten und in der unechten Vor-AG für eine Außenhaftung der Vorgesellschafter.[409]

Inwieweit dieses Ergebnis auch aus anderen Gesichtspunkten tragfähig ist und dort seine Bestätigung findet, wird im folgenden herausgearbeitet.

a) Angemessene Verteilung des Risikos

Die Ausgestaltung der Gründerhaftung in der Vor-GmbH als gesamtschuldnerische Außenhaftung wurde maßgeblich durch eine Interessenabwägung und angemessene Risikovereilung zwischen Gläubigern und Gesellschaftern hergeleitet. Inwieweit eine solche Abwägung bei der Vor-AG zum selben Ergebnis kommt, muß explizit überprüft werden.

---

[409] Siehe unter 2.Teil IV. 2c).

(1) Haftungsunterschiede zwischen gesamtschuldnerischer Außenhaftung und anteiliger Innenhaftung

Ausgangspunkt der Interessenabwägung bei der Vor-GmbH ist, dass eine Ausgestaltung als interne Verlustdeckungshaftung oder als (akzessorische) gesamtschuldnerische Außenhaftung letztlich für die Vorgesellschafter zu keinem unterschiedlichen Haftungsumfang führt, sondern lediglich die Verteilung der Regresslasten bestimmt. Maßgeblich dafür ist vor allem die Ausfallhaftung nach § 24 GmbHG, die bei einer internen Verlustdeckungshaftung im Falle der Vermögenslosigkeit einzelner Vorgesellschafter zum selben Ergebnis führt wie eine gesamtschuldnerische Außenhaftung mit anschließendem Regress.

Würde man im Aktienrecht eine analoge Anwendung des § 24 GmbHG ablehnen, so käme man, anders als im GmbH-Recht, zu einem unterschiedlichen Haftungsumfang im Falle der Vermögenslosigkeit eines Gründers. Bei einer internen Verlustdeckungshaftung würden die in Anspruch genommenen Gründer dann nur anteilig entsprechend ihrer Beteiligung am Grundkapital haften und nicht den Gesellschaftsgläubigern für vermögenslose Mitgründer anteilig einstehen. Die Gesellschaftsgläubiger hätten das Risiko der Vermögenslosigkeit der Gründer zu tragen. Bei einer gesamtschuldnerischen Außenhaftung hingegen würden die Gründer in voller Höhe der Verbindlichkeit haften mit anschließender Möglichkeit des Regresses gegen solvente Mitgründer. Im Falle der Vermögenslosigkeit eines Mitgründers wären die Gründer bei einer anteiligen Innenhaftung haftungsrechtlich so weit besser gestellt als bei einer gesamtschuldnerischen Außenhaftung. Die Gesellschaftsgläubiger hingegen würden durch eine gesamtschuldnerische Außenhaftung bevorzugt.

Die Frage der analogen Anwendbarkeit der Ausfallhaftung nach § 24 GmbHG auf die Vor-AG wirkt sich daher entscheidend darauf aus, ob der bei der Vor-GmbH gewählte Ausgangspunkt "gleicher Haftungsumfang bei anteiliger Innenhaftung und gesamtschuldnerischer Außenhaftung" bei der Vor-AG Anwendung findet. Eine Verneinung der analogen Anwendbarkeit von § 24 GmbHG hätte zu Folge, dass sich die Abwägung der Interessen, anders als bei der Vor-GmbH, nicht mehr an der Verteilung der Regresslasten, sondern am Haftungsumfang des jeweiligen Haftungsmodells und dessen Auswirkungen auf Gründer und Vorgesellschafter zu orientieren hätte. Dies könnte möglicherweise zu anderen Ergebnissen als bei der Vor-GmbH führen.

(a) Ausfallhaftung nach § 24 GmbHG analog

Es ist daher herauszuarbeiten, ob die Ausfallhaftung nach § 24 GmbHG auf das Aktienrecht und hier insbesondere auf eine Verlustdeckungshaftung übertragbar ist.

Voraussetzung für eine analoge Anwendbarkeit ist eine entsprechende Regelungslücke im Aktienrecht. Einer solchen Regelungslücke könnte § 46 IV AktG entgegenstehen. Von seinem Wortlaut her ist § 46 IV AktG auf die Verlustdeckungshaftung anwendbar. Der Gesetzgeber wollte beim Erlaß des § 46 IV AktG aber nur eine Regelung für Bar- und Sacheinlageverpflichtungen treffen und hatte eine Verlustdeckungshaftung noch nicht im Auge. Fragen und Probleme zur Vor-GmbH überließ er ausdrücklich Rechtsprechung und Wissenschaft zur Klärung.[410] Die Ausfallhaftung nach § 46 IV AktG setzt zudem positive Kenntnis des Gründers von der Zahlungsunfähigkeit des Mitgründers voraus. Bei Bar- und Sacheinlageverpflichtungen, für die § 46 IV AktG gedacht war, läßt sich eine solche Zahlungsunfähigkeit gut beurteilen, da die Verpflichtungen ziffermäßig bzw. dem Leistungsgegenstand nach konkret bekannt sind. Bei einer Verlustdeckungshaftung läßt sich hingegen die Zahlungsunfähigkeit eines Gründers bei Annahme der Beteiligung kaum beurteilen, da dafür die Kenntnis des sich aus der Verlustdeckungshaftung ergebenden Haftungsumfanges unerläßlich ist, der aber im Regelfall für die Gründer nicht vorhersehbar ist. Das Erfordernis der positiven Kenntnis paßt daher nicht auf die betragsmäßig unbekannte Verlustdeckungshaftung.[411] Die Anwendung von § 46 IV AktG auf die Verlustdeckungshaftung ist daher abzulehnen. Da § 46 IV AktG keine abschließende gesetzliche Regelung für eine Ausfallhaftung im Aktienrecht darstellt, besteht eine Regelungslücke für eine verschuldensunabhängige Ausfallhaftung, wie z.B bei einem Verlustdeckungsanspruch.[412]

Für eine analoge Anwendbarkeit von § 24 GmbHG ist weiterhin noch eine gleichartige Interessenlage im Aktienrecht erforderlich.

Mit den Gegnern einer solchen Analogie[413] ist festzustellen, dass es sich bei § 24 GmbHG um keinen allgemeinen Grundsatz des

---

[410] Vgl. BT-Drucks. IV/171 S. 110; Schwegler, S. 114 f.
[411] Vgl. Schwegler, S. 115.
[412] Vgl. Schwegler, S. 114; a.A. Wiedenmann, ZIP 1997, 2029, 2034, der § 46 IV AktG als abschließend ansieht.
[413] LG Heidelberg, ZIP 1997, 2048; Wiedenmann, ZIP 1997, 2029, 2033 f.

Kapitalgesellschaftsrechts handelt, denn das Aktiengesetz hat für die Fälle, in denen ein Gründer seiner Zahlungspflicht gegenüber der Gesellschaft nicht nachkommt, mit den §§ 46 IV, 63, 64, 65 AktG andere Regelungen aufgestellt als das GmbHG mit seiner verschuldensunabhängigen Ausfallhaftung nach § 24 GmbHG. Dies bedeutet aber noch nicht, dass eine Analogie zu § 24 GmbHG im Aktienrecht unzulässig ist, da die §§ 63 ff. AktG, wie § 46 IV AktG auch, keine abschließenden Regelungen darstellen. Maßgeblich ist, ob hinsichtlich einer verschuldensunabhängigen Ausfallhaftung im Aktienrecht dieselbe Interessenlage wie im GmbH-Recht besteht. Spezifische Unterschiede zwischen AG und GmbH dürften diesbezüglich nicht gegeben sein.

§ 24 GmbHG ist als Ausprägung der personalistischen Struktur der GmbH zu verstehen.[414] Einer Analogie könnte nun entgegenstehen, dass die AG mit ihrem breit gestreuten Kapitalbesitz (Kapitalsammelstelle) nicht personenbezogen ausgerichtet ist.[415] Zwischen den Gründern einer Vor-AG besteht aber de facto eine persönliche Verbundenheit, die mit der in einer personalistischen GmbH vergleichbar ist.[416] Bei der GmbH ergibt sich das personalistische Element vor allem daraus, dass Gesellschaftsanteile nur unter erschwerten Umständen zu veräussern sind (§ 15 III-V GmbHG). Die Gründer einer fertigen, aber noch nicht eingetragenen AG sind nach § 41 IV S.1 AktG in ähnlicher Weise aneinander gebunden. Ein Wechsel unter den Gründern ist nur durch Satzungsänderung möglich.[417] Die kapitalistische Ausgestaltung als Kapitalsammelbecken erfährt die AG erst nach Eintragung ins Handelsregister durch die dann freie Übertragbarkeit der Mitgliedschaft. Vorher wird ein breit gestreuter Kapitalbesitz nicht vorliegen. Die persönliche Verbundenheit der Gründer einer Vor-AG untereinander, die mit der in der Vor-GmbH vergleichbar ist, spricht dafür, dass § 24 GmbHG als Ausprägung einer personalistischen Struktur auch auf das Aktienrecht übertragbar ist.[418]

Bedenklich erscheint es zudem, wenn man eine anteilige Verlustdeckungshaftung in Vor-GmbH und Vor-AG bejaht, den AG-Gründer (z.B. mit einem Anteil von 1 %) bei Insolvenz aller Mitgründer nur für 1 % der

---

[414] So auch Lutter, S. 155 FN 214; Wiedenmann, ZIP 1997, 2029, 2033.
[415] So LG Heidelberg, ZIP 1997, 2048; Wiedenmann, ZIP 1997, 2029, 2039; Hommelhoff/Freytag, DStR 1996, 1367.
[416] Vgl. Schwegler, S. 116.
[417] Kraft in Kölner Komm., § 41 Rdnr. 29, 112; Geßler-Eckardt, § 29 Rdnr. 34 f.; Großkomm. AktG-Barz, § 41 Rdnr. 29.
[418] Vgl. Schwegler, S. 116 f.

Verluste der Vor-AG einstehen zu lassen (mangels § 24 GmbHG analog), hingegen einen GmbH-Gründer mit demselben Anteil in voller Höhe (wegen § 24 GmbHG). Dies würde für die Vorgesellschafter den Anreiz schaffen, die Rechtsform der AG statt der GmbH zu wählen, da so ihr wirtschaftliches Risiko deutlich geringer wäre als in einer GmbH.[419] Da, wie festgestellt, in Vor-AG und Vor-GmbH eine vergleichbare Interessenlage besteht, können durch die analoge Anwendung von § 24 GmbHG zwei so erheblich divergierende Haftungen vermieden werden. Dies ist dann auch im Interesse der Vorgesellschaftsgläubiger, die bei der Vor-AG genauso schutzwürdig sind wie in der Vor-GmbH. § 24 GmbHG ist daher auf eine möglicherweise bestehende Verlustdeckungshaftung analog anwendbar.

(b) Ergebnis

Die analoge Anwendbarkeit von § 24 GmbHG auf die Vor-AG führt dazu, dass man bei der Interessenabwägung bezüglich der Haftungsrichtung der Gründerhaftung vom gleichen Ausgangspunkt ausgehen kann wie bei der Vor-GmbH, nämlich, dass eine Ausgestaltung als interne Verlustdeckungshaftung bzw. als (akzessorische) gesamtschuldnerische Außenhaftung letztlich für den Vorgesellschafter zu keinem unterschiedlichen Haftungsumfang führt, sondern lediglich die Verteilung der Prozessrisiken bestimmt.

(2) Abwägung der Interessen der Gläubiger und der Vorgesellschafter

Es stellt sich nun die Frage, ob die Gesichtspunkte, die bei der Abwägung der Interessen in der Vor-GmbH herangezogen worden sind, entsprechend auch auf die Vor-AG übertragbar sind oder ob dem Wertungen und Interessen des Aktienrechts entgegenstehen.
Der Hauptschwachpunkt der anteiligen Verlustdeckungshaftung, die unzumutbare Erschwernis der Durchsetzbarkeit bei einer vermögenslosen Vorgesellschaft für die Vorgesellschaftsgläubiger, insbesondere, wenn noch mehrere Gründer vorhanden sind, ist bei der Vor-AG genauso gegeben wie bei der Vor-GmbH. Die Vorgesellschaftsgläubiger müßten im schlimmsten Falle nach Erstreiten eines Titels gegen die Vor-AG die

---

[419] Vgl. Reiff, EWiR 1998, 51, 52.

Verlustdeckungsansprüche gegen die Vorgesellschafter pfänden und dann entsprechend viele Leistungsklagen erheben und Zwangsvollstreckungen gegen die Vorgesellschafter betreiben. Bei Geltendmachung einer Ausfallhaftung entsprechend § 24 GmbHG wäre dieses Procedere erneut erforderlich. Diese Vorgehensweise birgt für den Vorgesellschaftsgläubiger erhebliche Schwierigkeiten und Risiken in sich, die vor allem daraus herrühren, dass mangels Publizität im Gründungsstadium die Verhältnisse in der Vorgesellschaft für ihn nicht deutlich erkennbar sind.

Für die Fälle, in denen eine Vor-AG solvent ist oder eine beklagte Vor-AG zur Eintragung gelangt, kann mangels aktienrechtlicher Besonderheiten in vollem Umfang auf die Ausführungen zur Vor-GmbH verwiesen werden.

Aus Gläubigerschutzgesichtspunkten ergibt sich somit bei der Vor-AG kein anderes Bild als bei der Vor-GmbH.[420] Diese sprechen für eine Ausgestaltung als gesamtschuldnerische Aussenhaftung.

Es fragt sich aber, ob aus Gründersicht eine gesamtschuldnerische Außenhaftung nicht ein unzumutbares Maß an Gläubigerschutz gewährt. Für die Vor-GmbH ist dies abgelehnt worden. Durch Besonderheiten des Aktienrechts wäre aber bei der Vor-AG ein anderes Ergebnis möglich. Gegen eine gesamtschuldnerische Außenhaftung in der Vor-AG könnte die Struktur der AG mit ihrem breit gestreuten Kapitalbesitz und den Kleinaktionären ohne jegliches unternehmerisches Interesse sprechen. Ein Gründer mit einer Aktie im Nennwert von 5,- DM würde gegebenenfalls für Verluste in Millionenhöhe haften.[421]

Wie oben aber bereits dargestellt, fehlt es in der Vor-AG an einer "kapitalistischen Ausgestaltung," wie sie bei der eingetragene AG vorliegt. Es besteht eine "persönliche Verbundenheit" der Gründer. Ihre Anzahl ist meist auch sehr beschränkt . Daher erscheint es gerechtfertigt, den Gründern das Regressrisiko aufzubürden. Sie haben aufgrund des persönlichen Einblicks in die Satzung und der faktischen persönlichen Verbundenheit untereinander einen besseren Einblick in die Vor-AG und in der Regel auch bezüglich der Mitgründer als die Vor-AG-Gläubiger. Vielfach handelt es sich bei den Gründern auch nicht um Kleinaktionäre, sondern etwa um Banken oder Großunternehmen.[422] Dies ist allerdings nicht zwingend, wie der Fall des LG Heidelberg zeigt. Den Gründern, auch

---

[420] Vgl. Ausführungen bei der Vor-GmbH unter 1.Teil IV. 4f).
[421] So LG Heidelberg ZIP 1997, 2048; Wiedenmann ZIP 1997, 2029, 2033 f.
[422] Vgl. K. Schmidt, GesR § 27 II 4c).

Kleinaktionären, kann es - wie bei der Vor-GmbH - zugemutet werden, nach Inanspruchnahme durch eine gesamtschuldnerische Außenhaftung durch Vorgesellschaftsgläubiger die Vor-AG bzw. die Mitgründer in Regress zu nehmen, da ihr Haftungsvolumen im Vergleich zu einer anteiligen Innenhaftung (wegen § 24 GmbHG analog) letztlich nicht größer ist. Da keine Argumente aus dem Aktienrecht erkennbar sind, die für ein unzumutbares Übermaß an Gläubigerschutz in der Vor-AG sprechen, bleibt festzustellen, dass die Interessen der Gründer einer Vor-AG einer gesamtschuldnerischen Außenhaftung nicht entgegenstehen.

(3) Ergebnis

Wie bei der Vor-GmbH ergibt sich daher auch bei der Vor-AG aus Gesichtspunkten einer angemessenen Verteilung der Gründungsrisiken die Ausgestaltung der Gründerhaftung als akzessorische, gesamtschuldnerische Außenhaftung.
Diese Außenhaftung ist aus Gläubigerschutzinteressen wie bei der Vor-GmbH auch als primäre Haftung ausgestaltet.

b) Kongruenz mit der Haftung des Vorstandes (§ 41 I S.2 AktG)

Die gesamtschuldnerische Handelndenhaftung (§ 41 I S.2 AktG) könnte entsprechend den Ausführungen zur Vor-GmbH[423] bei der Vor-AG für eine als gesamtschuldnerische Außenhaftung ausgestaltete Gründerhaftung sprechen.
Eine Ausgestaltung der Gründerhaftung als anteilige Innenhaftung würde dazu führen, dass weitestgehend von den Vorgesellschaftsgläubigern nur die nach § 41 I S.2 AktG gesamtschuldnerisch haftenden Vorstandsmitglieder in Anspruch genommen würden, da das Vorgehen gegen die Gründer mit größeren Schwierigkeiten und Risiken verbunden wäre.[424] Bei einer anteiligen Innenhaftung hätten die nach § 41 I S.2 AktG

---

[423] Vgl. Ausführungen bei der Vor-GmbH unter 1.Teil IV. 4g).
[424] Zu den Problemen der Vorgesellschaftsgläubiger, insbesondere bezüglich der Durchsetzung von Verlustdeckungsansprüchen gegenüber den Gründern, siehe vorherige Ausführungen unter a)(2). Zu den entsprechenden Bemerkungen bei der Vor-GmbH siehe unter 1.Teil IV 4f)(2).

in Anspruch genommenen Vorstandsmitglieder dann keine Möglichkeit des unmittelbaren Regresses gegen die Gründer. Sie hätten nur die Möglichkeit des Regresses gegen die Vor-AG, bei der dann noch die Pfändung des Verlustdeckungsanspruchs der Gründer in Betracht kommt. Interessengerecht erscheint es daher, den Gründern, insbesondere unter dem Blickwinkel einer gerechten Aufteilung von Risiko und Gewinn im Gründungsstadium, die Regresslasten aufzubürden. Dies kann nur über eine Ausgestaltung der Gründerhaftung als gesamtschuldnerische Außenhaftung erreicht werden. Dann hat ein in Anspruch genommenes Vorstandsmitglied die Möglichkeit, unmittelbar bei den Gründern Regress zu nehmen.

Aus diesen Gründen erscheint es interessengerecht, die Gründer wie auch die handelnden Vorstandsmitglieder einer gesamtschuldnerischen Außenhaftung auszusetzen.

c) Abschließende Stellungnahme

Hinsichtlich der Frage der Ausgestaltung der Haftungsrichtung in der Gründerhaftung läßt sich das für die Vor-GmbH herausgearbeitete Haftungsmodell einer akzessorischen, gesamtschuldnerischen Außenhaftung auch auf die Vor-AG übertragen. Dabei sprechen die gleichen Argumente wie bei der Vor-GmbH für eine solche Ausgestaltung.

Dies ergibt sich vor allem aus dem sich aus Gläubigerschutzerwägungen ergebenden Erfordernis einer einheitlichen Gesellschafterhaftung in der echten und unechten Vor-AG.

Darüber hinaus findet das Ergebnis einer Außenhaftung seine Bestätigung in der dadurch angemessenen und interessengerechten Verteilung der Risiken zwischen Vor-AG-Gläubigern und Gründern. Eine anteilige Innenhaftung würde zu einer unzumutbaren Erschwernis der Durchsetzbarkeit der Forderungen des Vorgesellschaftsgläubigers bei Vermögenslosigkeit der Vor-AG führen. Zudem kann bei einer gesamtschuldnerischen Außenhaftung nicht von einem Übermaß an Gläubigerschutz gesprochen werden, insbesondere deswegen nicht, weil es bei der Frage nach der Haftungsrichtung in der Vor-AG wie auch bei der Vor-GmbH wegen der analogen Anwendbarkeit von § 24 GmbHG letztlich nur um die interessengerechte Verteilung des Regreßrisikos zwischen

Vorgesellschaftern und Gesellschaftsgläubigern geht und nicht um ein unterschiedliches Haftungsvolumen.

Des Weiteren ist eine gesamtschuldnerische Außenhaftung auch die interessengerechte Lösung, um die Geschäfts- und Regressrisiken im Gründungsstadium zwischen Gründern und handelnden Vorstandsmitgliedern angemessen aufzuteilen.

Die Gründerhaftung in der Vor-AG ist folglich grundsätzlich als primäre, akzessorische, gesamtschuldnerische Außenhaftung ausgestaltet.

4) Ausnahme von der Außenhaftung (§ 93 InsO analog)

Die Gründerhaftung in der Vor-AG ist im Insolvenzverfahren entsprechend der Haftung in der Vor-GmbH ausnahmsweise nicht als Außen-, sondern als Innenhaftung ausgestaltet. Nach § 93 InsO analog kann im Insolvenzverfahren die persönliche Gründerhaftung ausschließlich vom Insolvenzverwalter und nicht von den Vor-AG-Gläubigern geltend gemacht werden.

Eine Analogie für die Vor-AG ergibt sich daraus, dass - entsprechend den Ausführungen zur Vor-GmbH[425] - eine planwidrige Regelungslücke und eine gleiche Interessenlage wie bei den "Gesellschaften ohne eigene Rechtspersönlichkeit" i.S.d. § 93 InsO vorliegt. Besonderheiten des Aktienrechts stehen dem nicht entgegen.

V. Zusammenfassung Vor-AG

Die Vor-AG ist als "werdende juristische Person" ein rechtsfähiges Rechtsgebilde "sui generis", auf das die Vorschriften des Aktienrechts Anwendung finden, soweit diese nicht die Eintragung voraussetzen.

Das Gründerhaftungsmodell des GmbH-Rechts ist auf das Aktienrecht vollständig übertragbar. Spezielle Vorschriften und Interessen aus dem Aktienrecht stehen dem nicht entgegen.

Danach ist die Gründerhaftung für Verbindlichkeiten der Vor-AG grundsätzlich als primäre, unbeschränkte, akzessorische und

---

[425] Siehe die auf die Vor-AG entsprechend anwendbaren Ausführungen zu § 93 InsO analog bei der Vor-GmbH unter 1.Teil IV. 5b).

gesamtschuldnerische Außenhaftung ausgestaltet. Nur während eines Insolvenzverfahrens ergibt sich aus einer analogen Anwendung von § 93 InsO eine ausnahmsweise als Innenhaftung ausgestaltete Gründerhaftung. Die persönliche Haftung der Gründer kann dann nur noch vom Insolvenzverwalter geltend gemacht werden.

Die Zustimmung der Gründer zur vorzeitigen Geschäftsaufnahme ist - aus Verkehrssicherungsgesichtspunkten - keine notwendige Voraussetzung einer Gründerhaftung.

Für eine Ausgestaltung als unbeschränkte Außenhaftung spricht vor allem das aus Gläubigerschutzgründen gebotene Erfordernis einer einheitlichen Gesellschafterhaftung in der echten und unechten Vor-AG. Aufgrund der unbeschränkten Außenhaftung in der unechten Vor-AG folgt diese Haftungsstuktur auch bei der echten Vor-AG.

Argument für eine unbeschränkte Haftung ist darüber hinaus, dass dieser Haftungsumfang erhebliche Wertungswidersprüche vor und nach Handelsregistereintragung vermeidet, die ansonsten mit der Enstehung der Unterbilanzhaftung auftreten würden. Zudem führt dieser Haftungsumfang zur interessengerechten Verteilung der Gründungsrisiken zwischen Vorstand und Vorgesellschaftern. Ein ansonsten auftretender Interessenwiderstreit zwischen beiden hinsichtlich der Herbeiführung der Handelsregistereintragung tritt nicht auf.

Die Ausgestaltung als primäre, akzessorische, gesamtschuldnerische Außenhaftung ergibt sich zudem, wie bei der Vor-GmbH, aus einer entsprechenden Interessenabwägung und Risikoverteilung zwischen Gründern und Vorgesellschaftsgläubigern. Dieses Ergebnis findet Bestätigung in einer angemessenen Aufteilung des Geschäfts- und Regressrisikos im Gründungsstadium zwischen Gründern und handelnden Vorstandsmitgliedern.

3. Teil: Die Gründerhaftung im Vorverein

I. Rechtliche Erfassung des Vorvereins

1) Begriff

Als Vorverein wird der neu gegründete Verein bezeichnet, der nach seiner Satzung die Rechtsfähigkeit erstrebt, sei es durch Eintragung ins Vereinsregister (Ideal-Vorverein) oder durch staatliche Verleihung nach § 22 BGB (Wirtschafts-Vorverein). Er entsteht mit Wirksamwerden des Gründungsaktes, also mit Errichtung der Vereinssatzung.[426]

Von einem solchen Vorverein abzugrenzen ist die Vorgründungsgesellschaft. Sie entsteht mit der schuldrechtlichen Verpflichtung der Gründer, die Gründung eines Vereins als gemeinsamen Zweck vorzubereiten oder zu fördern und endet mit Zweckerreichung, der Errichtung der Vereinssatzung. Eine solche Vorgründungsgesellschaft ist wie im GmbH- oder Aktienrecht[427] eine OHG bzw. eine Gesellschaft bürgerlichen Rechts.[428] Zwischen ihr und dem Vorverein besteht keine Identität, so dass Rechte und Pflichten von der Vorgründungsgesellschaft nicht ipso iure auf den Vorverein übergehen.[429]

Hingegen sind der Vorverein und der später daraus entstehende rechtsfähige Verein nach heute fast einhelliger Ansicht identisch (Identitätstheorie).[430]

---

[426] Reichert-Reichert, Rdnr. 78; Soergel-Hadding, vor § 21 Rdnr. 63 f.; Palandt-Heinrichs, §§ 21, 22 Rdnr. 10; K. Schmidt, GesR, § 24 II 3; Stöber, Rdnr. 19 ff.; Dißars, DStZ 1996, 37, 40; Hornung, S. 36.
[427] Siehe 1.Teil I. 1) und 2.Teil I. 1).
[428] Stöber, Rdnr. 21; Soergel-Hadding, vor § 21 Rdnr 61; Dißars, DStZ 1996, 37, 40.
[429] Stöber, Rdnr. 21; Soergel-Hadding, vor § 21 Rdnr 61; Dißars, DStZ 1996, 37, 40.
[430] Stöber, Rdnr. 24; Staudinger-Weick, § 21 Rdnr. 31; Sauter/Schweyer, Rdnr. 14.

2) Rechtsnatur

Anders als im Kapitalgesellschaftsrecht hat der Gesetzgeber im Vereinsrecht mit § 54 BGB den Fall einer nichtrechtsfähigen Vereinigung geregelt. Der Vorverein könnte als körperlich organisiertes Rechtsgebilde, das noch keine juristische Person ist, einen solchen nichtrechtsfähigen Verein i.S.d. § 54 BGB darstellen,[431] da ein Verein nach §§ 21, 22 BGB erst mit Eintragung ins Vereinsregister oder durch staatliche Verleihung die Rechtsfähigkeit erlangt. Dies würde bedeuten, dass das Recht des nichtrechtsfähigen Idealvereins bzw. des nichtrechtsfähigen Wirtschaftsvereins auf den Vorverein Anwendung findet.

Auf der anderen Seite wurde aber bisher festgestellt, dass alle anderen Vorgesellschaften (Vor-GmbH, Vor-AG) als "werdende juristische Personen" Rechtsgebilde "sui generis" sind. Da der Vorverein eine "werdende juristische Person" ist, würde es naheliegen, ihn ebenfalls als Rechtsgebilde "sui generis" einzuordnen.[432] Dies hätte zur Folge, dass der Vorverein bereits dem Recht des rechtsfähigen Vereins unterstehen würde mit Ausnahme der Vorschriften, die die Eintragung voraussetzen. Es stellt sich also die Frage, ob der Vorverein seiner Rechtsnatur nach ein "Rechtsgebilde sui generis" oder ein nichtrechtsfähiger Verein i.S.d. § 54 BGB ist.

Zwischen einem Vorverein und einem nichtrechtsfähigen Verein i.S.d. § 54 BGB bestehen erhebliche Unterschiede. Der Vorverein stellt eine nur vorübergehende Gründungsstufe auf dem Weg zur Erlangung der Rechtsfähigkeit als juristische Person dar. Der Wille und das Ziel der Gründer sind auf die Erlangung dieser Stellung gerichtet, welche sie mit Errichtung des Vorvereins und Anmeldung zum Vereinsregister bzw. Beantragung der staatlichen Verleihung zu erreichen versuchen. Der nichtrechtsfähige Verein i.S.d. § 54 BGB verkörpert hingegen keine Zwischenstufe der Gründung, sondern ist vom Gesetz als endgültige, auf gewisse

---

[431] So die überwiegende Ansicht: BayObLGZ, 1972, 29, 32 f.; Soergel-Hadding, vor § 21 Rdnr. 64; Staudinger-Weick, § 21 Rdnr. 31; Palandt-Heinrichs, §§ 21,22 Rdnr. 10; Sauter/Schweyer, Rdnr. 14; Stöber, Rdnr. 22 f.; Dißars, DStZ 1996, 37, 40; Flume, FS Geßler, S. 3, 23; Larenz, § 10 I c); K. Schmidt, OHG, S. 234; Voigt, S. 40 f.; Nitschke, S. 144.

[432] So MüKo-Reuter, §§ 21, 22 Rdnr. 68; Hornung, S. 37 ff.; An, S. 23; angedacht: Reichert-Reichert, Rdnr. 79.

Dauer angelegte[433] Rechtsform konzipiert. Er entsteht bereits endgültig mit Feststellung der Satzung. Der Vorverein steht aufgrund seiner akzessorischen Zweckbestimmung, die Rechtsfähigkeit als juristische Person zu erlangen, somit dem rechtsfähigen Verein näher als dem nichtrechtsfähigen Verein.[434] Eine Behandlung des Vorvereins als nichtrechtsfähigen Verein i.S.d. § 54 BGB erscheint aufgrund dieser Unterschiede nicht gerechtfertigt.

Darüber hinaus spricht für die Einordnung des Vorvereins als Rechtsgebilde "sui generis" auch die vergleichbare rechtliche Situation bei der Vorgenossenschaft. Das GenG kennt entsprechend dem Vereinsrecht auch eine nichteingetragene Genossenschaft (Arg. aus §§ 13 und 1 GenG). Bei der Vorgenossenschaft ist heute fast einhellig anerkannt, dass die Rechtsnatur einer Genossenschaft im Stadium vor Erlangung der Stellung als juristische Person nicht als nichteingetragene Genossenschaft, sondern als eine im Werden begriffene Genossenschaft, auf die die Vorschriften der rechtsfähigen Genossenschaft anzuwenden sind, zu beurteilen ist.[435] Daraus kann dann für die Gründung eines Vereins abgeleitet werden, dass ein Vorverein kein nichtrechtsfähiger Verein i.S.d. § 54 BGB, sondern auch ein "Rechtsgebilde sui generis" ist. "Nichtrechtsfähig" ist der Verein nur in dem Sinne, dass er nicht die Rechtsfähigkeit (als juristische Person) durch Eintragung ins Vereinsregister bzw. durch staatliche Verleihung erlangt hat.[436]

Folglich kann von einer einheitlichen Rechtsnatur der Vorgesellschaft gesprochen werden. Wie alle anderen Vorgesellschaften (Vor-GmbH, Vor-AG) ist der Vorverein als "werdende juristische Person" ein Rechtsgebilde "sui generis".

---

[433] Der nichtrechtsfähige Verein kann sowohl für unbestimmte Zeit (Regelfall) als auch für eine bestimmte Zeit begründet werden.
[434] Vgl. Hornung, S. 37; An, S. 23.
[435] So z.B. BGHZ 20, 281 ff.; Müller, § 13 Rdnr. 9; Lang-Metz, § 13 Rdnr. 4; Meyer, § 13 Rdnr. 3. Siehe auch spätere Ausführungen unter 4.Teil I. 2).
[436] Rechtsfähig i.S.des § 1059a II BGB ist der Vorverein aber, d.h. er ist mit der Fähigkeit ausgestattet, eigene Rechte zu erwerben und eigene Verbindlichkeiten einzugehen. Wenn im folgenden auf das "Erlangen der Rechtsfähigkeit" abgestellt wird, ist damit der Zeitpunkt gemeint, in der der Vorverein eingetragener Verein oder Wirtschaftsverein i.S.d. §§ 21 f. BGB wird.

3) Abgrenzung des "echten Vorvereins" vom "unechten Vorverein"

Der echte Vorverein ist näher vom "unechten Vorverein" und dem nichtrechtsfähigen Verein abzugrenzen.

Der Normalfall eines "echten Vorvereins" liegt vor, wenn der Zweck des Vereines von Gründung an (Errichtung der Vereinssatzung) darauf gerichtet ist, die Rechtsfähigkeit zu erlangen, sei es durch Eintragung (§ 21 BGB) oder durch staatliche Verleihung (§ 22 BGB).

Fraglich ist, ob ein "echter Vorverein" gegeben ist, wenn ein bereits seit längerer Zeit bestehender nichtrechtsfähiger Verein den Erwerb der Rechtsfähigkeit beschließt. Dies ist, wie auch bei der entsprechenden Konstellation bei der Vorgenossenschaft (Umwandlung einer nichtrechtsfähigen [Dauer]-Genossenschaft in eine Vorgenossenschaft), sehr umstritten. Eine Ansicht geht davon aus, dass mit Beschluss einer Satzungsänderung i.S. von § 33 I BGB, die auf Erlangung der Rechtsfähigkeit gerichtet ist,[437] ein "echter Vorverein" vorliegt, der mit dem vorherigen nichtrechtsfähigen Verein identisch ist.[438] Die Gegenansicht nimmt hingegen an, dass der nichtrechtsfähige Verein nicht zum Vorverein wird,[439] sondern dass er bis zur Erlangung der Rechtsfähigkeit als nichtrechtsfähiger Verein fortbesteht und durch eine "formwechselnde Umwandlung"[440] bzw. durch eine "Neugründung" zu einer juristischen Person wird. Hintergrund der letzt genannten Ansicht ist, dass nichtrechtsfähige wirtschaftliche Vereine bzw. nichtrechtsfähige (Dauer)-Genossenschaften, die kaufmännische Handelsgewerbe betreiben, als

---

[437] Streitig ist dabei, welche Mehrheit erforderlich ist, wenn in der Satzung dazu nichts vereinbart wurde. Eine Dreiviertelmehrheit für ausreichend haltend: Dregger, S. 90; MüKo-Reuter, §§ 21, 22 Rdnr. 68; Spitzenberg, Rpfl. 1971, 242, 243, die richtigerweise bei einer solchen Satzungsänderung § 33 I S.1 BGB heranziehen, da eine solche Satzungsänderung keine Zweckänderung i.S.d. § 33 I S.2 BGB darstellt, wie sich aus § 57 I BGB ergibt, wo zwischen Satzungszweck und Eintragungswille unterschieden wird; a.A. (Einstimmigkeit fordernd): Soergel-Hadding, vor § 21 Rdnr. 66; Waldecker, S. 121; Sauter/Schweyer, Rdnr. 18.

[438] Für den Vorverein so Dregger, S. 89 f.; Reichert-Reichert, Rdnr. 78; Sauter/Schweyer, Rdnr. 14; An, S. 2 3 f.; für die Vorgenossenschaft entsprechend: Schmidt-Leithoff, S. 73; Müller, § 13 Rdnr. 19; Dregger, S. 89 f.; Schnorr von Carolsfeld, ZfG 9 (1959), 50, 65; (so wohl auch) Waldecker, S. 121.

[439] Für den Vorverein: MüKo-Reuter, §§ 21, 22 Rdnr. 68; Soergel-Hadding, vor § 21 Rdnr. 65; K. Schmidt, Verband, S. 316 f.; für die Vorgenossenschaft entsprechend: Paulick, S. 95 f.; ders., ZfG 4 (1954), 149, 160; K. Schmidt, Verband, S. 316 f.

[440] So MüKo-Reuter, §§ 21, 22 Rdnr. 68; K. Schmidt, Verband, S. 316 f.

OHG's anzusehen seien.[441] Diese Qualifikation als OHG wird aus einem Rechtsformzwang geschlossen, der besage, dass alle kaufmännischen Gesellschaften, die weder als GmbH, AG, KGaA oder eG verfaßt seien, noch die Rechtsform KG hätten, kraft Rechtsformzwang OHG seien.[442] Eine Umwandlung von einer solchen OHG in eine Vorgesellschaft bzw. in eine spätere juristische Person sei durch bloße Satzungsänderung in der OHG nicht möglich.[443]

Der letzt genannten Ansicht kann nicht gefolgt werden. Sie stellt lediglich auf nichtrechtsfähige wirtschaftliche Vereine ab, die ein Handelsgewerbe betreiben. Nichtrechtsfähige Idealvereine oder nichtrechtsfähige wirtschaftliche Vereine, die kein Handelsgewerbe betreiben, die beide die Rechtsfähigkeit später aber ebenfalls erstreben können, bleiben bei einer solchen Begründung vollkommen unberücksichtigt. Dennoch wird auch für sie ein "einfacher Wechsel" von einem nichtrechtsfähigen Verein in einen Vorverein per Satzungsänderung abgelehnt. Darüber hinaus ist bereits der Ansatz, alle Vereinigungen, die ein Handelsgewerbe betreiben und nicht GmbH, AG, KGaA, eG oder KG sind, als OHG anzusehen, nicht folgerichtig. Vor-GmbH und Vor-AG sind, wie bereits festgestellt, eben keine OHG, sondern Rechtsgebilde "sui generis", auch wenn sie ein Handelsgewerbe betreiben. Von einem Rechtsformzwang als OHG bei Betreiben eines kaufmännischen Handelsgewerbes kann also nicht gesprochen werden. Anders als im GmbH- und Aktienrecht ist im Vereinsrecht auch mit dem nichtrechtsfähigen Verein (i.S.d. § 54 BGB) eine dauernde Personenverbindung ohne Rechtsfähigkeit anerkannt. Es besteht folglich kein Bedürfnis, anders als bei den "unechten Vorgesellschaften" im GmbH- und Aktienrecht, auf die Rechtsform der OHG zurückzugreifen, zumal ein nichtrechtsfähiger Verein überhaupt keine "Gesellschaft im engeren Sinne", also im Sinne des § 105 HGB, sondern vielmehr eine eigenständige Körperschaft ist.[444] Die nichtrechtsfähigen, auf Dauer angelegten Personenverbindungen sind daher nichtrechtsfähige Vereine bzw. nichtrechtsfähige Genossenschaften, aber keine OHG's; ob sich aber deren rechtliche Ausgestaltung, insbesondere das Haftungssystem, an der in der

---

[441] Zum nichtrechtsfähigen wirtschaftlichen Verein näher unter 3.Teil III. 2c)(1); zur nichtrechtsfähigen Genossenschaft unter 4.Teil III. 5a).
[442] Zum "Rechtsformzwang" eingehender m.w.N.: Reiff, S. 45 ff., 93 ff.; K. Schmidt, OHG, S. 121 ff.; ders, GesR, § 5 II 3); Dehoff, S. 137.
[443] So Paulick, S. 95 f.; ders., ZfG 4 (1954), 149, 160; K. Schmidt, Verband, S. 315.
[444] Vgl. Reiff, S. 80; Nitschke, S. 115; K. Schmidt, GesR, § 3 I.

OHG orientiert, ist eine andere, davon dann unabhängige Fragestellung und kann hier noch dahingestellt bleiben. Es zeigt sich, dass die Argumente der Ansicht nicht stichhaltig sind, die eine Umwandlung von einem nichtrechtsfähigen Verein in einen Vorverein durch Satzungsänderung ablehnen.

Ein nichtrechtsfähiger Verein, der den Beschluss faßt, die Rechtsfähigkeit anzustreben, wird zu einem "echten Vorverein". Wie schon ausgeführt, ist der nichtrechtsfähige Verein als endgültige, auf gewisse Dauer angelegte Rechtsform konzipiert. Mit Anstreben der Rechtsfähigkeit paßt diese auf Dauer angelegte Rechtsform nicht mehr. Die Interessenlage des Vereins und seiner Mitglieder, die auf Erlangung der Rechtsfähigkeit gerichtet ist, entspricht dann genau der, die bei unmittelbarer Gründung besteht. Es erscheint daher gerechtfertigt, dass der vormals bestehende nichtrechtsfähige Verein mit Satzungsänderung, die auf Erlangung der Rechtsfähigkeit gerichtet ist, zu einem Vorverein wird. Zumal bei einem Verein, der in der Satzung die Rechtsfähigkeit anstrebt, sonst nicht zu erkennen wäre, ob nun der Verein dies von Gründung an anstrebte (dann: Vorverein) oder zuerst, wenn auch vielleicht sehr kurz, die Rechtsfähigkeit nicht erstreben wollte (dann: nichtrechtsfähiger Verein).

Festzuhalten bleibt, dass ein "echter Vorverein" immer dann gegeben ist, wenn die Erlangung der Rechtsfähigkeit erstrebt wird - was der Vereinssatzung zu entnehmen ist -, gleich, ob der Verein bereits vorher als nichtrechtsfähiger Verein i.S.d. § 54 BGB bestand oder mit Errichtung der Vereinssatzung erst gegründet wurde.

Vom "echten Vorverein" abzugrenzen ist der "unechte Vorverein". Ein "unechter Vorverein" liegt vor, wenn ein Vorverein, der ursprünglich die Rechtsfähigkeit als juristische Person erwerben wollte, diesen Willen aufgibt oder die Rechtsfähigkeit endgültig nicht erlangt, z.B. wenn die staatliche Verleihung nach § 22 BGB oder die Eintragung ins Vereinsregister abgelehnt wird.[445] Ein solcher "unechter Vorverein" ist, wenn sich aus der Auslegung der Vereinssatzung nichts anderes ergibt oder die Mitgliederversammlung nichts Gegenteiliges beschließt, ein nichtrechtsfähiger Verein i.S.d. § 54 BGB. Im Zeitpunkt, in dem der Zweck des Vorvereins, die Erlangung der Rechtsfähigkeit, aufgegeben wird oder

---

[445] Soergel-Hadding, vor § 21 Rdnr. 65; Reichert-Reichert, Rdnr. 82; anders: MüKo-Reuter, §§ 21, 22 Rdnr. 68, der im umgekehrten Fall, in dem ein nichtrechtsfähiger Verein die Rechtsfähigkeit später anstrebt, einen solchen Verein als "unechten Vorverein" bezeichnet.

scheitert, wird der "echte Vorverein" zu einem auf Dauer angelegten nichtrechtsfähigen Verein ("unechter Vorverein").[446]

Ein nichtrechtsfähiger Verein liegt vor, wenn bei einem Verein die Rechtsfähigkeit von vornherein nicht angestrebt oder die Erlangung der Rechtsfähigkeit bei einem Vorverein aufgegeben wird bzw. nicht mehr erreicht werden kann ("unechter Vorverein"). Maßgebliches Abgrenzungskriterium zwischen (echtem) Vorverein und nichtrechtsfähigem Verein ist der Satzungsinhalt. Ist er auf Erlangung der Rechtsfähigkeit gerichtet, ist ein Vorverein gegeben, ansonsten, auch wenn eine entsprechende Bestimmung ganz fehlt,[447] ein nichtrechtsfähiger Verein i.S.d. § 54 BGB.

Von einem rechtsfähigen Verein ist der Vorverein, aber auch der nichtrechtsfähige Verein, dadurch abzugrenzen, dass der rechtsfähige Verein, was der Begriff schon sagt, die Rechtsfähigkeit erlangt hat, sei es durch Eintragung ins Vereinsregister oder durch staatliche Verleihung nach § 22 BGB.

4) Abgrenzung zwischen Ideal-Vorverein und Wirtschafts-Vorverein

Beim Vorverein wird wie im gesamten Vereinsrecht zwischen nichtwirtschaftlichem Idealverein und wirtschaftlichem Verein, auch Wirtschaftsverein genannt,[448] unterschieden. Diese Abgrenzung zwischen Idealverein und wirtschaftlichem Verein gehört seit Inkrafttreten des BGB's zu den umstrittensten Fragen des gesamten Vereinsrechts. Ausgangspunkt dieser Abgrenzungsschwierigkeiten ist dabei die sprachlich ungenaue Fassung des § 22 BGB. Bis in die heutige Zeit hinein befassen sich unzählige Abhandlungen und Kommentierungen mit dieser Frage. Im folgenden wird auf den heutigen Meinungsstand kurz eingegangen. Eine weitergehende Beschäftigung mit dieser Problematik kann nicht Gegenstand dieser Abhandlung sein, würde sie doch den Umfang dieser Arbeit sprengen. Die Abgrenzung wirtschaftlicher Verein - Idealverein würde für sich allein ein Dissertationsthema darstellen.

---

[446] Soergel-Hadding, vor § 21 Rdnr. 65; Reichert-Reichert, Rdnr. 82; Stöber, Rdnr. 23; anders: Staudinger-Weick, § 21 Rdnr. 17, der für Auflösung ist, wenn die Rechtsfähigkeit nicht erlangt wird.
[447] Vgl. Spitzenberg, Rpfl. 71, 242, 243; Enneccerus/Nipperdey, § 116 IV 1.
[448] Den Begriff "Wirtschaftsverein" verwendend: K. Schmidt, ZHR 147 (1983), 43, 59 ff.; ders, Verband, S. 105 ff.

Früher erfolgte vor allem eine begriffliche Abgrenzung anhand der objektiven bzw. subjektiven Theorie. Die objektive Theorie stellt ausschließlich darauf ab, ob ein wirtschaftlicher Geschäftsbetrieb vorhanden ist und fragt nicht danach, welchem Zweck er dient. Die subjektive Theorie knüpft dagegen daran an, ob der Hauptzweck des Vereins auf eine wirtschaftliche Betätigung gerichtet ist oder auf einen ideellen Zweck. Einem wirtschaftlichen Geschäftsbetrieb komme danach nur eine indizielle Bedeutung zu.[449] Beiden Ansichten wird heute richtigerweise kaum noch gefolgt. Beide widersprechen u.a. der Absicht des Gesetzgebers und dem Sinn und Zweck des § 22 BGB. Die objektive Theorie vernachlässigt den Hauptzweck des Vereins. Danach wäre entgegen dem eindeutigen Willen des Gesetzgebers dem Verein mit nur nebensächlichem, geringfügigem Wirtschaftsbetrieb der Zugang zur Rechtsform des Idealvereins trotz fehlendem Gläubigerschutzbedürfnis versperrt. Auf der anderen Seite erfordert der Gläubigerschutz entgegen der subjektiven Theorie eine Anwendung des § 22 BGB auf überwiegend wirtschaftlich tätige Vereine mit "ideeller Zielsetzung".[450]

Aufgrund dieser Schwächen ging man später vor allem von der "gemischt subjektiv-objektiven Theorie" aus, die bis in die 70er Jahre die herrschende Meinung darstellte. Diese "gemischt subjektiv-objektive Theorie" vereinigt die unterschiedlichen Ansatzpunkte der subjektiven und der objektiven Theorie. Danach liegt ein wirtschaftlicher Verein nur dann vor, wenn objektiv ein wirtschaftlicher Geschäftsbetrieb unterhalten wird, der auch subjektiv in den Dienst eines wirtschaftlichen Hauptzwecks gestellt ist.[451] Diese Theorie läßt aber letztlich offen, ob in erster Linie der Hauptzweck des Vereins oder die wirtschaftliche Haupttätigkeit maßgeblich ist. Sie ist so elastisch, dass sich mit ihr fast alle Ergebnisse begründen lassen, so dass sie in Wirklichkeit keine Entscheidungskriterien

---

[449] Zu objektiver und subjektiver Theorie siehe folgende Darstellungen mit zahlreichen meist älteren Nachweisen: K. Schmidt, Verband, S. 100 ff.; Soergel-Hadding, §§ 21, 22 Rdnr. 10. Heute die subjektive Theorie wieder vertretend: Schad, NJW 1998, 2411 f.; heute der objektiven Theorie noch nahestehend: Palandt-Heinrichs, §§ 21, 22 Rdnr. 2; Bode, NJW 1998, Heft 45, XXIV.

[450] Vgl. dazu die Argumentation gegen die objektive und subjektive Theorie in: Soergel-Hadding, §§ 21, 22 Rdnr. 10; MüKo-Reuter, §§ 21, 22 Rdnr. 5; K. Schmidt, Verband, S. 100 ff.

[451] RGZ 83, 231 ff.; 154, 343, 351; BGHZ 15, 315, 319; 45, 395; BayObLGZ 53, 309 ff.; 73, 303 ff.; OLG Stuttgart, OLGZ 67, 475, 476; Hornung, S. 43 ff.; Schmidt-Leithoff, S. 91 ff.

vorgibt. Dies zeigen vor allem die zahlreichen widersprüchlichen Gerichtsentscheidungen, die anhand dieser Theorie gefällt wurden. Diese begriffliche Abgrenzung anhand einheitlicher Kriterien erscheint daher nicht geeignet, der Vielfalt der Erscheinungsformen von Vereinen gerecht zu werden.[452]

Diese Probleme können besser durch den teleologisch-typologischen Ansatz gelöst werden, der von K. Schmidt entwickelt wurde[453] und dem heute die überwiegende Ansicht folgt.[454] Dieser zutreffende Ansatz knüpft teleologisch an die Auffang- und Sperrfunktion des § 22 BGB gegenüber den Kapitalgesellschaften und der eingetragenen Genossenschaft an, auf die später noch ausführlicher eingegangen wird. Die Konzessionspflichtigkeit des Erwerbs der Rechtsfähigkeit durch einen wirtschaftlichen Verein soll verhindern, dass die dem Kapitalgesellschaftsrecht oder dem Genossenschaftsrecht zugedachten Vereine sich den dort vorgesehenen strengeren gesetzlichen Anforderungen, z.B. an Kapitalaufbringung und -erhaltung durch die Flucht in das BGB-Vereinsrecht entziehen.[455] Nach dieser Ansicht ergeben sich die Differenzierungskriterien zwischen einem Idealverein und einem (dem Kapitalgesellschaftrecht oder dem Genossenschaftsrecht zugedachten) wirtschaftlichen Verein aus dem Schutzzweck der Normativbestimmungen des Kapitalgesellschafts- und Genossenschaftsrechts, die in erster Linie im Gläubigerschutz liegen.[456] Typologisch ist dieser Ansatz insofern, als er nicht wie die "gemischt subjektiv-objektive Theorie" vorgibt, ein subsumtionsfähiger Einheitstatbestand zu sein, sondern anhand typischer Tätigkeitsmerkmale 3 Grundtypen

---

[452] Vgl. Soergel-Hadding, §§ 21, 22 Rdnr. 25; Staudinger-Weick, § 21 Rdnr. 7; K. Schmidt, GesR, § 23 III 2; K. Schmidt, Verband, S. 102 f.

[453] K. Schmidt, Rpfl. 1972, 286 ff., 343 ff.; ders., ZGR 1975, 477 ff.; ders., AcP 182 (1982), 1 ff.; ders., Verband, S. 105 ff.

[454] BVerwG, NJW 1979, 2261; BayObLG, Rpfl. 1978, 249; BayObLG, NJW-RR 1999, 765; Soergel-Hadding, § 21, 22 Rdnr. 24 ff.; Staudinger-Weick, § 21 Rdnr. 7; MüKo-Reuter, §§ 21, 22 Rdnr. 9; Häuser/van Look, ZIP 1986, 749 ff.; Hemmerich, S. 63 ff.

[455] Vgl. K. Schmidt, Verband, S. 95; ders., GesR, § 23 III 2; ders., AcP 182 (1982), 12 f.; MüKo-Reuter, §§ 21, 22 Rdnr. 7; ders., ZIP 1984, 1052, 1053; Staudinger-Weick, § 21 Rdnr. 6; Mummenhoff, S. 83.

[456] Vgl. K. Schmidt, AcP 182 (1982), 1, 13; ders., Verband, S. 95 ff.; ders., GesR, § 23 III 2; Padeck, S. 68; abweichend: MüKo-Reuter, §§ 21, 22 Rdnr. 11; Schwierkus, S. 89 ff.; Heckelmann, AcP 179 (1979), 1, 34 ff.; Hemmerich, S. 48 ff., die alle über den Gläubigerschutz hinaus auch dem Mitgliedsschutz Bedeutung zukommen lassen.

herausarbeitet, denen aufgrund der vorigen Gläubigerschutzerwägungen der Weg über § 21 BGB (Idealverein) versperrt ist.[457]

Den ersten Grundtyp eines Wirtschaftsvereins stellt der "Volltypus des unternehmerisch tätigen Vereins" dar. Für ihn ist kennzeichend eine anbietende, dauerhafte und planmäßige, entgeltliche Haupttätigkeit am äußeren Markt.[458] Der zweite Grundtyp ist der "Verein mit unternehmerischer Tätigkeit an einem inneren Markt". Er liegt vor bei einer planmäßigen, entgeltlichen, anbietenden Tätigkeit an einem Binnenmarkt, wenn das Vereinsmitglied dem Verein in der Rolle des Kunden gegenübertritt und eine Leistung in Anspruch nimmt, die üblicherweise am äußeren Markt gegen Entgelt angeboten wird.[459] Den dritten Grundtyp bildet schließlich der "Typus der genossenschaftlichen Kooperation". Hierbei werden Teilbereiche wirtschaftlicher Tätigkeit von den Unternehmen der Mitglieder ausgegliedert und zur gemeinschaftlichen Wahrnehmung auf einen Verein übertragen (z.B. Verkaufssyndikat, Taxirufzentrale).[460] Fällt ein Verein nicht unter diese drei Kategorien, ist er ein nichtwirtschaftlicher Idealverein i.S.d. § 21 BGB.

Unschädlich für die Annahme eines Idealvereins ist es, wenn sich eine der drei Betätigungsformen nur in einer Nebentätigkeit des Vereins erschöpft. In einem solchen Fall kommt dem nichtwirtschaftlichen Idealverein das heute weitgehend anerkannte sogenannte "Nebenzweckprivileg" zugute.[461] Umstritten sind beim "Nebenzweckprivileg" aber die Kriterien,

---

[457] Vgl. K. Schmidt, GesR, § 23 III 2); ders, Verband, S. 104; Staudinger-Weick, § 21 Rdnr. 6.
[458] K. Schmidt, Rpfl. 1972, 291 ff.; ders, Verband, S. 105 f.; LG Frankfurt, WiB 1995, 759; Eyles, NJW 1996, 1994, 1995 f.; Soergel-Hadding, §§ 21, 22 Rdnr. 25 ff.; MüKo-Reuter, §§ 21, 22; Padeck, S. 68; anders: Mummenhoff, S. 112; Flume, JurPers, S. 108, die eine ausschließlich nachfragende Tätigkeit ausreichen lassen.
[459] K. Schmidt, Rpfl. 1972, 343, 345 ff.; ders, Verband, S. 106; Eyles, NJW 1996, 1994, 1996; Soergel-Hadding, §§ 21, 22 Rdnr. 28; MüKo-Reuter, §§ 21, 22 Rdnr. 26; BVerwG, JZ 1998, 786, 787; anders: Hemmerich, S. 68 f.; Mummenhoff, S. 113 ff., die statt auf den kundenähnlichen Charakter der Mitgliedschaft auf die Marktgängigkeit der mit ihr verbundenen Vorteile abstellen.
[460] K. Schmidt, Rpfl. 1972, 343 ff.; ders, Verband S. 106 ff.; Eyles, NJW 1996, 1994, 1996 ff.; MüKo-Reuter, §§ 21, 22 Rdnr. 28 ff.; Soergel-Hadding, §§ 21, 22 Rdnr. 30.
[461] RGZ 83, 231, 237; 154, 343, 354; BGHZ 15, 315, 319 f.; 86, 84, 92 f.; BVerwG, JZ 1998, 786, 787; K. Schmidt, GesR, § 23 III 3d; Rpfl. 1972, 343, 350; Soergel-Hadding, §§ 21, 22 Rdnr. 33 ff.; Staudinger-Weick, § 21 Rdnr. 12 ff.; Reiff, S. 72 f.; Reuter, ZIP 1984, 1052, 1059 f.; ablehnend vor allem aus Gläubigerschutzgründen: Sachau, ZHR 56 (1905), 444, 468 f.; Nitschke, S. 122 ff.; Sack, ZGR 1974, 179, 194 f.; Knauth, JZ 1978, 339, 340.

die zur Bestimmung einer wirtschaftlichen Haupt- oder Nebentätigkeit kennzeichnend sind. Den Vertretern, die dabei auf feste quantitative Kriterien abstellen,[462] kann nicht gefolgt werden, da dies dem vielfältigen Erscheinungsbild heutiger Vereine und dem Zweck der §§ 21, 22 BGB, dem Gläubigerschutz, nicht gerecht wird.[463] Maßgebend muß die qualitative Zuordnung der Nebentätigkeit zur Haupttätigkeit sein.[464] Es kommt danach auf die funktionelle Unterordnung der wirtschaftlichen Nebentätigkeit unter eine nichtwirtschaftliche Haupttätigkeit und eine Mittel-Zweck-Relation zwischen beiden an.[465] Aus Gläubigerschutzgründen sollte dabei das "Nebenzweckprivileg" aber nur restriktiv Anwendung finden; im Zweifelsfall sollte eher von einem wirtschaftlichen Verein aus-gegangen werden.[466]

Ein wirtschaftlicher Vorverein, auch Wirtschafts-Vorverein genannt, liegt demnach dann vor, wenn der die Rechtsfähigkeit anstrebende Verein von seinen Tätigkeitsmerkmalen unter eine der drei vom teleologisch-typologischen Ansatz herausgebildeten Fallgruppen fällt und das "Nebenzweckprivileg" keine Anwendung findet. Ist dies nicht der Fall, ist der die Rechtsfähigkeit anstrebende Verein ein (nichtwirtschaftlicher) Ideal-Vorverein.

---

[462] So Heckelmann, AcP 179 (1979), 1, 22 ff.; Schwierkus, S. 240 ff.; Mummenhoff, S. 134 ff.
[463] Vgl. Soergel-Hadding, §§ 21, 22 Rdnr. 36.
[464] So die herrschende Meinung: K. Schmidt, GesR, § 23 III 3d); Reiff, S. 76; Staudinger-Weick, § 21 R. 14; MüKo-Reuter, §§ 21, 22 Rdnr. 8; BVerwG, JZ 1998, 786, 787.
[465] K. Schmidt, Rpfl. 1972, 343, 351; GesR, § 23 III 3d); Soergel-Hadding, §§ 21, 22 Rdnr. 36; Staudinger-Weick, § 21 Rdnr. 14; Hemmerich, S. 90 ff.; Reiff, S. 76 f.; ähnlich BGHZ 85, 84, 93.
[466] Zu dieser Problematik, insbesonders bei Großvereinen (z.B. Fußball-Bundesligavereinen): K. Schmidt, AcP 182 (1982), 1, 29 ff.; Staudinger-Weick, § 21 Rdnr. 15; Schad, NJW 1998, 2411, 2413; Knauth, S. 45 ff.

II. Gründerhaftung im Ideal-Vorverein

1) Haftungsmodelle

a) Keine persönliche Gründerhaftung

Nach fast einhelliger Ansicht haften die Mitglieder eines nichtwirtschaftlichen Ideal-Vorvereins für Verbindlichkeiten dieses Vereins nur mit ihrem Anteil am Vereinsvermögen.[467] Dazu gehören neben den schon geleisteten Beiträgen auch noch die gegebenenfalls fälligen, noch ausstehenden Mitgliedsbeiträge.[468] Eine darüber hinausgehende persönliche Haftung der Mitglieder (mit ihrem Privatvermögen) sei nicht gegeben. Für Verbindlichkeiten des Idealvereins hafte demnach nur das Vereinsvermögen bzw. der Handelnde i.S.d. § 54 S.2 BGB. Das bedeutet, auch wenn oft mißverständlich von einer "beschränkten Haftung" gesprochen wird, dass nach dieser Ansicht die Mitglieder persönlich (mit ihrem Privatvermögen) nicht haften. Dieses Haftungsmodell entspricht dem der "persönlichen Nichthaftung" bei Vor-GmbH und Vor-AG[469] und nicht dem der "beschränkten Außenhaftung".

Begründet wird diese persönliche Nichthaftung beim Idealvorverein größtenteils damit, dass ein Idealvorverein ein nichtrechtsfähiger Verein i.S.d. § 54 BGB sei. Bei einem nichtrechtsfähigen Verein sei die Haftung der Mitglieder auf den Anteil am Vereinsvermögen beschränkt und eine persönliche Mitgliederhaftung gäbe es nicht.[470]

b) Unbeschränkte Gründerhaftung

Eine unbeschränkte Haftung der Mitglieder eines Idealvorvereins nach §§ 427, 421 BGB nimmt Reuter an.[471] Er geht dabei von einem

---

[467] Soergel-Hadding, vor § 21 Rdnr. 67; Stöber, Rdnr. 23; Reichert-Reichert, Rdnr. 93; Dißars, DStZ 1996, 37, 40; K. Schmidt, GesR, § 24 II 3).
[468] Reichert-Reichert, Rdnr. 93; Stoltenberg, MDR 1989, 496; vgl. auch: Staudinger-Weick, § 54 Rdnr. 77.
[469] Siehe dazu 1.Teil III. 1) und 2.Teil III. 1).
[470] Siehe Stöber, Rdnr.23; Dißars, DStZ 1996, 37, 40.
[471] MüKo-Reuter, §§ 21, 22 Rdnr. 85 f.

einheitlichen Haftungsmodell in allen Vorgesellschaften aus, das eine unbeschränkte Gründerhaftung beinhalte. Eine unbeschränkte Mitgliederhaftung ergebe sich, wie auch bei den anderen Vorgesellschaften, vor allem aus dem Verhältnis zur unbeschränkten Unterbilanzhaftung, die mit Rechtsfähigkeit entstehe. Die Haftungsverhältnisse bei einem nichtrechtsfähigen Verein bzw. einem "unechten Vorverein" würden für die Mitgliederhaftung keine Rolle spielen.[472]

2) Übertragbarkeit des GmbH-Haftungsmodells auf den Idealvorverein

a) Einheitlicher Haftungsumfang vor und nach Eintragung

Ein Hauptargument für eine unbeschränkte Gründerhaftung bei Vor-GmbH und Vor-AG liegt in dem sonst drohenden Wertungswiderspruch mit der nach Eintragung zur Anwendung kommenden unbeschränkten Unterbilanzhaftung.[473] Es fragt sich, ob man dieses Wertungsargument auch beim Vorverein, insbesondere beim Idealvorverein, heranziehen kann, um so - entgegen der herrschenden Meinung, die von einer persönlichen Nichthaftung ausgeht - zu einer unbeschränkten Gründermitgliederhaftung zu kommen.

Voraussetzung für die Übertragbarkeit dieses gewichtigen Arguments ist, dass beim Verein mit Erlangung der Rechtsfähigkeit eine Unterbilanzhaftung entsteht.

(1) Unterbilanzhaftung

(a) Kapitalaufbringungsgrundsatz

Die Unterbilanzhaftung wurde im GmbH- und Aktienrecht aus dem Unversehrtheitsgrundsatz als einer Ausprägung des Grundsatzes realer Kapitalaufbringung und -erhaltung entwickelt. Das Gesellschaftsvermögen soll

---

[472] MüKo-Reuter, §§ 21, 22 Rdnr. 85 f.
[473] Siehe dazu 1.Teil IV. 3f) (Vor-GmbH) und 2.Teil IV. 2a) (Vor-AG).

danach im Zeitpunkt der Erlangung der Eintragung zumindest in Höhe des Stamm- bzw. Grundkapitals unversehrt vorliegen.[474]

Bei einem Verein gibt es keine gesetzlichen Vorschriften über die Aufbringung eines solchen Vermögens. Im Gegensatz zu den Kapitalgesellschaften wird beim Verein kein Haftungsvermögen gebildet, das der Sicherung der Gläubiger dienen soll. Kapitalaufbringung ist dem Vereinsrecht fremd. Folglich kann im Vereinsrecht aus einem Kapitalaufbringungs- und Kapitalerhaltungsprinzip der Unversehrtheitsgrundsatz und somit eine Unterbilanzhaftung nicht hergeleitet werden.

(b) Ausdruck insolvenzrechtlicher Wertungen

Das Fehlen von Kapitalaufbringungsvorschriften muß aber noch nicht bedeuten, dass eine Unterbilanzhaftung im Vereinsrecht nicht anzunehmen ist. Der Unversehrtheitsgrundsatz und somit die Unterbilanzhaftung könnten sich im Vereinsrecht aus anderen Gründen und Wertungen als dem Kapitalaufbringungs- und Kapitalerhaltungsprinzip ergeben. Die Vertreter, die eine Unterbilanzhaftung auch beim Verein annehmen, versuchen dies über einen über die Kapitalaufbringung und -erhaltung hinausgehenden Unversehrtheitsgrundsatz als Ausdruck insolvenzrechtlicher Wertungen herzuleiten.[475]

Ein Ausgangspunkt dieser Überlegungen ist, dass eine juristische Person kraft Insolvenzrecht infolge Überschuldung aufgelöst werde und den Rechtsverkehr dann so schnell wie möglich zu verlassen habe. Dies ergebe sich aus § 19 I InsO (früher: §§ 207 I, 213 KO i.V.m. § 42 II S.1 BGB bzw. § 98 GenG), wonach auch im Fall der Überschuldung ein Insolvenzverfahren stattfindet und aus §§ 262 I Nr.3 AktG, 60 I Nr.4 GmbHG, 101 GenG, 42 I BGB - neu[476] -, nach denen die Eröffnung des Insolvenzverfahrens zur Auflösung der Gesellschaften führt. Daraus wird gefolgert, dass juristische Personen bei ihrer Entstehung nicht überschuldet sein dürfen. Der Vorstand bzw. die Geschäftsführer müßten bei einer überschuldeten Körperschaft sonst sofort nach Registereintragung

---

[474] Siehe 1.Teil IV. 3f)(2) und 2.Teil IV. 2a)(1).
[475] Beuthien, ZIP 1996, 360, 363 ff.; Beuthien/Klose, ZfG 46 (1996), 179, 195 f.; MüKo-Reuter, § 21, 22 Rdnr. 69 ff.; Palandt-Heinrichs, § 21 Rdnr. 10.
[476] Nach § 42 I BGB a.F. verlor der Verein mit Eröffnung des Konkursverfahrens seine Rechtsfähigkeit. Zum diesbezüglichen, heute nicht mehr relevanten Streit, ob dies gleichbedeutend sei mit der Auflösung, siehe z.B. K. Schmidt, GesR, § 11 VI 4); Staudinger-Weick, § 42 Rdnr. 11.

das Insolvenzverfahren beantragen und damit sogleich wieder ihre Auflösung einleiten.[477] Der "Wille zur Rechtsfähigkeit",[478] der sich mit der Eintragung zeige, verlange, dass, soweit der Verlust der Rechtsfähigkeit infolge Insolvenz drohe, die Mitglieder, die in der Satzung den Erwerb der Rechtsfähigkeit beschlossen haben, die zur Erhaltung der Rechtsfähigkeit (Vermeidung der Überschuldung) erforderlichen Mittel zur Verfügung stellen.[479] Die Gründer gäben zudem den Vereinsgläubigern zu erkennen, wenn sie ungeachtet von Vorverlusten oder Überschuldung weder die Registeranmeldung zurückzögen noch einen Insolvenzantrag stellten, dass sie bereit seien, dem Verein die für den Erwerb und Erhalt der Rechtsfähigkeit der Körperschaft erforderlichen Mittel zuzuführen. Alles andere wäre ein unzulässiger Widerspruch zum eigenen vorhergehenden, im Rechtsverkehr Vertrauen erweckenden Verhalten. Das Ergebnis, dass eine juristische Person nicht mit Vorverlusten entstehen dürfe, fände des Weiteren Bestätigung in den Vorschriften des UmwG (§§ 220 I, 245 I S.2, 264 I, 277 UmwG).[480] Aus all diesen Argumenten wird geschlossen, dass der Unversehrtheitsgrundsatz Ausdruck eines einfachen insolvenzrechtlichen Grundprinzips sei, wonach eine juristische Person in den Rechtsverkehr nicht mit Verlusten eintreten dürfe und diesen wegen Überschuldung unverzüglich zu verlassen habe. Daraus folge eine Unterbilanzhaftung bei juristischen Personen, also auch beim Verein, mit Erlangung der Rechtsfähigkeit.[481] Nach dieser Ansicht müßten die Mitglieder eines Vereins für Vorverluste, die im Zeitpunkt der Erlangung der Rechtsfähigkeit bestünden, dem Verein gegenüber anteilig haften.

Es fragt sich, ob aus solchen insolvenzrechtlichen Überlegungen der Unversehrtheitsgrundsatz und damit eine Unterbilanzhaftung beim Verein wirklich hergeleitet werden kann.

Das Insolvenzrecht beinhaltet nur die Pflicht, dass im Falle des Vorliegens eines Insolvenzgrundes (z.B. Überschuldung i.S.d. § 19 InsO) der Vorstand den Insolvenzantrag zu stellen hat. Im Falle der Verzögerung des Antrages machen sich die Vorstandsmitglieder schadensersatzpflichtig nach § 42 II BGB. Die Pflichten des Insolvenzrechts beziehen sich also

---

[477] So Beuthien, ZIP 1996, 360, 363 f.; MüKo-Reuter, §§ 21, 22 Rdnr. 70.
[478] Der Begriff "Wille zur Rechtsfähigkeit" wurden von Ballerstedt (FS Knur, S. 19 ff.) entwickelt.
[479] So MüKo-Reuter, §§ 21, 22 Rdnr. 70.
[480] So Beuthien, ZIP 1996, 360, 364.
[481] So Beuthien, ZIP 1996, 360, 364.

ausschließlich auf die Organe (Vorstand) und nicht etwa auf die Mitglieder (Gesellschafter). Den Gläubigerschutz soll allein der Vorstand gewährleisten. Eine Pflicht der Vereinsmitglieder zum Vorverlustausgleich läßt sich somit aus dem Insolvenzrecht unmittelbar nicht entnehmen.

Aus dem beim Vorverein gegebenen "Willen zur Erlangung der Rechtsfähigkeit" zu folgern, dass dieser Wille auch noch nach Erlangung der Rechtsfähigkeit bei den Gründern vorliege und zwar dann noch verbunden mit einem Vorverlustausgleich, ist per se schon ausgeschlossen. Der Wille der Mitglieder zur Rechtsfähigkeit, der vor ihrer Erlangung besteht, beinhaltet darüberhinaus auch nicht zwingend den Willen zum Vorverlustausgleich nach Eintragung, auch wenn ohne dies der Verlust der Rechtsfähigkeit durch Auflösung droht. Vielmehr erscheint es naheliegend, dass die Mitglieder, wenn ihnen eine unbeschränkte Haftung in Form eines Vorverlustausgleichs droht, womit sie im Vereinsrecht i.d.R. nicht rechnen, eher auf die Rechtsfähigkeit verzichten. Des Weiteren geht der "Wille zur Rechtsfähigkeit" im Sinne von Ballerstedt,[482] auf den verwiesen wird, nicht so weit, als dass daraus ein Vorverlustausgleich hergeleitet werden kann. Ballerstedt will allein mitgliedschaftliche Ansprüche gegen den Verein (z.B. Abfindungsansprüche) ausschließen, aber keine neuen Ansprüche des Vereins gegenüber den Mitgliedern begründen. Ihm geht es allein darum, aus Vereinsinteressen und Gläubigerschutzerwägungen heraus - aus einer Art Treuepflicht - die aus der Mitgliedschaft erwachsenden Ansprüche hinter die Fremdverbindlichkeiten einzuordnen. Eine Unterbilanzhaftung der Mitglieder stellt demgegenüber eine ganz andere Dimension dar. Inkonsequent handeln die Vertreter der Ansicht, die auf den "Willen zur Rechtsfähigkeit" abstellen, um so eine Unterbilanzhaftung zu begründen, darüber hinaus insofern, als sie über diesen "Willen zur Rechtsfähigkeit" nur zu einer Unterbilanzhaftung der Mitglieder eines rechtsfähigen Vereins kommen, der von seiner Gründung an die Rechtsfähigkeit erstrebt hatte, hingegen bei einem rechtsfähigen Verein, der vormals ein nichtrechtsfähiger Verein war, eine Unterbilanzhaftung ablehnen.[483] Eine solche unterschiedliche Behandlung gleicher Sachverhalte ist nicht interessengerecht.[484] Schließt man vom "Willen zur Rechtsfähigkeit" auf eine Unterbilanzhaftung, müßte in beiden

---

[482] Siehe unter FN 478.
[483] So aber MüKo-<u>Reuter</u>, §§ 21, 22 Rdnr. 71.
[484] Siehe dazu auch die Ausführungen unter 3.Teil I. 3) (Abgrenzung des echten Vorvereins vom nichtrechtsfähigen Verein).

Fällen einer Entstehung eines rechtsfähigen Vereins konsequenterweise eine Unterbilanzhaftung angenommen werden.

Des Weiteren kann aus der Nichtrücknahme der Registeranmeldung und der Nichtstellung eines Konkursantrages bei Überschuldung nicht geschlossen werden, dass die Mitglieder den Gesellschaftsgläubigern für die Vorverluste vor Erlangung der Rechtsfähigkeit durch Zuführung der erforderlichen Mittel in das Vereinsvermögen einzustehen bereit sind. Dies stellt keinen unzulässigen Widerspruch zum eigenen vorhergehenden, im Rechtsverkehr Vertrauen erweckenden, Verhalten dar. Denn es wird von den Mitgliedern durch die Nichtvornahme überhaupt kein Vertrauen in eine unbeschränkte Einstandspflicht begründet. Für die Rücknahme der Registeranmeldung und die Stellung des Konkursantrages sind allein der Vorstand und eben nicht die Mitglieder zuständig.

Auch aus anderen Gesichtspunkten wird kein Vertrauen im Rechtsverkehr dahin geweckt, dass die Mitglieder für Vorverluste im Gründungsstadium einstehen werden. Der Rechtsverkehr dürfte vielmehr aufgrund der fehlenden Kapitalaufbringungs- und Kapitalerhaltungsvorschriften eher davon ausgehen, dass ein umfassender Gläubigerschutz im Eintragungszeitpunkt nicht gegeben ist. Ein Wille der Mitglieder, unbeschränkt für die Verluste des Vereins aufkommen zu wollen, dürfte darüber hinaus auch nicht gegeben sein.

Als Bestätigung für einen Unversehrtheitsgrundsatz aus insolvenzrechtlichen Wertungen, wonach eine juristische Person nicht mit Vorverlusten entstehen dürfe, wird noch das Umwandlungsrecht mit den §§ 220 I, 245 I S.2, 264 I, 277 UmwG herangezogen. Diese Vorschriften können jedoch einen Unversehrtheitsgrundsatz bei den juristischen Personen nicht begründen. §§ 220 I, 245 I S.2, 264 I, 277 UmwG beziehen sich ausschließlich auf Umwandlungen in Kapitalgesellschaften und dem damit einhergehenden Kapitalschutz durch ein entsprechendes Stamm- bzw. Grundkapital. Sie bestätigen nur die strenge Kapitalaufbringung und -erhaltung bei Kapitalgesellschaften. Keine Angaben machen sie, ob der Verein nicht mit Vorverlusten entstehen dürfe. Das Umwandlungsgesetz trifft daher keine Aussage zum Bestehen eines Unversehrtheitsgrundsatzes im Vereinsrecht. Die für einen Unversehrtheitsgrundsatz aus insolvenzrechtlichen Wertungen herangezogenen Argumente können folglich nicht überzeugen. Es läßt sich daraus eine Unterbilanzhaftung nicht herleiten.

Es zeigt sich, dass sich aus insolvenzrechtlichen Wertungen keine Unterbilanzhaftung im Vereinsrecht ergibt.

(c) Allgemeine Gläubigerschutzerwägungen

Eine Unterbilanzhaftung im Vereinsrecht könnte letzlich noch aus allgemeinen Gläubigerschutzerwägungen, die über Kapitalaufbringungs- und Kapitalerhaltungsprinzipien sowie insolvenzrechtliche Wertungen hinausgehen, erforderlich sein.

Vor Erlangung der Rechtsfähigkeit, also als Vorverein, haftet für Verbindlichkeiten des Vereins nach überwiegender Ansicht, wenn man die noch in Frage stehende Mitgliederhaftung vorerst außer Betracht läßt, das Vereinsvermögen und der für den Verein i.S.d. § 54 S.2 BGB Handelnde.[485] Nach Erlangung der Rechtsfähigkeit hat für Verbindlichkeiten des Vereins nach einhelliger Ansicht nur noch das Vereinsvermögen einzustehen.[486] Dies bedeutet, dass mit Erlangung der Rechtsfähigkeit dem Verein, zumindest bei rechtsgeschäftlichen Verbindlichkeiten, i.d.R. eine geringere Haftungsmasse zur Verfügung steht. Den Gläubigern steht dann nicht mehr die Handelndenhaftung nach § 54 S.2 BGB zur Verfügung. Aufgrund fehlender Kapitalaufbringungs- und Kapitalerhaltungsvorschriften ist mit Eintragung auch kein Mindesthaftungskapital gegeben. Die reduzierte Haftungsmasse mit Erlangung der Rechtsfähigkeit könnte dafür sprechen, eine Unterbilanzhaftung mit Erlangung der Rechtsfähigkeit zu bejahen.[487]

Diese Gläubigerschutzerwägungen können aber beim Verein letztlich keine Unterbilanzhaftung begründen. Im Gegensatz zu den Kapitalgesellschaften hat der Gesetzgeber gerade keine Vorschriften zur Kapitalaufbringung und -erhaltung im Vereinsrecht normiert, die durch ein ausreichend gewährleistetes Haftungsvermögen für eine Sicherung der Gläubiger sorgen. Der Gesetzgeber scheint damit einen so umfassenden Gläubigerschutz wie bei den Kapitalgesellschaften nicht gewollt zu haben. Aufgrund dessen ist auch kein Interesse der Vereinsgläubiger dergestalt anzunehmen, dass eine bestimmte Haftungssumme bei Beginn der Vereinstätigkeit unbelastet vorhanden sein muß. Sie müssen wegen der fehlenden Gläubigerschutzvorschriften im Vereinsrecht gerade damit

---

[485] Dazu mit weiteren Nachweisen: Soergel-Hadding, vor § 21 Rdnr. 67 f.; § 54 Rdnr. 24 ff.; Reichert-Reichert, Rdnr. 93 ff.
[486] Dazu mit weiteren Nachweisen: K. Schmidt, GesR, § 24 VI.
[487] So auch MüKo-Reuter, §§ 21, 22 Rdnr. 70.

rechnen, dass ein ausreichendes Haftungsvermögen des Vereins nicht vorliegt. Beim Idealverein ist das Schutzbedürfnis der Gläubiger zudem geringer als bei den Kapitalgesellschaften, da ein solcher Verein nicht auf eine wirtschaftliche Betätigung ausgerichtet ist, was höhere Verschuldensrisiken beinhaltet, sondern überwiegend ideelle Zwecke verfolgt. Beim wirtschaftlichen Verein wird das Schutzbedürfnis der Gläubiger durch die Sperr- und Auffangfunktion des § 22 BGB gewährleistet, der dafür sorgt, dass wirtschaftlich tätigen Vereinen grundsätzlich der Zugang zur Rechtsform des rechtsfähigen Vereins versperrt wird.[488]

Neben dem schon oben ausgeführten Argument (geringerer Gläubigerschutz im Vereinsrecht), das sowohl für den Idealverein als auch den Wirtschaftsverein gilt, spricht gegen eine unbeschränkte Unterbilanzhaftung speziell für den Idealverein das Verhältnis des rechtsfähigen Idealvereins zum nichtrechtsfähigen Idealverein. Beim nichtrechtsfähigen Idealverein haften die Mitglieder nach heute einhelliger Ansicht, was später noch eingehend untersucht wird,[489] nicht persönlich. Bei einer Unterbilanzhaftung würden die Mitglieder eines rechtsfähigen Vereins hingegen unbeschränkt persönlich haften. Das drohende Entstehen einer Unterbilanzhaftung mit Erlangung der Rechtsfähigkeit hätte zur Folge, dass Vereine - unter der Prämisse der persönlichen Nichthaftung der Mitglieder eines nichtrechtsfähigen Idealvereins - die Erlangung der Rechtsfähigkeit kaum noch anstreben würden, da ihre Mitglieder sich nicht einer unbeschränkten Haftung aussetzen werden wollen, die sie bei einem nichtrechtsfähigen Verein gerade nicht trifft. Dies würde auch in Fällen eines Vorvereins, der Verluste aufweist, dazu führen, dass die Mitglieder die Erlangung der Rechtsfähigkeit größtenteils aufgeben würden, um in den für sie haftungsrechtlich sichereren nichtrechtsfähigen Verein zu gelangen. Faktisch würde so kaum noch ein rechtsfähiger Idealverein entstehen, zumal der nichtrechtsfähige Idealverein heute dem Recht des rechtsfähigen Idealvereins weitgehend angenähert ist[490] und so kaum nennenswerte Unterschiede und somit Nachteile für den nichtrechtsfähigen Verein und seine Mitglieder gegeben sind. Es wäre kaum sinnvoll, die rechtsfähigen

---

[488] Siehe zur Sperr- und Auffangfunktion des § 22 BGB die späteren weitergehenden Ausführungen unter 3.Teil III. 2c).
[489] Siehe dazu die spätere eingehende Untersuchung in II. 2c)(1) mit entsprechenden Literaturnachweisen.
[490] Siehe zur rechtlichen Annäherung des nichtrechtsfähigen Vereins an den rechtsfähigen Verein: BGHZ 50, 325; BGH, NJW 1979, 2304 f.; BayObLGZ 72, 24, 33 Palandt-<u>Heinrichs</u>, § 54 Rdnr. 1; <u>K. Schmidt</u>, GesR, § 25 II 2).

Vereine so zugunsten der nichtrechtsfähigen Vereine noch weiter - als es bisher schon ist - zurückzudrängen. Dies zeigt sich allein schon in der fehlenden Publizität des nichtrechtsfähigen Vereins im Gegensatz zum rechtsfähigen Verein. Eine unbeschränkte Unterbilanzhaftung der Mitglieder eines Idealvereins im Zeitpunkt der Erlangung der Rechtsfähigkeit erscheint folglich mit einer persönlichen Nichthaftung der Mitglieder eines nichtrechtsfähigen Idealvereins, was heute einhellig vertreten wird, aus rechtspolitischen und systematischen Gründen nicht vereinbar. Dies bestätigt das vorher herausgearbeitete Ergebnis (für Idealverein und wirtschaftlichem Verein), dass eine Unterbilanzhaftung im Vereinsrecht wegen des geringen Gläubigerschutzbedürfnisses im rechtsfähigen Verein nicht erforderlich ist.

Aus allgemeinen Gläubigerschutzerwägungen läßt sich folglich auch keine Unterbilanzhaftung im Vereinsrecht begründen.

Es bleibt daher festzustellen, dass es eine Unterbilanzhaftung im Vereinsrecht, sowohl für den Idealverein als auch den wirtschaftlichen Verein, nicht gibt. Mit Erlangung der Rechtsfähigkeit müssen die Mitglieder des Vereins nicht anteilig für die zu diesem Zeitpunkt vorliegenden Verluste dem Verein gegenüber haften.

(2) Ergebnis

Da es im Vereinsrecht an einer (unbeschränkten) Unterbilanzhaftung fehlt, kann das für die Vor-GmbH und die Vor-AG so wichtige Argument des "Haftungswertungswiderspruchs vor und nach Eintragung" zur Begründung einer unbeschränkten Gründer(mitglieder)haftung, sowohl für einen Idealvorverein als auch einen Wirtschafts-Vorverein, nicht herangezogen werden.

Das Vorliegen und die Ausgestaltung einer Gründermitgliederhaftung muß daher anhand anderer Kriterien ermittelt werden.

b) Interessenwiderstreit Vorstand - Vereinsmitglieder

(1) Interessen bezüglich des Eintragungszeitpunktes

Bei Vor-GmbH und Vor-AG sprechen drohende Interessenkollisionen zwischen den Organen (Geschäftsführer bzw. Vorstandsmitglieder) und den Gründern für eine unbeschränkte Gründerhaftung.[491] Diese Gesichtspunkte könnten auf das Verhältnis Vorstandsmitglieder – Vereinsmitglieder in einem Idealvorverein übertragbar sein.

Eine Interessenkollision bei Annahme einer beschränkten Gründerhaftung liegt zwischen Organen und Gründern bei den Vorkapitalgesellschaften darin, dass deren Ziele bezüglich der Eintragung einer verschuldeten Vorgesellschaft divergieren würden. Der Vorstand bzw. die Geschäftsführer drängten zur Vermeidung der Handelndenhaftung auf Eintragung ins Handelsregister, wogegen sich die Gründer der Eintragung wegen der Besorgnis einer unbeschränkten Unterbilanzhaftung widersetzen dürften.

Eine solche divergierende Interessenlage zwischen Vorstandsmitgliedern und Vereinsmitgliedern ist aber im Vereinsrecht nicht gegeben. Wie eben festgestellt, gibt es im Vereinsrecht keine mit Erlangung der Rechtsfähigkeit eintretende unbeschränkte Unterbilanzhaftung. Daher werden sich die Vereinsmitglieder einer Eintragung nicht widersetzen. Nach Eintragung haften sie nicht persönlich mit ihrem Privatvermögen. Gegenüber einer gegebenenfalls bestehenden unbeschränkten Haftung der Mitglieder im Gründungsstadium würde sich ihre Haftungslage sogar weitgehend verbessern. Somit steht dem Interesse des Vorstandes auf Eintragung des Vereins ins Vereinsregister, um dadurch, wie es die herrschende Meinung annimmt, die Handelndenhaftung nach § 54 S.2 BGB zum Erlöschen zu bringen,[492] das Interesse der Vereinsmitglieder nicht entgegen. Mangels divergierender Interessen hinsichtlich der Eintragung besteht beim Idealverein, anders als bei Vor-GmbH und Vor-AG, hinsichtlich dieses Gesichtspunktes kein Bedürfnis nach einer unbeschränkten Gründerhaftung.

---

[491] Siehe dazu 1.Teil IV. 3e) (Vor-GmbH) und 2.Teil IV. 2b) (Vor-AG).
[492] Siehe entsprechenden Streitstand im folgenden unter FN 494.

(2) Interessengerechte Aufteilung von Risiko und Chance

Für eine unbeschränkte Gründerhaftung läßt sich bei den anderen Vorgesellschaften anführen, dass eine nur beschränkte Haftung gegenüber der unbeschränkten Handelndenhaftung, insbesondere unter dem Blickwinkel einer interessengerechten Aufteilung von Risiko und Chance (Gewinn) zwischen Organen und Gründern im Gründungsstadium, unbefriedigend ist.[493]

Beim Idealvorverein gibt es ebenfalls eine unbeschränkte Handelndenhaftung (§ 54 S.2 BGB). Umstritten ist dabei lediglich der Personenkreis, der unter § 54 S.2 BGB fällt. Mit der ganz überwiegenden Ansicht ist zumindest das für den Vorverein handelnde Vorstandsmitglied als "Handelnder" i.S.d. § 54 S.2 BGB anzusehen.[494] Ein Vorstandsmitglied bei einem Idealvorverein hat wie die Organmitglieder der anderen Vorgesellschaften im Gründungsstadium für rechtsgeschäftlich vorgenommene Geschäfte gegenüber Dritten unbeschränkt einzustehen. Er ist daher grundsätzlich denselben Risiken ausgesetzt wie die Organe der anderen Vorgesellschaften.

Der Idealvorverein ist jedoch anders als Vor-GmbH und Vor-AG nicht auf wirtschaftliche Betätigung hin ausgerichtet. Er verfolgt in der Regel allein ideelle Zwecke. Wirtschaftliche Betätigung ist nur im Rahmen des Nebenzweckprivilegs, das m.E. möglichst eng auszulegen ist, zulässig. Überschreitet er diese Grenze, ist er kein Idealvorverein mehr, sondern ein Wirtschaftsvorverein. Der Idealvorverein ist damit nicht den hohen Risiken ausgesetzt wie die anderen Vorgesellschaften, die gerade auf wirtschaftliche Betätigung mit den darin steckenden Chancen und Risiken ausgerichtet sind. Zwar können auch beim Idealvorverein Verluste entstehen (z.B. im Rahmen von Anschaffungen für die ideelle

---

[493] Siehe dazu 1.Teil IV. 3e) (Vor-GmbH) und 2.Teil IV. 2b) (Vor-AG)

[494] Für einen engen Handelndenbegriff (ähnlich § 11 II GmbHG): Soergel-Hadding, vor § 21 Rdnr. 68 ff.; Reichert-Reichert, Rdnr. 94; für einen weiten Handelndenbegriff: MüKo-Reuter, §§ 21, 22 Rdnr. 90 f. K. Schmidt, GesR, § 25 III 3); Staudinger-Weick, § 54 Rdnr. 60; a.A.: Kertess, S. 88 ff., 119, der bei einem Vorverein eine Handelndenhaftung nach § 54 S.2 BGB ablehnt, dafür aber eine Handelndenhaftung analog § 11 II GmbHG, § 41 I S.2 AktG vertritt; Padeck, S. 7 f., 81 ff., 175 ff., 232 f., der beim Vorverein im Falle eines "Näheverhältnisses" zwischen Verein und Handelndem (z.B. Vorstands- oder Vereinsmitglieder handeln) als Regelfall keine unbeschränkte, sondern eine auf den Anteil am Vereinsvermögen beschränkte Handelndenhaftung annimmt; Denecke, JR 1951, 742, 743, der ein unbeschränkte Handelndenhaftung ganz ablehnt.

Vereinstätigkeit), doch sind diese i.d.R. nicht so hoch wie bei den anderen Vorgesellschaften. Dies bedeutet, dass die Vorstandsmitglieder eines Idealvorvereins i.d.R. geringeren Haftungsrisiken ausgesetzt sind.

Auf der anderen Seite sind die Chancen, die bei wirtschaftlich tätigen Vorgesellschaften für die Gründer bestehen, insbesondere die Gewinnchancen, beim Idealvorverein nicht gegeben. Der Zweck des Vereins ist nicht auf Gewinnerzielung gerichtet. Dies entspricht dem Willen der Mitglieder. Sie können höchstens bei Auflösung des Vereins den vielleicht etwas höheren Liquidationsanteil erlangen. Die Vereinsmitglieder stehen somit hinsichtlich der Chancen aus dem Gründungsstadium i.d.R. nicht besser da als die Vorstandsmitglieder.

Eine unbefriedigende Aufteilung von Risiken und Chancen ergibt sich bei Ablehnung einer unbeschränkten Gründerhaftung beim Idealvorverein, anders als bei den anderen Vorgesellschaften, nicht. Die Vereinsmitglieder würden zwar außer ihrem "Anteil am Vereinsvermögen" bzw. einer beschränkten Außenhaftung keine Risiken im Gründungsstadium übernehmen; Gewinnchancen böten sich ihnen, wie den Vorstandsmitgliedern, aber auch nicht. Obwohl die handelnden Vorstandsmitglieder die Risiken im Gründungsstadium allein zu tragen hätten, ergäbe sich für sie, anders als bei den anderen Vorgesellschaften, daraus keine unzumutbare Beeinträchtigung. Denn ihr Haftungsrisiko wäre aufgrund der i.d.R. fehlenden wirtschaftlichen Betätigung im Idealvorverein weitaus geringer als bei den anderen Vorgesellschaften. Eine fehlende persönliche Gründerhaftung erscheint aus diesem Gesichtspunkt gut vertretbar.

Folglich ergibt sich, dass eine Haftungsprivilegierung der Gründungsmitglieder, sei es eine persönliche Nichthaftung bzw. eine beschränkte Aussenhaftung, zu keiner interessenwidrigen Aufteilung von Risiko und Gewinn zwischen Vorstands- und Vereinsmitgliedern im Gründungsstadium des Idealvereins führt. Eine unbeschränkte Gründermitgliederhaftung kann aus dem Gesichtspunkt einer interessengerechten Aufteilung von Risiko und Chance beim Idealvorverein nicht zwingend gefolgert werden. Sowohl eine unbeschränkte als auch eine beschränkte bzw. eine gar nicht vorhandene persönliche Mitgliederhaftung ist mit der unbeschränkten Handelndenhaftung nach § 54 S.2 BGB vereinbar.

Ob ein unmittelbarer Regressanspruch des in Anspruch genommenen Handelnden gegen die Vereinsmitglieder gegeben ist, ergibt sich, wie schon bei Vor-GmbH und Vor-AG ausgeführt, erst daraus, wie die

Gründermitgliederhaftung ausgestaltet ist.[495] Da beim Idealvorverein, anders als den anderen Vorgesellschaften, ausschließlich ein Regressanspruch des Handelnden gegen den Idealverein und nicht gegen die Vereinsmitglieder angenommen wird,[496] könnte dies sogar ein Indiz gegen eine unbeschränkte bzw. beschränkte Außenhaftung sein.

Es läßt sich abschließend feststellen, dass zwischen den Vorstands- und den Vereinsmitgliedern im Gründungsstadium, anders als bei den Vorkapitalgesellschaften, auch bei Annahme einer haftungsprivilegierten Gründermitgliederhaftung keine untragbaren Interessengegensätze auftreten. Aus einer interessengerechten Aufteilung von Risiko und Chance kann eine unbeschränkte Gründerhaftung beim Idealvorverein daher nicht gefolgert werden. Dieses Hauptargument aus dem "Vorkapitalgesellschaftsrecht" ist auf den Idealvorverein, wie auch schon das Argument des "Wertungswiderspruchs vor und nach Eintragung", nicht übertragbar. Das Vorliegen bzw. die Ausgestaltung einer persönlichen Gründermitgliederhaftung ist anhand anderer Überlegungen zu ermitteln.

c) Verhältnis der Mitgliederhaftungen im Idealvorverein und nichtrechtsfähigen Idealverein

Es wurde bereits herausgearbeitet, dass ein Idealvorverein kein nichtrechtsfähiger Verein i.S.d. § 54 BGB ist.[497] Das bedeutet, dass die für die Mitgliederhaftung beim nichtrechtsfähigen Verein entwickelten Grundsätze nicht automatisch für den Idealvorverein gelten.[498] Drohende Abgrenzungsschwierigkeiten zwischen Idealvorverein und nichtrechtsfähigem Idealverein und weitere darüber hinaus gehende Interessenerwägungen könnten aber dafür sprechen, von einer einheitlich ausgestalteten Mitgliederhaftung bei Idealvorverein und nichtrechtsfähigem Idealverein auszugehen.

Um dies herauszufinden, muß zuerst ermittelt werden, wie die Mitglieder in einem nichtrechtsfähigen Verein haften, und anschließend,

---

[495] Siehe unter 1.Teil IV. 3e) und 2.Teil IV. 2b).
[496] Siehe Soergel-Hadding, § 54 Rdnr. 3; Reichert-Reichert, Rdnr. 2522; Schumann, S. 31.
[497] Siehe 3.Teil I. 2).
[498] So aber Soergel-Hadding, vor § 21 Rdnr. 67; Stöber, Rdnr. 23; Palandt-Thomas, § 21 Rdnr. 10; Staudinger-Weick, § 54 Rdnr. 4.

wie sich diese Haftung aus Abgrenzungs- und Interessengesichtspunkten auf die Ausgestaltung der Mitgliederhaftung im Idealvorverein auswirkt.

(1) Mitgliederhaftung im nichtrechtsfähigen Idealverein

(a) Unbeschränkte Mitgliederhaftung

Nach dem Willen des BGB-Gesetzgebers sollten über § 54 S. 1 BGB für den nichtrechtsfähigen Verein die Vorschriften über die BGB-Gesellschaft Anwendung finden. Nach dieser immer noch bestehenden gesetzlichen Verweisung müßten die Vereinsmitglieder eines nichtrechtsfähigen Idealvereins unbeschränkt und gesamtschuldnerisch mit ihrem Privatvermögen nach den §§ 54 S.1, 714, 427, 421 BGB haften. Diese Überlegungen des Gesetzgebers beruhen auf politischen und rechtspolitischen Erwägungen und wurden trotz Kenntnis der wesentlichen Unterschiede beider Organisationsformen angenommen. Ziel war die Beaufsichtigung, Kontrolle und Niederhaltung unerwünschter Vereine wie politischer Parteien oder Gewerkschaften ("verschleiertes Konzessionssystem"). Die nichtrechtsfähigen Idealvereine sollten durch die registergerichtlichen Kontrollmöglichkeiten und eine unbeschränkte persönliche Mitgliederhaftung weitgehend zurückgedrängt werden.[499]

Die Erwartungen des Gesetzgebers erfüllten sich aber nicht. Trotz der aufgebauten Schwierigkeiten und Hindernisse sahen viele Vereine von einer Erlangung der Rechtsfähigkeit ab. Die große Zahl und Bedeutung der nichtrechtsfähigen Vereine, die Unvertretbarkeit der politischen Gründe - die heute mit Art. 9 GG unvereinbar sind -, die entgegengesetzten Interessen der Mitglieder und die Unvereinbarkeit der gesetzlichen Verweisung in § 54 S.1 BGB mit der körperschaftlichen Struktur des nichtrechtfähigen Vereins führten in Rechtsprechung und Literatur dazu - beginnend schon bald nach Inkrafttreten des BGB -, dass auf den nichtrechtsfähigen Verein nicht das vollkommen unpassende Recht der BGB-Gesellschaft, sondern das Recht des rechtsfähigen Vereins, soweit

---

[499] Vgl. Protokolle S. 554, 481 ff.; Mugdan I, S. 637 ff.; vgl. auch folgende Ausführungen darüber: Padeck, S. 1 ff., 361 ff.; Staudinger-Weick, § 54 Rdnr. 2.

nicht die Rechtsfähigkeit vorausgesetzt wird, angewendet wird.[500] Diesem durch Rechtsfortbildung gewonnenen Ergebnis entgegen dem Gesetzeswortlaut - heute einhellige Meinung - ist aus den schon genannten Gründen voll zuzustimmen. Dies bedeutet, dass sich beim nichtrechtsfähigen Idealverein aus §§ 54 S.1, 714, 427, 421 BGB keine unbeschränkte persönliche Mitgliederhaftung herleiten läßt.

(b) Beschränkte Mitgliederhaftung

Die Haftung der Mitglieder eines nichtrechtsfähigen Idealvereins für Verbindlichkeiten ist nach heute einhelliger Ansicht auf ihren "Anteil am Vereinsvermögen"[501] beschränkt. Das heißt, dass die Vereinsmitglieder nicht persönlich (mit ihrem Privatvermögen) haften, sondern dass für Vereinsverbindlichkeiten ausschließlich das Vereinsvermögen einzustehen hat.[502]

Auch wenn dies ganz überwiegend angenommen wird, muß doch erst herausgearbeitet werden, ob dem zu folgen ist, insbesondere, da die Herleitung und Begründung dieser persönlichen Nichthaftung der Vereinsmitglieder sehr umstritten ist.

Eine Ansicht versucht über einen Umkehrschluß aus § 54 S.2 BGB, wonach nur die für den nichtrechtsfähigen Verein Handelnden haften sollen, eine persönliche Nichthaftung der Mitglieder zu begründen.[503] Dieser Be-

---

[500] Vgl. K. Schmidt, GesR, § 25 II 2a); Padeck, S. 5 f.; Kertess, S. 2 f.; Staudinger-Weick, § 54 Rdnr. 2; MüKo-Reuter, § 54 Rdnr. 2; Palandt-Heinrichs, § 54 Rdnr. 1; Larenz, § 10 V; RGZ 143, 213; BGHZ 42, 210, 216; 50, 325, 329; BGH, NJW 1979, 2304 f.; BayObLGZ 72, 29, 32 f.

[501] Der Begriff "Anteil am Vereinsvermögen" ist insofern mißverständlich, als nicht die jeweiligen Vereinsmitglieder, sondern kraft eigener Rechtssubjektivität der nichtrechtsfähige Verein selbst Rechtsinhaber des "Sondervermögens" des nichtrechtsfähigen Vereins ist (so die wohl herrschende Meinung) [vgl. Soergel-Hadding, § 54 Rdnr. 16, 20]. "Anteil am Vereinsvermögen" meint die bereits eingebrachten und die noch fälligen Mitgliedsbeiträge. Dieser "Anteil am Vereinsvermögen" ist grundsätzlich weder verfügbar, übertragbar, pfändbar noch gewährt er einen Anspruch bei Ausscheiden. Ein Recht auf seinen "Anteil am Vereinsvermögen" wird erst nach Auflösung des Vereins begründet [vgl. Soergel-Hadding, § 54 Rdnr. 20].

[502] RGZ 63, 62, 65; 74, 371, 376; 90, 173, 176; 143, 212, 216; BGHZ 50, 325, 329; BGH, NJW 1979, 2304, 2306; Soergel-Hadding, § 54 Rdnr. 21 ff.; MüKo-Reuter, § 54 Rdnr. 26; Staudinger-Weick, § 54 Rdnr. 50 ff.; Palandt-Heinrichs, § 54 Rdnr. 12; Reichert-Reichert, Rdnr. 2507 ff.; Stöber, Rdnr. 1271 ff.; Schaible, S. 102 f.; K. Schmidt, GesR, § 25 III 2); Schumann, S. 20 ff.; Padeck, S. 145 ff.; Dißars, DStZ 1996, 37, 38.

[503] RG JW 1907, 136; RG JW 1919, 128.

gründungsansatz ist jedoch fehlerhaft, da aus der Haftung der Handelnden nicht zwingend die persönliche Nichthaftung der Vereinsmitglieder folgt. Mitglieder- und Handelndenhaftung sind zwei völlig verschiedene, von einander unabhängige, Tatbestände.[504]
Den Autoren, die eine Haftungsbeschränkung auf das Vereinsvermögen mit einem entsprechenden ausdrücklichen oder stillschweigenden Satzungsinhalt, insbesondere durch eine Beschränkung der Vertretungsmacht der Organe,[505] oder mit entsprechenden ausdrücklichen oder schlüssigen Vereinbarungen zwischen Verein und Vertragspartnern begründen,[506] kann ebenfalls nicht gefolgt werden. Sie führen nur im Bereich rechtsgeschäftlichen Handelns zur Haftungsbeschränkung, aber nicht bei gesetzlicher Haftung (z.B. für Steuern, aus Delikt). Eine Mitgliederhaftung sollte aber einheitlich ausgestaltet sein; eine Differenzierung danach, ob die Verbindlichkeit des Vereins rechtsgeschäftlich oder gesetzlich begründet wurde, erscheint sowohl aus Gläubiger- als auch aus Mitgliedersicht, insbesondere wegen der meist bestehenden besonderen Nähe der Ansprüche zueinander, nicht gerechtfertigt (z.B. stehen viele gesetzliche Haftungstatbestände in einem engen Bezug zu der wirtschaftlichen Betätigung des Vereins, wie die Haftung für Bereicherung, c.i.c. oder §§ 823 ff. BGB).[507] Gegen diese Ansichten spricht darüber hinaus, dass stillschweigende vertragliche bzw. satzungsrechtliche Haftungsbeschränkungen, die selbst ohne jeden Anhaltspunkt angenommen werden, reine Fiktion und daher für eine Begründung ungeeignet sind. Regelmäßig werden die Vertragsparteien über die Haftung der Vereinsmitglieder gerade nicht nachdenken.[508]
Das neuere Schrifttum begründet eine persönliche Nichthaftung der Mitglieder vor allem mit der körperschaftlichen Organisation des nichtrechtsfähigen Vereins und der Bildung eines vom Vermögen der Mitglieder losgelösten selbständigen Vereinsvermögens. Damit sei eine

---

[504] Vgl. K. Schmidt, GesR, § 25 III 2); Kertess S. 25.
[505] So RGZ 63, 62, 65; 74, 371, 374; 90, 173, 176 f.; BGH, NJW 1979, 2304, 2306; Palandt-Heinrichs, § 54 Rdnr. 12; Erman-Westermann, § 54 Rdnr. 12; RGRK-Steffen, § 54 Rdnr. 15; Stöber, Rdnr. 1271 ff.; Flume, PersGes, S. 330; ders, ZHR 148 (1984), 503, 513 f.
[506] So Breitbach, S. 84.
[507] Vgl. Staudinger-Weick, § 54 Rdnr. 52; MüKo-Reuter, § 54 Rdnr. 26; Dehoff, S. 70 f.; Larenz, § 10 VI 3); Dißars, DStZ 1996, 37, 38.
[508] Vgl. Padeck, S. 153, 159 f.; Larenz, § 10 VI 3); Schumann, S. 17 f.

unbeschränkte Mitgliederhaftung nicht vereinbar.[509] Eine solche körperschaftliche Organisation mit selbständigem Vereinsvermögen liegt beim nichtrechtsfähigen Idealverein zweifellos vor; jedoch kann aus einer solchen Organisationsform auf eine bestimmte Ausgestaltung einer Mitgliederhaftung nicht geschlossen werden. Eine körperschaftliche Organisation mit verselbständigtem Vereinsvermögen bedingt nicht zwingend eine Haftungsprivilegierung der Mitglieder. Dies zeigt sich schon darin, dass bei Vor-GmbH und Vor-AG eine unbeschränkte Gründerhaftung zur Anwendung kommt, obwohl diese Vorgesellschaften als "werdende juristische Personen" bereits körperschaftlich ausgestaltet sind. Allein mit der körperschaftlichen Organisation des nichtrechtsfähigen Idealvereins läßt sich daher eine Haftungsprivilegierung der Mitglieder nicht begründen.

Nach einer anderen Meinung im neueren Schrifttum fehle es schon deshalb an einer persönlichen Mitgliederhaftung im nichtrechtsfähigen Verein, da das Gesetz eine solche Haftung überhaupt nicht ansinne. Nicht die Begrenzung, sondern die Annahme einer persönlichen Haftung bedürfe der Begründung. Da jegliches Organverhalten nur dem Verein, nicht dem einzelnen Mitglied persönlich zuzurechnen sei, fehle es von vorneherein an einem Verpflichtungsgrund zu Lasten der Mitglieder. Das Mitglied eines nichtrechtsfähigen Idealvereins hafte mit seinem Privatvermögen für Vereinsverbindlichkeiten nur dann, wenn in seiner Person ein selbständiger Verpflichtungsgrund gegeben sei.[510] Einer solchen Betrachtungsweise kann ebenfalls nicht gefolgt werden. Zuzugeben ist, dass die Verweisung des § 54 I BGB ins Gesellschaftsrecht, zumindest für den nichtrechtsfähigen Idealverein, keine Legitimation mehr hat[511] und es so an einer gesetzlichen Vorschrift mangelt. Aber wie schon bei Vor-GmbH und Vor-AG gezeigt, ist trotz fehlender gesetzlicher Bestimmungen eine persönliche Haftung der Mitglieder (Gründer) möglich.

---

[509] So Ennececerus-Nipperdey, § 116 III 6b) (unbeschränkte Mitgliederhaftung würde dem Wesen der Körperschaft zuwiderlaufen); Stoll, FS RG II, S. 60 ff.; Schumann, S. 20 f.; Reichert-Reichert, Rdnr. 2507; Dißars, DStZ 1996, 37, 38; Staudinger-Weick, § 54 Rdnr. 52, der aber mehr auf den Gründungswillen zur Schaffung einer Sonderverwaltung mit Sondervermögen analog einer Anordnung einer Verwaltungs-testamentsvollstreckung durch den Erblasser abstellt.
[510] So K. Schmidt, GesR, § 35 III 2b); Soergel-Hadding, § 54 Rdnr. 24.
[511] So die heute einhellige Ansicht für den nichtrechtsfähigen Idealverein, siehe FN 500.

Eine persönliche Nichthaftung der Mitglieder könnte sich aber aus der besonderen Interessenlage der Vereinsgläubiger und der Vereinsmitglieder im nichtrechtsfähigen Verein ergeben.[512]

Aus Mitgliedersicht spricht dafür, dass die Absicht eines Menschen, der in einen Verein eintritt, ebenso wie die grundsätzliche Erwartung des Rechtsverkehrs auf eine persönliche Nichthaftung der Mitglieder ausgerichtet ist.[513] Wer Mitglied eines nichtrechtsfähigen Vereins wird, sei es in einer politischen Partei, Gewerkschaft, Studentenverbindung, einem Sportverein oder nur einem Skat- oder Kegelklub, rechnet nicht damit, für Verbindlichkeiten seines Vereins, besonders bei großen Vereinen mit einer Vielzahl von Mitgliedern, persönlich (unbeschränkt) in Anspruch genommen zu werden, zumal seit Inkrafttreten des BGB die Rechtsprechung von einer solchen persönlichen Mitgliederhaftung abgesehen hat.[514] Ein Vereinsmitglied möchte nur seinen ideellen (z.B. sportlichen, kulturellen, politischen) Interessen nachgehen und diese gegebenenfalls mit seinen Vereinsbeiträgen fördern. Eine unbeschränkte Mitgliederhaftung könnte dazu führen, dass ein Mitglied eines nichtrechtsfähigen Vereins gegebenenfalls in Millionenhöhe für Verbindlichkeiten des Vereins haften müßte. Eine solche weitgehende Haftung ist für die Mitglieder unzumutbar, zumal sie, wenn sie nicht zugleich Vorstandsmitglieder sind, kaum Einflußnahme auf das Vereinsvermögen und deren Verwaltung haben und es ihnen i.d.R. auch an einem Einblick in die Vermögensverhältnisse, insbesondere beim Eintritt, fehlt.[515]

Einer persönlichen Nichthaftung stehen auch nicht die Interessen der Gläubiger entgegen, da sie bei einem nichtrechtsfähigen Idealverein lediglich mit einer Haftung des Vereinsvermögens und nicht mit einer persönlichen Haftung der Mitglieder rechnen. Sie sind auch weniger schutzwürdig als z.B. die Gläubiger von Vorgesellschaften oder eines wirtschaftlichen Vereins, da der nichtrechtsfähige Idealverein nicht auf eine wirtschaftliche Haupttätigkeit ausgerichtet ist und somit die Risiken einer wirtschaftlichen Betätigung weitgehend entfallen. Die Interessenlage der Gläubiger eines nichtrechtsfähigen Idealvereins entspricht zudem

---

[512] So MüKo-Reuter, § 54 Rdnr. 27 (der auf Gläubigerinteressen abstellt); Schumann, S. 14 ff.; Stoll, FS RG II, S. 79 (die auf Mitgliedsinteressen abstellen); Dehoff, S. 71 ff.
[513] Vgl. Staudinger-Weick, § 54 Rdnr. 50; Padeck, S. 145 f.; Dißars, DStZ 1996, 37, 38.
[514] Vgl. Larenz, § 10 Vi 3), der deswegen schon von Gewohnheitsrecht spricht.
[515] Vgl. Padeck, S. 146; Schumann, S. 12, 20.

weitgehend der der Gläubiger eines rechtsfähigen Idealvereins, bei der die Mitglieder als Mitglieder einer juristischen Person unzweifelhaft nicht persönlich haften.[516] Dies gilt trotz fehlender registergerichtlicher Kontrolle und Registerpublizität beim nichtrechtsfähigen Idealverein, denn beide Gläubigerschutzmechanismen gewähren dort, anders als bei den Kapitalgesellschaften, einen nur geringeren Gläubigerschutz. Mangels erforderlicher Stammeinlage bzw. Grundkapitals fehlt z.B. eine diesbezügliche registergerichtliche Kontrolle und Publizität im Vereinsregister. Die Handelndenhaftung nach § 54 S.2 BGB kompensiert dieses durch das Fehlen einer registergerichtlichen Überprüfung und einer Registerpublizität entstehende geringe Gläubigerschutzdefizit beim nichtrechtsfähigen Verein. Die Gläubiger eines nichtrechtsfähigen Idealvereins stehen somit auf keinen Fall schlechter da als die Gläubiger eines rechtsfähigen Idealvereins. Ein Bedürfnis nach einer weitergehenderen Haftung im nichtrechtsfähigen Idealverein als im rechtsfähigen Verein in Form einer persönlichen Mitgliederhaftung ist daher nicht gegeben.

Sowohl die Mitglieder- als auch die Gläubigerinteressen sprechen daher für eine persönliche Nichthaftung der Mitglieder eines nichtrechtsfähigen Idealvereins. Die Annahme einer (unbeschränkten) Mitgliederhaftung würde zudem an der seit bald 100 Jahren bestehenden "Rechtswirklichkeit" vollkommen vorbeigehen.

Festzustellen bleibt daher in Übereinstimmung mit der einhelligen Ansicht in Rechtsprechung und Literatur, dass die Mitglieder eines nichtrechtsfähigen Idealvereins für Verbindlichkeiten des Vereins persönlich nicht haften.

(2) Interessenkollisionen bei unterschiedlicher Mitgliederhaftung

Eine unterschiedliche Mitgliederhaftung im nichtrechtsfähigem Idealverein (keine persönliche Haftung) und im Idealvorverein (persönliche Mitgliederhaftung) könnte zu inakzeptablen Abgrenzungs- und Interessenschwierigkeiten führen. Im Falle solcher Schwierigkeiten ergäbe sich das Erfordernis einer einheitlichen Mitgliederhaftung in beiden Vereinstypen. Dies würde - wegen der schon herausgearbeiteten Haftung im

---

[516] Vgl. MüKo-Reuter, § 54 Rdnr. 26; Padeck, S. 162; Schumann, S. 21.

nichtrechtsfähigen Idealverein - zu keiner persönlichen Mitgliederhaf-tung führen.

(a) Abgrenzungsschwierigkeiten

Eine unterschiedlich ausgestaltete Mitgliederhaftung im nichtrechtsfähigen Idealverein (keine persönliche Haftung) und im Idealvorverein (persönliche Haftung) hätte zur Folge, dass die Gläubiger bei einer geplanten persönlichen Inanspruchnahme der Mitglieder zunächst ermitteln müßten, welche Idealvereinsform ihnen gegenübersteht. Die dazu erforderliche Abgrenzung zwischen nichtrechtsfähigem Idealverein und Idealvorverein ruft erhebliche Schwierigkeiten und Risiken hervor.

Ein (Ideal)-Vorverein liegt vor, wenn mit Gründung oder später - bei einem bis dahin nichtrechtsfähigen Verein - die Rechtsfähigkeit angestrebt wird, diese aber noch nicht erlangt worden ist. Ein nichtrechtsfähiger (Ideal)-Verein ist dagegen gegeben, wenn der Verein bereits bei Gründung die Rechtsfähigkeit nicht erlangen möchte bzw. die Erlangung der Rechtsfähigkeit im Gründungsstadium aufgegeben wird bzw. nicht mehr möglich ist ("unechter Vorverein"). Entscheidendes Abgrenzungskriterium zwischen Vorverein und nichtrechtsfähigem Verein ist demnach das "Erstreben der Rechtsfähigkeit", was aus der Satzung des Vereins zu entnehmen ist.[517]

Eine Abgrenzung anhand dieses Kriteriums ist für die Vereinsgläubiger aber kaum möglich. Mangels Einblicks in die Vereinssatzung können sie i.d.R nicht erkennen, ob die Erlangung der Rechtsfähigkeit angestrebt wird oder nicht. Zum einen fehlt es im Gründungsstadium noch an der Registerpublizität, zum anderen bleiben den Vereinsgläubigern die im Inneren des Vereins stattfindenden Entwicklungen i.d.R. verborgen (z.B. ob der Verein sich zur Eintragung ins Vereinsregister angemeldet hat). Selbst wenn die Gläubiger einen gewissen Einblick in die Vereinsinterna haben, hilft ihnen dies meist kaum weiter. Im Zeitraum vor Anmeldung des Vereins ins Vereinsregister bedarf es überhaupt noch keiner Satzungsurkunde, da die Satzung keine Schriftform benötigt.[518] Erst mit Anmeldung ins Vereinsregister muß nach § 59 II BGB eine Satzungsurkunde vorliegen, aus der dann erkennbar ist, dass die Rechtsfähigkeit angestrebt wird. Beim nichtrechtsfähigen Verein, der die Eintragung gerade nicht will, ist eine

---

[517] Siehe dazu auch Ausführungen unter 3.Teil I. 3).
[518] Spitzenberg, Rpfl. 1971, 242, 243; Soergel-Hadding, § 25 Rdnr. 10a, 26.

Satzungsurkunde ebenfalls nicht erforderlich. Das Vorliegen einer schriftlichen Vereinssatzung, egal ob beim Vereinsgericht eingereicht oder nicht, kann für eine ausreichende Abgrenzungssicherheit darüber hinaus selbst nicht sorgen. Denn eine einzelne Satzungsnorm wie auch die gesamte Satzung bedarf keiner Schriftform, so dass eine Satzungsänderung im Gründungsstadium durch Mitgliederbeschluß auch ohne Schriftform und ohne Eintragung in eine bestehende Satzungsurkunde wirksam ist. Eine Eintragung in die Satzungsurkunde hat nur deklaratorische Bedeutung.[519] Es kann also aus einer Satzungsurkunde nicht mit Sicherheit festgestellt werden, ob eine Satzungsänderung hinsichtlich des Willens zur Erlangung der Rechtsfähigkeit besteht, ob also ein Vorverein oder ein nichtrechtsfähiger Verein vorliegt. Die, wenn überhaupt vorliegende, Satzungsurkunde hat nur einen erhöhten Beweiswert, insbesondere in einem Prozess.[520]

Durch das Auftreten im Rechtsverkehr ergibt sich darüber hinaus auch nicht, welche der beiden Idealvereinsformen vorliegt. Anders als bei den Vorkapitalgesellschaften ist es dem Vorverein zudem nicht gestattet, durch Auftreten als "Verein i.G." oder "Vorverein" das Bestehen eines Vorvereins kund zu tun. Der Vorverein muß unter seinem Vereinsnamen auftreten (ohne den Zusatz "e.V."), so dass nicht zu erkennen ist, ob nun ein Vorverein oder ein nichtrechtsfähiger Verein vorliegt.[521]

Eine interessengerechte Verteilung der Beweislasten führt nicht zur Beseitung der aufgezeigten Probleme der Vereinsgläubiger hinsichtlich der Abgrenzung zwischen Vorverein und nichtrechtsfähigem Verein. Zwar ließe sich damit, insbesondere bei Fehlen einer Satzung, eine gerichtliche Abgrenzung vornehmen,[522] jedoch würden dadurch die Probleme der Vereinsgläubiger nicht beseitigt. Sie könnten, selbst wenn sie aus einer Satzungsurkunde des Vereins das Erstreben der Rechtsfähigkeit

---

[519] Spitzenberg, Rpfl. 1971, 242, 243.
[520] Spitzenberg, Rpfl. 1971, 242, 243 f.
[521] Vgl. Reichert-Reichert, Rdnr. 90.
[522] Eine interessengerechte Abgrenzung wäre folgendermaßen denkbar: Fehlt in der Satzungsurkunde das Erstreben der Rechtsfähigkeit, so liegt unwiderlegbar eine nichtrechtsfähiger Verein vor. Ist ein solcher Satzungsinhalt hingegen nicht gegeben, ist widerleglich von einem Vorverein auszugehen. Ausnahmsweise sollte in einem solchen Fall ein nichtrechtsfähiger Verein nur angenommen werden, wenn das Satzungsziel, die Erlangung der Rechtsfähigkeit, nicht mehr möglich ist, z.B. wenn durch rechtskräftige Ablehnung der Eintragung ins Vereinsregister die Rechtsfähigkeit endgültig nicht mehr erreicht werden kann.

entnehmen, nicht sicher sein, dass wirklich ein Vorverein vorliegt. Die Vereinsmitglieder hätten die Möglichkeit, durch Vorlage einer neueren Satzungsurkunde, wenn vorhanden, oder anderer Beweismittel (z.B. Zeugenbeweis aller Vereinsmitglieder) dies relativ leicht zu widerlegen, so dass von einem nichtrechtsfähigen Idealverein mit seiner fehlenden persönlichen Haftung auszugehen wäre. Gleiches gilt für den Fall, dass die Erlangung der Rechtsfähigkeit überhaupt nicht mehr möglich ist, was die Vereinsgläubiger mangels Einblicks in die Vereinsinterna i.d.R. nicht erfahren.

Für die Vereinsgläubiger stellt sich somit die Lage bei geplanter persönlicher Inanspruchnahme der Mitglieder unter Annahme einer unterschiedlichen Mitgliederhaftung im nichtrechtsfähigen Idealverein (keine persönliche Haftung) und im Idealvorverein (persönliche Haftung) folgendermaßen dar: Aufgrund der aufgezeigten Abgrenzungsprobleme wäre für sie kaum ersichtlich, ob ihnen ein nichtrechtsfähiger Idealverein oder ein Vorverein gegenübersteht. Mangels Möglichkeit einer ausreichenden Zuordnung wüßten die Gläubiger nicht, ob sie die Mitglieder persönlich in Anspruch nehmen können oder nicht. Bei Einschätzung des Vereins als Idealvorverein und dementsprechender Klage gegen die Mitglieder, trotz eines in Wirklichkeit vorliegenden nichtrechtsfähigen Idealvereins mit seiner fehlenden persönlichen Mitgliederhaftung, müßten die Gläubiger die Prozesskosten tragen. Eine Klage gegen ein Vereinsmitglied, der insbesondere bei Vermögenslosigkeit des Vereins große Bedeutung zukommt, würde so zu erheblichen, unkalkulierbaren Risiken für die Vereinsgläubiger führen, welche unzumutbar erscheinen.

Die Abgrenzungsprobleme der Vereinsgläubiger zwischen einem nichtrechtsfähigen Idealverein und einem Idealvorverein lassen sich dadurch umgehen, dass man von einer einheitlichen Mitgliederhaftung in beiden Vereinsformen ausgeht. In diesem Fall ist für die Vereinsgläubiger die Vornahme einer Abgrenzung nicht mehr erforderlich. Ob ein Idealvorverein oder ein nichtrechtsfähiger Idealverein vorliegt, macht hinsichtlich der Haftungsstruktur dann keinen Unterschied. Aus Gläubigerschutzgründen ist daher von dem Erfordernis einer einheitlichen Mitgliederhaftung auszugehen.

Da die Mitglieder eines nichtrechtsfähigen Idealvereins für Vereinsverbindlichkeiten persönlich nicht haften,[523] hat dies unter dem Gesichtspunkt einer einheitlichen Mitgliederhaftung zur Folge, dass Entsprechendes für die Mitglieder eines Idealvorvereins gilt. Die Mitglieder eines Idealvorvereins haften für Verbindlichkeiten des Vereins nicht persönlich.

(b) Meiden eines rechtsfähigen Idealvereins

Gegen eine unterschiedliche Ausgestaltung der Mitgliederhaftung in Form einer persönlichen Mitgliederhaftung beim Idealvorverein und einer persönlichen Nichthaftung beim nichtrechtsfähigen Idealvorverein lassen sich neben den auftretenden Abgrenzungsschwierigkeiten weitere Gesichtspunkte anführen.

Im Falle einer unbeschränkten Mitgliederhaftung nur beim Idealvorverein würden die Vereinsmitglieder diese "Vereinsform" meiden. Dies hätte zur Folge, dass die Mitglieder wegen des für sie erhöhten Haftungsrisikos die Erlangung der Rechtsfähigkeit kaum noch anstreben, sondern den für sie haftungsrechtlich sichereren nichtrechtsfähigen Verein als "Vereinsform" wählen würden. Dies würde bedeuten, dass kaum noch rechtsfähige Vereine entstünden, zumal das Recht des nichtrechtsfähigen Vereins dem des rechtsfähigen Vereins weitgehend angenähert ist und so kaum nennenswerte Unterschiede oder gar Nachteile bestehen.[524]

Ein solches weiteres Zurückdrängen der rechtsfähigen Vereine zugunsten der nichtrechtsfähigen Vereine[525] wäre aber rechtspolitisch bedenklich. Zum einen fehlen beim nichtrechtsfähigen Verein im Gegensatz zum rechtsfähigen Verein jegliche Publizitätsvorschriften. Zum anderen würde auch der Wille des Gesetzgebers, der gerade eine weitgehende Schlechterstellung des nichtrechtsfähigen Vereins gegenüber dem rechtsfähigen Verein wollte (z.B. durch den Verweis in § 54 I BGB auf das Gesellschaftsrecht),[526] gerade ins Gegenteil verkehrt. Zwar ist heute einhellig anerkannt, dass diesem Willen des BGB-Gesetzgebers keine Be-

---

[523] Siehe umfassende Herleitung unter 3.Teil II. 2c) (1).
[524] Zur Annäherung der beiden "Vereinstypen" siehe z.B. K. Schmidt, GesR, § 25 II 2).
[525] Die Zahl der nichtrechtsfähigen Vereine soll heute schon die Zahl der rechtsfähigen Vereine überwiegen. So Padeck, S. 3 ff.; Ennecerus/Nipperdey, § 116 I; Kertess, S. 2 f.
[526] Vgl. FN 499.

deutung mehr zukommt;[527] es erscheint aber zu weitgehend, die gewollte Regel (rechtsfähiger Verein) faktisch über das Haftungsrecht im Vorverein zur Randerscheinung zu machen. Obwohl dem vorliegenden Argument gegen eine unterschiedlich ausgestaltete Mitgliederhaftung eine eher untergeordnete Bedeutung und Wertigkeit zukommt, bestätigt es doch das bereits herausgearbeitete Erfordernis einer einheitlichen Haftung in Form einer persönlichen Mitgliederhaftung.

(c) Gleiche Schutzwürdigkeit im Idealvorverein und nichtrechtsfähigen Idealverein

Gegen eine persönliche Mitgliederhaftung im Idealvorverein im Verhältnis zur einer fehlenden Mitgliederhaftung im nichtrechtsfähigen Idealverein spricht zudem noch, dass ein Vereinsmitglied sonst ausgerechnet im kurzen Gründungsstadium, in der die Erlangung der Rechtsfähigkeit erstrebt wird, haftungsrechtlich viel schlechter gestellt würde als in dem Fall, in dem er die Rechtsfähigkeit nicht erstrebt oder die Rechtsfähigkeit erlangt. Dass mit Entstehen einer juristischen Person eine Besserstellung der Mitglieder eintritt, ist nachvollziehbar (z.B. wegen der dann eingreifenden Publizitätsvorschriften); dass dies aber mit Aufgabe der Eintragungsabsicht auch eintreten soll, erscheint hingegen kaum verständlich. Denn die Mitgliederinteressen beim nichtrechtsfähigen Idealverein und beim Idealvorverein divergieren mit Ausnahme des Willens zur Eintragung nicht. Beide sind auf ideelle Zwecke hin ausgerichtet. Bei beiden möchten die Vereinsmitglieder persönlich nicht haften. Darüber hinaus ist aus Gläubigersicht nichts ersichtlich, was eine unterschiedliche Mitgliederhaftung rechtfertigen könnte. Die Gläubiger erscheinen aufgrund der ihnen in beiden Fällen auf jeden Fall zur Verfügung stehenden Haftungsmassen (Vereinsvermögen und die Haftung der Handelnden nach § 54 S.2 BGB) und dem gleichen Gläubigerschutzbedürfnis bei beiden "Vereinsformen" gleich schutzwürdig bzw. schutzunwürdig.

---

[527] Vgl. FN 500.

(d) Drohende "Flucht" der Mitglieder in den nichtrechtsfähigen Idealverein

Ein weiteres Problem, das mit einer unterschiedlichen Mitgliederhaftung einherginge, wäre die drohende Flucht der Vereinsmitglieder in die für sie haftungsrechtlich gesehen günstigere Vereinsform, also in den nichtrechtsfähigen Verein. Da bei Aufgabe der Eintragungsabsicht und Weiterverfolgung des sonstigen Vereinszwecks als nichtrechtsfähiger Verein eine Identität zwischen dem vormals bestehenden Idealvorverein und dem neu entstehenden nichtrechtsfähigen Idealverein besteht,[528] würde ein derartiger Vereinswechsel dazu führen, dass Vereinsverbindlichkeiten nur noch gegen den nichtrechtsfähigen Idealverein geltend gemacht werden könnten. Durch eine solche "Flucht in den nichtrechtsfähigen Verein" käme es zu einer Umgehung der persönlichen Haftung der Mitglieder, da die Mitglieder eines nichtrechtsfähigen Idealvereins - wie bereits ausführlich dargestellt[529] - persönlich nicht haften. Dies würde vor allem in den Fällen drohender bzw. schon eingetretener Überschuldung oder Zahlungsunfähigkeit dazu führen, dass die Mitglieder eines Vorvereins ihre Eintragungsabsicht schnell aufgeben würden, um so einer (unbeschränkten) Mitgliederhaftung zu entgehen. Dies könnten sie im Extremfall sogar dann noch tun, wenn die Vereinsgläubiger die Mitgliederhaftung schon (außergerichtlich) geltend gemacht haben. Faktisch wäre durch diese "Fluchtmöglichkeit" eine Mitgliederhaftung beim Idealvorverein erheblich eingeschränkt, obwohl man andererseits bedenken muß, dass eine solche "Flucht" wegen einer für die Satzungsänderung bzgl. der Eintragungsabsicht erforderlichen Dreiviertelmehrheit nach § 33 I S.1 BGB[530] nicht so leicht zu bewerkstelligen ist.

Eine "Flucht vor der persönlichen Mitgliederhaftung" läßt sich nicht durch Bildung von Mißbrauchstatbeständen verhindern. Mit verobjektivierten Fallgruppen ist es nicht möglich, eine sichere Grenzlinie zu ziehen, wo der Wechsel in einen nichtrechtsfähigen Idealverein nur zur Umgehung der persönlichen Haftung mißbraucht wurde oder aber aus anderen Gründen erfolgte.

Des Weiteren erscheint ein Abstellen auf den Zeitpunkt der Begründung der Vereinsverbindlichkeit bezüglich der in Frage kommenden

---

[528] So Dregger, S. 90; Schnorr von Carolsfeld, ZfG 9 (1959), 50, 65 f.
[529] Siehe Darstellung unter 3.Teil II. 2c)(1).
[530] Zur erforderlichen Stimmenmehrheit siehe Ausführungen unter 3.Teil I. 3), insbesondere FN 437.

Mitgliederhaftung als Möglichkeit einer "Fluchtverhinderung" nicht sinnvoll. Dies hätte z.B. zur Folge, dass bei wiederkehrenden Forderungen oder mehreren Teilforderungen, zumal wenn sie in einem sehr engen Zusammenhang stehen, die Gläubiger unter Umständen einmal auf die Vereinsmitglieder zurückgreifen könnten, im anderen Fall hingegen nicht. Dann würde sich für die Vereinsgläubiger nicht nur die kaum zu beantwortende Frage nach der bei Geltendmachung der persönlichen Mitgliederhaftung vorliegenden "Vereinsform" stellen, sondern noch zusätzlich, wenn man von einem nichtrechtsfähigen Verein ausgeht, die Frage, welche "Vereinsform" bei Begründung der Vereinsverbindlichkeit vorlag. Dies ist aber für einen Vereinsgläubiger ebenfalls kaum zu ermitteln. Eine interessengerechte Lösung der "Fluchtproblematik" ließe sich durch eine solche differenzierende Betrachtungsweise daher nicht gewinnen.

Die vor allem für die Vereinsgläubiger untragbare "Flucht vor der persönlichen Haftung in den nichtrechtsfähigen Idealverein", die bei Annahme einer persönlichen Haftung im Idealvorverein einsetzen würde, bestätigt das bereits herausgearbeitete Ergebnis, von einer unterschiedlichen Mitgliederhaftung in Idealvorverein und nichtrechtsfähigem Idealverein Abstand zu nehmen. Bei einer einheitlichen Mitgliederhaftung führt ein Wechsel der "Vereinsform" zu keiner unterschiedlichen (Mitglieder)-Haftung. Eine "Flucht" in eine andere Vereinsform, um haftungsrechtlich besser zu stehen, entfällt somit. Dies spricht als weitere Bestätigung dafür, die Mitgliederhaftung im Idealvorverein entsprechend der Mitgliederhaftung im nichtrechtsfähigen Idealverein als persönliche Nichthaftung auszugestalten.

(3) Ergebnis

Die angesprochenen Interessengesichtspunkte sprechen für eine einheitlich ausgestaltete Haftung im Idealvorverein und im nichtrechtsfähigen Idealverein in Form einer fehlenden persönlichen Mitgliederhaftung.

Hauptargument sind die aus Gläubigersicht ansonsten drohenden unzumutbaren Abgrenzungsschwierigkeiten zwischen beiden Idealvereinsformen. Die Gläubiger des Vereins müssen so nicht ermitteln, ob ihnen ein Idealvorverein oder ein nichtrechtsfähiger Idealverein gegenübersteht, was sie mangels Einblick in die Vereinssatzung und in die Interna des Vereins kaum feststellen können. So werden erhebliche Prozeßrisiken für die Vereinsgläubiger vermieden. Entsprechend dem Erfordernis einer einheitlichen Mitgliederhaftung richtet sich die Mitgliederhaftung im Idealvorverein an der Haftungsstruktur beim nichtrechtsfähigen Idealverein aus, in der die Mitglieder für Vereinsverbindlichkeiten persönlich nicht haften.

Dieses Ergebnis findet Bestätigung in weiteren, wenn auch nicht so gewichtigen, Interessengesichtspunkten. Zum einen führt dies nicht zur Meidung des Idealvorvereins und somit des rechtsfähigen Idealvereins, zum anderen droht keine Flucht der Vereinsmitglieder in die für sie haftungsrechtlich gesehen günstigere Vereinsform. Darüber hinaus spricht die gleiche Schutzwürdigkeit im Idealvorverein und im nichtrechtsfähigen Idealverein für eine einheitliche Mitgliederhaftung.

d) Vereinbarkeit der persönlichen Nichthaftung mit den Gläubiger- und Mitgliederinteressen

Eine persönliche Nichthaftung der Mitglieder eines Idealvorvereins wurde mittelbar über das aus Interessengesichtspunkten ermittelte Erfordernis einer einheitlichen Mitgliederhaftung in nichtrechtsfähigem Idealverein und Idealvorverein hergeleitet. Es fragt sich, ob dieses gefundene Ergebnis mit den Gläubiger- und Mitgliedsinteressen im Idealvorverein (unmittelbar) vereinbar ist.

Eine persönliche Nichthaftung ist im Interesse der Mitglieder. Die Mitglieder eines Idealvorvereins hoffen und rechnen genausowenig wie die Mitglieder eines rechtsfähigen Idealvereins oder eines nichtrechtsfähigen Idealvereins damit, für Vereinsverbindlichkeiten persönlich haften zu müssen. Dies erscheint insofern gerechtfertigt, als sie i.d.R. (aufgrund der Fremdorganschaft im Vereinsrecht) kaum Einfluß auf die Geschäftsführung des Vereins haben.

Problematisch ist aber, ob bei einer solchen persönlichen Nichthaftung noch ein ausreichender Gläubigerschutz im Idealvorverein gewährleistet ist. Den Gläubigern eines Idealvorvereins steht bei Ablehnung einer persönlichen Mitgliederhaftung das Vereinsvermögen, das aus von den Mitgliedern geleisteten oder noch zu leistenden Beiträgen und den vom

Verein erworbenen Gegenständen besteht,[531] und die Haftung der Handelnden nach § 54 S.2 BGB als Haftungsobjekte zur Verfügung. Entsprechendes wurden bei Vor-GmbH und Vor-AG als nicht ausreichend qualifiziert. Beim Idealvorverein stellt sich die Situation aber anders dar als bei diesen Vorgesellschaften. Es besteht bei ihm ein viel geringeres Gläubigerschutzbedürfnis. Der Idealverein ist überwiegend auf ideelle Interessen und nicht wie die Vorgesellschaft auf wirtschaftliche Betätigung ausgerichtet. Nur im Rahmen des Nebenzweckprivilegs - das aus Gläubigerinteressen sehr eng zu ziehen ist[532] - ist eine wirtschaftliche Betätigung zulässig. Dies bedeutet, dass der Idealvorverein mangels wirtschaftlicher Haupttätigkeit weit weniger wirtschaftlichen Risiken und somit auch geringeren Haftungsrisiken ausgesetzt ist als andere Vorgesellschaften oder eben ein Wirtschaftsvorverein. Dieses geringere Gläubigerschutzbedürfnis beim Idealvorverein kommt in den gesetzlichen Regelungen des Vereinsrechts zum Ausdruck. Anders als bei den Kapitalgesellschaften fehlt es beim Idealverein an Vorschriften zur Erbringung eines Mindestvermögens oder entsprechender Vorschriften zur Vermögenserhaltung. Dies zeigt, dass die Gläubiger eines Idealvereins vom Gesetzgeber als nicht so schutzwürdig wie die Gläubiger einer Kapitalgesellschaft angesehen werden, deren Zweck auf wirtschaftliche Betätigung ausgerichtet ist. Diese unterschiedlichen Gläubigerinteressen lassen sich von den rechtsfähigen Verbänden auf deren Vorgesellschaften übertragen. Das geringere Gläubigerschutzbedürfnis beim Idealvorverein rechtfertigt die aufgrund der fehlenden (Gründer)-Mitgliederhaftung geringere Haftungsmasse gegenüber den anderen Vorgesellschaften. Im Falle eines Idealvorvereins stehen somit die Mitgliederinteressen nicht hinter Gläubigerinteressen zurück. Einer persönlichen Mitgliederhaftung bedarf es für einen ausreichenden Gläubigerschutz nicht.

Dies bedeutet, dass sich die persönliche Nichthaftung der Mitglieder eines Idealvorvereins mit den Interessen der Mitglieder und Gläubiger deckt. Dadurch findet das mittelbar anhand des Erfordernisses einer einheitlichen Mitgliederhaftung bei Idealvorverein und nichtrechtsfähigem Idealverein gefundene Ergebnis einer fehlenden persönlichen Haftung seine Bestätigung in einer unmittelbaren Abwägung der Interessen von Mitgliedern und Gläubigern im Idealvorverein.

---

[531] Soergel-<u>Hadding</u>, § 54 Rdnr. 20; Staudinger-<u>Weick</u>, § 54 Rdnr. 77.
[532] Vgl. Ausführungen unter 3.Teil I. 4).

e) Ergebnis

Das Vor-GmbH-Haftungsmodell mit seiner unbeschränkten persönlichen Gründerhaftung ist auf den Idealvorverein nicht übertragbar. Die Mitglieder eines Idealvorvereins haften für Vereinsverbindlichkeiten nicht persönlich. Begründen läßt sich dies mit dem Erfordernis einer einheitlichen Mitgliederhaftung in Idealvorverein und nichtrechtsfähigem Verein, das vor allem aus ansonsten drohenden Abgrenzungsschwierigkeiten folgt. Da eine Mitgliederhaftung im nichtrechtsfähigen Idealverein fehlt, muß entsprechendes im Idealvorverein gelten. Dieses Ergebnis findet seine Bestätigung in der Vereinbarkeit mit den Gläubiger- und Mitgliederinteressen im Idealvorverein. Die Interessen der Vorstandsmitglieder stehen dem, anders als bei der Vor-GmbH, nicht entgegen.

III. Gründerhaftung im Wirtschafts-Vorverein

1) Haftungsmodelle

Nach der - soweit ersichtlich - einhelligen Meinung in der Literatur haften die Mitglieder eines Wirtschafts-Vorvereins für Vereinsverbindlichkeiten als Gesamtschuldner unbeschränkt persönlich.[533] Dabei wird danach differenziert, ob der Wirtschafts-Vorverein ein Handelsgewerbe (i.S.d. § 1 II HGB n.F.) betreibt oder nicht. Wird ein Handelsgewerbe betrieben, sollen die Vereinsmitglieder nach §§ 128, (130) HGB[534] bzw. § 128 HGB analog[535] unbeschränkt und gesamtschuldnerisch haften. Bei einem

---

[533] MüKo-Reuter, §§ 21, 22 Rdnr. 86; Soergel-Hadding, vor § 21 Rdnr. 67; Staudinger-Weick, § 21 Rdnr. 34; Reichert-Reichert, Rdnr. 93; Dißars, DStZ 1996, 37, 40; K. Schmidt, GesR, § 24 II 3); anders noch: K. Schmidt, OHG, S. 320, 345, der eine Haftung nur zulasten der mit dem Beginn der werbenden Tätigkeit einverstandenen Gründermitglieder zuläßt, also später eingetretene Mitglieder nicht haften läßt.

[534] Staudinger-Weick, § 21 Rdnr. 34; K. Schmidt, GesR, § 25 III 2b); Dißars, DStZ 1996, 37, 40.

[535] MüKo-Reuter, §§ 21, 22 Rdnr. 86 f.; Reichert-Reichert, Rdnr. 93; Soergel-Hadding, vor § 21 Rdnr. 67.

nichtkaufmännischen Handelsgewerbe ergebe sich die unbeschränkte gesamtschuldnerische Mitgliederhaftung aus §§ 427, 421 BGB.[536] Als Begründung für diese Haftungsausgestaltung verweist diese Ansicht meist auf die entsprechende Mitgliederhaftung beim nichtrechtsfähigen Wirtschaftsverein[537] oder aber auf Gläubigerschutzerwägungen, wonach sich wirtschaftliches Handeln bei Fehlen von Kapitalaufbringungs- und Kapitalerhaltungsvorschriften nur durch Risikobeteiligung der dahinterstehenden Personen rechtfertigen lasse.[538] Einige Stimmen stellen wie bei den Vorgesellschaften auf ein "allgemeines Haftungsprinzip des bürgerlichen Rechts und des Handelsrechts" ab, wonach das Betreiben eines Unternehmens grundsätzlich, wenn gesetzlich nichts anderes geregelt sei, zur unbeschränkten persönlichen Haftung führe.[539]

2) Übertragbarkeit des GmbH-Haftungsmodells auf den Wirtschafts-Vorverein

a) Einheitlicher Haftungsumfang vor und nach Eintragung

Es fragt sich, ob auf die Mitgliederhaftung im Wirtschaftsvorverein das für die Vorgesellschaft gefundene Ergebnis einer unmittelbaren, unbeschränkten, gesamtschuldnerischen Gründerhaftung oder eine persönliche Nichthaftung der Mitglieder wie beim Idealvorverein Anwendung findet.
Ein Hauptargument für eine unbeschränkte Gründerhaftung bei Vor-GmbH und Vor-AG ergibt sich aus dem erforderlichen einheitlichen Haftungsumfang vor und nach Eintragung, der erhebliche Wertungswidersprüche vermeidet. Voraussetzung für eine Übertragbarkeit auf den Wirtschafts-Vorverein wäre aber, dass auch beim Wirtschafts-Vorverein mit Erlangung der Rechtsfähigkeit durch staatliche Verleihung nach § 22 BGB eine Unterbilanzhaftung entstünde.

---

[536] MüKo-Reuter, §§ 21, 22 Rdnr. 86; K. Schmidt, GesR, § 25 III 2b); Dißars, DStZ 1996, 37, 40.
[537] Staudinger-Weick, § 21 Rdnr. 34; K. Schmidt, GesR, § 24 II 3); Dißars, DStZ 1996, 37, 40, die dazu konsequenterweise kommen, da sie einen Vorverein als nichtrechtsfähigen Verein ansehen.
[538] MüKo-Reuter, §§ 21, 22 Rdnr. 86.
[539] K. Schmidt, GesR, § 24 II 3); 25 III 2b).

Wie aber bereits gezeigt, kommt eine Unterbilanzhaftung im Vereinsrecht nicht zur Anwendung;[540] dies gilt sowohl für den Idealverein als auch für den wirtschaftlichen Verein. Folglich kann das für die Vorgesellschaften herangezogene Argument einer erforderlichen unbeschränkten Haftung der Gründer vor und nach Eintragung für den Wirtschafts-Vorverein keine Anwendung finden.

b) Interessenwiderstreit Vorstand - Vereinsmitglieder

Da im Vereinsrecht mit Erlangung der Rechtsfähigkeit keine Unterbilanzhaftung entsteht, bestehen, anders als bei Vor-GmbH und Vor-AG, keine divergierenden Interessen zwischen Vorstand und Mitgliedern hinsichtlich der Erlangung der Rechtsfähigkeit. Folglich ist das entsprechende Argument für eine unbeschränkte Haftung aus dem Kapitalgesellschaftsrecht auf den Wirtschafts-Vorverein nicht übertragbar.

Für eine unbeschränkte Mitgliederhaftung im Wirtschafts-Vorverein könnte aber sprechen, dass eine persönliche Nichthaftung der Mitglieder eines Wirtschafts-Vorvereins bzw. eine beschränkte Haftung gegenüber der unbeschränkten Handelndenhaftung nach § 54 S.2 BGB, die auch beim Wirtschafts-Vorverein gilt,[541] insbesondere unter dem Blickwinkel einer interessengerechten Aufteilung von Risiko und Gewinn zwischen Vorstand und Mitgliedern, im Gründungsstadium unbefriedigend ist.

Eine unbefriedigende Risikoverteilung in diesem Sinne wird für den Idealvorverein abgelehnt, da wegen der i.d.R. fehlenden wirtschaftlichen Betätigung zum einen die Haftungsrisiken für den Vorstand erheblich reduziert sind und zum anderen für die Mitglieder keine Gewinnerzielung möglich ist.

Bei einem Wirtschafts-Vorverein stellt sich die Lage anders dar. Hier zielt der Verein wie bei den anderen Vorgesellschaften (außer dem Idealvorverein) auf wirtschaftliche Betätigung ab. Die Vereinsmitglieder erstreben keinen ideellen Zweck, sondern einen wirtschaftlichen Erfolg. An Gewinnen partizipieren sie. Die Vorstandsmitglieder, die keine Vereinsmitglieder sind, sind hingegen am Erfolg des Unternehmens i.d.R. nicht beteiligt. Sie erhalten, wenn überhaupt, nur eine Vergütung für ihre

---

[540] Siehe unter 3. Teil II. 2a) (1), wo sowohl die Gesichtspunkte im Idealvorverein als auch im Wirtschaftsvorverein berücksichtigt wurden.
[541] Soergel-Hadding, vor § 21 Rdnr. 68; K. Schmidt, GesR, § 24 II 3).

Tätigkeit. Ginge man nun von einer Haftungsprivilegierung der Vereinsmitglieder aus, würden die Vorstandsmitglieder das Haftungsrisiko des Wirtschafts-Vorvereins allein (bei persönlicher Nichthaftung) bzw. überwiegend (bei beschränkter Haftung) über die mögliche Handelndenhaftung nach § 54 S.2 BGB tragen. Auf der anderen Seite bieten sich die Gewinnchancen des Wirtschafts-Vorvereins nur den Vereinsmitgliedern. Diese Chancen- und Risikoverteilung im Wirtschafts-Vorverein entspricht genau der Lage bei Vor-GmbH und Vor-AG. Das Geschäftsrisiko würde unzumutbarerweise im Gründungsstadium einseitig den Organen aufgebürdet, obwohl am Geschäftserfolg allein die Mitglieder teilhaben. Aus diesem Gesichtspunkt erscheint es interessen- und sachgerecht, die Mitglieder eines Wirtschafts-Vorvereins - wie die Gründer einer Vorkapitalgesellschaft - unbeschränkt haften zu lassen.

In den Fällen, in denen die Vorstandsmitglieder auch gleichzeitig Vereinsmitglieder sind, sowie, wenn der Vorstand am Gewinn beteiligt wird, greifen die eben vorgenommenen Erwägungen nicht durch. Dann kann nicht mehr von einer ungerechten Aufteilung von Risiko und Chance gesprochen werden. Diese Fallgruppen stellen bei einem Wirtschaft-Vorverein jedoch nur zwei seltene Ausnahmefälle dar. Anders als bei der Vorgenossenschaft müssen die Vorstandsmitglieder nicht zugleich Vereinsmitglieder sein. Vorstandsmitglieder bei Wirtschaftsvorvereinen, insbesondere bei größeren, sind meist Nichtvereinsmitglieder, die i.d.R. auch an den Gewinnen nicht partizipieren. Bei der Beurteilung der Interessen zwischen Vorstandsmitgliedern und Vereinsmitgliedern kommt daher diesen beiden Ausnahmefällen kaum eine Relevanz zu. Die Aufteilung der Gründungsrisiken hat sich vorrangig am Regelfall zu orientieren. Bei diesem sorgt allein eine unbeschränkte Haftung der Mitglieder für eine interessengerechte Aufteilung von Risiko und Gewinn zwischen Vorstandsmitgliedern und Vereinsmitgliedern.

Es kann somit festgestellt werden, dass das Verhältnis zwischen Vorstandsmitgliedern (ohne Vereinsmitgliedschaft) und Vereinsmitgliedern für eine unbeschränkte Haftung der Mitglieder eines Wirtschafts-Vorvereins spricht.

c) Verhältnis der Mitgliederhaftung im Wirtschafts-Vorverein zur Mitgliederhaftung im nichtrechtsfähigen wirtschaftlichen Verein

Für die Nichthaftung der Mitglieder eines Idealvorvereins ist maßgeblich, dass eine persönliche Mitgliederhaftung mit der Nichthaftung der Mitglieder eines nichtrechtsfähigen Idealvereins nicht zu vereinbaren ist. Auch für den Wirtschafts-Vorverein könnte entsprechendes gelten. Aus dem Erfordernis nach einer einheitlichen Haftung könnte sich die Mitgliederhaftung beim Wirtschafts-Vorverein aus der beim nichtrechtsfähigen wirtschaftlichen Verein ergeben.

Zunächst ist daher auf die Ausgestaltung der Mitgliederhaftung beim nichtrechtsfähigen Wirtschaftsverein einzugehen.

(1) Mitgliederhaftung im nichtrechtsfähigen wirtschaftlichen Verein

Die Mitgliederhaftung im nichtrechtsfähigen wirtschaftlichen Verein, der auch nichtrechtsfähiger Wirtschaftsverein genannt wird, stellt eines der umstrittensten Probleme im Vereinsrecht dar. Das Meinungsbild ist sehr diffus. Fast jede Ansicht, auch wenn sie zum selben Haftungsergebnis führt, begründet ihr Haftungsmodell anders.

Es kann daher nicht Aufgabe dieser Arbeit sein, sich mit dieser Meinungsvielfalt im einzelnen zu beschäftigen und jeder vertretenen Ansicht nachzugehen. Dies würde den Umfang dieser Arbeit sprengen und die Schwerpunkte falsch setzen, die auf die Haftung in den Vorgesellschaften und dem Vorverein gerichtet sind und nicht auf die Haftung in "nichtrechtsfähigen Dauerverbänden".

Daher wird im folgenden der bestehende Meinungsstand nur knapp dargestellt und anschliessend anhand der - m.E. - entscheidenden Argumente und Gründe entschieden.

(a) Haftung bei handelsgewerblicher Betätigung

Bei der Frage nach der Mitgliederhaftung beim nichtrechtsfähigen Wirtschaftsverein differenzieren die Ansichten ganz überwiegend danach, ob ein Handelsgewerbe (i.S.d. § 1 II n.f. HGB) betrieben wird[542] oder ein anderer Fall wirtschaftlicher Betätigung vorliegt.

Bei Betreiben eines Handelsgewerbes nimmt man ganz überwiegend eine unbeschränkte und unbeschränkbare gesamtschuldnerische Haftung an. Dazu werden aber zwei unterschiedliche Ansatzpunkte vertreten. Die wohl überwiegende Ansicht geht davon aus, dass ein "Verein", der ein Handelsgewerbe betreibt, (kraft Rechtsformzwang) eine OHG sei und demnach für die Haftung der Mitglieder die §§ 128 ff. HGB unmittelbar zur Geltung kommen.[543] Nach der Gegenansicht ist ein nichtrechtsfähiger Wirtschaftsverein zwar keine OHG, doch sei er im Außenverhältnis und somit bezüglich der Haftungsverfassung als OHG zu behandeln. Anders als bei einer Qualifizierung als OHG gelte aber im Innenrecht Vereinsrecht. Nach dieser Ansicht haften die Mitglieder eines nichtrechtsfähigen Wirtschaftsvereins nach § 128 HGB analog.[544] Vereinzelte Stimmen lehnen eine persönliche Mitgliederhaftung im nichtrechtsfähigen Wirtschaftsverein ab.[545] Sie begründen dies zum einen mit der Ausgestaltung als Körperschaft,[546] zum anderen damit, dass ein "Verein", der ein Handelsgewerbe betreibe, eine KG sei und die Mitglieder, die keine Vorstandsmitglieder seien, daher analog § 176 I S.1 HGB persönlich nicht haften würden. Außerdem führen sie an, dass keiner, der mit einem Verein kontrahiere, mit einer persönlichen Haftung der Mitglieder rechne.[547]

Letztere Ansicht erscheint schon auf den ersten Blick deshalb bedenklich, da sich ihre Argumentation mit der Erwartung des

---

[542] Vor dem Handelsrechtsreformgesetz wurde danach differenziert, ob ein (vollkaufmännisches) Handelsgewerbe i.S.d. § 1 II HGB a.F. vorlag oder nicht (so noch die nicht aktualisierte Literatur).
[543] BGHZ 22, 240, 244; Staudinger-Weick, § 54 Rdnr. 54; K. Schmidt, OHG, S. 202 ff., 231; Dregger, S. 57 f.; Nitschke, S. 118 ff.; Reiff, S. 93 f.; Flume, ZHR 148 (1984), 503, 517; Paulick, ZfG 4 (1954), 149, 155; Dißars, DStZ 1996, 37, 39; abweichend: Schaible, S. 124, der eine Haftung nach § 128 HGB nur für die Mitglieder annimmt, die vom Handelsgewerbe wissen; Soergel-Hadding, § 54 Rdnr. 3, 23, 25, der bei Auftreten eines "Vereins" mit Zusatz "beschränkter Haftung" ausnahmsweise eine KG vorliegen sieht.
[544] MüKo-Reuter, § 54 Rdnr. 7; Wiedemann, GesR S. 93 f.; Stoll, FS RG II, S. 71 f.; so wohl auch Padeck, S. 76; Stoltenberg, MDR 1989, 494, 498; abweichend: Schumann, S. 24 f., aber nur für wirtschaftliche Vereine im engeren Sinne, die nicht außerhalb des handelsgewerblichen Güterverkehrs stehen.
[545] Sack, ZGR 1974, 179, 199 ff.; Schnorr von Carolsfeld, ZfG 9 (1959), 50, 61.
[546] Schnorr von Carolsfeld, ZfG 9 (1959), 50, 61.
[547] Sack, ZGR 1974, 179, 199 ff.

Rechtsverkehrs allein auf rechtsgeschäftliche Verbindlichkeiten bezieht und gesetzliche Verbindlichkeiten vollkommen unberücksichtigt läßt.[548]

Eine Nichthaftung der Mitglieder eines nichtrechtsfähigen Wirtschaftsvereins scheitert aber darüber hinaus auf jeden Fall an dem entgegenstehenden Sinn und Zweck des § 22 BGB.

Sinn und Zweck des § 22 BGB ist die Auffang- und Sperrfunktion hinsichtlich der Kapitalgesellschaften und Genossenschaften. Dies ergibt sich vor allem daraus, dass der nach § 22 BGB rechtsfähige Wirtschaftsverein, anders als GmbH, AG und eG, keinen Kapitalaufbringungs- und Kapitalerhaltungsvorschriften unterliegt, die ein für einen Gläubigerschutz hinreichendes Vereinsvermögen gewährleisten. Zudem fehlen Prüfungs- (§§ 9c GmbHG, 38 AktG), Bilanzierungs- (§ 286 HGB i.V.m. § 42 GmbHG, § 152 AktG) und Publizitätspflichten (§§ 10 GmbHG, 39 AktG), die ebenfalls dem Gläubigerschutz dienen. Um eine Umgehung dieser strengen Vorschriften bei GmbH, AG und eG durch Erlangung der Rechtsfähigkeit als Wirtschaftsverein nach § 22 BGB zu verhindern, ist es aus Gläubigerschutzgründen erforderlich, die Erlangung der Rechtsfähigkeit durch staatliche Verleihung erheblich einzuschränken.[549] Dem trägt man heute durch den allgemein anerkannten Subsidiaritätsgrundsatz Rechnung, der besagt, dass eine staatliche Verleihung nach § 22 BGB nur zu erteilen ist, wenn es wegen der besonderen Umstände des Einzelfalls für die Vereinigung unzumutbar ist, sich als AG, GmbH oder eG zu organisieren;[550] dies gilt z.B. dann, wenn sondergesetzliche Bestimmungen gerade die Rechtsform eines wirtschaftlichen Vereins zulassen (z.B. § 16 ff. BWaldG, § 15 StBewG; § 3 Marktstrukturgesetz).[551] Das Privileg der Haftungsbeschränkung auf das Vereinsvermögen, also die persönliche Nichthaftung der Mitglieder, wird bei einer wirtschaftlich tätigen Vereinigung folglich erst dadurch erreicht, dass sie die Rechtsform

---

[548] Vgl. Reiff, S. 83.
[549] Vgl. BVerwG, JZ 1998, 786; K. Schmidt, Verband, S. 86 f.; 105; MüKo-Reuter, §§ 21, 22 Rdnr. 7; Staudinger-Weick, Vorbem. zu §§ 21 ff. Rdnr. 47; Soergel-Hadding, §§ 21, 22 Rdnr. 5 ff.; 51, der neben Gläubigerschutzerwägungen - entgegen K. Schmidt - auch noch Mitgliedsschutz und Sozialschutzgründe für die Sperrfunktion des § 22 BGB heranzieht.
[550] BGHZ 22, 240, 244; BVerwG, NJW 1979, 2261, 2264; BVerwG, JZ 1998, 786; Soergel-Hadding, § 54 Rdnr. 47, 51; Palandt-Heinrichs, § 22 Rdnr. 1; Schwierkus, S. 257 ff.; Nitschke, S. 116 ff.
[551] Soergel-Hadding, § 54 Rdnr. 52; Staudinger-Weick, § 54 Rdnr. 10 f.; Palandt-Heinrichs, § 22 Rdnr. 1.

einer Kapitalgesellschaft bzw. einer Genossenschaft mit deren hohen Anforderungen an Kapitalaufbringung und -erhaltung wählt, bzw. in seltenen Ausnahmefällen durch staatliche Verleihung nach § 22 BGB.

Dieser Gläubigerschutzzweck des § 22 BGB macht es unumgänglich, beim nichtrechtsfähigen Wirtschaftsverein eine unbeschränkte Mitgliederhaftung anzunehmen. Denn § 22 BGB liefe leer, wenn man dem nichtrechtsfähigen Wirtschaftsverein erlaubte, was man mit der grundsätzlichen Sperre der Rechtsform rechtsfähiger wirtschaftlicher Verein verhindern will: die Haftungsbeschränkung auf das Vereinsvermögen, also die persönliche Nichthaftung der Vereinsmitglieder außerhalb der dafür vorgesehenen Rechtsformen (GmbH, AG, eG). Bei einem wirtschaftlichen Verein, der sich den Anforderungen und Prüfungen entzieht, die mit der Gründung einer GmbH, AG, eG oder der staatlichen Verleihung nach § 22 BGB verbunden sind, andererseits aber in vergleichbarer Weise wirtschaftliche Tätigkeit entfaltet, macht die nicht gesicherte Aufbringung eines hinreichenden Vereinsvermögens und der deshalb gebotene Gläubigerschutz gerade die unbeschränkte persönliche Haftung der Mitglieder mit ihrem Privatvermögen unentbehrlich.[552] Die ratio legis des § 22 BGB verlangt daher die persönliche Haftung der Vereinsmitglieder eines nichtrechtsfähigen Wirtschaftsvereins. Nur dann ist der von § 22 BGB beabsichtigte Druck auf die Mitglieder so stark, die staatliche Verleihung anzustreben bzw. eine andere zugelassene juristische Person (AG, GmbH, eG) zu gründen. Eine persönliche Nichthaftung der Mitglieder eines nichtrechtsfähigen Wirtschaftsvereins mit handelsgewerblicher Betätigung kommt folglich nicht in Betracht. Die Mitglieder müssen für Verbindlichkeiten unbeschränkt und unmittelbar haften.

Ob man diese Mitgliederhaftung beim nichtrechtsfähigen Wirtschaftsverein mit handelsgewerblicher Betätigung nun aus § 128 HGB (bei Annahme, dass der nichtrechtsfähige Wirtschaftsverein eine OHG ist) oder aus § 128 HGB analog herleitet, ist für das Ergebnis einer unbeschränkten und unmittelbaren Haftung irrelevant und kann daher hier dahingestellt bleiben. Beide Ansichten führen hinsichtlich der Mitgliederhaftung zum selben Ergebnis (unbeschränkte gesamtschuldnerische Haftung).

Die Vereinsmitglieder eines nichtrechtsfähigen Wirtschaftsvereins mit handelsgewerblicher Betätigung haften für Verbindlichkeiten des Vereins

---

[552] Vgl. Padeck, S. 80; Stoll, FS RG II, S. 71 f.; Schumann, S. 23 f.; Schmidt-Leithoff, S. 128 f.; Reuter, ZGR 1981, 364, 367; Paulick, ZfG 4 (1954), 149, 154 f., 161; Dißars, DStZ 1996, 37, 38 f.

bei Betreiben eines Handelsgewerbes folglich persönlich unbeschränkt und unbeschränkbar.

(b) Haftung bei nicht handelsgewerblicher Betätigung

Für wirtschaftliche Vereine, die wirtschaftlich tätig sind, aber kein Handelsgewerbe betreiben (nichtkaufmännische Unternehmen), ist das Meinungsbild hinsichtlich der Haftung der Mitglieder noch diffuser.

Nach der wohl überwiegenden Ansicht haften die Mitglieder eines nichtkaufmännischen Unternehmens sowohl für rechtsgeschäftliche als auch gesetzliche Vereinsverbindlichkeiten persönlich unbeschränkt und grundsätzlich unbeschränkbar.[553] Sie begründet dieses Ergebnis teilweise mit einer Analogie zu § 128 HGB,[554] teilweise mit § 22 BGB und dem Bedürfnis nach effektivem Gläubigerschutz,[555] sowie mit wirtschaftsverfassungsrechtlichen Grundsätzen[556] bzw. mit dem Verweis des § 54 S.1 BGB auf das Recht der Gesellschaft bürgerlichen Rechts (§§ 705 ff., 427, 421 BGB).[557]

Eine andere Ansicht, die im Vordringen befindlich ist, geht zwar ebenfalls von einer grundsätzlich unbeschränkten Mitgliederhaftung aus, hält aber die Haftung durch entsprechende satzungsmäßige Beschränkung der Vertretungsmacht des Vorstands für abdingbar. Sie begründet dies größtenteils mit der Anwendung der Vorschriften über die Gesellschaft bürgerlichen Rechts über die Verweisungsnorm des § 54 S.1 BGB.[558]

---

[553] Staudinger-Weick, § 54 Rdnr. 54; Palandt-Heinrichs, § 54 Rdnr. 12; Erman-Westermann, § 54 Rdnr. 12; RGRK-Steffen, § 54 Rdnr. 15; Stoll, FS RG II, S. 71 ff.; Ennecerus/Nipperdey, § 116 IV 6); Reiff, S. 103 ff.; Wiedemann, GesR, S. 94; Habscheid, AcP 155 (1956), 375, 402; Schumann, S. 21 ff; Stöber, Rdnr. 1275; Stoltenberg, MDR 1989, 494, 498.

[554] RGRK-Steffen, § 54 Rdnr. 15 f.

[555] Schumann, S. 21 ff.; Stoll, FS RG II, S. 70 f.; Erman-Westermann, § 54 Rdnr. 12; Habscheid, AcP 155 (1956), 375, 408; Paulick, ZfG 4 (1954), 149, 154 ff.

[556] Schumann, S. 21 ff.; Ennecerus/Nipperdey, § 116 IV 6); Padeck, S. 81; Habscheid, AcP 155 (1956), 375, 408.

[557] Flume, ZHR 148 (1984), 503, 517 f.; ders., PersGes, S. 88; Padeck, S. 79 f.; Schmidt-Leithoff, S. 147 ff., 175 ff., die bzgl. der BGB-Gesellschaft der Akzessorietätstheorie folgen und folglich zu einer unbeschränkten Haftung (wie bei der OHG) kommen.

[558] John, S. 168 f.; Schaible, S. 125; Nitschke, S. 137 f. (aber ohne Bezugnahme auf die Verweisungsnorm des § 54 S.1 BGB) ; so wohl auch Soergel-Hadding, § 54 Rdnr. 25; Reichert-Reichert, Rdnr. 2510.

Nach einer dritten Ansicht haften die Vereinsmitglieder sowohl für gesetzliche als auch für rechtsgeschäftliche Vereinsverbindlichkeiten überhaupt nicht.[559]

Einige weitere Stimmen nehmen an, dass Vereinsmitglieder nur bei gesetzlich begründeten Vereinsverbindlichkeiten, insbesondere aus Delikt, nicht haften, jedoch bei rechtsgeschäftlichen Verbindlichkeiten unbeschränkt bzw. beschränkbar einzustehen haben. Als Begründung dafür ziehen sie vor allem einen fehlenden Vertrauensschutz bei gesetzlichen Verbindlichkeiten und das Fehlen einer Haftungserstreckungsnorm auf die Vereinsmitglieder entsprechend § 128 HGB, insbesondere bei deliktischer Haftung des Vereins, heran.[560]

Selbst wenn ein nichtrechtsfähiger Wirtschaftsverein kein Handelsgewerbe betreibt, ist seine Mitgliederhaftung anhand von Sinn und Zweck des § 22 BGB zu bestimmen. Wie bereits ausgeführt, versperrt § 22 BGB dem wirtschaftlichen Verein den Weg, durch staatliche Verleihung das Privileg der Haftungsbeschränkung zu erhalten, wenn die Vereinigung sich auch als GmbH, AG oder eG organisieren kann. Dies erfordert der Gläubigerschutz, da das Vereinsrecht gegenüber dem Kapitalgesellschaftsrecht und dem Genossenschaftsrecht erhebliche Defizite, insbesonders hinsichtlich Kapitalaufbringung und -erhaltung, aufweist. Bei einem nichtrechtsfähigen Wirtschaftsverein, der ein Handelsgewerbe betreibt, wurde daraus, wie bereits ausgeführt, gefolgert, dass mit der Sperrfunktion des § 22 BGB nur eine unbeschränkte Mitgliederhaftung vereinbar sei. Dies kann jedoch nicht nur für einen nichtrechtsfähigen Wirtschaftsverein gelten, der ein Handelsgewerbe betreibt, sondern muß für jeden nichtrechtsfähigen Wirtschaftsverein gelten. Auch bei nichtrechtsfähigen Wirtschaftsvereinen, die wirtschaftlich tätig sind, aber kein Handelsgewerbe betreiben, verstieße es gegen die Sperrfunktion des § 22 BGB, wenn man erlauben würde, was man mit der grundsätzlichen Sperre

---

[559] Sack, ZGR 1974, 179, 192, 205 ff., der annimmt, dass Vereine, die kein Handelsgewerbe betreiben, keine Wirtschaftsvereine, sondern Idealvereine sind und so zu einer Nichthaftung der Mitglieder kommt; Heckelmann, AcP 179 (1979), 1, 11, der glaubt, dass wegen entsprechend vorliegender Parteiabreden bzw. der Verkehrsauffassung i.d.R. von einer Haftungsbeschränkung auf das Vereinsvermögen auszugehen sei. Dem folgt Reuter, FS Semler, S. 931, 950, und MüKo-Reuter, § 54 Rdnr. 29 f., der aber dann eine weite Handelndenhaftung nach § 54 S.2 BGB annimmt, die seiner Ansicht nach einer unbeschränkten Mitgliederhaftung gleichkommt.

[560] So Habscheid, AcP 155 (1956), 375, 411; John, S. 176; Flume, ZHR 148 (1984), 503, 518; ders, PersGes, S. 314 ff., 343 f.

der Rechtsform rechtsfähiger Wirtschaftsverein gerade verhindern will: die Haftungsbeschränkung auf das Vereinsvermögen, also die Nichthaftung der Vereinsmitglieder außerhalb der dafür vorgesehenen Rechtsformen GmbH, AG und eG mit deren ausreichendem Gläubigerschutz. Für den Sinn und Zweck des § 22 BGB spielt es dabei keine Rolle, welche Art, Größe oder welchen Umfang der aufgenommene Geschäftsbetrieb hat. Dies zeigt sich schon darin, dass hinsichtlich der Erlangung der Rechtsfähigkeit nach § 22 BGB nicht zwischen Vereinen mit Handelsgewerbe und Vereinen ohne Handelsgewerbe differenziert wird. Selbst wenn ein nach Art und Umfang in kaufmännischer Weise eingerichteter Gewerbebetrieb nicht vorliegt, ist das Gläubigerschutzbedürfnis bei einem solchen nichtrechtsfähigen Wirtschaftsverein nicht so erheblich reduziert, dass man auf eine angemessene Kapitalaufbringung und -erhaltung verzichten könnte. Auch solche "kleinen Gesellschaften" müssen sich, wenn sie eine Haftungsbeschränkung anstreben, den dafür vorgesehenen Gesellschaftsformen unterwerfen. Entzieht sich dem ein solcher nichtrechtsfähiger Wirtschaftsverein, macht die nicht gesicherte Aufbringung eines hinreichenden Vereinsvermögens die persönliche Haftung der Mitglieder erforderlich. Die ratio legis des § 22 BGB verlangt daher bei allen nichtrechtsfähigen Wirtschaftsvereinen, nicht nur bei solchen, die ein Handelsgewerbe betreiben, die persönliche Haftung der Mitglieder mit ihrem Privatvermögen. Eine persönliche Nichthaftung der Mitglieder eines nichtrechtsfähigen Wirtschaftsvereins ist mit § 22 BGB unvereinbar.

Gegen den Sinn und Zweck des § 22 BGB verstößt darüber hinaus auch eine durch entsprechende satzungsmäßige Beschränkung der Vertretungsmacht des Vorstands begründete beschränkte Mitgliederhaftung. Die Zulassung einer solchen Möglichkeit der Haftungsbeschränkung würde dazu führen, dass der Grundsatz einer persönlichen Mitgliederhaftung faktisch zu einem seltenen Ausnahmefall würde. Rechtskundige Vereinsmitglieder würden, um einer persönlichen Mitgliederhaftung im nichtrechtsfähigen Verein zu entgehen, dafür Sorge tragen, dass die Vertretungsmacht des Vorstands in der Vereinssatzung entsprechend beschränkt wird. Realiter würden die Mitglieder eines nichtrechtsfähigen Wirtschaftsvereins bei einer solchen privatautonomen Disposition der Mitgliederhaftung persönlich nicht haften. Dies wäre aber mit der Sperr- und Auffangfunktion des § 22 BGB nicht vereinbar. Über die Hintertür einer satzungsmäßigen Beschränkung der Vertretungsmacht des Vorstands könnte so eine Haftungsbeschränkung auf das Vereinsvermögen erreicht werden, ohne dass eine dafür vorgesehene juristische Person gewählt oder anderweitig für einen ausreichenden Gläubigerschutz durch hinreichend haftendes Vereinsvermögen gesorgt würde. Der Ansicht einer satzungsmäßig beschränkbaren Mitgliederhaftung beim nichtrechtsfähigen Wirtschaftsverein ohne Handelsgewerbe kann daher wegen der ratio legis des § 22 BGB auf keinen Fall gefolgt werden.[561] Eine Haftungsbeschränkung auf das Vereinsvermögen ist nur durch eine ausdrückliche Vereinbarung zwischen beiden Vertragspartnern möglich.

Des Weiteren stellt sich noch die Frage, ob sich - wie teilweise vertreten wird - für gesetzliche Vereinsverbindlichkeiten, insbesondere aus Delikt, ein anderes Ergebnis als eine unbeschränkte und unbeschränkbare Mitgliederhaftung ergibt. Da keine Sachgründe ersichtlich sind, die Mitglieder bei gesetzlichen Verbindlichkeiten besser zu stellen als bei rechtsgeschäftlichen, ist eine solche Differenzierung haltlos. Die Sperr- und Auffangfunktion des § 22 BGB gilt auch hinsichtlich gesetzlicher Verbindlichkeiten. Der Sinn, die Haftungsbeschränkung auf das Vereinsvermögen nur zuzulassen, wenn eine dafür vorgesehene juristische Person vorliegt, liefe sonst leer. Die Vereinsgläubiger stünden ohne ausreichend gesichertes Vereinsvermögen da. Deliktische Vereinsgläubiger sind aber nicht weniger schutzwürdig als Vertragsgläubiger, zumal es zwischen beiden Gläubigergruppen weitgehende Überschneidungen gibt, da viele gesetzlich begründete Verbindlichkeiten in engem Bezug zu der wirtschaftlichen Betätigung des Vereins stehen. Ein und dieselbe Handlung oder Unterlassung begründet teilweise sowohl gesetzliche als auch rechtsgeschäftliche Verbindlichkeiten (z.B. Haftung für Bereicherung, c.i.c., §§ 823 ff. BGB).[562] Eine Ungleichbehandlung von rechtsgeschäftlichen und gesetzlich begründeten Verbindlichkeiten ist aus diesem Grund unvertretbar. Das Bedürfnis nach einer Gleichbehandlung von rechtsgeschäftlich und gesetzlich begründeten Verbindlichkeiten und die ratio legis des § 22 BGB sprechen daher für eine Ausgestaltung der Mitgliederhaftung im nichtrechtsfähigen Wirtschaftsverein ohne handelsgewerbliche Betätigung in Form einer unbeschränkten und unbeschränkbaren Haftung.

---

[561] Daher ist es sehr bedenklich, dass sich die meisten Vertreter einer beschränkbaren Mitgliederhaftung in ihrer Argumentation gerade auf § 22 BGB stützen. So John, S. 168 f.; Soergel-Hadding, § 54 Rdnr. 25; Nitschke, S. 116 ff.; 137 ff.
[562] Vgl. Staudinger-Weick, § 54 Rdnr. 54; Reiff, S. 156.

Diese Mitgliederhaftung entspricht somit der Mitgliederhaftung beim nichtrechtsfähigen Wirtschaftsverein mit handelsgewerblicher Betätigung. Dieses einheitliche Ergebnis für den nichtrechtsfähigen Wirtschaftsverein ist interessengerecht, vermeidet es doch Schwierigkeiten bei der Abgrenzung, ob von Anfang an ein Handelsgewerbe i.S.d. § 1 II n.F. HGB vorlag bzw. ob sich dies später durch Änderung der Art oder des Umfangs des Geschäftsbetriebs geändert hat.

Das Ergebnis einer unbeschränkten und unbeschränkbaren Haftung beim nichtrechtsfähigen Wirtschaftsverein, der kein Handelsgewerbe betreibt, sowohl für rechtsgeschäftliche als auch deliktische Verbindlichkeiten, könnte durch eine (analoge) Anwendung des § 128 HGB - obwohl einem nicht handelsgewerblichen nichtrechtsfähigen Verein das Recht der Gesellschaft bürgerlichen Rechts näher steht als das Recht der OHG -, durch §§ 54 S.1, 705 ff., 427, 421 BGB unter Zugrundelegen der Akzessorietätstheorie oder durch Anerkennung einer entsprechenden Rechtsfortbildung (unter dem Blickwinkel des § 22 BGB) erreicht werden. Aus welchen Normen sich die erforderliche unbeschränkte und unbeschränkbare Haftung der Mitglieder bei nicht handelsgewerblichen nichtrechtsfähigen Wirtschaftsvereinen nun letztlich ergibt, kann hier aber offen bleiben, da es bei der vorliegenden Untersuchung allein um die Ausgestaltung der Mitgliederhaftung geht (um daraus im Anschluß Folgerungen für die Mitgliederhaftung im Wirtschaftsvorverein zu ziehen).

(c) Ergebnis

Festzuhalten bleibt, dass die Mitglieder eines nichtrechtsfähigen Wirtschaftsvereins, gleich, ob der Wirtschaftsverein ein Handelsgewerbe betreibt oder nicht, für (rechtsgeschäftliche und gesetzliche) Verbindlichkeiten des Vereins persönlich unbeschränkt und unbeschränkbar haften.

(2) Interessenkollisionen bei unterschiedlicher Mitgliederhaftung

Nachdem nun die Ausgestaltung der Mitgliederhaftung im nichtrechtsfähigen Wirtschaftsverein bestimmt wurde, fragt sich, ob und gegebenenfalls welche Folgerungen sich daraus für die Ausgestaltung der Mitgliederhaftung im Wirtschaftsvorverein ergeben.

(a) Abgrenzungsschwierigkeiten

Es ergeben sich bei einer Abgrenzung zwischen einem nichtrechtsfähigen Wirtschaftsverein und einem Wirtschaftsvorverein dieselben Probleme für die Vereinsgläubiger wie bei der Unterscheidung zwischen nichtrechtsfähigem Idealverein und Idealvorverein.[563] Zwar ist eine Abgrenzung möglich,[564] jedoch nützt dies den Vereinsgläubigern i.d.R. nichts. Mangels Registerpublizität im Gründungsstadium und vor allem wegen eines i.d.R. fehlenden Einblicks in die Vereinssatzung und in die Vereinsinterna können sie meist nicht erkennen, ob ihnen ein nichtrechtsfähiger Wirtschaftsverein oder ein Wirtschaftsvorverein gegenüber steht. Bei einer unterschiedlichen Ausgestaltung der Mitgliederhaftung, z.B. einer persönlichen Nichthaftung bzw. beschränkten Mitgliederhaftung beim Wirtschaftsvorverein, wäre so den Vereinsgläubigern nicht ersichtlich, ob die Mitglieder des Vereins ihnen gegenüber persönlich unbeschränkt (nichtrechtsfähiger Wirtschaftsverein) oder nicht (Wirtschaftsvorverein) haften. Es bestünde für sie das Risiko, unerkannt mit einem Wirtschaftsvorverein zu tun zu haben. Bei Einschätzung des Vereins als nichtrechtsfähigen Wirtschaftsverein und dementsprechender Klage gegen die Mitglieder trotz eines in Wirklichkeit vorliegenden Wirtschaftsvorvereins, würde diese - bei Annahme einer Nichthaftung - kostenpflichtig abgewiesen. Eine Klage gegen ein Vereinsmitglied, der insbesondere bei Vermögenslosigkeit des Vereins große Bedeutung zukommt, würde so zu erheblichen, unkalkulierbaren Prozess- und Kostenrisiken für die Vereinsgläubiger führen, welche unzumutbar erscheinen.

Die Abgrenzungsprobleme der Vereinsgläubiger lassen sich dadurch umgehen, dass man von einer einheitlichen Mitgliederhaftung in beiden Vereinsformen ausgeht. In diesem Fall ist dann eine Abgrenzung entbehrlich. Aus Gläubigerschutzgründen ist daher von dem Erfordernis einer einheitlichen Mitgliederhaftung im nichtrechtsfähigem Wirtschaftsverein und im Wirtschaftsvorverein auszugehen. Da die Mitglieder eines nichtrechtsfähigen Wirtschaftsvereins für Vereinsverbindlichkeiten persönlich

---

[563] Siehe zur Abgrenzung zwischen nichtrechtsfähigem Idealverein und Idealvorverein 3.Teil II. 2c)(2)(a).
[564] Strebt der Verein in der Vereinssatzung die Erlangung der Rechtsfähigkeit durch staatliche Verleihung nach § 22 BGB an und ist diese Erlangung noch möglich, liegt ein Wirtschaftsvorverein vor; ansonsten ist ein nichtrechtsfähiger Wirtschaftsverein gegeben. Die Abgrenzung erfolgt anhand der Vereinssatzung. Als Hilfe ist wie beim Idealverein eine Beweislastumkehr in bestimmten verobjektivierten Fallgruppen denkbar.

unbeschränkt und unmittelbar haften,[565] hat dies unter dem Gesichtspunkt einer einheitlichen Mitgliederhaftung die entsprechende Mitgliederhaftung im Wirtschaftsvorverein zur Folge. Die Mitglieder eines Wirtschaftsvorvereins haften für dessen Verbindlichkeiten unbeschränkt persönlich.

(b) Meiden eines rechtsfähigen Wirtschaftsvereins

Das beim Idealvorverein herangezogene Argument, dass eine unterschiedlich ausgestaltete Mitgliederhaftung zum Meiden einer Vereinsform, dort des Idealvorvereins - mit der Folge einer geringeren Anzahl rechtsfähiger Idealvereine - führe,[566] kann auf die Verhältnisse bei den wirtschaftlichen Vereinen nicht übertragen werden.

Bei den wirtschaftlichen Vereinen würde eine unterschiedlich ausgestaltete Mitgliederhaftung dazu führen, dass die Mitglieder einen nichtrechtsfähigen Wirtschaftsverein wegen der drohenden unbeschränkten persönlichen Mitgliederhaftung meiden und eher einen Wirtschaftsvorverein (späteren rechtsfähigen Wirtschaftsverein) anstreben würden. Eine solche Druckfunktion auf die Mitglieder, die Rechtsfähigkeit anzustreben, entspricht gerade dem Sinn und Zweck des § 22 BGB. Dieser Gesichtspunkt kann daher nicht das Erfordernis einer einheitlichen Mitgliederhaftung in Wirtschaftsvorverein und nichtrechtsfähigem Wirtschaftsverein begründen.

(c) Drohende "Flucht" der Mitglieder

Ein weiteres Argument für eine einheitliche Mitgliederhaftung beim Idealverein war die bei bevorstehender Inanspruchnahme sonst drohende "Flucht" der Vereinsmitglieder in die für sie haftungsrechtlich gesehen günstigere Vereinsform.[567]

Dieses Argument läßt sich auf die Verhältnisse beim wirtschaftlichen Verein (Wirtschaftsverein) übertragen. Eine Haftungsprivilegierung beim Wirtschaftsvorverein würde dazu führen, dass bei voraussichtlicher Inanspruchnahme durch die Vereinsgläubiger, insbesondere bei drohender oder schon eingetretener Überschuldung, die Mitglieder den bis dahin nicht-

---

[565] Siehe unter 3.Teil III. 2c) (1).
[566] Siehe unter 3.Teil II. 2c)(2)(b).
[567] Siehe unter 3.Teil II. 2c)(2)(d).

rechtsfähigen Wirtschaftsvereins in den für sie haftungsrechtlich gesehen günstigeren Wirtschaftsvorverein umwandeln würden, um der persönlichen Haftung zu entgehen. Die Gläubiger könnten so die ihnen bei einem nichtrechtsfähigen Wirtschaftsverein zustehenden persönlichen Ansprüche gegen die Mitglieder faktisch kaum durchsetzen. Wie beim Idealverein schon ausgeführt, ließe sich eine solche "Flucht" kaum verhindern. Mißbrauchstatbestände oder eine Differenzierung danach, unter welcher Vereinsform die Verbindlichkeit begründet wurde, erscheinen beim Wirtschaftsverein wie schon beim Idealverein kaum geeignet, diese diese Problematik interessengerecht zu lösen.

Eine "drohende Flucht" in die haftungsrechtlich gesehen günstigere Vereinsform läßt sich am wirksamsten dadurch vermeiden, dass man eine einheitliche Mitgliederhaftung in Wirtschaftsvorverein und nichtrechtsfähigem Wirtschaftsverein schafft. Orientiert an der bereits für den nichtrechtsfähigen Wirtschaftsverein herausgearbeiteten unbeschränkten persönlichen Mitgliederhaftung würde dies für eine unbeschränkte persönliche Mitgliederhaftung auch beim Wirtschaftsvorverein sprechen. In einem solchen Fall wäre eine "Flucht" in den Wirtschaftsvorverein mangels unterschiedlicher Mitgliederhaftung für die Vereinsmitglieder ohne Interesse.

Es zeigt sich, dass der Gesichtspunkt einer drohenden "Flucht" der Vereinsmitglieder das zur Vermeidung von Abgrenzungsschwierigkeiten gefundene Ergebnis einer einheitlichen Mitgliederhaftung in nichtrechtsfähigem Wirtschaftsverein und Wirtschaftsvorverein bestätigt

(d) Sinn und Zweck des § 22 BGB

Ein weiteres - wohl das entscheidende - Argument für eine einheitliche Mitgliederhaftung ergibt sich aus einem Vergleich der Gläubigerinteressen in Wirtschaftsvorverein und nichtrechtsfähigem Wirtschaftsverein anhand von § 22 BGB.

Wie schon ausführlich dargestellt,[568] ergibt sich aus dem Sinn und Zweck des § 22 BGB, dass sich eine Haftungsbeschränkung auf das Vereinsvermögen, also die persönliche Nichthaftung der Vereinsmitglieder, aus Gläubigerschutzgründen nur dadurch erlangen läßt, dass diese die Rechtsform einer GmbH, AG oder eG mit den damit verbundenen hohen

---

[568] Siehe Ausführungen unter 3.Teil III. 2c) (1).

Anforderungen an Kapitalaufbringung und -erhaltung wählen bzw. ausnahmsweise die Erlangung der Rechtsfähigkeit durch staatliche Verleihung nach § 22 BGB erreichen. Dies erfordert beim nichtrechtsfähigen Wirtschaftsverein eine unbeschränkte persönliche Mitgliederhaftung für Vereinsverbindlichkeiten.

Nicht anders sieht es auch beim Wirtschaftsvorverein aus. Zwar ist er auf Erlangung der Rechtsfähigkeit durch staatliche Verleihung ausgerichtet; diese Rechtsfähigkeit hat er jedoch noch nicht erlangt. Auch dort liegt noch keine Rechtsform (GmbH, AG, eG) vor, die für einen ausreichenden Gläubigerschutz durch ein hinreichend gesichertes Vermögen sorgt. Die Gläubiger eines solchen Wirtschaftsvorvereins stehen mangels Kapitalaufbringungs- und Kapitalerhaltungsvorschriften sowie fehlender Publizität genauso schutzlos da wie die Gläubiger eines nichtrechtsfähigen Wirtschaftsvereins. Nur das Erstreben der Rechtsfähigkeit allein sorgt noch nicht für einen besseren und ausreichenden Gläubigerschutz. § 22 BGB liefe leer, wenn man dem Wirtschaftsvorverein - anders als dem nichtrechtsfähigen Wirtschaftsverein - erlaubte, was man mit der grundsätzlichen Sperre der Rechtsform rechtsfähiger Wirtschaftsverein gerade verhindern will: die Haftungsbeschränkung auf das Vereinsvermögen außerhalb der dafür vorgesehenen Rechtsformen. Folglich ergibt sich aus der ratio legis des § 22 BGB dieselbe Interessenlage beim Wirtschaftsvorverein wie beim nichtrechtsfähigen Wirtschaftsverein. Diese spricht für eine einheitlich ausgestaltete Mitgliederhaftung in diesen beiden Wirtschaftsvereinen in Form einer unbeschränkten persönlichen Mitgliederhaftung.

(e) Ergebnis

Die aufgezeigten Gründe, insbesondere Gläubigerschutzerwägungen (Abgrenzungsschwierigkeiten zwischen beiden Wirtschaftsvereinsformen) und die ratio legis des § 22 BGB, zeigen das Erfordernis einer einheitlichen Mitgliederhaftung in Wirtschaftsvorverein und nichtrechtsfähigem Wirtschaftsverein in Form einer unbeschränkten persönlichen Haftung.

d) Vereinbarkeit der unbeschränkten persönlichen Haftung mit Gläubiger - und Mitgliederinteressen

Die unbeschränkte persönliche Haftung der Mitglieder eines Wirtschaftsvorvereins wurde bisher mittelbar über das aus Interessengesichtspunkten ermittelte Erfordernis einer einheitlichen Mitgliederhaftung in nichtrechtsfähigem Wirtschaftsverein und Wirtschaftsvorverein hergeleitet. Es fragt sich nun, ob dieses gefundene Ergebnis mit den Gläubiger- und Mitgliederinteressen im Wirtschaftsvorverein vereinbar ist.

Wie bereits eben ausgeführt, würde durch eine Haftungsprivilegierung der Vereinsmitglieder beim Wirtschaftsvorverein die Sperr- und Auffangfunktion des § 22 BGB unterlaufen. Durch die Wahl eines Wirtschaftsvorvereins könnten sich die Vereinsmitglieder sonst einer unbeschränkten persönlichen Mitgliederhaftung entziehen, ohne dafür im Gegenzug den Gläubigern ein ausreichendes Haftungsvermögen zur Verfügung zu stellen wie bei GmbH, AG und eG. Denn beim Wirtschaftsvorverein muß mangels gesetzlicher Kapitalaufbringungs- und Kapitalerhaltungsvorschriften kein Vereinsvermögen vorliegen, das den Gläubigern Befriedigung für die Vereinsverbindlichkeiten verschaffen kann. Folglich ist wegen der nicht gesicherten Aufbringung eines hinreichenden Vereinsvermögens und des deshalb gebotenen Gläubigerschutzes eine persönliche Haftung der Mitglieder mit ihrem Privatvermögen unentbehrlich. Dies stellt sich anders dar als beim Idealvorverein, bei dem die gleichen "schwachen" Gründungsvorschriften eine zusätzliche persönliche Mitgliederhaftung nicht erforderlich machen. Denn anders als beim Idealvorverein ist das Gläubigerschutzbedürfnis beim Wirtschaftsvorverein erheblich höher. Eine wirtschaftliche Haupttätigkeit beinhaltet weit mehr Haftungsrisiken als ideelle Tätigkeiten mit gegebenenfalls wirtschaftlicher Nebentätigkeit. Dieses unterschiedliche Gläubigerschutzbedürfnis spiegelt sich gerade in § 22 BGB wider, bei dem die Sperr- und Auffangfunktion gerade die Wirtschaftsvereine und nicht die Idealvereine von der Erlangung der Rechtsfähigkeit als rechtsfähigen Verein abhält und auf andere Rechtsformen verweist.

Eine unbeschränkte persönliche Mitgliederhaftung beim Wirtschaftsvorverein sorgt zudem dafür, dass die Vereinsmitglieder die Erlangung der Rechtsfähigkeit möglichst schnell zu erreichen versuchen, um so von der drohenden persönlichen Mitgliederhaftung loszukommen (Druckfunktion). Bei einer persönlichen Nichthaftung würde dieser Druck fehlen.

Des Weiteren werden durch eine unbeschränkte persönliche Mitgliederhaftung beim Wirtschaftsvorverein die Mitgliederinteressen nicht unvertretbar beeinträchtigt. Dies gilt, obwohl Vereinsmitglieder - wie jeder - im Zweifel persönlich nicht haften wollen. Sie haben die Möglichkeit, wenn sie eine persönliche Nichthaftung anstreben, möglichst schnell die Rechtsfähigkeit als rechtsfähigen Verein oder als eine andere juristische Person zu erreichen, was mit einem Ausschluß der persönlichen Mitgliederhaftung verbunden wäre. Wenn sie dies jedoch nicht tun und so für die Gläubiger keinen Mindestschutz an Haftungsmasse gewährleisten (§ 54 S.2 BGB findet z.B. nur Anwendung bei rechtsgeschäftlichen Verbindlichkeiten), erscheint es gerechtfertigt, sie persönlich unbeschränkt für Vereinsverbindlichkeiten haften zu lassen, um so den Vereinsgläubigern eine ausreichende Haftungsmasse zur Verfügung zu stellen.

Es zeigt sich, dass die Gläubigerinteressen bei einem Wirtschaftsvorverein die Mitgliederinteressen - anders als beim Idealvorverein - klar überwiegen. Die Gläubigerinteressen beim Wirtschaftsvorverein, die sich vor allem aus § 22 BGB entnehmen lassen, sprechen daher für eine unbeschränkte persönliche Haftung der Mitglieder. Sie bestätigen damit das mittelbar über die Mitgliederhaftung im nichtrechtsfähigen Verein gefundene Ergebnis.

Die Mitglieder eines Wirtschaftsvorvereins haften somit für Verbindlichkeiten des Vereins unbeschränkt persönlich. Dies entspricht der Gründerhaftung in den Vorkapitalgesellschaften (Vor-GmbH, Vor-AG).

e) Ausgestaltung der unbeschränkten Mitgliederhaftung im Wirtschafts-Vorverein

Offen geblieben ist noch, wie die unbeschränkte Mitgliederhaftung beim Wirtschaftsvorverein ausgestaltet ist, ob als unbeschränkte gesamtschuldnerische Außenhaftung wie bei den Vorkapitalgesellschaften oder als anteilige Innenhaftung.

Schon die eben ausgeführten Argumente, die zu einer einheitlichen Mitgliederhaftung in Wirtschaftsvorverein und nichtrechtsfähigem

Wirtschaftsverein führen, sprechen dafür, die Mitgliederhaftung im Wirtschaftsvorverein wie die im nichtrechtsfähigen Wirtschaftsverein als persönlich unbeschränkte, gesamtschuldnerische Außenhaftung auszugestalten. Die Gläubiger wären sonst erheblichen Prozessrisiken ausgesetzt. Mangels Einblick in die Vereinssatzung und in die Vereinsinterna könnten sie nicht erkennen, ob ein Wirtschaftsvorverein oder ein nichtrechtsfähiger Wirtschaftsverein vorliegt und ob somit eine unmittelbare Aussenhaftung der Mitglieder oder nur eine Inanspruchnahme durch den Wirtschaftsvorverein selbst in Betracht kommt. Zur Vermeidung dieser Abgrenzungsschwierigkeiten ist eine einheitliche Mitgliederhaftung zwischen dem nichtrechtsfähigem Wirtschaftsverein und dem Wirtschaftsvorverein auch hinsichtlich der Haftungsrichtung notwendig. Da die Mitglieder eines nichtrechtsfähigen Wirtschaftsverein unmittelbar haften, muß dies dann auch für die Mitglieder des Wirtschaftsvorvereins gelten.

Ein anderer Gesichtspunkt, der gegen eine anteilige Innenhaftung beim Wirtschaftsvorverein spricht, ist der, dass das Vereinsrecht keine Innenhaftung der Vereinsmitglieder gegenüber dem Verein kennt, wie dies z.B. im GmbH-, Aktien- oder Genossenschaftsrecht der Fall ist. Selbst eine Unterbilanzhaftung, die als anteilige Innenhaftung ausgestaltet ist, fehlt im Vereinsrecht.

Weiterhin finden auch beim Wirtschaftsvorverein die Argumente Anwendung, die bereits gegen eine anteilige Innenhaftung bei den Vorkapitalgesellschaften herangezogen wurden.[569] Für die Vereinsgläubiger würde eine anteilige Innenhaftung u.a. zu einer unzumutbaren Erschwernis der Durchsetzbarkeit bei einem vermögenslosen Wirtschaftsvorverein führen, insbesondere, wenn mehrere Vereinsmitglieder, was die Regel sein dürfte, vorhanden sind. Die Vorgesellschaftsgläubiger müßten im schlimmsten Fall den Anspruch gegen den Verein und gegen dessen Mitglieder in entsprechend vielen Teilbeträgen einfordern und gegebenenfalls entsprechend viele Leistungsklagen erheben, Pfändungen ausbringen und Zwangsvollstreckungen betreiben. Darüber hinaus kann beim Wirtschaftsvorverein, genauso wie bei den Vorkapitalgesellschaften, nicht von einem Übermaß an Gläubigerschutz durch eine gesamtschuldnerische Außenhaftung gesprochen werden. Eine Interessenabwägung zwischen den Interessen der Vereinsgläubiger und den Mitgliedern spricht daher wie bei

---

[569] Siehe diesbezügliche Ausführungen für die Vor-GmbH unter 1.Teil IV. 4f) und für die Vor-AG unter 2.Teil IV. 3a).

den Vorkapitalgesellschaften für eine Mitgliederhaftung als gesamtschuldnerische Außenhaftung.[570]

Für eine Ausgestaltung der Mitgliederhaftung als gesamtschuldnerische Außenhaftung läßt sich des Weiteren noch § 54 S.2 BGB als Argument anführen. Entsprechend den Ausführungen zu den Vorkapitalgesellschaften[571] würde auch beim Wirtschaftsvorverein eine Ausgestaltung als anteilige Innenhaftung dazu führen, dass weitestgehend nur die Handelnden in Anspruch genommen würden, da eine Inanspruchnahme der Vereinsmitglieder wegen der eben geschilderten Schwierigkeiten bei Durchsetzung der Ansprüche mit weit höheren Schwierigkeiten und Risiken verbunden wäre. Zudem entfiele bei Ausgestaltung als Innenhaftung die Möglichkeit eines Regresses der Handelnden gegen die Vereinsmitglieder; es wäre nur ein Regress gegen den Wirtschaftsvorverein möglich. Interessengerechter erscheint es daher, die Vereinsmitglieder, die das Geschehen im Wirtschaftsvorverein maßgeblich bestimmen, insbesondere unter dem Blickwinkel einer gerechten Aufteilung von Risiko und Chance im Gründungsstadium, vor einer direkten Inanspruchnahme nicht zu schützen.

Es sprechen folglich alle Überlegungen für eine Ausgestaltung der Mitgliederhaftung im Wirtschaftsvorverein als gesamtschuldnerische Außenhaftung.

Eine Ausnahme davon könnte sich aber, wie bei den Vorkapitalgesellschaften,[572] aus § 93 InsO analog für den Fall eines Insolvenzverfahrens ergeben.

Eine planwidrige Regelungslücke beim Wirtschaftsvorverein liegt diesbezüglich vor. Das Interesse nach einer gleichmäßigen Befriedigung der Gesellschaftsgläubiger und nach einer Vermehrung der Insolvenzmasse, das § 93 InsO beinhaltet, besteht auch beim Wirtschaftsvorverein. Die Rechtsnatur des Wirtschaftsvorvereins als "werdende juristische Person" entspricht der der anderen Vorgesellschaften, für die § 93 InsO Anwendung findet. Als noch nicht rechtsfähige Vereinigung ist sie wie die "Gesellschaften ohne Rechtspersönlichkeit" "teilrechtsfähig". Außerhalb des Insolvenzverfahrens liegt bei beiden außerdem immer eine unmittelbare, persönliche, unbeschränkte, gesamtschuldnerische Haftung

---

[570] Siehe diesbezügliche Ausführungen für die Vor-GmbH unter 1.Teil IV. 4f) und für die Vor-AG unter 2.Teil IV. 3a).
[571] Siehe entsprechende Ausführungen unter 1.Teil IV. 4g) (Vor-GmbH) und 2.Teil IV. 3b) (Vor-AG).
[572] Siehe dazu 1.Teil IV. 5b) (Vor-GmbH) und 2.Teil IV. 4) (Vor-AG).

der Mitglieder (Gesellschafter) vor. Dies spricht dafür, auch beim Wirtschaftsvorverein eine analoge Anwendung des § 93 InsO anzunehmen. Danach kann die persönliche Haftung der Vereinsmitglieder für Verbindlichkeiten des Wirtschaftsvorvereins während der Dauer des Insolvenzverfahrens nur vom Insolvenzverwalter geltend gemacht werden. In diesem Zeitraum können die Vereinsgläubiger ausnahmsweise nicht unmittelbar gegen die Vereinsmitglieder vorgehen. Die grundsätzlich unmittelbare, persönliche, unbeschränkte, gesamtschuldnerische Mitgliederhaftung wird während eines Insolvenzverfahrens zu einer unbeschränkten, persönlichen, gesamtschuldnerischen Innenhaftung.

f) Ergebnis

Die Mitgliederhaftung für Vereinsverbindlichkeiten ist im Wirtschaftsvorverein grundsätzlich als persönliche, unbeschränkte, gesamtschuldnerische, akzessorische Außenhaftung ausgestaltet. Nur während des Insolvenzverfahrens ist diese Mitgliederhaftung nach § 93 InsO analog ausnahmsweise vom Insolvenzverwalter geltend zu machen.

Die Mitgliederhaftung im Wirtschaftsvorverein entspricht somit der Gründerhaftung in Vor-GmbH und Vor-AG.

IV. Vereinbarkeit der Gründer(mitglieder)haftungen im Vorverein

Wie herausgearbeitet, haften die Mitglieder eines Wirtschaftsvorvereins für Verbindlichkeiten des Vereins unmittelbar und unbeschränkt persönlich als Gesamtschuldner. Die Mitglieder eines Idealvorvereins müssen für Verbindlichkeiten des Vereins hingegen nicht persönlich einstehen. Folglich ist bezüglich der Gründerhaftung im Vorverein zwischen Wirtschaftsvorverein und Idealvorverein zu differenzieren.

Die Abgrenzung zwischen beiden Vereinsformen hat, wie bereits ausgeführt, anhand des teleologisch-typologischen Ansatzes zu erfolgen.[573] Bei Vorliegen einer der drei Grundtypen eines Wirtschaftsvereins liegt grundsätzlich ein Wirtschaftsvorverein vor, ansonsten ein Idealvorverein.

Probleme ergeben sich aber, wenn sich die wirtschaftliche Tätigkeit eines Vorvereins in einer Nebentätigkeit erschöpft. Erkennt man - wie die herrschende Meinung allgemein im Vereinsrecht in den Fällen, in denen die wirtschaftliche Tätigkeit dem nichtwirtschaftlichen, ideellen Hauptzweck untergeordnet ist [574]- beim Vorverein das "Nebenzweckprivileg" an, beinhaltet dies für die Gläubiger einige Risiken. So ist es für sie oft nicht zu erkennen, ob nun die wirtschaftliche Tätigkeit überwiegt und daraus folgend, wie sich die Haftungssituation in dem jeweiligen Vorverein darstellt. Sie wissen folglich nicht, ob die Vereinsmitglieder für die Vereinsverbindlichkeiten persönlich einzustehen haben (Wirtschaftsvorverein) oder nicht (Idealvorverein). Diese Situation mit ihren Gläubigerrisiken gilt entsprechend beim nichtrechtsfähigen Verein.

Das Nebenzweckprivileg ist aber beim Vorverein wie beim nichtrechtsfähigen Verein als Korrektiv in der Praxis trotzdem anzuerkennen. Beim Vorverein könnte man zwar am ehesten an eine Ausnahme vom Nebenzweckprivileg denken, da eine wirtschaftliche Nebentätigkeit im kurzen Gründungsstadium, anders als bei einem e.V. oder einem nichtrechtsfähigen Verein, zur Erreichung des ideellen Vereinszwecks oder zu dessen Finanzierung i.d.R. noch nicht erforderlich sein dürfte. Im Hinblick auf die Situation beim nichtrechtsfähigen Verein erscheint eine solche Ausnahme aber, vor allem aus systematischen Gründen, nicht interessengerecht.

---

[573] Siehe 3.Teil I. 4).
[574] Zum "Nebenzweckprivileg" siehe auch schon Ausführungen unter 3.Teil I. 4), insbesondere FN 461 ff.

Beim nichtrechtsfähigen Verein wäre - bei Ablehnung eines Nebenzweckprivilegs - sonst fast jeder Verein, so klein er auch sein mag, ein (nichtrechtsfähiger) wirtschaftlicher Verein, wenn er nur vorübergehend eine geringe wirtschaftliche Betätigung betreibt. Würde man die Existenz von wirtschaftlichen Vereinen so weit ziehen, gäbe es in der Praxis kaum noch Idealvereine, zumal es für einen Idealverein, insbesondere als nichtrechtsfähigen Verein, zur Erreichung seines ideellen Vereinszwecks oft erforderlich ist, sich aus finanziellen Gründen in geringem Umfang wirtschaftlich zu betätigen. Bei einem nichtrechtsfähigen Verein ist folglich das Korrektiv des Nebenzweckprivilegs interessengerecht.

Da die Interessen beim nichtrechtsfähigen Verein dem im Vorverein weitgehend entsprechen, sollte das Nebenzweckprivileg auch für den Vorverein anerkannt werden. Sonst würden die Mitglieder eines Vereins mit wirtschaftlicher Nebentätigkeit, der zuerst ein nichrechtsfähiger Idealverein war und dann zum Vorverein wurde, mit Erstreben der Eintragung haftungsrechtlich weit schlechter stehen. Sie müßten dann als Mitglieder eines Wirtschaftsvorvereins haften. Auf der anderen Seite würden für die Vereinsgläubiger zudem die selben Abgrenzungsprobleme auftreten, die durch eine einheitliche Mitgliederhaftung gerade verhindert werden sollten.[575] Diese Abgrenzungsschwierigkeiten wären sogar größer als die, die durch eine Anerkennung des Nebenzweckprivilegs beim Vorverein entstünden. Darüber hinaus würde eine Schlechterstellung der Vorvereinsmitglieder durch eine Nichtanerkennung des Nebenzweckprivilegs in diesem Stadium dazu führen, dass Vereine, die eine wirtschaftliche Nebentätigkeit betreiben, die Erlangung der Rechtsfähigkeit aus Haftungsaspekten für ihre Mitglieder nicht erstreben werden, was rechtspolitisch nicht sinnvoll erscheint (z.B. wegen der erweiterten Publizität beim e.V.). Betrachtet man weiterhin die Sperr- und Auffangfunktion des § 22 BGB und die unbeschränkte Mitgliederhaftung, die mit Annahme eines wirtschaftlichen Vorvereins verbunden ist, so erscheinen diese, insbesondere bei sehr geringer wirtschaftlicher Betätigung, als zu weitgehend und nicht mehr interessengerecht. Dies erkannte auch

---

[575] Wie bereits unter 3.Teil II. 2c) (2)(a) und III. 2c) (2)(a) ausgeführt, führt eine Abgrenzung zwischen nichtrechtsfähigen Ideal-/Wirtschaftvereinen und Ideal-/Wirtschaftsvorvereinen zu einer unzumutbaren Gläubigerbeeinträchtigung. Um dies zu vermeiden, ist eine einheitliche Mitgliederhaftung jeweils erforderlich. Die würde durch die Anerkennung des Nebenzweckprivilegs nur beim nichtrechtsfähigen Verein konterkariert.

der Gesetzgeber. Er wollte allgemein, dass eine nebensächliche wirtschaftliche Tätigkeit einen Verein noch nicht zu einem Wirtschaftsverein macht.[576]

Das Nebenzweckprivileg als notwendiges Korrektiv ist daher beim Vorverein wie bei allen anderen Vereinsformen anzuerkennen. Den Gläubigergesichtspunkten ist dadurch Rechnung zu tragen, dass man das Nebenzweckprivileg möglichst eng auslegt. Darüber hinaus dürfte für die Gläubiger eines Vorvereins meist auch zu erkennen sein, ob nun eine mehr wirtschaftliche oder mehr ideelle Betätigung überwiegt. In den Zweifelsfällen müssen die Gläubiger dieses Risiko eben als allgemeines Prozessrisiko tragen.

Eine Differenzierung innerhalb der Gründermitgliederhaftung zwischen der Haftung für einen Wirtschaftsvorverein und einen Idealvorverein ist folglich möglich und mit dem Gläubigerschutz (noch) vereinbar.

So kommt man beim Vorverein zu folgendem Ergebnis: Bei Vorliegen eines Wirtschaftsvorvereins haften die (Gründer)-Mitglieder für Vereinsverbindlichkeiten grundsätzlich unmittelbar und unbeschränkt persönlich als Gesamtschuldner. Im Falle eines Idealvorvereins ist hingegen eine persönliche Mitgliederhaftung nicht gegeben.

V. Zusammenfassung Vorverein

Ein Vorverein als "werdende juristische Person" ist kein nichtrechtsfähiger Verein i.S.d. § 54 BGB, sondern ein Rechtsgebilde "sui generis", auf das die Vorschriften des rechtsfähigen Vereins anwendbar sind, soweit diese nicht die Rechtsfähigkeit i.S.d. §§ 21, 22 BGB voraussetzen.

Der Vorverein entsteht mit Errichtung der Vereinssatzung und endet mit Erlangung der Rechtsfähigkeit nach § 21 BGB oder § 22 BGB.

Ein "echter Vorverein" liegt vor, wenn der Vereinszweck, der der Vereinssatzung zu entnehmen ist, auf Erlangung der Rechtsfähigkeit gerichtet ist, sei es von Beginn der Gründung des Vereins an bzw. später bei einem bis dahin nichtrechtsfähigen Verein. Ein "unechter Vorverein", der einen nichtrechtsfähigen Verein i.S.d. § 54 BGB darstellt, ist gegeben, wenn der Verein den Willen zur Erlangung der Rechtsfähigkeit aufgegeben hat oder

---

[576] Mugdan, Bd. 1, S. 604, 997.

die Erlangung der Rechtsfähigkeit nicht mehr möglich ist (z.B. Erlangung der Rechtsfähigkeit rechtskräftig abgelehnt wurde).

Beim Vorverein ist wie im gesamten Vereinsrecht zwischen Idealverein und wirtschaftlichem Verein (Wirtschaftsverein) zu differenzieren. Die Abgrenzung erfolgt nach dem teleologisch-typologischen Ansatz unter Zuhilfenahme des Korrektivs "Nebenzweckprivileg".

Im Vereinsrecht, egal, ob für Idealverein oder wirtschaftlichen Verein, läßt sich eine Unterbilanzhaftung nicht begründen.

Hinsichtlich einer persönlichen Gründermitgliederhaftung ist zwischen der Haftung beim Idealvorverein und beim Wirtschaftsvorverein zu differenzieren.

Beim Idealvorverein haften die Vereinsmitglieder für Verbindlichkeiten des Vereins persönlich nicht. Begründen läßt sich diese persönliche Nichthaftung der Vereinsmitglieder zum einen mit dem geringen Gläubigerschutzbedürfnis beim Idealverein, da dort der wirtschaftlichen Betätigung, wenn überhaupt, nur eine untergeordnete Bedeutung zukommt. Die Gläubigerinteressen treten hinter die Mitgliederinteressen zurück. Zum anderen spricht das Erfordernis einer einheitlichen Mitgliederhaftung im nichtrechtsfähigen Idealverein und Idealvorverein, das sich aus Interessengesichtspunkten, insbesondere Gläubigerschutzerwägungen ergibt, dafür. Da die Mitglieder eines nichtrechtsfähigen Idealvereins für Vereinsverbindlichkeiten persönlich nicht haften, folgt daraus die persönliche Nichthaftung der Mitglieder eines Idealvorvereins.

Beim Wirtschaftsvorverein haften die Vereinsmitglieder für Verbindlichkeiten des Vereins den Gläubigern gegenüber unbeschränkt persönlich als Gesamtschuldner. Für eine solche (Gründer)-Mitgliederhaftung spricht vor allem die ratio legis des § 22 BGB (Sperr- und Auffangfunktion). Eine Haftungsprivilegierung im Wirtschaftsvorverein würde zur Umgehung von dessen Sinn und Zweck führen, der eine Haftungsbeschränkung auf das Vereinsvermögen bei wirtschaftlich tätigen Vereinen nur dann zulassen möchte, wenn die Rechtsform der AG, GmbH oder eG gewählt wird, bzw. ausnahmsweise die strengen Voraussetzungen des § 22 BGB (Subsidiaritätsgrundsatz) erfüllt sind. Des Weiteren läßt sich für eine unbeschränkte persönliche Mitgliederhaftung das Erfordernis einer einheitlichen Mitgliederhaftung in nichtrechtsfähigem Wirtschaftsverein und Wirtschaftsvorverein anführen. Da sich die Mitgliederhaftung im nichtrechtsfähigen Wirtschaftsverein als unbeschränkte gesamtschuldnerische Haftung darstellt, findet diese Haftung auch beim

Wirtschaftsvorverein Anwendung. Für die unbeschränkte Mitgliederhaftung spricht darüber hinaus noch die Interessenlage zwischen Vorstandsmitgliedern (die keine Vereinsmitglieder sind) und den Vereinsmitgliedern. Eine Haftungsprivilegierung würde zu einer unbefriedigenden Aufteilung des wirtschaftlichen Risikos zwischen ihnen führen, insbesondere unter dem Blickwinkel einer interessengerechten Verteilung von Chancen und Risiken. Dieses Ergebnis ist zudem mit den Mitgliederinteressen und den erhöhten Glaubigerinteressen im Wirtschaftsvorverein vereinbar.

Die persönliche Mitgliederhaftung im Wirtschaftsvorverein ist grundsätzlich als unbeschränkte, gesamtschuldnerische, akzessorische Außenhaftung ausgestaltet. Nur während des Insolvenzverfahrens kann die unbeschränkte gesamtschuldnerische Außenhaftung der Vereinsmitglieder nicht von den Vereinsgläubigern eingefordert werden. In diesem Fall muß die Mitgliederhaftung nach § 93 InsO analog ausnahmsweise vom Insolvenzverwalter geltend gemacht werden.

Von einer persönlichen Gründerhaftung in Gestalt einer unbeschränkten gesamtschuldnerischen Außenhaftung wie bei Vor-GmbH und Vor-AG kann im Ergebnis nur beim Wirtschaftsvorverein gesprochen werden.

4. Teil: Die Gründerhaftung in der Vorgenossenschaft

I. Rechtliche Erfassung der Vorgenossenschaft

1) Begriff

Eine Vorgenossenschaft entsteht mit Errichtung des Genossenschaftsstatuts gemäß § 5 GenG (Unterzeichnung des Statuts durch alle - mindestens sieben - Genossen) und endet mit Eintragung der Genossenschaft ins Genossenschaftsregister.[577]

Strikt davon zu trennen ist - auch im Genossenschaftsrecht - die ihr vorausgehende Vorgründungsgesellschaft. Eine solche entsteht, wenn die Beteiligten sich zur Errichtung einer Genossenschaft verpflichten, und endet mit Zweckerreichung (der Errichtung des Genossenschaftsstatuts). Die Vorgründungsgesellschaft stellt, wenn sie ein kaufmännisches Handelsgewerbe betreibt, eine OHG dar; ansonsten ist sie eine BGB-Gesellschaft.[578] Zwischen einer Vorgründungsgesellschaft und der späteren Vorgenossenschaft besteht keine Identität, so dass Rechte und Pflichten von der Vorgründungsgesellschaft nicht ipso iure auf die Vorgenossenschaft übergehen.[579]

Die Vorgenossenschaft und die aus ihr hervorgehende eingetragene Genossenschaft (eG) sind hingegen nach heute fast einhelliger Ansicht identisch, so dass die Rechte und Pflichten der Vorgenossenschaft mit Eintragung ins Genossenschaftsregister sich nahtlos in der eingetragene

---

[577] BGHZ 20, 281 f.; OLG Zweibrücken, NZG 1999, 172, 173; Müller, § 13 Rdnr. 8; Lang-Metz, § 13 Rdnr. 4; Dregger, S. 73; Zier, S. 70; Zülch, S. 5 f.; K. Schmidt, GesR, § 41 I 2b); Turner, S. 32; Beuthien/Klose, ZfG 46 (1996), 179 f.; Stumpf, JuS 1998, 701, 702; a.A. noch: Waldecker, S. 109, wonach für das Entstehen einer Vorgenossenschaft schon eine mündliche oder konkludente Vereinbarung des gemeinsamen Willens genüge.

[578] Meyer, § 13 Rdnr. 2; Dehoff, S. 10 f.; Reinhardt, ZfG 13 (1963), 255; Glenk/Dietermann, WiB 1996, 276, 278; Stumpf, JuS 1998, 701, 702.

[579] Meyer, § 13 Rdnr. 2; Dehoff, S. 11; Dregger, S. 74; Zier, S. 68; Schnorr von Carolsfeld, ZfG 9 (1959), 50, 67.

Genossenschaft fortsetzen (Identitätstheorie).[580]

2) Rechtsnatur

Die früher überwiegende Ansicht nahm an, dass die Vorgenossenschaft eine Gesellschaft bürgerlichen Rechts bzw. einen nichtrechtsfähigen Verein darstelle.[581] Dieser Auffassung kann aber entsprechend den detaillierten Ausführungen zu den anderen Vorgesellschaften, die auf die Vorgenossenschaft voll übertragbar sind, nicht gefolgt werden;[582] insbesondere wird sie nicht den Verhältnissen in der Vorgesellschaft sowie dem Willen der Gründer gerecht.

Die Vorgenossenschaft stellt - wie die anderen Vorgesellschaften auch - als "werdende juristische Person" ein rechtsfähiges[583] Rechtsgebilde "sui generis" dar. Sie untersteht dem Recht der eingetragenen Genossenschaft mit Ausnahme derjenigen Vorschriften, die die Eintragung voraussetzen. Dies ist seit der ersten grundlegenden Entscheidung des BGH zur Frage der Rechtsnatur der Vorgesellschaften, die sich gerade auf eine Vorgenossenschaft bezog, die heute fast einhellige Ansicht.[584]

---

[580] Meyer, § 13 Rdnr. 3; Müller, § 13 Rdnr. 15; Dehoff, S. 17; Bayer, EWiR 1995, 991; Glenk/Dietermann, WiB 1996, 276, 279; a.A. noch Genehmigung durch e.G. für nicht gründungsnotwendige Geschäfte verlangend: BGHZ 17, 385, 391; Paulick, S. 101; Lang-Metz, § 13 Rdnr. 11; a.A.: Zülch, S. 165 ff., der die Identitätstheorie i.S. einer "rechtlichen Identität" ablehnt und nur eine "tatsächliche Identität" annimmt.

[581] Für eine Gesellschaft bürgerlichen Rechts: Scholz, JW 1938, 3149; Kluge, ZfG 2 (1952), 67, 68; für einen nichtrechtsfähigen Verein: Pohle, ZfG 3 (1953), 332, 337; Waldecker, S. 110; OLG München, HRR 41, Nr. 704; OLG Nürnberg, ZfG 5 (1955), 237.

[582] Siehe diesbezügliche Ausführungen unter 1.Teil I. 2c) (1), 2.Teil I. 2) und 3.Teil I. 2).

[583] Bezüglich der Frage, ob die Vorgenossenschaft bereits rechtsfähig ist, sei auf die entsprechenden Ausführungen bei den anderen Vorgesellschaften unter 1.Teil I. 2), 2.Teil I. 2) und 3.Teil I 2) verwiesen. Die Vorgenossenschaft als bereits rechtlich verselbständigte Körperschaft ist genauso wie die anderen Vorgesellschaften selbst Trägerin von eigenen Rechten und Pflichten. Sich für eine Rechtsfähigkeit der Vorgenossenschaft ebenfalls aussprechend Müller, § 13 Rdnr. 12; Turner, S. 32. Inkonsequenterweise von einer Teilrechtsfähigkeit ausgehend: BGH, DB 1987, 929; BGH, DB 1990, 273; BayObLG, DB 1990, 2158; Lang-Metz, § 13 Rdnr. 8. Eine Rechtsfähigkeit ganz ablehnend: OLG Zweibrücken, NZG 1999, 172.

[584] BGHZ 20, 281 ff.; LG Göttingen, NJW-RR 1995, 1315, 1316; Müller, § 13 Rdnr. 9; Lang-Metz, § 13 Rdnr. 4; Meyer, § 13 Rdnr. 3; Nitschke, S. 150; Zülch, S. 20 ff.; Zier, S. 71; Bayer, EWiR 1995, 991.

3) Abgrenzung Vorgenossenschaft - nichtrechtsfähige (Dauer)-Genossenschaft

Die überwiegende Ansicht in der Literatur differenziert hinsichtlich nichteingetragener Genossenschaften zwischen den die Eintragung anstrebenden Vorgenossenschaften und den auf Dauer angelegten, die Eintragung nicht anstrebenden, nichtrechtsfähigen (Dauer)-Genossenschaften.[585]
Vereinzelte Stimmen lehnen eine solche Unterscheidung bei nichteingetragenen Genossenschaften ab. Danach sollen nichteingetragene Genossenschaften gleich behandelt werden, ohne Rücksicht darauf, ob die Erlangung der Eintragung (als juristische Person) angestrebt oder überhaupt möglich ist.[586] Begründet wird diese Ansicht damit, dass in beiden Fällen eine wirtschaftliche Betätigung möglich sei, ohne dass es für den Rechtsverkehr erkennbar sei, ob die Eintragung ins Genossenschaftsregister beabsichtigt oder überhaupt durchführbar ist. Für den Rechtsverkehr, insbesondere die Gesellschaftsgläubiger, wäre es so i.d.R. nicht ersichtlich, ob eine Vorgenossenschaft oder eine nichtrechtsfähige Dauergenossenschaft vorliegt, was bei unterschiedlicher Ausgestaltung beider Genossenschaftsformen, insbesondere hinsichtlich der Haftung, zu grossen Unsicherheiten für den Rechtsverkehr und zu nicht interessengerechten Ergebnissen führen würde.[587]
Diesen Verkehrsschutzbedenken ist voll zuzustimmen. Jedoch folgt daraus nicht der "Einheitstatbestand" einer nichteingetragenen Genossenschaft.
Im Genossenschaftsrecht wird zwar - anders als im Vereinsrecht mit § 54 S.1 BGB - explizit keine nichtrechtsfähige Dauergenossenschaft

---

[585] So K. Schmidt, GesR, § 41 I 2); Schmidt-Leithoff, S. 68 ff., 177; Dehoff, S. 16; Zülch, S. 8 ff.; Zier, S. 70; Paulick, S. 91 f.; ders., ZfG 4 (1954), 149, 157 f.
[586] So Müller, § 13 Rdnr. 18; Pohle, ZfG 6 (1956), 313, 314, die die Regelungen zur Vorgenossenschaft auf alle nichteingetragenen Genossenschaften anwenden wollen; Schnorr von Carolsfeld, ZfG 9 (1959), 50, 59, der hingegen die Regelungen für nichteingetragene Körperschaften (nichtrechtsfähiger Wirtschaftsverein) heranziehen möchte.
[587] So Müller, § 13 Rdnr. 18; Pohle, ZfG 6 (1956), 313, 314.

anerkannt. Aus § 1 I und § 13 GenG [588] kann aber entnommen werden, dass vor Eintragung eine (nichtrechtsfähige) Genossenschaft existiert. Da das Recht der juristischen Person keinen unmittelbaren Zwang zur Registereintragung kennt, ist daraus zu schließen, dass es auch eine auf Dauer ausgerichtete nichtrechtsfähige Dauergenossenschaft gibt.[589]

Eine solche auf Dauer angelegte nichtrechtsfähige (Dauer)-Genossenschaft weist erhebliche Unterschiede zu einer Vorgenossenschaft auf. So fehlt ihr vor allem, anders als der Vorgenossenschaft, der interimistische Charakter. Sie hat eine völlig andere Zielrichtung, da sie auf dauernde Teilnahme am Wirtschaftsverkehr unter Verzicht auf eigene Rechtsfähigkeit gerichtet ist. Die Willensrichtung in der Vorgenossenschaft ist hingegen auf die Erlangung der Rechtsstellung einer juristischen Person ausgerichtet. Sie ist eine "werdende juristische Person", wogegen dies bei der nichtrechtsfähigen Dauergenossenschaft nicht der Fall, ja gerade nicht gewollt ist. Aufgrund dieser elementaren Unterschiede erscheint es gerechtfertigt, innerhalb der nichteingetragenen Genossenschaften zwischen Vorgenossenschaften und nichtrechtsfähigen Dauergenossenschaften zu differenzieren. Dies entspricht auch den Verhältnissen im Vereinsrecht, wo zwischen nichtrechtsfähigen Vereinen (i.S.d. § 54 BGB) und Vorvereinen unterschieden wird. Die Verkehrsschutzbedenken, wonach für den Rechtsverkehr und insbesondere für die Gläubiger eine Abgrenzung zwischen Vorgenossenschaft und nichtrechtsfähiger Dauergenossenschaft nicht möglich sei, werden durch eine solche Differenzierung auch nicht übergangen; vielmehr sind sie bei der Frage der Rechtsausgestaltung der Vorgenossenschaft bzw. der nichtrechtsfähigen Dauergenossenschaft, insbesondere bei den jeweiligen Haftungssystemen, heranzuziehen.[590]

Eine ("echte") Vorgenossenschaft liegt somit vor, wenn das Ziel der Genossenschaft von Gründung an auf Eintragung ins Genossenschaftsregister gerichtet ist, um die Rechtsstellung als juristische Person zu

---

[588] Bei § 1 I GenG kann dies aus dem in Klammern gesetzten Wort "Genossenschaft" gefolgert werden, da dieses Rechtsgebilde die Rechte als "eingetragene Genossenschaft" erst (nach Maßgabe des GenG) erwerben muß. Darüber hinaus setzt § 13 GenG die Existenz einer Genossenschaft vor Eintragung ebenfalls voraus. A.A.: Rittner, S. 74, der diese Wortlautargumente fälschlicherweise ablehnt und daraus folgernd eine nichtrechtsfähige Genossenschaft nicht anerkennt.

[589] Vgl. Dehoff, S. 15; Paulick, ZfG 4 (1954), 149, 156.

[590] Auf diese Verkehrsschutzgesichtspunkte wird später bei der Frage der Gründerhaftung in der Vorgenossenschaft maßgeblich noch einmal eingegangen.

erlangen. Gleiches gilt entsprechend den Ausführungen beim Vorverein[591] für den Fall, dass eine ehemals nichtrechtsfähige Dauergenossenschaft die Eintragung (durch Änderung des Statuts) anstrebt.[592]

Eine nichtrechtsfähige Dauergenossenschaft ist hingegen gegeben, wenn die Eintragung ins Genossenschaftsregister von vornherein nicht angestrebt war oder dies später aufgegeben wurde, bzw. nicht mehr erreicht werden kann.[593]

II. Haftungsmodelle zur persönlichen Gründerhaftung in der Vorgenossenschaft

1) Keine persönliche Gründerhaftung

Eine weit verbreitete Ansicht lehnt eine persönliche Haftung der Gründer (Vorgenossen) mit ihrem Privatvermögen für Verbindlichkeiten bzw. Verluste der Vorgenossenschaft ab.[594] Dafür soll allein das Vermögen der Vorgenossenschaft einzustehen haben, zu dem die bereits eingebrachte Einlage sowie die noch bestehenden Einlageforderungen und im Insolvenzfall die gegebenenfalls bestehende Nachschußforderung gehören.[595] Insoweit könnte man von einer "auf den Anteil am Gesellschaftsvermögen beschränkten Vorgenossenhaftung"[596] bzw. einer

---

[591] Siehe Ausführungen unter 3.Teil I. 3), die sich sowohl auf den Vorverein als auch auf die Vorgenossenschaft bezogen.
[592] So Schmidt-Leithoff, S. 73; Dregger, S. 89 f.; Müller, § 13 Rdnr. 19; Schnorr von Carolsfeld, ZfG 9 (1959), 50, 65; a.A. K. Schmidt, Verband, S. 115 f.; Paulick, S. 95 f.; ders., ZfG 4 (1954), 149, 160.
[593] Vgl. Paulick, S. 91 (mit Beispielen für die Unmöglichkeit einer Eintragung); Zülch, S. 178 ff.
[594] So Ganßmüller, NJW 1956, 1186, 1187; Dregger, S. 79; Schnorr von Carolsfeld, ZfG 9 (1959), 50, 61; 84, 46; Dehoff, S. 73; Zülch, S. 38, 143 ff.; Waldecker, S. 112; Glenk/Dietermann, WiB 1996, 276, 278 f.; OLG München, HRR 41, Nr. 704; Lang-Metz, § 13 Rdnr. 9; Meyer, § 13 Rdnr. 9 (die beiden letzteren trotz Verweises auf die ältere Rechtsprechung des BGH); letztlich offenlassend: Bayer, EWiR 1995, 991, 992.
[595] Ganßmüller, NJW 1956, 1186, 1187; Lang-Metz, § 13 Rdnr. 9; Meyer, § 13 Rdnr. 4; Zülch, S. 143 ff.
[596] So Dehoff, S. 73; Meyer, § 13 Rdnr. 4.

"beschränkten Innenhaftung gegenüber der Genossenschaft"[597] sprechen. Da sich hinsichtlich Vor-GmbH und Vor-AG jedoch für das entsprechende Haftungsmodell der Begriff der "persönlichen Nichthaftung der Gründer" eingebürgert hat,[598] erscheint es naheliegend, diesen auch im Genossenschaftsrecht zu verwenden, insbesondere um Mißverständnisse mit der "beschränkten Außenhaftung" (i.S.der alten GmbH-Rechtsprechung) zu vermeiden. Unter "persönlicher Nichthaftung" i.d.S. ist daher zu verstehen, dass neben den statutarischen Einlageverpflichtungen, zu denen auch die Nachschußpflicht in der Insolvenz zu zählen ist, keine persönliche Mitgliederhaftung besteht.

Die Vertreter dieser Ansicht begründen ihre Auffassung vor allem damit, dass in der Vorgenossenschaft schon die Vorschriften des GenG und hier insbesondere § 2 GenG mit dem Ausschluß einer persönlichen Haftung der Genossen Anwendung fänden.[599] Mit Abschluß eines Rechtsgeschäfts im Namen einer Vorgesellschaft käme darüber hinaus grundsätzlich der Wille der Gründer zum Ausdruck, nur bis zur Höhe der von ihnen übernommenen Einlage- und Beitragspflichten zu haften. Die Vertretungsmacht der Handelnden sei dementsprechend beschränkt.[600] Die Vertragspartner, die mit einer in Gründung befindlichen Genossenschaft kontrahieren würden, gingen von einer Haftung nur mit dem Genossenschaftsvermögen entsprechend § 2 GenG aus, so dass sie ausreichend geschützt seien. Eine weitergehende persönliche Haftung der Vorgenossen werde nicht erwartet.[601] Es seien zudem keine Gründe erkennbar, die dafür sprächen, die Genossenschaftsgläubiger im Gründungsstadium besser zu stellen als nach Eintragung der Genossenschaft. Ergänzend wird bemerkt, die Gründungslage bei der Vorgenossenschaft sei mit der bei der Vor-GmbH nicht vergleichbar. Daraus folge, dass deren Haftungsmodell

---

[597] So wohl zu verstehen Bayer, EWiR 1995, 991, 992 (wobei er aber letztlich offenläßt, ob die "beschränkte Haftung" als "beschränkte Innenhaftung" i.d.S. oder als "beschränkte Außenhaftung" - entsprechend der älteren GmbH-Rechtsprechung - ausgestaltet ist).
[598] So etwa Beuthien, ZIP 1996, 305, 308; Jäger, S. 42 ff.; Kort, EWiR 1998, 123; Hartmann, WiB 1997, 66; K. Schmidt, GesR, § 34 III 3c).
[599] Lang-Metz, § 13 Rdnr. 9; Schnorr von Carolsfeld, ZfG 34 (1984), 45, 46; Bayer, EWiR 1995, 991, 992.
[600] Meyer, § 13 Rdnr. 4; Lang-Metz, § 13 Rdnr. 9.
[601] Dehoff, S. 73; Lang-Metz, § 13 Rdnr. 9; Bayer, EWiR 1995, 991, 992.

(unbeschränkte persönliche Haftung) nicht ohne weiteres übertragbar sei.[602]

2) Beschränkte Außenhaftung

Eine andere Ansicht folgt der älteren Rechtsprechung des BGH zur Vor-GmbH und überträgt diese auf die Vorgenossenschaft. Danach haften die Vorgenossen für Verbindlichkeiten der Vorgenossenschaft persönlich, und zwar - orientiert an der Kommanditistenhaftung des § 171 I HGB - beschränkt in Höhe ihrer im Statut übernommenen, aber noch nicht geleisteten Einlagen.[603] Demzufolge ist nach dieser Meinung - wie bei der "persönlichen Nichthaftung", - die Haftung für Genossenschaftsverbindlichkeiten der Höhe nach auf die von den Gründungsmitgliedern geleisteten oder noch zu leistenden Einlagen beschränkt. Aus Gläubigerschutzgründen sollen aber, anders als bei der "persönlichen Nichthaftung", die Gründer den Genossenschaftsgläubigern gegenüber unmittelbar haften.

Die Vertreter dieser Ansicht stellen in ihrer Begründung weitgehend auf die gleichen Argumente ab, die für die "persönliche Nichthaftung" verwendet werden. Danach könne der Rechtsverkehr, der mit einer in Gründung befindlichen Vorgenossenschaft kontrahiere, unter Vertrauensschutzgesichtspunkten nicht mehr erwarten, als dass die Genossen in dem Umfang haften, in dem sie auch bei Eintragung haften würden. Eine Haftungserweiterung ließe sich aus dem Auftreten als "e.G." nicht ableiten. Zudem bestehe auch keine Veranlassung, die Gläubiger einer Genossenschaft hinsichtlich des Haftungsumfangs im Gründungsstadium besser zu stellen als nach Eintragung.[604]

Ausnahmsweise möchte ein Teil dieser Ansicht eine unbeschränkte Aussenhaftung der Vorgenossen nach § 128 HGB annehmen, wenn diese die Rechtsform der Vorgenossenschaft mißbrauchen, d. h., sich ganz bewußt gegen die Rechtsform einer Personengesellschaft entschieden haben, um Dritte zu schädigen.[605]

---

[602] Lang-Metz, § 13 Rdnr. 9.
[603] Reuter, ZHR 151 (1987), 355, 363; so wohl auch zu verstehen LG Göttingen, NJW-RR 1995, 1315 f., insbesondere wegen des Verweises auf die ältere GmbH-Rechtsprechung und deren Argumente, obwohl nie explizit von einer beschränkten "Außenhaftung" gesprochen wird.
[604] LG Göttingen, NJW-RR 1995, 1316; Bayer, EWiR 1995, 991, 992.
[605] LG Göttingen, NJW-RR 1995, 1319, entsprechend BGHZ 20, 281, 287.

3) Unbeschränkte Außenhaftung

Eine dritte Ansicht nimmt eine unbeschränkte persönliche Außenhaftung der Vorgenossen für Verbindlichkeiten der Vorgenossenschaft an. Die Herleitungen und Begründungen einer solchen unbeschränkten Außenhaftung divergieren erheblich.

Ältere Ansichten gehen vor allem von einer grundsätzlich unbeschränkten Außenhaftung nach §§ 54, 427 BGB[606] bzw. § 427 BGB,[607] aber nur für rechtsgeschäftliche Verbindlichkeiten, aus. Regelmäßig sei jedoch eine Beschränkung der Haftung auf das Vorgenossenschaftsvermögen und auf eine etwa satzungsmäßig festgelegte Haftungssumme anzunehmen, vor allem dann, wenn eine Vorgenossenschaft als "e.G." auftrete.[608]

Für den Fall, dass die Vorgenossenschaft bereits ein kaufmännisches Handelsgewerbe betreibt, leiten einige Stimmen aus § 128 HGB eine unbeschränkte persönliche Außenhaftung der Vorgenossen, sowohl für rechtsgeschäftliche als auch gesetzliche Verbindlichkeiten, her.[609] Teilweise ziehen sie § 128 HGB sogar in den Fällen heran, in denen ein kaufmännisches Handelsgewerbe fehlt.[610]

K. Schmidt möchte nicht nach dem Vorliegen eines kaufmännischen Handelsgewerbes differenzieren. Seiner Ansicht nach ist in der Vorgenossenschaft grundsätzlich eine unbeschränkte persönliche Außenhaftung der Vorgenossen gegeben, die nur durch Einzelabreden mit den Gläubigern ausnahmsweise beschränkbar sei.[611]

Anders Beuthien, der danach unterscheidet, ob ein kaufmännisches Handelsgewerbe vorliegt oder nicht. Liegt keines vor, so möchte er - wie bei allen anderen Vorgesellschaften auch - §§ 54 S.1, 714, 421 ff. BGB zur Anwendung kommen lassen, was bedeuten würde, dass dann eine

---

[606] Paulick, S. 101 f.
[607] Reinhardt, ZfG 13 (1963), 256; Zier, S. 73.
[608] So früher Paulick, S. 102; Zier, S. 74; RGZ 39, 25, 30 f.; OLG München, HRR 41, Nr. 704; OLG Nürnberg, ZfG 5 (1955), 237 f.; LG Memmingen, MDR 1954, 234; Oswald, MDR 1954, 235.
[609] LG Berlin, ZfG 13 (1963), 253 f. ("gemäß § 128 HGB"); Müller, § 13 Rdnr. 14a; Beuthien/Klose, ZfG 46 (1996), 179, 184 ff.; Beuthien, ZIP 1996, 305, 315 f. ("§ 54 S.1 BGB, § 128 HGB"); Kübler, § 24 III1c); Fromm, NJW 1962, 1656, 1657 f.; John S. 331 f.
[610] So LG Berlin, ZfG 13 (1963), 253, 254 f.; K. Schmidt, GesR, § 41 I 2b).
[611] Siehe K. Schmidt, GesR, § 41 I 2b).

persönliche (unbeschränkte) Haftung nur für rechtsgeschäftliche Verbindlichkeiten in Frage käme.[612]

Einen anderen Weg bei Betreiben eines nichtkaufmännischen Handelsgewerbes geht Müller, der danach differenziert, ob im Statut der Genossenschaft eine unbeschränkte, eine beschränkte bzw. gar keine Nachschußpflicht vereinbart ist. Ist eine beschränkte oder keine Nachschußpflicht vereinbart und gibt dies die Vorgenossenschaft dem Rechtsverkehr zu erkennen, so soll eine Beschränkung der Haftung auf das Gesellschaftsvermögen bestehen. Im Falle einer Genossenschaft mit unbeschränkter Nachschußpflicht scheide hingegen jede Beschränkung der persönlichen Haftung der Vorgenossen aus, so dass immer eine unbeschränkte persönliche Außenhaftung gegeben sei.[613]

Der BGH möchte eine unbeschränkte Haftung nur annehmen, wenn die Gründer die geschaffene Rechtsform mißbrauchen. Dann sollen die Gründer nach § 128 HGB analog haften.[614] Wann ein solcher Mißbrauchsfall gegeben sein soll, führt der BGH aber nicht weiter aus.

III. Übertragbarkeit des Vor-GmbH-Haftungsmodells auf die Vorgenossenschaft

1) Keine persönliche Nichthaftung

Einige Stimmen im Vorgenossenschaftsschrifttum lehnen, entsprechend der Mitgliederhaftung im Idealvorverein, eine persönliche Haftung der Vorgenossen neben ihrem Anteil am Genossenschaftsvermögen für Verbindlichkeiten bzw. Verluste der Vorgenossenschaft ab.[615] Diese Ansicht entspricht der der persönlichen Nichthaftung in Vor-GmbH und Vor-AG. Bei Vor-GmbH und Vor-AG konnte aber gezeigt werden, dass eine persönliche Gründerhaftung, vor allem aus Gläubigerschutzgründen, erforderlich ist.[616] Es fragt sich daher, ob die Gesichtspunkte, die bei Vor-

---

[612] Beuthien/Klose, ZfG 46 (1996), 179, 186 ff; Beuthien, ZIP 1996, 305, 315 f.
[613] Siehe Müller, § 13 Rdnr. 14a.
[614] BGHZ 20, 281 ff.
[615] Siehe zum Idealvorverein 3.Teil II. 1a).
[616] Zu diesen Ansichten siehe 1.Teil III. 1) und 2.Teil III. 1).

GmbH und Vor-AG gegen eine persönliche Nichthaftung der Gründer sprechen, auch auf die Vorgenossenschaft entsprechend übertragbar sind.

a) § 2 GenG analog

Gegen eine Vorverlagerung des § 2 GenG auf das Gründungsstadium der Genossenschaft lassen sich die gleichen Argumente wie gegen eine Vorverlagerung des § 13 II GmbHG im GmbH-Recht heranziehen.[617] Die Registereintragung wäre nur noch ein formaler Akt mit rein deklaratorischer Bedeutung. Der berechtigte Kern des § 2 GenG besteht gerade darin, dass die Genossen die Haftungsbeschränkung erst verdient haben, wenn die Prüfungen des Prüfungsverbandes (§ 11 II Nr. 3 GenG) und des Registergerichts (§ 11a GenG) vollständig abgeschlossen sind.

b) Gläubigerschutz in der Vorgenossenschaft

Eine persönliche Nichthaftung der Vorgenossen käme aber in Frage, wenn schon ein ausreichender Gläubigerschutz im Gründungsstadium entsprechend dem Schutz in der eingetragenen Genossenschaft gewährleistet wäre.

(1) Kapitalausstattung/ Gründungsprüfungen

Das Genossenschaftsrecht selbst weist allgemein einen geringeren Gläubigerschutz auf als das Kapitalgesellschaftsrecht (GmbH, AG). So ist die Kapitalaufbringung und -erhaltung weit weniger streng ausgebildet. Es ist u.a. kein Mindeststammkapital wie in § 5 I GmbHG bzw. ein Mindestnennbetrag an Grundkapital wie in § 7 AktG festgelegt und bei Registeranmeldung ist grundsätzlich, wenn nichts anderes im Statut vereinbart wurde, eine Pflichteinzahlung noch nicht erforderlich. § 7 Nr.1 GenG bestimmt nur, dass das Statut einer Genossenschaft Regelungen über die Geschäftsanteile und die Pflichteinzahlungen enthalten muß, wobei aber nur für ein Zehntel Betrag und Zeit bestimmt sein müssen. Das bedeu-

---

[617] Siehe unter 1.Teil IV. 1b) Argumentation gegen § 13 II GmbHG analog.

tet, dass einer Vorgenossenschaft keine tatsächlich aufgebrachte Haftungsmasse durch erfolgte Pflichteinzahlungen zur Verfügung stehen muß, wenn dies nicht ausdrücklich im Statut vereinbart wurde. Weiterhin kommt eine Nachschußpflicht nach § 105 GenG im Falle des Insolvenzverfahrens bei Vorgenossenschaft und e.G. als Gläubigerschutz nur dann in Frage, wenn sie im Statut (siehe § 6 Nr.3 GenG) nicht ausgeschlossen wurde.

Darüber hinaus ist der Gläubigerschutz in der Vorgenossenschaft noch weiter eingeschränkt als in der e.G. Bei letzterer fehlen vor allem die für eine Eintragung notwendigen Gründungsprüfungen eines Prüfungsverbandes (§ 11 II Nr.3 GenG) und des Registergerichts (§ 11a GenG). Bei diesen Prüfungen werden die persönlichen und wirtschaftlichen Verhältnisse der Vorgenossenschaft, insbesondere die Vermögenslage, untersucht.[618] Bei Gefährdung der Belange der Genossen und der Gläubiger hat das Registergericht die Eintragung abzulehnen. Eine Gefährdung der Belange der Gläubiger wird u.a. dann anerkannt, wenn die Genossenschaft nicht mit dem erforderlichen Eigenkapital ausgestattet ist, der Genossenschaftsbetrieb nicht ausreichend organisatorisch ausgestaltet ist oder wenn mit großer Sicherheit erwartet werden kann, dass die künftige e.G. auf Dauer mit eigenen Mitteln nicht existenzfähig sein wird; d.h., wenn sachliche Anhaltspunkte die Prognose rechtfertigen, dass die sich aus der Geschäftstätigkeit ergebenden Verpflichtungen nicht erfüllt werden.[619] Eine Gefährdung soll zudem dann vorliegen, wenn die Genossen selbst nicht in der Lage sind, die erforderlichen Pflichteinzahlungen zu leisten oder einer gegebenenfalls bestehenden Nachschußpflicht nachzukommen.[620] Es zeigt sich, dass die beiden Gründungsprüfungen einen erheblichen Gläubigerschutz gewährleisten. Falls das Gericht nach § 11a II GenG auf eine Gefährdung der Belange der Gläubiger erkennt, was es meist aus der Gründungsprüfung des Prüfungsverbandes entnimmt,[621] unterbleibt eine Eintragung ins Genossenschaftsregister und somit die Entstehung einer e.G. Eine Genossenschaft kann folglich - trotz fehlender strenger Kapitalaufbringungsvorschriften wie in GmbH und AG

---

[618] Zu berücksichtigen ist bei den Gründungsprüfungen, dass keine übertriebenen Anforderungen gestellt werden; entscheidend sind die zum Zeitpunkt der Prüfung bekannten und ohne weiteres zugänglichen Tatsachen (vgl. Lang-Metz, § 11 Rdnr. 17).
[619] Müller, § 11 Rdn. 8; § 11a Rdnr. 5, 8; Lang-Metz, § 11 Rdnr. 19; Glenk/Dietermann, WiB 1996, 276, 277.
[620] Lang-Metz, § 11 Rdnr. 18; a.A.: Glenk/Dietermann, WiB 1996, 276, 278.
[621] So Glenk/Dietermann, WiB 1996, 276, 277; Lang-Metz, § 11a Rdnr. 3 f.

- nur dann zur Eintragung gelangen, wenn den Gläubigern ein ausreichendes Haftungsvermögen zur Verfügung steht, also eine ausreichende Kapitalaufbringung vorhanden ist. Die Gläubiger einer Genossenschaft können daher weitgehend darauf vertrauen, dass die Vermögenslage der Genossenschaft im Zeitpunkt der Eintragung ausreichend ist. Bei einer Vorgenossenschaft, also im Gründungsstadium, fehlt es hingegen an einem solchen Gläubigerschutz. Die Feststellung einer ausreichenden Vermögenslage der Genossenschaft ist hier nicht gegeben. In der Vorgenossenschaft ist somit, anders als mit Eintragung, nicht gewährleistet, dass die Vermögenslage der Genossenschaft nicht für eine Gläubigergefährdung sorgt.

(2) Fehlende Publizität

Neben den Gründungsprüfungen fehlen in der Vorgenossenschaft weiterhin die Publizitätsvorschriften des Genossenschaftsgesetzes (§§ 12, 29, 156 GenG). Die Gläubiger einer Genossenschaft haben i.d.R. erst mit Eintragung ins Genossenschaftsregister Einblick in das Genossenschaftsstatut. Sie können u.a. erst dann erkennen, in welcher Höhe Pflichteinzahlungen zu leisten waren oder noch sind und ob und gegebenenfalls in welcher Höhe eine Nachschußpflicht der Genossen im Insolvenzverfahren besteht. Denn vorher wird ihnen die Genossenschaft meist keinen Einblick in das Genossenschaftsstatut gewähren und eine Mitgliederliste nach § 30 GenG, wenn man sie überhaupt schon für eine Vorgenossenschaft als zwingend erforderlich ansieht,[622] enthält diese Informationen nicht. Nach Eintragung der Genossenschaft ins Genossenschaftsregister können die Gläubiger folglich besser feststellen, ob ihren Forderungen eine ausreichende Sicherung gegenübersteht.

---

[622] Zülch, S. 157, sieht das Führen einer Mitgliederliste erst ab Eintragung ins Genossenschaftsregister als erforderlich an; a.A. Beuthien/Klose ZfG 46 (1996), 179, 198, die ab Anmeldung zur Eintragung schon die Pflicht zum Führen einer Mitgliederliste annehmen. Da bezüglich der Mitgliederliste nach § 30 GenG, anders als bei der früher zu erstellenden "Liste der Genossen", nun keine Norm mehr existiert, die das Führen dieser Liste schon zum Anmeldezeitpunkt voraussetzt, wie § 11 II Nr.2 GenG a.F., erscheint der Gesetzgeber das Erfordernis einer Mitgliederliste nach § 30 GenG im Gründungsstadium nicht mehr als erforderlich anzusehen.

Die fehlende Publizität führt somit neben den fehlenden Gründungsprüfungen zu einem erheblich reduzierten Gläubigerschutz in der Vorgenossenschaft gegenüber dem in der e.G.

(3) Vorbelastungsverbot/ Handelndenhaftung

Die Handelndenhaftung kann das festgestellte Gläubigerdefizit bei der Vorgenossenschaft nicht beseitigen. Selbst wenn man eine Handelndenhaftung im Genossenschaftsrecht annimmt,[623] könnte diese zusätzliche persönliche Haftung im Gründungsstadium nicht für einen ausreichenden und umfassenden Gläubigerschutz sorgen, da die Handelndenhaftung nur bei rechtsgeschäftlichen und nicht bei gesetzlichen Verbindlichkeiten zur Anwendung kommt.

Das früher zum Schutz der Gläubiger herangezogene Vorbelastungsverbot[624] läßt sich im Genossenschaftsrecht wie bei den Kapitalgesellschaften aus denselben Argumenten heute nicht mehr aufrechterhalten.[625]

(4) Nachschußpflicht i.S.d. § 105 GenG

Eine Nachschußpflicht der Vorgenossen gegenüber der Vorgenossenschaft i.S.d. § 105 GenG könnte - zumindest während eines Insolvenzverfahrens - für eine ausreichende Gläubigersicherung sorgen. Es fragt sich aber, ob eine Nachschußverpflichtung auch im Gründungsstadium, also schon vor Eintragung ins Genossenschaftsregister, gilt.

Für eine solche Nachschußpflicht wird ausgeführt, dass es keinen Grund für die Annahme gäbe, dass § 105 GenG zu den Vorschriften gehöre, die zwingend die Eintragung der Genossenschaft ins Genossenschaftsregister

---

[623] Auf die Frage, ob es im Genossenschaftsrecht auch eine Handelndenhaftung gibt, wird im folgenden unter III. 4) noch umfassend eingegangen.
[624] Im Genossenschaftsrecht heranziehend BGHZ 17, 385, 390 f.; LG Berlin, ZfG 13 (1963), 253; Paulick, S. 101; Zülch, S. 58; Fromm, NJW 1962, 1656 f; so wohl immer noch Lang-Metz, § 13 Rdnr. 11.
[625] Siehe die Argumente gegen das Vorbelastungsverbot bei der Vor-GmbH vor allem unter 1.Teil IV. 3f)(2).

voraussetzen.[626] Wenn die Genossen eine Nachschußpflicht im Statut vereinbaren würden, seien sie nicht schutzwürdig, da ihnen bewußt sei, im Falle der Insolvenz der Genossenschaft - unbeachtlich, ob vor oder nach Eintragung - mit Nachschüssen einstehen zu müssen. Zudem ginge das Interesse des Rechtsverkehrs dahin, im Gründungsstadium der Genossenschaft wegen des Gläubigerschutzdefizits zumindest bezüglich vereinbarter Nachschüsse für eine entsprechende Haftung wie in der e.G. zu sorgen.[627]

Die Frage, ob die Nachschußpflicht nach § 105 GenG schon im Gründungsstadium zur Anwendung kommt, kann hier aber noch offen gelassen werden, da eine solche Nachschußpflicht generell nicht geeignet wäre, einen ausreichenden Gläubigerschutz zu gewährleisten. Denn eine Nachschußpflicht der Genossen im Insolvenzfall ist nach der Genossenschaftsgesetznovelle von 1973 nicht mehr zwingend, sondern kann unproblematisch durch das Statut beschränkt und ausgeschlossen werden. Dies dürfte nunmehr der Regelfall sein, da die Vorgenossen zu ihrem Schutz einen Ausschluß oder eine Beschränkung der Nachschußpflicht anstreben werden. Die bloße Möglichkeit, dass die Vorgenossen sich zu einer Nachschußpflicht im Insolvenzverfahren bereit erklärt haben, kann für einen ausreichenden Gläubigerschutz im Gründungsstadium nicht sorgen. Dadurch würden die bereits vorgetragenen Gläubigerschutzdefizite im Gründungsstadium einer Genossenschaft nicht kompensiert.

(5) Pfändbarkeit der Vorgenossenschaftsansprüche

Eine ausreichende Gläubigersicherung ergibt sich auch nicht aus einer Pfändbarkeit der Ansprüche der Vorgenossenschaft gegenüber den Vorgenossen durch die Vorgenossenschaftsgläubiger.

Eine Pfändung einer gegebenenfalls vereinbarten Nachschußpflicht ist nicht zulässig,[628] da eine solche Nachschußpflicht erst mit Eröffnung des Insolvenzverfahrens entsteht.[629]

---

[626] So LG Göttingen, NJW-RR 1995, 1315, 1316; Bayer, EWiR 1995, 991, 992; Beuthien/Klose, ZfG 46 (1996), 179, 189; Zülch, S. 39, 155; offen gelassen Blomeyer/Förstner-Reichstein, ZfG 47 (1997), 187, 188.
[627] Siehe Zülch, S. 155.
[628] So auch Lang-Schaffland, § 105 Rdnr. 10; Müller, § 105 Rdnr. 8; Zülch, S. 152.

Der Anspruch der Genossenschaft auf Einzahlung der Einlageverpflichtungen ist grundsätzlich nicht pfändbar.[630] Dies gilt für die Vorgenossenschaft genauso wie für die e.G. Zu begründen ist dies damit, dass - neben dem Interesse aller Gläubiger nach gleichmäßiger Befriedigung[631] - die Einzahlungspflicht, anders als im GmbH- und Aktienrecht, im weitesten Umfange der genossenschaftlichen Treuebindung und Selbstverwaltung überlassen bleiben soll. Dies beinhaltet u.a., dass die Geltendmachung der Einzahlungspflichten an der wirtschaftlichen Leistungsfähigkeit der Mitglieder zu orientieren ist. Deshalb ist es für Mitglieder einer Genossenschaft bezüglich ihrer Pflichteinzahlungen nicht gleichgültig, ob sie weiterhin Schuldner ihrer Genossenschaft oder Schuldner beliebiger Dritter sind.[632]

Eine Pfändbarkeit der Ansprüche der Vorgenossenschaft gegenüber den Vorgenossen ist folglich nicht möglich, so dass dadurch keine weitergehende Gläubigersicherung möglich ist.

(6) Ergebnis

Festzustellen bleibt, dass die Gläubigersicherung in der Vorgenossenschaft wegen der fehlenden Gründungsprüfungen des Prüfungsverbandes und des Registergerichts sowie der nicht gegebenen Publizität im Gründungsstadium deutlich hinter der Gläubigersicherung in der e.G. zurückbleibt. Im Gründungsstadium ist demnach, anders als nach Eintragung, das Vorliegen einer die Gläubiger ausreichend schützenden Haftung nicht gewährleistet.

Ein solches Gläubigerschutzdefizit in der Vorgenossenschaft läßt sich nur dadurch beseitigen, dass man wie bei Vor-GmbH, Vor-AG und Wirtschaftsvorverein neben der Haftung des Vorgenossenschaftsvermögens

---

[629] Vgl. Zülch, S. 152; Müller, § 105 Rdnr. 5; a.A.: Lang-Schaffland, § 105 Rdnr. 10, der den Nachschußanspruch als aufschiebend bedingt durch den Eintritt des Konkurses ansieht.
[630] So die h.M. für die e.G.: RGZ 135, 55 ff.; BGH, ZfG 4 (1954), 378, 380; Paulick, S. 182 f.; Lang-Schaffland, § 22 Rdnr. 20; a.A.: Müller, § 22 Rdnr. 61 f., der eine Pfändung entsprechend der h.M. im GmbH- und Aktienrecht aber dann zulassen möchte, wenn die Forderung des pfändenden Gläubigers gleichwertig ist; Zülch, S. 144 ff., der eine Pfändbarkeit der Einlageforderung immer zulassen möchte.
[631] Vgl. Lang-Schaffland, § 22 Rdnr. 20.
[632] Vgl. RGZ 135, 55, 61 f.; Lang-Schaffland, § 22 Rdnr. 20; Paulick, S. 182 f.

noch die persönliche Haftung der Vorgenossen als weitere Haftung den Genossenschaftsgläubigern zur Verfügung stellt. Eine persönliche Haftung der Vorgenossen ist für einen ausreichenden Gläubigerschutz erforderlich.

Eine persönliche Nichthaftung der Vorgenossen (außerhalb ihres Anteils am Genossenschaftsvermögens) ist demnach wie bei Vor-GmbH, Vor-AG und Wirtschaftsvorverein abzulehnen.

2) Haftungsbeschränkung durch Firmierung

Einer unbeschränkten Gründerhaftung entsprechend der Haftung in Vor-GmbH, Vor-AG und Wirtschaftsvorverein könnte in der Vorgenossenschaft aber - wie von zahlreichen Stimmen vertreten wird - eine Haftungsbeschränkung (auf die geleistete bzw. noch zu leistende Stammeinlageverpflichtung) entgegenstehen.

Eine solche Haftungsbeschränkung wird damit begründet, dass bei Abschluß von Rechtsgeschäften für eine Vorgenossenschaft grundsätzlich der Wille zum Ausdruck komme, dass die Gründer nur mit ihrem Anteil am Genossenschaftsvermögen (übernommene Einlage- und gegebenenfalls Nachschußpflichten) für Verbindlichkeiten der Genossenschaft einzustehen bereit seien; dementsprechend sei die Vertretungsmacht der für die Genossenschaft Handelnden beschränkt.[633] Der Rechtsverkehr könne zudem unter Vertrauensgesichtspunkten nicht mehr erwarten, als dass die Genossenschaft in dem Umfang hafte, in dem sie auch nach Eintragung als e.G. haften würde.[634] Die Firmierung als "Vor-e.G.", "e.G.i.G." oder "Vorgenossenschaft" gebe den Geschäftspartnern kein erhöhtes Vertrauen i.d.S., dass die Vorgenossenschaft und die Vorgenossen umfassender haften würden als nach Eintragung.[635]

Dieser Argumentation, die entsprechend bei der Vor-GmbH bzw. der Vor-AG und ähnlich beim nichtrechtsfähigen Idealverein verwendet wird,[636] kann auch bei der Vorgenossenschaft nicht gefolgt werden.

---

[633] Siehe Lang-Metz, § 13 Rdnr. 9.
[634] Siehe LG Göttingen, NJW-RR 1995, 1315, 1316; Bayer, EWiR 1995, 991, 992; Meyer, § 13 Rdnr. 4; Lang-Metz, § 13 Rdnr. 9.
[635] Siehe LG Göttingen, NJW-RR 1995, 1315, 1316.
[636] Siehe die entsprechenden Argumentationen unter 1.Teil IV. 3c) (Vor-GmbH) und 3.Teil II. 2c) (1)(b) (nichtrechtsfähiger Idealverein).

Sie würde nur im Bereich rechtsgeschäftlichen Handelns zur Haftungsbeschränkung führen, nicht aber bei gesetzlichen Verbindlichkeiten. Der Haftungsumfang sollte aber einheitlich ausgestaltet sein. Eine Differenzierung der Haftung danach, ob eine rechtsgeschäftliche oder eine gesetzliche Verbindlichkeit vorliegt, erscheint, insbesondere aufgrund der oftmaligen Nähe beider Arten von Verbindlichkeiten, nicht einsichtig und interessengerecht.

Eine Vereinbarung im Statut, dass die Vertretungsmacht des Vorgenossenschaftsvorstandes allein auf das Vermögen der Genossenschaft beschränkt ist, wird zudem praktisch kaum vorkommen, da für eine Vorgenossenschaft (wegen der kurzen Gründungsphase) i.d.R. kein besonderes Vorstatut geschaffen wird, sondern bereits das Statut gilt, das auf die später eingetragene Genossenschaft hin konzipiert ist. In dem Statut der e.G. fehlen aber gerade Beschränkungen der Vertretungsmacht des Vorstandes, da diese gegen § 27 II S.1 GenG verstoßen würden. Eine statutarische Beschränkung der Vertretungsmacht des für die Vorgenossenschaft Handelnden kommt folglich (praktisch) nicht in Betracht.[637]

Des Weiteren kann aus einem bloßen Auftreten als "Vorgenossenschaft" oder "e.G." eine stillschweigende Haftungsbeschränkung bzw. eine Beschränkung der Vertretungsmacht der Handelnden nicht hergeleitet werden. Dies wäre reine Fiktion. Regelmäßig werden sich die Vertragsparteien über die Haftung in der Vorgenossenschaft, insbesondere hinsichtlich der Haftung der Vorgenossen, keine Gedanken machen. Ein Auftreten als "Vor-e.G.", "Vorgenossenschaft" oder "e.G. i.G." legt nur dar, dass sich die Genossenschaft noch im Gründungsstadium befindet; über die bestehenden Haftungsverhältnisse sagt dies nichts aus.[638] Eine Firmierung vor Eintragung als "e.G.m.b.H.", wie sie früher zulässig war, ist heute - nach der Gesetzesänderung von 1973 - wegen § 3 III GenG verboten.[639]

Weiterhin rechtfertigt auch das Auftreten einer Vorgenossenschaft als "e.G." trotz des dann gegebenenfalls bestehenden Vertrauens der Genossenschaftsgläubiger auf eine ausschließliche Haftung des Genossenschaftsvermögens (§ 2 GenG) noch keine Haftungsbeschränkung. Denn dies würde bedeuten, dass die Vorgenossen bei wahrheitsgemäßem Auftreten als "Vorgenossenschaft" schlechter stünden -

---

[637] Vgl. Beuthien/Klose, ZfG 46 (1996), 179, 187 f.
[638] Vgl. Beuthien/Klose, ZfG 46 (1996), 179, 187.
[639] Vor Gesetzesänderung eine Haftungsbeschränkung bei Auftreten als "e.G.m.b.H." vertretend: Paulick, S. 102.

ausgehend von einer grundsätzlich persönlichen Haftung der Genossen in der Vorgenossenschaft -, als wenn sie sich zu Unrecht einer Eintragung und somit als "e.G." berühmen würden.[640] Allein mit dem Auftreten unter der Bezeichnung einer juristischen Person (hier: "e.G.") ist eine Haftungsbeschränkung der Mitglieder nach außen sowieso nicht möglich. Sonst wäre bei jeder Gesellschaft (z.B. OHG, GbR), die fehlerhafterweise unter der Bezeichnung einer juristischen Person auftritt, eine Haftungsbeschränkung gegeben, ohne dass sie die Voraussetzungen einer solchen Haftungsprivilegierung (z.B. Gründungsprüfungen) erfüllt. Eine bloße Gesellschaftsbezeichnung "e.G." beinhaltet daher keine ausdrückliche haftungsrechtliche Konsequenz. Eine Haftungsbeschränkung ist nur dann ausnahmsweise anzuerkennen, wenn eine solche zwischen den Vertragspartnern (individuell) vereinbart wurde. Aus einem bloßen Auftreten als "e.G." oder "Vorgenossenschaft" folgt hingegen keine Haftungsbeschränkung. Folglich ergibt sich daraus kein Argument gegen eine unbeschränkte Gründerhaftung in der Vorgenossenschaft.

3) Einheitlicher Haftungsumfang vor und nach Eintragung

Ein Hauptargument für die unbeschränkte Haftung der Gesellschafter einer Vor-GmbH bzw. einer Vor-AG stellen die ansonsten drohenden erheblichen Wertungswidersprüche vor und nach Eintragung ins Handelsregister dar. Eine beschränkte Gründerhaftung vor Eintragung ist mit der unbeschränkten Unterbilanzhaftung nach Eintragung unvereinbar.[641]

Es stellt sich die Frage, ob dieses Argument entsprechend für das Genossenschaftsrecht gilt. Voraussetzung dafür wäre, dass auch im Genossenschaftsrecht mit Eintragung ins Genossenschaftsregister eine unbeschränkte Unterbilanzhaftung entstünde.

---

[640] Vgl. Beuthien/Klose, ZfG 46 (1996), 179, 187.
[641] Siehe entsprechende Ausführungen unter 1.Teil IV. 3f) (Vor-GmbH) und 2.Teil IV. 2a) (Vor-AG).

a) Unterbilanzhaftung

Die Unterbilanzhaftung wird bei den Kapitalgesellschaften (GmbH, AG) aus dem Unversehrtheitsgrundsatz als einem Ausdruck des Prinzips der Kapitalaufbringung und -erhaltung hergeleitet.

Im Genossenschaftsrecht ist die Kapitalaufbringung und -erhaltung erheblich reduziert. So ist keine Mindeststammkapital bzw. kein Mindestgrundkapital wie bei den Kapitalgesellschaften erforderlich [bei GmbH: 25.000,- Euro (§ 5 I GmbHG), bei AG: 50.000,- Euro (§ 7 AktG)] und ein Teilbetrag muß bei Registeranmeldung auch noch nicht eingezahlt sein.

Daraus folgert eine Ansicht, dass sich aus dem Prinzip der Kapitalaufbringung und -erhaltung im Genossenschaftsrecht ein Unversehrtheitsgrundsatz und somit eine Unterbilanzhaftung nicht begründen lasse. Sie wollen die Unterbilanzhaftung aus einem Unversehrtheitsgrundsatz als Ausdruck insolvenzrechtlicher Wertungen herleiten.[642] Wie aber bereits bei Untersuchung des Vorvereins gezeigt, kann aus insolvenzrechtlichen Wertungen der Unversehrtheitsgrundsatz und somit eine Unterbilanzhaftung nicht hergeleitet werden.[643]

Anders als im Vereinsrecht ist im Genossenschaftsrecht die Kapitalaufbringung und -erhaltung ausgeprägt, wenn auch erheblich schwächer als bei den Kapitalgesellschaften. Nach § 7 Nr.1 GenG muß die Satzung einer Genossenschaft die statutarischen Pflichteinzahlungen auf den Geschäftsanteil bis zu einem Gesamtbetrag von mindestens einem Zehntel nach Betrag und Zeit festlegen. Dazu reicht eine Pflichteinlage von 1,- DM aus, da - anders als bei den Kapitalgesellschaften - keine Mindesthöhe für den Geschäftsanteil und die Pflichteinzahlungen vorgeschrieben ist. Darüber hinaus entfaltet sich das Prinzip der Kapitalaufbringung und -erhaltung in der Genossenschaft noch anderweitig. Dies kommt vor allem darin zum Ausdruck, dass eine Genossenschaft nur dann zur Eintragung gelangt, wenn ihre Vermögenslage ausreichend bemessen und keine Gefährdung der Gläubiger zu befürchten ist (Gründungsprüfungen nach §§ 11 II Nr. 3, 11a GenG). Weil dazu ein gewisses Eigenkapital als Betriebsgrundlage erforderlich ist, werden die statutarischen Pflichteinlagen somit i.d.R auch weit über den Betrag von 1,- DM hinausgehen. Ansonsten würde eine

---

[642] Beuthien, ZIP 1996, 360, 363 ff.; Beuthien/Klose, ZfG 46 (1996), 179, 193; so wohl auch Reuter, ZHR 151 (1987), 355, 363.
[643] Siehe dementsprechende Ausführungen unter 3.Teil II. 2a)(1).

Genossenschaft die "Eintragungshürden", die die Gründungsprüfungen aufbauen, nicht erfüllen. Um diese "Hürden" überwinden zu können, muß eine ausreichende Kapitalausstattung im Zeitpunkt der Eintragung gegeben sein. Dies bedeutet, dass anders als im Vereinsrecht zum Zeitpunkt der Registereintragung ein ausreichendes Verbandsvermögen den Gläubigern als Haftungsmasse zur Verfügung stehen muß. Die ausreichende Kapitalaufbringung und -erhaltung wird durch die zu diesem Zeitpunkt vereinbarten Pflichteinlagen und die wegen der Gründungsprüfungen nach § 11 II Nr.3 und § 11a II GenG darüber hinaus möglicherweise erforderlichen Eigenkapitalmittel sichergestellt. Kapitalerhaltungsvorschriften kennt das Genossenschaftsrecht ebenfalls, wie den §§ 21 ff. GenG zu entnehmen ist. Das Prinzip der Kapitalaufbringung und -erhaltung kommt folglich im Genossenschaftsrecht zur Anwendung.

Dieses Prinzip gebietet, obwohl es im Genossenschaftsrecht allgemein schwächer ausgeprägt ist als bei den Kapitalgesellschaften, dass die Genossenschaft im Zeitpunkt ihrer Eintragung zumindest das Vermögen aufweist, welches ihr nach der Satzung zu dieser Zeit zur Verfügung stehen muß, d.h. den Betrag der statutarisch festgelegten Pflichteinzahlungen.[644] Entsprechend dem Kapitalgesellschaftsrecht sollte im Zeitpunkt des Entstehens der rechtsfähigen Genossenschaft zumindest diese Mindesthaftungsmasse der Genossenschaft und den Genossenschaftsgläubigern zur Verfügung stehen.

Das Bedürfnis nach einem von Vorbelastungen ungeschmälerten Gesellschaftsvermögen besteht daher nicht nur bei den Kapitalgesellschaften, sondern genauso bei der Genossenschaft. Dies wurde im Genossenschaftsrecht bereits früher erkannt. Dem wurde dadurch Rechnung getragen, dass man wie bei GmbH und AG ein Vorbelastungsverbot annahm.[645] Wie schon bei GmbH und AG entsprechend ausgeführt, kann dem Vorbelastungsverbot, das auch als Ausdruck des anzuerkennenden Unversehrtheitsgrundsatzes angesehen wurde, aufgrund seiner erheblichen Schwächen - mit der absolut herrschenden Meinung - heute aber nicht mehr gefolgt werden.[646] Nach dem interessengerechten Wegfall des

---

[644] So auch Müller, § 13 Rdnr. 15.
[645] Für Vorbelastungsverbot im Genossenschaftsrecht: BGHZ 17, 385, 391 f.; LG Berlin, ZfG 13 (1963), 253; Paulick, S. 101; Zülch, S. 58 ff.; so wohl heute auch noch Lang-Metz, § 13 Rdnr. 11.
[646] Siehe Ausführungen unter 1.Teil IV. 3f)(2) und 2.Teil IV. 2a)(1) (jeweils mit zahlreichen Nachweisen). Zur Ablehnung im Genossenschaftsrecht insbesondere: Müller, § 13 Rdnr. 15; Reuter, ZHR 151 (1987), 355, 362.

Vorbelastungverbots besteht wie im GmbH- und Aktienrecht das Bedürfnis nach einem unversehrten Stammkapital zum Eintragungszeitpunkt aber weiter, also zu dem Zeitpunkt, in dem die Handelndenhaftung und gegebenenfalls auch eine Gründerhaftung entfällt. Diese Lücke kann, wie bei den Kapitalgesellschaften, durch eine Unterbilanzhaftung der Genossen interessengerecht aufgefangen werden. Das früher gleichermaßen für GmbH, AG und Genossenschaft angenommene Vorbelastungsverbot wird nun durch eine Unterbilanzhaftung ersetzt. Beides ist Ausdruck des Unversehrtheitsgrundsatzes, der sich aus dem Prinzip der Kapitalaufbringung und -erhaltung (im Kapitalgesellschafts- und Genossenschaftsrecht) ergibt.

Mit Eintragung ins Genossenschaftsregister entsteht folglich eine Unterbilanzhaftung. Dies bedeutet, dass die Genossen der eingetragenen Genossenschaft gegenüber anteilig für die Differenz zwischen dem Betrag der statutarischen Pflichteinzahlungen und dem Wert des Genossenschaftsvermögens haften, d.h. in Höhe des Betrages, der erforderlich ist, damit das Nettovermögen der Genossenschaft dem Betrag der statutarischen Pflichteinlagen entspricht.[647] Die Unterbilanzhaftung ist somit in Form einer unbeschränkten, anteiligen Innenhaftung ausgestaltet.

b) Inkonsequenz einer beschränkten Gründerhaftung

Wie soeben festgestellt, entsteht mit Eintragung der Genossenschaft ins Genossenschaftsregister eine unbeschränkte Unterbilanzhaftung.

Eine beschränkte Gründerhaftung der Vorgenossen würde im Hinblick auf diese unbeschränkte Haftung - entsprechend den Ausführungen bei GmbH und AG -[648] zu erheblichen Wertungswidersprüchen führen. Eine solche Haftungsprivilegierung der Vorgenossen hätte zur Folge, dass vor Eintragung ins Genossenschaftsregister die Vorgenossen beschränkt, nach erfolgter Eintragung hingegen unbeschränkt haften würden. Dies würde bei Verlusten der Vorgesellschaft für die Genossen einen erheblichen Anreiz bieten, die Eintragung nicht weiterzubetreiben, sondern die Genossenschaft zu liquidieren, um so einer unbeschränkten persönlichen

---

[647] So auch Müller, § 13 Rdnr. 15. Sind vor Eintragung ins Genossenschaftsregister noch keine statutarischen Pflichteinlagen zu leisten, bedeutet dies, dass zumindest die Überschuldung der Genossenschaft auszugleichen ist.
[648] Siehe dazu 1.Teil IV. 3f) und 2.Teil IV. 2a).

Haftung in Form der Unterbilanzhaftung zu entgehen. Außerdem wären die Gesellschafter ausgerechnet im Moment des Entstehens der Genossenschaft, dem im Gründungsstadium angestrebten Ziel, haftungsrechtlich schlechter gestellt, als wenn die Genossenschaft den Status der Haftungsbeschränkung (§ 2 GenG) noch nicht erworben hat.

Diese Wertungswidersprüche können nur durch eine einheitliche Haftung vor und nach Eintragung mit gleichem Haftungsumfang vermieden werden. Da die Unterbilanzhaftung als unbeschränkte persönliche Haftung ausgestaltet ist, bedeutet dies, dass die Genossen vor Eintragung ebenfalls unbeschränkt persönlich haften.

4) Interessenwiderstreit Vorstand - Vorgenossen

a) Entgegenstehender Wille bezüglich der Eintragung in das Genossenschaftsregister

Für eine unbeschränkte persönliche Gründerhaftung in der Vorgenossenschaft könnte darüber hinaus - wie bei Vor-GmbH, Vor-AG und Wirtschaftsvorverein - ein sonst drohender Interessenwiderstreit zwischen den Vorstandsmitgliedern und den Vorgenossen sprechen. Bei Vor-GmbH und Vor-AG ergab sich ein Konflikt bei Annahme einer Haftungsprivilegierung vor allem aus dem Gesichtspunkt eines anderenfalls entgegenstehenden Willens von Gründern und Vorstandsmitgliedern bezüglich einer Handelsregistereintragung.[649]

Für eine Übertragbarkeit dieses Argumentes auf die Vorgenossenschaft bedürfte es zunächst im Genossenschaftsrecht einer unbeschränkten unmittelbaren Handelndenhaftung entsprechend dem Kapitalgesellschaftsrecht. Eine solche unbeschränkte Handelndenhaftung nimmt die überwiegende Ansicht an. Sie leitet sie mangels entsprechender Vorschrift im GenG aus einer Analogie zu den §§ 54 S.2 BGB, 41 I S.2 AktG, 11 II

---

[649] Siehe dazu 1.Teil IV. 3e) und 2.Teil IV. 2b).

GmbHG her.[650] Dem ist uneingeschränkt zu folgen. Es besteht in der Vorgenossenschaft die gleiche Interessenlage wie bei den anderen Vorgesellschaften. Es kommt vor allem auch die Sicherungsfunktion zum Tragen, die darin besteht, den Vorgesellschaftsgläubigern einen Haftungsausgleich dafür zu geben, dass im Gründungsstadium noch kein ausreichender Gläubigerschutz durch ein entsprechend aufgebrachtes und gesichertes Gesellschaftsvermögen wie in der e.G. gegeben ist (z.B. fehlen bei der Vorgenossenschaft noch die Prüfungen nach § 11 II Nr.3 und § 11a II GenG). Folglich ist im Genossenschaftsrecht eine Handelndenhaftung entsprechend §§ 54 S.2 BGB, 41 I S.2 AktG, 11 II GmbHG gegeben. Auszugehen ist wie bei den anderen Vorgesellschaften von einer "engen Handelndenhaftung".[651] Die Vorstandsmitglieder haften für die von ihnen für die Vorgenossenschaft vorgenommenen Rechtsgeschäfte als "Handelnde" unbeschränkt und unmittelbar. Mit Eintragung ins Genossenschaftsregister erlischt diese Handelndenhaftung.[652]

Dies bedeutet, dass bei der Handelndenhaftung im Genossenschaftsrecht das Interesse der "handelnden" Vorstandsmitglieder auf Eintragung der Genossenschaft ins Genossenschaftsregister gerichtet ist, um der drohenden unbeschränkten, unmittelbaren Haftung zu entgehen.

Dem steht nicht entgegen, dass im gesamten Genossenschaftsrecht, anders als im GmbH-, Aktien- und Vereinsrecht, die Organmitglieder Mitglieder der Gesellschaft bzw. der Vorgenossenschaft sein müssen.[653] Dies hat zwar zur Folge, dass "handelnde" Vorstandsmitglieder auf jeden Fall - egal ob vor oder nach Eintragung - einer unbeschränkten Haftung

---

[650] So K. Schmidt, GesR, § 41 I 2b); Meyer, § 13 Rdnr. 4; Müller, § 13 Rdnr. 14b; Blomeyer/Förstner-Reichstein, ZfG 47 (1997), 187, 188; Turner, S. 32; Reuter, ZHR 151 (1987), 355, 363; Bayer, EWiR 1995, 991, 992; Beuthien/Klose, ZfG 46 (1996), 179, 182 f.; offenlassend LG Göttingen, NJW-RR 1995, 1317; abweichend: OLG Nürnberg, ZfG 1955, 237; Zülch, S. 95 ff.; Pohle, ZfG 6 (1956), 313, 318, Weber, S. 118 ff., die allein auf § 54 S.2 BGB abstellen; a.A. Lang-Metz, § 13 Rdnr. 9, der einer Handelndenhaftung in der Vorgenossenschaft erhebliche Bedenken entgegenbringt.

[651] So auch Meyer, § 13 Rdnr. 4; Müller, § 13 Rdnr. 14b; a.A.: Zülch, S. 105 ff., der schon die Zustimmung zu bestimmten Rechtsgeschäften - auch als Gründer - ausreichen läßt. Hinsichtlich der "engen Handelndenhaftung" bei den anderen Vorgesellschaften siehe die Ausführungen unter 1.Teil IV. 3e) und 2.Teil IV. 2b) und 3.Teil II. 2b).

[652] Müller, § 13 Rdnr. 14b; Meyer, § 13 Rdnr. 4; a.A. Zülch, S. 125 ff.

[653] Dies ergibt sich aus § 9 II GenG, wonach die Mitglieder des Vorstands zwingend Genossen sein müssen. Da dies als Ausdruck des genossenschaftlichen Selbstverwaltungsgrundsatzes ein allgemeines genossenschaftsrechtliches Prinzip darstellt (vgl. Meyer, § 9 Rdnr. 4; Müller, § 9 Rdnr. 18), findet es auch in der Vorgenossenschaft Anwendung.

ausgesetzt sind [vor Eintragung der unbeschränkten, unmittelbaren Handelndenhaftung, nach Eintragung (als Genossen) der unbeschränkten, anteiligen, internen Unterbilanzhaftung]; jedoch ändert es nichts daran, dass "handelnde" Vorstandsmitglieder trotzdem die Eintragung ins Genossenschaftsregister zu erreichen versuchen. Denn sie stehen bei einer anteiligen internen Unterbilanzhaftung haftungsrechtlich meist besser da als bei einer unbeschränkten, unmittelbaren, gesamtschuldnerischen Handelndenhaftung. Anders als bei der Handelndenhaftung haften sie bei der Unterbilanzhaftung nur anteilig entsprechend ihrem Geschäftsanteil der Genossenschaft gegenüber und nicht unmittelbar den Genossenschaftsgläubigern in voller Höhe. Da i.d.R. eine Vielzahl von Genossen existieren (nach § 4 GenG ist eine Mindestzahl von 7 Genossen erforderlich), bedeutet dies bei der Unterbilanzhaftung, dass die Genossen, - die auch Vorstandsmitglieder sind, - mit einem entsprechend kleineren Teil für Vorverluste einzustehen haben. Zudem können die Genossenschaftsgläubiger bei dieser Haftung die Vorstandsmitglieder nicht unmittelbar in Anspruch nehmen. Eine persönliche Inanspruchnahme ist erst nach einer Pfändung des Unterbilanzanspruchs möglich, die nur dann erfolgen wird, wenn die Genossenschaft die Gläubiger selbst nicht befriedigen kann. Bei einer Handelndenhaftung stehen die Vorstandsmitglieder hingegen haftungsrechtlich schlechter da. Sie haben unmittelbar in voller Höhe für die rechtsgeschäftlichen Verbindlichkeiten einzustehen. Zwar besteht eine Rückgriffsmöglichkeit gegen die Vorgenossenschaft und gegen die "Mithandelnden", jedoch wird, wenn schon der Handelnde in Anspruch genommen wird, i.d.R. keine solvente Vorgenossenschaft vorliegen und die Zahl der "Mithandelnden" meist geringer sein als die Anzahl der (bei einer Unterbilanzhaftung anteilig mithaftenden) Genossen. Dies alles zeigt, dass "handelnde" Vorstandsmitglieder i.d.R. die Eintragung ins Genossenschaftsregister anstreben werden, da sie mit einer anteiligen internen Unterbilanzhaftung haftungsrechtlich meist vorteilhafter dastehen als mit einer gesamtschuldnerischen Handelndenhaftung.

Für Vorstandsmitglieder, die keine rechtsgeschäftliche Handlung i.S.d. §§ 54 S.2 BGB, 41 I S.2 AktG, 11 II GmbHG vorgenommen haben, stellt sich dies aber wieder anders dar. Da ihnen keine Handelndenhaftung vor Eintragung droht, würden sie - bei Annahme einer beschränkten Gründerhaftung -, insbesondere bei erheblichen Vorbelastungen, darauf drängen, dass die Vorgenossenschaft nicht zur Eintragung gelangt, da sie dadurch dann eine unbeschränkte Haftung vermeiden.

Dieses Bestreben entspricht genau dem aller Vorgenossen, die nicht gleichzeitig "handelnde" Vorstandsmitglieder sind.

Es ist somit festzustellen, dass sich die Interessen der Vorstandsmitglieder, die rechtsgeschäftliche "Handlungen" vorgenommen haben und die der Vorstandsmitglieder, die solche "Handlungen" nicht getätigt haben bzw. die der (bloßen) Vorgenossen - bei einer Annahme einer Haftungsprivilegierung der Gründer - bezüglich der Eintragung ins Genossenschaftsregister widersprechen. Die (bloßen) Vorgenossen und die Vorstandsmitglieder, die keine "Handlungen" vorgenommen haben, würden eine Eintragung (wegen der drohenden Unterbilanzhaftung) nicht anstreben. Die Vorstandsmitglieder, die Handlungen i.S.d. §§ 54 S.2 BGB, 41 I S.2 AktG, 11 II GmbHG analog getätigt haben, würden hingegen die Vorgenossenschaft zur Eintragung bringen wollen.

Dieser Interessenwiderstreit, bei Annahme einer Haftungsprivilegierung der Vorgenossen, kann aber problemlos dadurch beseitigt werden, dass man im Gründungsstadium, also vor Eintragung ins Genossenschaftsregister, eine unbeschränkte Gründerhaftung der Vorgenossen annimmt. Dann hätten die Vorgenossen, gleich ob sie Vorstandsmitglieder sind oder nicht, kein Interesse mehr daran, sich der Eintragung ins Genossenschaftsregister zu widersetzen, da sie vor wie nach Handelsregistereintragung gleichermaßen unbeschränkt haften. Bei Annahme einer unbeschränkten gesamtschuldnerischen Außenhaftung als Gründerhaftung wäre ihr Interesse wie bei den "handelnden" Vorstandsmitgliedern sogar eher auf eine Eintragung gerichtet, da sie bei einer Unterbilanzhaftung nur anteilig der e.G. gegenüber haften müßten.

Die aufgezeigte Interessenkollision zwischen "handelnden" Vorstandsmitgliedern und den übrigen Vorgenossen bei Annahme einer Haftungsprivilegierung der Gründer spricht daher für eine unbeschränkte persönliche Gründerhaftung in der Vorgenossenschaft.

b) Verteilung des Gründungsrisikos

Für eine unbeschränkte Haftung der Gründer in Vor-GmbH, Vor-AG und Wirtschaftsvorverein läßt sich anführen, dass eine nur beschränkte Gründerhaftung im Hinblick auf die unbeschränkte Handelndenhaftung unbefriedigend ist und zu keiner interessengerechten Verteilung des wirtschaftlichen Risikos zwischen Vorgesellschaftern und Geschäftsführern bzw. Vorstandsmitgliedern führt.[654] Bei der Vorgenossenschaft könnte gleichermaßen gelten, dass - bei Annahme einer Haftungsprivilegierung der Gründer - diese nur ein sehr beschränktes Risiko trügen, hingegen an möglichen Gewinnen partizipieren würden.

Anders als bei den Kapitalgesellschaften und beim wirtschaftlichen Verein ist aber die Genossenschaft und somit auch die Vorgenossenschaft nicht primär auf Gewinnerzielung ausgerichtet. Der einzig zulässige Zweck einer Genossenschaft ist die "Förderung des Erwerbes oder der Wirtschaft ihrer Mitglieder" (Förderzweck i.S.d. § 1 I S.1 GenG).[655] Geschäfte, die dem Zweck der Gewinnerzielung dienen, dürfen von einer Genossenschaft nur getätigt werden, wenn sie in einem sachlichen Zusammenhang mit dem Förderungszweck stehen oder ihm dienen.[656] Der Gewinn im genossenschaftlichen Unternehmen stellt keinen Selbstzweck dar, sondern ist Mittel zum Zweck der Erfüllung des Förderauftrages. Er dient vor allem der Absicherung des eigenen Unternehmens, um langfristig förderfähig zu bleiben. Dies bedeutet, dass Gewinne grundsätzlich nicht auszuschütten, sondern zur Stärkung des Eigenkapitals zu thesaurieren sind.[657] Unzulässig ist es, wenn eine Genossenschaft eine unternehmerische Tätigkeit nur zu dem Zweck betreibt, den sich daraus ergebenden Gewinn unmittelbar an die Genossen zu verteilen.[658] Obwohl es i.d.R. eine Gewinnausschüttung in der Vorgenossenschaft wegen des "Förderungszwecks", der im Gründungsstadium eher eine Stärkung des

---

[654] Siehe dementsprechende Ausführungen unter 1.Teil IV. 3e) und 2.Teil IV. 2b) und 3.Teil III. 2b).

[655] Siehe Steding, JZ 95, 591, 593; Lang-Metz, § 1 Rdnr. 33; K. Schmidt, GesR, § 41 I 1a).

[656] So Müller, § 1 Rdnr. 32 f. Dem steht nicht entgegen, dass der "Förderungszweck" im Genossenschaftsrecht in der Realität immer weiter zurücktritt. Im Zuge des immer schärferen Wettbewerbs erfolgt eine weitgehende Annäherung der Genossenschaft an die Kapitalgesellschaften (vgl. Compart, S. 192 ff.; Steding, JZ 1995, 591; ders., NZG 1999, 282, 283 ff.). Dies erkennt man insbesondere bei den Genossenschaftsbanken (z.B. Raiffeisen, Volks- und Spardabanken). In ihrer Ausrichtung und Zielsetzung unterscheiden sie sich kaum noch von anderen Kreditinstituten. Förderung ihrer Mitglieder in Form besonderer Konditionen gibt es i.d.R. nicht. Gewinnerzielung ist die entscheidende Maxime, die aber der Genossenschaft selbst und mittelbar den Genossen (durch die Gewinnausschüttung) zugute kommt.

[657] So Lang-Metz, § 1 Rdnr. 37.

[658] So Müller, § 1 Rdnr. 33; Zier, S. 4; RGZ 133, 170 ff.; KGJ 1918, 27, 30.

Eigenkapitals erfordert, nicht gibt, werden den Vorgenossen dennoch - wenn auch geringe - Chancen eingeräumt. Zum einen können die Vorgenossen gegebenenfalls auf den gemeinschaftlichen Geschäftsbetrieb zurückgreifen und daraus Vorteile ziehen, zum anderen steigt mit Gewinnerzielung der Wert der Genossenschaft, was den Vorgenossen zugute kommt.

Die Vorstandsmitglieder sind an diesen bestehenden Chancen in der Vorgenossenschaft aber anders als i.d.R. in den anderen Vorgesellschaften in gleicher Weise beteiligt wie die "Nur"-Vorgenossen, da sie - wie § 9 II S.1 GenG zu entnehmen ist - selbst immer Vorgenossen sind. Dies bedeutet, dass den ("handelnden") Vorstandsmitgliedern in der Vorgenossenschaft die gleichen Chancen eingeräumt sind wie den "Nur"-Vorgenossen. Hinsichtlich der Risiken würde - bei Annahme einer Haftungsprivilegierung der Gründer - aber ein Unterschied bestehen. Die "handelnden" Vorstandsmitglieder würden wegen der unbeschränkten Haftung nach §§ 11 II GmbHG, 41 I S.2 AktG, 54 S.2 BGB analog dann haftungsrechtlich weit schlechter gestellt als die "Nur"-Vorgenossen.

Eine solche haftungsrechtliche Schlechterstellung der "handelnden" Vorstandsmitglieder gegenüber den Gründern erscheint nicht unverhältnismäßig. Dafür spricht, daß die Vorstandsmitglieder ein "Mehr" an "konkreter Herrschaftsmacht" im Gründungsstadium einer e.G. haben, da sie maßgeblich den Geschäftsablauf steuern. Sie entscheiden als Geschäftsführungsorgan i.d.R., welche Geschäfte mit welchen Risiken getätigt werden,[659] und melden außerdem allein die Genossenschaft zur Eintragung ins Genossenschaftsregister an (§ 11 I GenG). Die Vorgenossen haben dagegen nur geringe Einflußmöglichkeiten auf die konkret vorzunehmenden Geschäfte der Vorgenossenschaft.[660]

Als Ergebnis läßt sich letztlich feststellen, dass sich aus einer Betrachtung der Gründungsrisiken und - chancen kein bestimmtes Gründerhaftungsmodell erschließen läßt. Beide Haftungsmodelle kämen

---

[659] Dem liegt zugrunde die Annahme einer unbeschränkten Vertretungsmacht der Vorstandsmitglieder im Gründungsstadium entsprechend § 27 II GenG. Für die Vorgenossenschaft so mit guter Begründung: Müller, § 13 Rdnr. 12; a.A.: Lang-Metz, § 13 Rdnr. 7; BGHZ 17, 385; LG Berlin, ZfG 13 (1963), 253. Siehe auch ähnliche Ausführungen bei der Vor-GmbH unter 1.Teil IV. 2).

[660] Die Vorgenossen können höchstens durch eine Änderung des Statuts die Vertretungsmacht des Vorstandes im Innenverhältnis einschränken bzw. besondere geschäftspolitische Weisungen - welche auch nur im Innenverhältnis wirksam sind - erteilen oder eine Änderung des Gegenstandes des Unternehmens vornehmen.

zu einem vertretbaren Ergebnis. Eine unbeschränkte Gründerhaftung würde zu einer einheitlichen Verteilung des wirtschaftlichen Risikos führen. Eine Haftungsprivilegierung der Gründer hätte zwar ein deutlich höheres wirtschaftliches Risiko für die handelnden Vorstandsmitglieder zur Folge, jedoch erscheint dies aus dem Blickwinkel einer erhöhten "Herrschaftsmacht" nicht unverhältnismäßig, zumal ihnen ansonsten die gleichen Vorteile eingeräumt werden wie den übrigen Vorgenossen.

c) Ergebnis

Da auf jeden Fall die aufgezeigte Interessenkollision zwischen Vorstandsmitgliedern und "einfachen" Vorgenossen hinsichtlich des Erstrebens der Genossenschaftsregistereintragung für eine unbeschränkte Gründerhaftung spricht, ergibt sich aus dem Verhältnis der Vorgenossen zu den Vorstandsmitgliedern ein weiteres Argument für die Ausgestaltung der Gründerhaftung als unbeschränkte Haftung.

5) Verhältnis der Genossenhaftungen in der Vorgenossenschaft und in der nichtrechtsfähigen Dauergenossenschaft

Für beide Vorvereinsformen sowie für Vor-GmbH und Vor-AG wurde festgestellt, dass sich deren Mitgliederhaftungen aufgrund des Bedürfnisses nach einer einheitlichen Haftung in der (echten) Vorgesellschaft und der entsprechenden nichteingetragenen ("unechten") Gesellschaft an der jeweiligen Mitgliederhaftung der nichteingetragenen, nichtrechtsfähigen Gesellschaft auszurichten hat.[661] Ein solches Erfordernis könnte ebenfalls bei der Vorgenossenschaft bestehen, zumal, wie beim Unterschied zwischen Vorgenossenschaft und nichtrechtsfähiger Dauergenossenschaft erkannt, für den Rechtsverkehr eine solche Abgrenzung kaum möglich ist und erhebliche Risiken beinhaltet. Die Ausgestaltung der Gründerhaftung in der Vorgenossenschaft würde sich dann aus der Genossenhaftung in der nichtrechtsfähigen Dauergenossenschaft ergeben.[662]

---

[661] Siehe Ausführungen unter 3.Teil II. 2c) und 3.Teil III. 2c).
[662] So auch K. Schmidt, GesR, § 41 II 2b).

a) Genossenhaftung in der nichtrechtsfähigen Dauergenossenschaft

Die überwiegende Ansicht sieht die nichtrechtsfähige Dauergenossenschaft,[663] wie auch alle anderen Genossenschaftsformen,[664] als nichtrechtsfähigen Wirtschaftsverein an. Sie begründet dies vor allem damit, dass die Genossenschaften, insbesondere auch die nichtrechtsfähige Dauergenossenschaft, die gleichen Merkmale aufweisen wie ein (wirtschaftlicher) Verein i.S.d. BGB.[665]

Folgt man dieser Auffassung, so würde dies bedeuten, dass die für die Mitglieder eines nichtrechtsfähigen Wirtschaftsvereins bereits herausgearbeitete Haftung - mangels expliziter Regelung im GenG - auch für die Genossen (Mitglieder) einer nichtrechtsfähigen Dauergenossenschaft Anwendung fände, wonach die Mitglieder, sowohl bei Betreiben als auch bei Nichtbetreiben eines Handelsgewerbes, unmittelbar und unbeschränkt als Gesamtschuldner haften. Es fragt sich aber, ob eine nichtrechtsfähige Dauergenossenschaft wirklich einen nichtrechtsfähigen Wirtschaftsverein darstellt.

Der Begriff des "Vereins" ist im BGB selbst nicht näher bestimmt. Das Reichsgericht hat aber eine entsprechende Definition aufgestellt, die noch heute allgemein anerkannt ist. Danach ist ein Verein eine dauerhafte Verbindung einer größeren Anzahl von Personen zur Erreichung eines gemeinsamen Zwecks, die nach ihrer Satzung körperlich organisiert ist, einen Gesamtnamen führt und auf einen wechselnden Mitgliederbestand hin ausgelegt ist.[666] Alle diese Voraussetzungen sind auch bei einer Genossenschaft erfüllt.[667] Sie weist eine dauerhafte Verbindung (Argument aus § 8 I Nr.1 GenG) einer großen Anzahl von Personen - § 4 GenG bestimmt mindestens 7 Genossen - auf, die sich zur Erreichung eines gemeinsamen Zwecks, des genossenschaftlichen Förderungszwecks (§ 1 I GenG), zusammengetan haben. Sie hat ebenfalls einen wechselnden, nicht geschlossenen Mitgliederbestand (§ 1 I GenG) und ist weitgehend

---

[663] So K. Schmidt, GesR, § 41 II 2a); Schmidt-Leithoff, S. 175 ff.; Pohle, ZfG 6 (1956), 313, 317 f.; Paulick, S. 93; Stumpf, JuS 1998, 701, 703.

[664] So Weber, S. 30 ff.; Compart, S. 27 ff.; Zülch, S. 26 ff.; Roth, S. 66; Flume, JurPers, S. 155; Paulick, S. 92 f; K. Schmidt, GesR, § 41 2a); Müller, § 1 Rdnr. 1; Pohle, ZfG 6 (1956), 313, 317 f.; Glenk/Dietermann, WiB 1996, 276.

[665] Siehe Weber, S. 33 ff.; Zülch, S. 27 ff.; Pohle, ZfG 6 (1956), 313, 317.

[666] So RGZ 60, 94, 96 ff.; 74, 371, 372; 143, 212, 213; 165, 140, 143; Weber, S. 33; Hornung, S. 30 f.; MüKo- Reuter, §§ 21, 22 Rdnr. 1; K. Schmidt, GesR, § 23 I 1).

[667] So auch Weber, S. 34; Zülch, S. 28 f.; Pohle, ZfG 6 (1956), 313, 317.

körperschaftlich organisiert (u.a. Geltung des Mehrheitsprinzips).[668] Obwohl die Genossenschaften wie dargestellt die Merkmale eines (wirtschaftlichen) Vereins erfüllen und in § 1 I GenG als "Verein" bezeichnet werden, bedeutet dies aber noch nicht, dass sie einen (besonderen) BGB-Verein darstellen, auf den die Vorschriften und Regelungen des BGB-Vereinsrechts (zumindest subsidiär) Anwendung finden. Vielmehr wird dadurch nur deutlich, dass die Genossenschaft wie der BGB-Verein eine Körperschaft (Verein im weiteren Sinne)[669] ist. Gleiches gilt für die beiden Körperschaften AG und GmbH, die die Voraussetzungen des "Vereinsbegriffs" ebenfalls erfüllen,[670] auch wenn sie sich von der Urform der Körperschaft, dem BGB-Verein,[671] schon etwas weiter entfernt haben.[672] Entscheidendes Kriterium einer Körperschaft ist eben die weitgehende vereinsrechtliche Ausgestaltung, die durch den "Vereinsbegriff" konkretisiert wird. Der Begriff "Verein" für eine Genossenschaft - wie auch für GmbH und AG - ist daher als Oberbegriff zu verstehen, als "Verein im weiteren Sinne" i.S. einer Körperschaft und nicht als BGB-Verein. Dies wird auch in § 6 II HGB deutlich, in dem von "Vereinen" gesprochen wird, aber GmbH (§ 13 III GmbHG), AG (§ 3 I AktG) und Genossenschaft (§ 17 II GenG) gemeint sind. Die Genossenschaft, egal ob rechtsfähig oder nichtrechtsfähig, stellt folglich (nur) einen "Verein im weiteren Sinne" und keinen BGB-Verein dar.

Des Weiteren können die BGB-Vereinsvorschriften oder Grundsätze und Modelle des BGB-Vereinsrechts bei der Genossenschaft (oder bei GmbH bzw. AG) nicht grundsätzlich subsidiär zur Anwendung kommen. Eine regelmäßige subsidiäre Heranziehung von BGB-Vereinsvorschriften würde bei fehlenden eigenen Normen, besonders bei GmbH und AG, i.d.R. die Möglichkeit von kapitalgesellschaftlichen Analogien verhindern, obwohl diese meist zu interessengerechteren Ergebnissen führen als die

---

[668] Vgl. Weber, S. 34; Zülch, S. 28 f.
[669] Vgl. K. Schmidt, GesR, § 3 I 2), der die Körperschaften als "Vereine i.w.S." bezeichnet; ähnlich Roth, S. 65 f., der sie "Vereine" nennt (im Gegensatz zu den "Gesellschaften i.e.S.").
[670] Vgl. Weber, S. 34, der für AG und GmbH alle Vereinsmerkmale erfüllt sieht; anders Müller, § 1 Rdnr. 2; Compart, S. 28, die ausdrücklich nur der AG die "Vereinsqualität" zusprechen.
[671] Der BGB-Verein stellt die Grund- und Urform einer privatrechtlichen Körperschaft da (vgl. K. Schmidt, GesR § 23 I 1b).
[672] Unterschiede ergeben sich z.B. hinsichtlich des Merkmals "größere Anzahl von Personen" bei der GmbH und der AG durch die Zulassung einer Einmanngründung (§ 1 GmbHG bzw. § 2 AktG).

weit mehr personen- und weniger kapitalbezogenen BGB-Vereinsvorschriften. Im Einzelfall ist es aber unzweifelhaft möglich, bei bestehenden Regelungslücken auf die Regelungen des BGB-Vereins als der Grundform einer privatrechtlichen Körperschaft zurückzugreifen. Dieser Rückgriff auf den BGB-Verein ergibt sich nur nicht automatisch bei jeder Regelungslücke, sondern muß bei entsprechend gleicher Interessenlage besonders hergeleitet werden.[673] Für die nichtrechtsfähige Dauergenossenschaft bedeutet dies, dass sich das für den nichtrechtsfähigen Wirtschaftsverein herausgearbeitete Haftungssystem nicht einfach automatisch übertragen läßt. Nur bei gleichartiger Interessenlage wäre dies möglich, wozu vor allem ein entsprechend hohes Gläubigerschutzbedürfnis erforderlich wäre.

Eine Gläubigerschutznorm entsprechend § 22 BGB gibt es im GenG nicht. Trotz des Fehlens einer solchen Vorschrift beansprucht der hinter dieser Norm stehende Sinn und Zweck im Genossenschaftsrecht ebenfalls Geltung. Eine Haftungsprivilegierung der Mitglieder einer nichtrechtsfähigen Dauergenossenschaft würde dazu führen, dass den Genossenschaftsgläubigern kein ausreichender Gläubigerschutz gewährt würde. Es stünde weder ein ausreichendes Genossenschaftsvermögen zur Verfügung, noch wären die Genossenschaftsgläubiger, wie bei der e.G., durch die registergerichtliche (§ 11a GenG) und verbandliche Prüfung (§ 11 II Nr.3 GenG) geschützt. Die Genossenschaftsmitglieder könnten sich so diesen Prüfungen, die dem Gläubigerschutz dienen, entziehen, ohne dass sie haftungsrechtlich schlechter stünden als in der e.G.. Es bestünde für sie keinerlei Bedürfnis, den Zustand der Nichtrechtsfähigkeit zu verlassen und die Rechtsfähigkeit als e.G. zu erstreben. Bei einer wirtschaftlich tätigen Vereinigung wie einer nichtrechtsfähigen Dauergenossenschaft, die sich gerade den Anforderungen und Prüfungen entzieht, die mit der Gründung einer juristischen Person (hier: e.G.) verbunden sind, andererseits aber in vergleichbarer Weise wirtschaftliche Tätigkeit mit den darin innewohnenden Risiken entfaltet, macht die nicht gesicherte Aufbringung eines Vermögens und der deshalb gebotene Gläubigerschutz gerade die persönliche Haftung der Mitglieder unentbehrlich. Die nichtrechtsfähige Dauergenossenschaft könnte anderenfalls tätig werden, ohne dass deren Gläubiger durch ein ausreichendes Vereinsvermögen oder eine persönliche Einstandspflicht der Mitglieder geschützt wären. Für die Mitglieder bestünde zudem die Möglichkeit, besonders riskante Geschäfte zu

---

[673] Dies ähnlich andenkend Nitschke, S. 27 f., der später (S. 37) aber doch eine Genossenschaft als BGB-Verein ansieht.

veranlassen mit einem Minimum an Risiko, mit der untragbaren Folge, dass die Genossenschaft und somit sie selbst die Chancen, die Genossenschaftsgläubiger hingegen die Ausfallrisiken trügen. Da die aufzubringende Einlage im Genossenschaftsrecht sehr gering sein kann, kann selbst eine auf die Einlage beschränkte (Außen)-Haftung keine ausreichende Gläubigersicherung in der nichtrechtsfähigen Dauergenossenschaft gewährleisten. Zum Schutz der Gläubiger ist wie beim nichtrechtsfähigen Wirtschaftsverein eine persönliche unbeschränkte Mitgliederhaftung erforderlich. Die Mitglieder einer nichtrechtsfähigen Dauergenossenschaft haften daher für Verbindlichkeiten der Genossenschaft unmittelbar und unbeschränkt.

b) Interessenkollisionen bei unterschiedlicher Vorgenossenhaftung

Im Vereinsrecht ergibt sich das Erfordernis einer einheitlichen Mitgliederhaftung in Wirtschaftsvorverein und nichtrechtsfähigem Wirtschaftsverein in Form einer unmittelbaren unbeschränkten persönlichen Haftung. Eine beschränkte Mitgliederhaftung im Wirtschaftsvorverein ist vor allem aus Gläubigerschutzgründen mit der unbeschränkten persönlichen Mitgliederhaftung im nichtrechtsfähigen Wirtschaftsverein unvereinbar.[674] Auch im Verhältnis Vorgenossenschaft zur nichtrechtsfähigen Dauergenossenschaft könnte entsprechend eine einheitliche Mitgliederhaftung in Form einer unmittelbaren, unbeschränkten, persönlichen Haftung erforderlich sein.

Wie bereits bei der Unterscheidung zwischen Vorgenossenschaft und nichtrechtsfähiger Dauergenossenschaft ausgeführt, ist es für den Rechtsverkehr und insbesondere die Genossenschaftsgläubiger i.d.R. nicht ersichtlich, ob eine Vorgenossenschaft oder eine nichtrechtsfähige Dauergenossenschaft ihnen gegenübersteht, da sie nicht erkennen können, ob die Eintragung (subjektiv) beabsichtigt bzw. überhaupt noch möglich ist.[675] Dies würde bei Annahme einer unterschiedlich ausgestalteten Mitgliederhaftung in Vorgenossenschaft (beschränkte Haftung) und nichtrechtsfähiger Dauergenossenschaft (unbeschränkte Haftung) bedeuten, dass die Gläubiger mangels Erkennbarkeit der "Genossenschaftsformen" - aber auch der bereits geleisteten Einlagen -

---

[674] Siehe diesbezügliche Ausführungen unter 3.Teil III. 2c).
[675] Siehe auch entsprechende Ausführungen unter 4.Teil I. 3).

nicht wüßten, ob die Genossen ihnen gegenüber persönlich noch einzustehen haben oder nicht; ob die Genossen also unbeschränkt (nichtrechtsfähige Dauergenossenschaft) oder nur beschränkt in Höhe der noch nicht geleisteten Einlagen (Vorgenossenschaft) haften. Eine Klage gegen die Mitglieder würde so erhebliche Prozessrisiken beinhalten. Sie müßte unter Umständen ganz oder teilweise abgewiesen werden. Diese Abgrenzungsschwierigkeiten mit den darin steckenden Prozessrisiken für die Genossenschaftsgläubiger lassen sich aber dadurch vermeiden, dass man die Mitgliederhaftung in der Vorgenossenschaft der Mitgliederhaftung in der nichtrechtsfähigen Dauergenossenschaft anpaßt. Eine vollständige Gleichstellung von Vorgenossenschaft und nichtrechtsfähiger Dauergenossenschaft derart, beide als einheitlichen Genossenschaftstyp "nichteingetragene Genossenschaft" zu behandeln, wie dies teilweise vertreten wird,[676] ist dafür nicht erforderlich.

Als ein weiteres Argument für das Bedürfnis nach einer einheitlichen Vorgenossenhaftung in Vorgenossenschaft und nichtrechtsfähiger Dauergenossenschaft läßt sich wie beim wirtschaftlichen Verein[677] eine ansonsten drohende "Flucht" der Vorgenossen bei bevorstehender persönlicher Inanspruchnahme in die für sie haftungsrechtlich gesehen günstigere Genossenschaftsform anführen. Bei einer einheitlich ausgestalteten Genossenhaftung ist eine solche Flucht nicht möglich.

Des Weiteren sprechen für eine einheitliche unbeschränkte Genossenhaftung in Vorgenossenschaft und nichtrechtsfähiger Dauergenossenschaft die übereinstimmenden Gläubigerinteressen. Vor Erlangung der Rechtsfähigkeit als e.G. mangelt es sowohl bei der Vorgenossenschaft als auch der nichtrechtsfähigen Dauergenossenschaft an einem ausreichenden Gläubigerschutz durch Kapitalaufbringungs- und Kapitalerhaltungsvorschriften. Es fehlen vor Eintragung ins Genossenschaftsregister die Gründungsprüfungen durch den Prüfungsverband (§ 11 II Nr.3 GenG) und das Registergericht (§ 11a GenG) sowie die Registerpublizität. Es besteht daher bei beiden gleichermaßen das Bedürfnis nach einer weiteren Haftungsmasse in Form einer persönlichen Mitgliederhaftung. Da bei beiden "Genossenschaftstypen" die gleiche Interessenlage hinsichtlich der Gläubigersicherung besteht, erscheint es naheliegend, den jeweiligen Gläubigerschutz durch eine einheitliche persönliche Haftung zu gewährleisten, was bedeuten würde, dass auch die Vorgenossen wie die

---

[676] Siehe Darstellung dieser Ansicht unter 4.Teil I. 3) FN 586 f.
[677] Siehe entsprechende Ausführungen unter 3.Teil III. 2c) (2)(c).

Mitglieder einer nichtrechtsfähigen Dauergenossenschaft unbeschränkt persönlich haften. Die aufgezeigten Gründe, die alle auf Gläubigerschutzerwägungen zurückgehen, zeigen das Erfordernis einer einheitlichen Mitgliederhaftung in Vorgenossenschaft und nichtrechtsfähiger Dauergenossenschaft. Die Genossen in der nichtrechtsfähigen Dauergenossenschaft haften - wie herausgearbeitet - unbeschränkt persönlich für Genossenschaftsverbindlichkeiten. Daher ist auch die Gründerhaftung in der Vorgenossenschaft als unbeschränkte persönliche Haftung auszugestalten.

6) Ausgestaltung der unbeschränkten Vorgenossenhaftung

Es stellt sich noch die Frage, ob die als erforderlich erachtete unbeschränkte Vorgenossenhaftung wie bei Vor-GmbH, Vor-AG oder Wirtschaftsvorverein als grundsätzlich gesamtschuldnerische Außenhaftung (gegenüber den Genossenschaftsgläubigern) ausgestaltet ist oder als anteilige Innenhaftung in Form einer Verlustdeckungshaftung gegenüber der Vorgenossenschaft, wie dies die neue BGH-Rechtsprechung für die Vor-GmbH annimmt.

Dieselben Argumente, die für eine Ausgestaltung als unbeschränkte gesamtschuldnerische Außenhaftung bei Vor-GmbH, Vor-AG und Wirtschaftsvorverein angeführt werden, gelten auch bei der Vorgenossenhaftung entsprechend.

Für eine Ausformung als gesamtschuldnerische Außenhaftung spricht, dass eine einheitliche Mitgliederhaftung in Vorgenossenschaft und nichtrechtsfähiger Dauergenossenschaft nicht nur hinsichtlich des Haftungsumfanges, sondern auch bezüglich der Haftungsrichtung erforderlich und die Mitgliederhaftung in der nichtrechtsfähigen Dauergenossenschaft eben als unbeschränkte Außenhaftung ausgestaltet ist.[678] Die Genossenschaftsgläubiger wären - bei einer Gründerhaftung in Form einer anteiligen Innenhaftung - trotz eines unbeschränkten Anspruchs erheblichen (Prozess-)Risiken ausgesetzt. Mangels Einblick in das Genossenschaftsstatut oder in die Genossenschaftsinterna könnten sie nicht erkennen, ob ihnen gegenüber eine nichtrechtsfähige Dauergenossenschaft oder eine Vorgenossenschaft steht und ob somit eine unmittelbare Haftung der

---

[678] Zum Haftungsmodell bei der nichtrechtsfähigen Dauergenossenschaft siehe unter 4.Teil III. 5a).

Vorgenossen möglich ist oder nur eine Inanspruchnahme der Vorgenossenschaft in Betracht kommt. Gestaltet man die Mitgliederhaftung in der Vorgenossenschaft und der nichtrechtsfähigen Dauergenossenschaft jedoch gleich aus - wegen der bereits herausgearbeiteten Mitgliederhaftung in der nichtrechtsfähigen Dauergenossenschaft als unbeschränkte gesamtschuldnerische Außenhaftung gegenüber den Vorgenossenschaftsgläubigern -, fallen das Problem der für die Vorgenossenschaftsgläubiger nicht vornehmbaren Abgrenzung der beiden Genossenschaftsformen und die damit einhergehenden erheblichen (Prozess)risiken weg.

Darüber hinaus findet eine unmittelbare gesamtschuldnerische Haftung der Vorgenossen ihre Bestätigung in einer interessengerechten Verteilung des wirtschaftlichen Risiko zwischen Gläubigern und Vorgenossen. Der Unterschied zwischen einer gesamtschuldnerischen Außenhaftung und einer anteiligen Innenhaftung liegt zwar allein in der unterschiedlichen Ausgestaltung des Regressrisikos, da im Genossenschaftsrecht eine Ausfallhaftung (analog § 105 III GenG) bei Vermögenslosigkeit einzelner Vorgenossen anzuerkennen ist;[679] jedoch hätte eine anteilige Innenhaftung - wie bei den anderen Vorgesellschaften - eine unzumutbare Beeinträchtigung der Gläubigerinteressen zur Folge. Für die Vorgenossenschaftsgläubiger würde eine anteilige Innenhaftung zu einer unzumutbaren Erschwernis der Durchsetzbarkeit bei einer vermögenslosen Vorgenossenschaft führen, zumal eine Vorgenossenschaft i.d.R. eine Vielzahl von Mitgliedern aufweist. Die Vorgenossenschaftsgläubiger müßten die Verlustdeckungsansprüche der Vorgenossenschaft gegen ihre Mitglieder nach Erstreiten eines Titels gegen die Vorgenossenschaft pfänden und dann gegebenenfalls durch entsprechend viele Leistungsklagen und Pfändungen in das Vermögen der Vorgenossen durchsetzen. Bei Geltendmachung der Ausfallhaftung nach § 105 III GenG analog im Falle der Vermögenslosigkeit eines Vorgenossen wäre dasselbe aufwendige Procedere wieder erforderlich. Diese Vorgehensweise birgt für die Vorgenossenschaftsgläubiger, insbesondere wegen des i.d.R. fehlenden Einblicks in die Genossenschaftsinterna, erhebliche Schwierigkeiten

---

[679] Eine Ausfallhaftung im Genossenschaftsrecht ergibt sich aus dem genossenschaftlichen Prinzip der Selbsthilfe, das die Bereitschaft der Genossen beinhaltet, füreinander einzustehen (zu diesem Prinzip näher Lang-Metz, § 1 Rdnr. 5; Großfeld/Aldejohann, S. 6 ff.) Ihren Ausdruck findet dieses Prinzip in § 105 III GenG, wo die zahlungsfähigen Genossen die als Innenhaftung ausgestalteten Nachschüsse der unvermögenden Genossen zu tragen haben.

und unkalkulierbare (Prozess)-Risiken in sich. Dies um so mehr, wenn man - neben der schon fehlenden Publizität des Genossenschaftsregisters - das Führen einer Mitgliederliste nach § 30 GenG vor Eintragung ins Genossenschaftsregister für nicht erforderlich ansieht.[680] Selbst wenn man in der Vorgenossenschaft nicht von einer auf den jeweiligen Geschäftsanteil bezogenen anteiligen (Innen)haftung entsprechend der Vor-GmbH-Rechtsprechung, sondern von einer anteilig verteilten Innenhaftung nach Köpfen ausginge,[681] würde sich an der unzumutbaren Erschwernis der Durchsetzbarkeit nichts ändern. Zwar fiele dann das Problem der Ermittlung des jeweils bestehenden Geschäftsguthabens der Vorgenossen weg, doch alle anderen Schwierigkeiten, die das langwierige und risikobehaftete Procedere der Durchsetzung der Gläubigeransprüche für die Genossenschaftsgläubiger beinhaltet [wie z.B. das Problem der Ermittlung der Höhe der Verlustdeckungshaftung (zu welchem Zeitpunkt ?) oder die Prozessrisiken, die die Vermögenslosigkeit einzelner Vorgenossen, auch durch frühere Inanspruchnahme seitens anderer Gläubiger, mit sich bringen], würden bleiben, so dass im Fall einer "anteiligen Innenhaftung pro Kopf" immer noch von einer unzumutbaren Erschwernis zu sprechen ist. Die notwendige unbeschränkte Vorgenossenhaftung wäre somit faktisch doch beschränkt.

Bei einer als gesamtschuldnerisch ausgestalteten Gründerhaftung kann zudem nicht von einem unzumutbaren "Übermaß an Gläubigerschutz" gesprochen werden. Zuzugeben ist zwar, dass eine unmittelbare gesamtschuldnerische Außenhaftung für Verbindlichkeiten der Vorgenossenschaft die Vorgenossen recht hart trifft, da diese sich hinsichtlich der e.G. auf einen begrenzten Risikokapitaleinsatz in Form von Einlageverpflichtungen und gegebenenfalls Nachschußpflichten im Insolvenzfall einrichten, jedoch verbleibt den gesamtschuldnerisch in Anspruch genommenen Vorgenossen die Möglichkeit, im Falle einer noch solventen Vorgenossenschaft vollen Rückgriff bei dieser nach § 110 HGB analog zu nehmen bzw. vorher schon einen Freistellungsanspruch gegen

---

[680] In diesem Sinne Ausführungen in FN 622.
[681] Eine solche anteilige Innenhaftung nach Köpfen entspräche eher der personalistischen, nicht kapitalistischen Struktur der Genossenschaft und dem Grundsatz der Gleichbehandlung aller Mitglieder durch die Genossenschaft, der z.B. in den §§ 105 II, 73 II GenG zum Ausdruck kommt.

die Vorgenossenschaft geltend zu machen[682] oder aber von den Mitvorgenossen entsprechend Ausgleich im Innenverhältnis zu verlangen. Sie tragen also ausschließlich das Regressrisiko. Nur im Fall einer vermögenslosen bzw. zahlungsunfähigen Vorgenossenschaft und gleichzeitig insolventer Vorgenossen haben die gesamtschuldnerisch in Anspruch genommenen Vorgenossen mehr als ihren Anteil zu tragen. Entsteht die Verbindlichkeit der Vorgenossen aufgrund einer abredewidrigen Handlung der Vorstandsmitglieder - entgegen dem Innenverhältnis -, kommt den Vorgenossen sogar noch ein Regressanspruch gegen die Vorstandsmitglieder zugute. Da die Vorgenossen wegen ihres i.d.R. besseren Einblicks in die Vorgenossenschaftsinterna (z.B. über die Solvenz der Vorgenossenschaft und der Vorgenossen) und der Nähe zur Vorgenossenschaft[683] das Regressrisiko besser beherrschen können als außenstehende Gläubiger, erscheint es gerechtfertigt, im Hinblick auf eine angemessene Risikoverteilung - auch bei sehr kleinen Genossenschaftsanteilen - eine gesamtschuldnerische Außenhaftung anzunehmen. Die Vorgenossen tragen so das wirtschaftliche Risiko, was im Hinblick auf die Chancen und Möglichkeiten, die die wirtschaftliche Betätigung für die Vorgenossen bietet, als interessengerecht anzusehen ist. Bei Vor-GmbH, Vor-AG und Wirtschaftsvorverein, wo entsprechende wirtschaftliche Betätigungen vorgenommen werden, ist das wirtschaftliche Risiko ebenso verteilt.

Die Interessen- und Risikoverteilung in der Vorgenossenschaft sowie das Erfordernis einer einheitlichen Genossenhaftung in der nichtrechtsfähigen Dauergenossenschaft und der Vorgenossenschaft sprechen für eine unbeschränkte, gesamtschuldnerische, akzessorische Außenhaftung der Vorgenossen für Verbindlichkeiten der Genossenschaft.

7) Ausnahme während des Insolvenzverfahrens?

In § 105 GenG statuiert das Gesetz eine grundsätzliche Nachschußpflicht der Genossen zur Insolvenzmasse. Inwieweit diese Verpflichtung bereits in der Vorgenossenschaft gilt, ist nicht explizit geregelt. Da die Nachschußpflicht Ausfluß der Mitgliedschaft ist und den

---

[682] Bei der Vorgenossenschaft sollte diesbezüglich nichts anderes gelten als bei der gesamtschuldnerischen Inanspruchnahme bei der Vor-GmbH [siehe Ausführungen bezüglich Vor-GmbH unter 1.Teil IV. 4f)].
[683] So steht ihnen im Innenverhältnis zum Vorstand ein Weisungsrecht zu.

Charakter einer sich auf die Mitgliedschaft beziehenden Beitragspflicht hat,[684] ist davon auszugehen, dass § 105 GenG nicht nur bei der e.G., sondern auch schon bei der Vorgenossenschaft gilt.

Dies annehmend stellt sich die Frage, ob eine Gründerhaftung - gleich, ob von einem Insolvenzverwalter (§ 93 InsO analog) oder den Genossenschaftsgläubigern selbst geltend gemacht - während eines Insolvenzverfahrens überhaupt mit der Nachschußpflicht nach § 105 GenG im Gründungsstadium vereinbar ist. Eine solche Nachschußpflicht könnte die Mitgliederhaftung in einer sich im Insolvenzverfahren befindlichen Vorgenossenschaft abschließend regeln und die Gründerhaftung mangels eines Bedürfnisses und einer Regelungslücke verdrängen.

Bei der Nachschußpflicht nach § 105 GenG und der persönlichen Gründerhaftung handelt es sich aber um zwei ganz unterschiedliche Haftungen, die sich nicht gegenseitig ausschließen. Beide gehen auf andere Rechtsgründe zurück. Die Nachschußpflicht ist eine selbständige statutarisch vereinbarte Verbindlichkeit des einzelnen Mitglieds gegenüber der (Vor)-Genossenschaft, nicht gegenüber den Genossenschaftsgläubigern, die besagt, im Falle der Insolvenz der (Vor)-Genossenschaft die Insolvenzmasse in Höhe des bilanziellen Fehlbetrages aufzufüllen. Sie ist Ausfluß der Mitgliedschaft und hat den Charakter einer sich auf die Mitgliedschaft beziehenden Beitragspflicht. Die persönliche Gründerhaftung ist hingegen eine Haftung der Mitglieder für konkrete rechtsgeschäftlich oder gesetzlich begründete Verbindlichkeiten der Vorgenossenschaft, die grundsätzlich von den Genossenschaftsgläubigern direkt geltend gemacht wird.

Darüber hinaus ist die Gründerhaftung im Regelfall aus Gläubigerschutzgründen dringend erforderlich. Dies gilt für die Fälle, in denen eine Nachschußpflicht nach § 105 GenG im Statut ausgeschlossen oder beschränkt ist. Eine fehlende oder nur beschränkte Einstandspflicht der Vorgenossen nach § 105 GenG ohne eine unbeschränkte Gründerhaftung würde zu einem unzumutbaren Gläubigerschutzdefizit führen. Wie außerhalb eines Insolvenzverfahrens ist eine unbeschränkte Einstandspflicht der Vorgenossen erforderlich.[685] Eine Schlechterstellung im Insolvenzverfahren wäre zudem nicht nachvollziehbar, da gerade dort der Gläubigerschutz besonders gewährleistet werden soll.

Obwohl im Falle einer ausschließlichen unbeschränkten Nachschußpflicht ein ausreichender Gläubigerschutz gewährleistet wäre, sollte auch

---

[684] Vgl. Müller, § 105 Rdnr. 2; BGH, BB 1964, 278.
[685] Zum Erfordernis einer unbeschränkten Vorgenossenhaftung siehe 4.Teil III. 1).

dort unter dem Gesichtspunkt einer einheitlichen Lösung im Gründungsstadium eine unbeschränkte gesamtschuldnerische Gründerhaftung angenommen werden, zumal beide unbeschränkten Haftungen ohne Probleme nebeneinander bestehen können. Da § 93 InsO bei der Gründerhaftung in der Vorgenossenschaft ebenfalls entsprechend zur Anwendung gelangt, stünde dem Insolvenzverwalter in einem solchen Fall offen, ob er die Vorgenossen entweder in gesamtschuldnerischer Form (im Rahmen der Gründerhaftung) oder anteilig (im Rahmen der unbeschränkten Nachschußpflicht) in Anspruch nimmt. Der Insolvenzverwalter würde sich dann wohl für den für ihn einfachereren Weg der gesamtschuldnerischen Haftung der Vorgenossen im Rahmen der Gründerhaftung entscheiden.

Die analoge Anwendbarkeit von § 93 InsO folgt daraus, dass die Interessenlage in der Vorgenossenschaft als rechtsfähigem Rechtsgebilde "sui generis" genau der in den anderen Vorgesellschaften (Vor-GmbH, Vor-AG, Wirtschaftsvorverein) und der in den "Gesellschaften ohne Rechtspersönlichkeit" i.S.d. § 11 II Nr.1 InsO entspricht. Das Interesse nach einer gleichmäßigen Befriedigung der Gesellschaftsgläubiger und nach Überwindung der Massearmut bei Insolvenzen ist bei der Vorgenossenschaft genauso gegeben wie bei den anderen Vorgesellschaften. Zudem ergeben sich für die Genossenschaftsgläubiger bei einer ausschließlichen Geltendmachung durch den Insolvenzverwalter i.d.R. keine Probleme bei der Durchsetzung ihrer Ansprüche. Der Beginn eines Insolvenzverfahrens - und somit des Ausnahmefalls Innenhaftung - ist für sie durch die Publizitätsvorschriften der §§ 30 ff. InsO, insbesondere § 30 II InsO (besondere Zustellung des Eröffnungsbeschlusses des Insolvenzverfahrens an alle Gläubiger) klar erkennbar. Sie können ihre Ansprüche dann dem Insolvenzverwalter anzeigen und von ihm, nachdem er die Forderung den Vorgenossen gegenüber geltend gemacht hat, befriedigt werden.

Als Ergebnis kann man festhalten, dass auch während eines Insolvenzverfahrens eine persönliche Gründerhaftung zur Anwendung kommt; dies ist unabhängig davon, ob das Statut eine Nachschußpflicht i.S.d. § 105 GenG enthält oder nicht. Diese persönliche Gründerhaftung ist im Insolvenzverfahren aber nicht als Außenhaftung ausgestaltet. Nach § 93 InsO analog, der auch bei der Vorgenossenschaft Anwendung findet, macht während eines Insolvenzverfahrens ausnahmsweise der Insolvenzverwalter die persönliche Gründerhaftung der Vorgenossen geltend.

IV. Zusammenfassung Vorgenossenschaft

Eine Vorgenossenschaft ist als "werdende juristische Person" ein rechtsfähiges Rechtsgebilde "sui generis", auf das die Vorschriften der eingetragenen Genossenschaft (e.G.) anwendbar sind, soweit diese nicht die Eintragung ins Genossenschaftsregister voraussetzen.

Die Vorgenossenschaft entsteht mit Errichtung des Genossenschaftsstatuts und endet mit Erlangung der Rechtsfähigkeit durch Eintragung ins Genossenschaftsregister.

Im Genossenschaftsrecht ist streng zwischen (echter) Vorgenossenschaft und nichtrechtsfähiger Dauergenossenschaft zu differenzieren. Eine Vorgenossenschaft liegt vor, wenn das Ziel der Genossenschaft auf Eintragungserlangung gerichtet ist, sei es von Beginn der Gründung an bzw. später bei einer ehemals nichtrechtsfähigen Dauergenossenschaft.

Bei einer Vorgenossenschaft haften die Vorgenossen - entgegen der h.M. - den Vorgesellschaftsgläubigern gegenüber grundsätzlich unmittelbar und unbeschränkt als Gesamtschuldner (Gründerhaftung). Eine Ausnahme davon ist nur während des Insolvenzverfahrens zu machen. Dort ist die persönliche Gründerhaftung nicht von den Vorgesellschaftsgläubigern, sondern nach § 93 InsO analog vom Insolvenzverwalter geltend zu machen (gesamtschuldnerische Innenhaftung). Sie besteht dort neben einer gegebenenfalls festgesetzten Nachschußpflicht nach § 105 GenG.

Das grundsätzliche Ergebnis einer unmittelbaren, unbeschränkten, gesamtschuldnerischen, persönlichen Außenhaftung, das dem in Vor-GmbH, Vor-AG und Wirtschaftsvorverein entspricht, folgt vor allem aus dem sich aus Gläubigerschutzerwägungen ergebenden Erfordernis einer einheitlichen Mitgliederhaftung in Vorgenossenschaft und nichtrechtsfähiger Dauergenossenschaft.

Für eine Ausgestaltung als unbeschränkte Haftung spricht darüber hinaus noch der ansonsten auftretende Wertungswiderspruch mit einer unbeschränkten Unterbilanzhaftung nach Eintragung. Ebenfalls kann so ein Interessenwiderstreit zwischen den Vorstandsmitgliedern und den Vorgenossen hinsichtlich des Erstrebens der Eintragung vermieden werden.

Die Ausformung der Gründerhaftung als grundsätzlich gesamtschuldnerische Außenhaftung findet ihre Bestätigung in einer dann interessengerechten und angemessenen Verteilung des wirtschaftlichen

Risikos zwischen den Vorgenossenschaftsgläubigern und den Vorgenossen. Insbesondere die unzumutbare Erschwernis der Durchsetzbarkeit bei einer vermögenslosen Vorgenossenschaft bei Ausgestaltung als anteilige Innenhaftung ist so nicht gegeben.

5. Teil: Zusammenfassende Ergebnisse

I. Zusammenfassendes Ergebnis bezüglich der Vorgesellschaften

Untersucht wurden das Bestehen und die Ausgestaltung der Gründerhaftung in den Vorgesellschaften (Vor-GmbH, Vor-AG, Vorverein und Vorgenossenschaft) anhand der jeweils spezifischen Sachgründe und Besonderheiten der einzelnen Vorgesellschaft.

Aus der Gesamtschau der herausgearbeiteten Einzelergebnisse ergibt sich, dass von einer einheitlichen Gründerhaftung der Vorgesellschaften nicht gesprochen werden kann. Denn das Gründerhaftungsmodell im Idealvorverein divergiert von dem der anderen Vorgesellschaften. Beim Idealvorverein gibt es, anders als bei allen anderen "werdenden juristischen Personen" (Vorgesellschaften), keine persönliche Gründerhaftung der Mitglieder.

In Vor-GmbH, Vor-AG, Wirtschaftsvorverein und Vorgenossenschaft ist die Gründerhaftung hingegen einheitlich ausgestaltet. Dort haften die Vorgesellschafter, Vorgenossen bzw. Vorvereinsmitglieder akzessorisch und persönlich unbeschränkt als Gesamtschuldner für Verbindlichkeiten der Vorgesellschaft. Grundsätzlich kann diese Haftung unmittelbar den Vorgesellschaftern gegenüber geltend gemacht werden; eine Ausnahme davon ergibt sich aus § 93 InsO analog nur während eines Insolvenzverfahrens, bei dem diese Haftung nur vom Insolvenzverwalter geltend gemacht werden kann.

Die Gemeinsamkeit dieser vier "werdenden juristischen Personen" besteht darin, dass sie primär auf wirtschaftliche Betätigung hin ausgerichtete Verbände sind.[686] Gerade dadurch grenzen sie sich vom Idealvorverein ab, der auf ideelle Zwecke angelegt ist und nur ausnahmsweise im Rahmen des sogenannten "Nebenzweckprivilegs" unternehmerisch (wirtschaftlich) tätig wird. Für die primär auf wirtschaftliche Betätigung ausgerichteten "Vorgesellschaften"

---

[686] Wie unter 1. Teil IV. 3e) (3) bereits gezeigt, können diese Vorgesellschaften auch ideelle Zwecke verfolgen. Diese Möglichkeit ändert aber nichts daran, dass diese Vorgesellschaften, wie die entsprechende juristische Person, primär auf wirtschaftliche Betätigung hin ausgerichtet sind.

(VorGmbH, Vor-AG, Wirtschaftsvorverein, Vorgenossenschaft)[687] läßt sich so eine einheitliche Gründerhaftung feststellen: eine unmittelbare, unbeschränkte, gesamtschuldnerische Gesellschafter- bzw. Mitgliederhaftung.

II. Schlußfolgerungen auf die Systematik der Mitgliederhaftungen bei körperschaftlichen Rechtsgebilden

Eine unbeschränkte, unmittelbare Mitgliederhaftung konnte in der vorliegenden Untersuchung aber nicht nur für die Gesellschafter einer Vorgesellschaft ermittelt werden. Ebenso haften die Mitglieder von nichtrechtsfähigen "Dauerkörperschaften" (nichtrechtsfähige Dauergenossenschaft, nichtrechtsfähiger Wirtschaftsverein) sowie die Gesellschafter der "unechten" Vor-GmbH und Vor-AG. Daher kann man die Schlußfolgerung noch weiter ziehen und feststellen, dass bei allen auf wirtschaftliche Betätigung ausgerichteten und nicht in einem öffentlichen Register eingetragenen "Körperschaften"[688], also Vorgesellschaften und "Dauerkörperschaften", die Mitglieder für Verbandsverbindlichkeiten persönlich unbeschränkt als Gesamtschuldner haften.

Diese Haftung beruht letzlich darauf, dass bei allen diesen Verbänden die Aufbringung und Erhaltung des Verbandsvermögens nicht ausreichend sichergestellt und daher zum Schutz der Gläubiger eine unbeschränkte persönliche Haftung der Mitglieder erforderlich ist. Dieser Gläubigerschutzgedanke findet sich bei allen diesen Gesellschaften wieder. In § 22 BGB erfährt er seine positivrechtliche Ausgestaltung.

---

[687] Der Begriff einer "primär auf wirtschaftliche Betätigung ausgerichteten" Vorgesellschaft wird vorliegend verwandt, da so auch die "non-profit-Vorgesellschaften" erfaßt werden. Bei ihnen ist aus Gründen der fehlenden Abgrenzbarkeit zu den entsprechenden "gewöhnlichen" erwerbswirtschaftlichen Vorgesellschaften eine unbeschränkte, unmittelbare Gesellschafterhaftung ebenfalls vonnöten (siehe entsprechende Ausführungen unter 1.Teil IV. 3e) (3)). Würde man von "unternehmerisch tätigen", "unternehmerischen" oder "unternehmenstragenden" Vorgesellschaften sprechen (zu diesen Begrifflichkeiten insbesondere K.Schmidt, HandelsR, § 4; Reiff, § 3 I), wäre zwar eine korrekte Abgrenzung zum Idealvorverein vorgenommen, jedoch wären die auf ideelle Zwecke ausgerichteten Vorkapitalgesellschaften nicht erfaßt.

[688] Die "unechten Vorgesellschaften" fallen nicht darunter, das sie keine Körperschaften, sondern als Gesellschaften bürgerlichen Rechts oder OHG´s Personalgesellschaften sind.

In den ("umgekehrten") Fällen, in denen Kapitalaufbringungs- und Kapitalerhaltungsvorschriften sowie die Registerpublizität die Gläubiger ausreichend schützen, ist eine unbeschränkte unmittelbare Haftung der Gesellschafter nicht nötig. Der Gesetzgeber hat dem Rechnung getragen. Er hat eine persönliche Mitgliederhaftung in diesen Fällen fast ausnahmslos ausgeschlossen und läßt nur das Verbandsvermögen haften (§ 13 II GmbHG, § 1 I S.2 AktG, § 2 GenG, § 19 VAG).[689] Eine persönliche Gründerhaftung existiert darüber hinaus nicht, trotz fehlender Kapitalaufbringungs- und Kapitalerhaltungsvorschriften, wenn das Gläubigerschutzbedürfnis in der Gesellschaft erheblich reduziert ist. Dies gilt für den e.V.,[690] den nichtrechtsfähigen Idealverein und den Idealvorverein.[691]

Dies bedeutet aber nicht, dass der Gesetzgeber in Fällen geringen Gläubigerschutzes nicht von dem "rechtspolitischen Postulat"[692] der unbeschränkten Haftung abgehen kann, auch wenn dies noch so interessenfern ist. Er könnte z.B. für "Körperschaften", für die keine ausreichenden oder überhaupt keine Kapitalsicherungsvorschriften existieren, eine Haftungsbeschränkung auf das Körperschaftsvermögen gesetzlich verankern (z.B. indem er im Rahmen einer Regelung der Vorgesellschaften eine Haftungsbeschränkung aufnähme). Solange aber der Gesetzgeber solche nicht interessengerechten Regelungen unterläßt, verbleibt es bei dem auf heutiger Rechtsgrundlage herausgearbeiteten Haftungsprinzip, dass Mitglieder von auf wirtschaftlicher Betätigung ausgerichteten, nichteingetragenen Körperschaften (Vorgesellschaften und

---

[689] Eine Ausnahmestellung nimmt dabei nur die KGaA ein, bei der trotz der entsprechend geltenden Gläubigervorschriften des Aktienrechts einige Mitglieder als "persönlich haftende Mitglieder" neben den nichthaftenden "Kommanditaktionären" persönlich unbeschränkt für Verbindlichkeiten der Gesellschaft einzustehen haben. Daher für die Abschaffung der persönliche Haftung in der KGaA mit gewichtigen Gründen (insbesondere des bereits ohne persönliche Haftung ausreichenden Gläubigerschutzes): Sethe, S. 211 ff., 248, 278 f.; a.A. Schroeder, S. 81 f. Nach der Zulassung einer GmbH & Co KGaA durch den BGH (BGHZ 134, 392 ff.) ist es nunmehr aber ohne weiteres möglich, eine persönliche Haftung von Gesellschaftern zu umgehen.

[690] So die allgemeine Ansicht, z.B. K. Schmidt, GesR, § 24 VI 2); Stöber, Rdnr. 272, 390; Sauter/Schweyer, Rdnr. 349; Reiff, S. 5; Dißars, DStZ 1996, 37, 55; Schaible, S. 101; BGH, NJW 1970, 2015 ff.

[691] Siehe unter 3. Teil II.

[692] So K. Schmidt, GesR, § 18 IV 1 bb).

nichtrechtsfähigen Dauerkörperschaften) unbeschränkt gesamtschuldnerisch für Verbandsverbindlichkeiten zu haften haben. Für das Körperschaftsrecht zeigt sich somit folgendes, heute geltendes, Regelungsprinzip: Eine Nichthaftung der Mitglieder - soweit diese nicht ausnahmsweise eine persönliche Haftung vereinbart haben (z.B. Nachschußpflichten) - kommt nur dann zur Anwendung, wenn diese im Gesetz ausdrücklich vorgesehen oder die Körperschaft nicht auf wirtschaftliche Betätigung hin ausgerichtet ist. Ansonsten haften die Mitglieder für Verbindlichkeiten der Körperschaft persönlich unbeschränkt (als Gesamtschuldner).

III. Schlußfolgerungen auf ein Gesamtkonzept der gesellschaftsrechtlichen Mitgliederhaftungen

Aufgrund der vorliegenden Untersuchung, die sich mit den Vorgesellschaften befaßte, ist lediglich eine Aussage über die Haftungsstruktur der Vorgesellschaften und ihre Einordnung in die Haftungssystematik der Körperschaften möglich. Für darüber hinausgehende Schlüsse auf ein Gesamtkonzept des gesellschaftsrechtlichen Haftungsrechts geben die Ergebnisse dieser Arbeit nichts her. Denn dazu wäre noch erforderlich, alle Gesellschafterhaftungen in den Personalgesellschaften (OHG, KG, Gesellschaft bürgerlichen Rechts, Partenreederei, Europäische wirtschaftliche Interessenvereinigung) zu untersuchen. Erst ein induktives Vorgehen durch Analyse aller Gesellschafterhaftungen anhand der spezifischen Sachgründe in den einzelnen Gesellschaften könnte dies erbringen.[693] Probleme bereitet diesbezüglich aber die Gesellschaft bürgerlichen Rechts, die anders als die anderen persönlichen Gesellschafterhaftungen (z.B. in §§ 128, 161, 170 HGB, § 8 PartGG, Art. 24 EWIV-VO) gesetzlich nicht geregelt ist. Deren Untersuchung kann in der vorliegenden Arbeit nicht mehr erfolgen. Dies würde den Rahmen dieser Arbeit, die auf die Gründerhaftung in den Vorgesellschaften ausgerichtet ist, sprengen. Denn allein die Befassung mit der äußerst umstrittenen Gesellschafterhaftung in der Gesellschaft bürgerlichen Rechts

---

[693] Wie bereits mehrmals aufgezeigt (vgl. Ausführungen unter Einleitung I., 1. Teil I. 2c (2) und 1. Teil IV. 3d)) ist ein solches induktives Vorgehen unbedingt erforderlich, um allgemeingültige Prinzipien zu ermitteln.

bietet Raum für eine eigenständige Abhandlung. Sie war und ist Gegenstand unzähliger Abhandlungen und Aufsätze.[694]

Soviel sei hier nur angedacht: Wäre bei allen Unterformen der Gesellschaft bürgerlichen Rechts eine unbeschränkte, unmittelbare Gesellschafterhaftung für Verbandsverbindlichkeiten anzunehmen, wie dies mir richtig erscheint,[695] ergäbe sich der Grundsatz einer unbeschränkten, unmittelbaren Gesellschafterhaftung bei allen auf wirtschaftliche Betätigung ausgerichteten Verbänden. Eine Haftungsbeschränkung der Gesellschafter käme nur in Betracht bei ausdrücklicher gesetzlicher Regelung (z.b. §§ 22 BGB, 171 HGB, 13 II GmbHG) oder u.U. bei ausdrücklicher individueller Vereinbarung. Im Falle einer gesetzlich nicht geregelten Gesellschafterhaftung bei auf wirtschaftliche Betätigung ausgerichteten Verbänden würden die Gesellschafter immer unbeschränkt und unmittelbar haften.

Insofern käme man - unter der Prämisse einer unbeschränkten, unmittelbaren Gesellschafterhaftung (Akzessorietätstheorie) - zu dem Ergebnis, das von vielen als "allgemeiner Grundsatz des bürgerlichen Rechts und des Handelsrechts"[696] oder als "übergeordnetes wirtschaftsverfassungsrechtliches Ordnungsprinzip"[697] bezeichnet wird. Genauso wären, eingeschränkt auf unternehmerisches Handeln,[698] die Begriffe von einem "allgemeinen unternehmensrechtlichen Prinzip der unbeschränkten Haftung"[699] oder eines "unternehmenstragenden Prinzips"[700] verwendbar.

Als Ergebnis ließe sich ein "Prinzip der unbeschränkten Mitgliederhaftung" im heutigen Recht feststellen, aber eben nur als Folgerung aus einer umfassenden Untersuchung aller Verbände. Der umgekehrte Weg, ein

---

[694] Siehe dazu die unter den FN 59 f. dargestellte Meinungsübersicht.

[695] Diesbezüglich sei vor allem auf den Argumentation von Mülbert (AcP 199 [1999], 39, 67 ff.) verwiesen.

[696] So bei der Frage nach dem Gründerhaftungsmodell verwendend Wilhelm, FS Knobbe-Keuk, S. 321, 330; Flume, JurPers, S. 164; ders., DB 1998, 45, 46; Ensthaler, BB 97, 1210; Theobald, S. 82; LSG Baden-Württemberg, ZIP 1997, 1651, 1652.

[697] So Schultze von Lasaulx, ZfG 5 (1955), 176, 190; ders., JZ 1952, 390, 393; Paulick, ZfG 4 (1954), 149, 154.

[698] Eingeschränkt deshalb, da so die "non-profit"-Kapitalgesellschaften nicht mitumfaßt werden.

[699] So K. Schmidt, OHG, S. 102 ff., 130 f., 323, 335 ff.; 361 f.; ders., GesR, § 18 IV 1bb); ders., ZIP 1996, 353, 358.

[700] So Reiff, S. 345 ff.

solches Prinzip aus überpositiven, übergeordneten Prinzipien herzuleiten, wie dies größtenteils vertreten wird,[701] ist nicht möglich.[702]

IV. Ausblicke

Hinsichtlich der Gründerhaftung in der Vor-GmbH bleibt zu hoffen, dass der BGH und die ihm folgenden anderen oberen Bundesgerichte ihre neue Rechtsprechung (unbeschränkte anteilige Innenhaftung) möglichst bald wieder aufgeben und zu einer unbeschränkten, gesamtschuldnerischen Außenhaftung kommen, die den Interessen der Beteiligten weit mehr entsprechen würde. In deren Interesse sollten sie ihre Rechtsansicht noch einmal überdenken. Die mit dem neuen Modell einhergehenden Probleme in der Praxis werden dem BGH hoffentlich bald gewahr werden und ihn zu einem Umdenken bewegen.

Für die Vor-AG ist die Frage nach der Gründerhaftung weiter sehr aktuell. Vor dem BGH ist das Revisionverfahren im "Schlachthof-Fall" anhängig, in dem die Unterinstanzen (LG Heidelberg, OLG Karlsruhe) das neue Gründerhaftungsmodell des BGH zur Vor-GmbH auf die Vor-AG übertragen haben (unbeschränkte anteilige Innenhaftung).[703] Es bleibt zu hoffen, dass der BGH diese Entscheidung zum Anlaß nimmt, zumindest bei der Vor-AG die Gründerhaftung als unbeschränkte, gesamtschuldnerische Außenhaftung auszugestalten und von einer Übertragung seines GmbH-Haftungsmodells abzusehen.

Für ein Überdenken der bisher herrschenden Meinung zur Gründerhaftung in der Vorgenossenschaft (keine persönliche Haftung) hoffe ich Anregung gegeben zu haben. Die zu Unrecht "brachliegende" Beschäftigung mit der Gründerhaftung in der Vorgenossenschaft sollte wieder aufgenommen werden. Wie der Beschluss des Landgerichts Göttingen zeigt,[704] kann diese Frage jederzeit auch in der Praxis aktuell werden.

---

[701] Hinsichtlich der Vertreter, die dieses Prinzip bei der Frage der Vorgesellschafterhaftung heranziehen, siehe FN 696. Ansonsten sei auf die umfassende Darstellung dieser Ansichten bei K. Schmidt, OHG, S. 103 ff., und Reiff, S. 16, verwiesen.
[702] Siehe dazu vor allem die entsprechenden Ausführungen unter 1. Teil IV. 3d).
[703] LG Heidelberg ZIP 1997, 2045 ff.; OLG Karlsruhe ZIP 1998, 1961 ff.
[704] LG Göttingen NJW-RR 1995, 1315 ff.

Literaturverzeichnis

Altmeppen, Holger: Anmerkung zum Urteil des BGH vom 27.1.1997 - II ZR 123/94 -, NJW 1997, S. 1509 f.
derselbe: Das unvermeidliche Scheitern des Innenhaftungskonzepts in der Vor-GmbH, NJW 1997, S. 3272 ff.
derselbe: Anmerkung zum Urteil des LSG Baden-Württemberg vom 25.7.1997 - L 4 Kr 1317/96 -, ZIP 1997, S. 1653 f.

An, Sung-Po: Die Vor-AG - eine rechtsvergleichende Untersuchung zwischen deutschem und koreanischem Recht, Dissertation, Frankfurt/ Berlin/New York/Paris /Wien 1997.

Ballerstedt, Kurt: Mitgliedschaft und Vermögen beim rechtsfähigen Verein, in: Festschrift für Alexander Knur, München 1972 (zitiert: FS Knur).

Balz, Manfred/Landfermann, Hans-Georg: Die neuen Insolvenzgesetze, Düsseldorf 1995.

Barz, Carl Hans: Geldeinlage-Zahlungen der Gesellschafter vor Eintragung der GmbH - zugleich Besprechung von BGHZ 37, 75 vom 29.3.1962 -, GmbHR 1962, S. 189 ff.

Baumann, Horst: Die GmbH in Anwartschaft - ein neues Konzept zur Gründerhaftung, JZ 1998, S. 597 ff.

Baumbach, Adolf/Hueck, Alfred: GmbH-Gesetz, 16. Auflage, München 1996 (zitiert: Baumbach-Bearbeiter).
dieselben: Aktiengesetz, 13. Auflage, München 1970 (zitiert: Baumbach-Bearbeiter, AktG).

Baumbach, Adolf/Lauterbach, Wolfgang/Albers, Jan/ Hartmann, Peter: Zivilprozeßordnung, 56. Auflage, München 1998 (zitiert: Baumbach-Bearbeiter, ZPO).

Baur, Fritz: Rechtsnatur und Rechtsstellung der Gründungsvereinigung der AG und GmbH, Dissertation, München 1949.
derselbe: Der Konkurs der Vorgesellschaft, DRZ 1950, S. 9 ff.
derselbe: Zur gegenwärtigen Lage des Insolvenzrechts, JZ 1951, S. 209 ff.

Bayer, Walter: Abtretung und Pfändung der GmbH-Stammeinlageforderungen, ZIP 1989, S. 8 ff.

derselbe: Kurzkommentar zu Beschluß des LG Göttingen vom 6.4.95 - 6 T 233/94 -, EWiR 1995, S. 991 f.

Bayer, Wilhelm: Rechtsnatur und Rechtsstellung der Gründungsvereinigung der AG und GmbH, Dissertation, München 1949.

derselbe: Haupt- und Gesellschafterversammlung vor Eintragung der AG und der GmbH in das Handelsregister, JZ 1952, S. 551 ff.

Berndt, Joachim/Boin, Kai: Zur Rechtsnatur der Gesellschaft bürgerlichen Rechts, NJW 1998, S. 2854 ff.

Beuthien, Volker: Die Vorgesellschaft im Privatrechtssystem, ZIP 1996, S. 305 ff., 360 ff..

derselbe: Vorgesellschafterhaftung nach innen oder außen ? Zum Vorlagebeschluß des BGH vom 4.3.1996, GmbHR 1996, S. 309 ff.

Beuthien, Volker/Klose, Holger: Haftung bei der Vorgenossenschaft, ZfG 46 (1996), S. 179 ff.

Beuthien, Volker/Radke, Wolfram: Anmerkung zum BAG-Urteil vom 27.5.97 - 9 AZR 482 -, AP 1998 § 11, Nr. 11.

Binz, Karlheinz: Haftungsverhältnisse im Gründungsstadium der GmbH & Co. KG, Köln 1976.

von Bismarck, Wolf-Rüdiger: Rechtsnatur und Haftungsverhältnisse der Gründungs-GmbH, Dissertation, Kiel 1963.

Blomeyer, Wolfgang/Förstner-Reichstein, Heike: Übersicht über die Rechtsprechung zum Genossenschaftsgesetz der Jahre 1994-1996, ZfG 47 (1997), S. 187 ff.

Bode, Bernd K.: Abgrenzung des Idealvereins vom Wirtschaftsverein, NJW 1998, Heft 45 XXIV.

Bokelmann, Gunther: Anmerkung zum Urteil des BGH vom 27.1.1997 - II ZR 123/94 -, WuB II. C. § 11 GmbHG 1.97, S. 655 ff.

Bork, Reinhard: Kurzkommentar zum Urteil des BFH vom 7.4.1998 - VII R 82/97 -, EWiR 1998, S. 745 f.

derselbe: Gesamt(schadens)liquidation im Insolvenzverfahren, in Kölner Schrift zur Insolvenzordnung, S. 1017 ff., Köln, Herne, Berlin 1997.

Boujong, Karlheinz: Rechtsprechungsbericht: Die Entwicklung der Judikatur zum GmbH-Recht in den Jahren 1994-1996 - Teil 1, WiB 1997, 238 ff.

derselbe: Rechtsprechungsbericht: Das GmbH-Recht im Jahre 1997, NZG 1998, S. 745 ff.

Breitbach, Richard: Nichtrechtsfähige Vereine und Körperschaften, Breslau 1930.

Breuer, Wolfgang: Das neue Insolvenzrecht, München 1998.

Brock, Ulrich: Die Haftungssituation des Geschäftsführers der GmbH und ihre Begrenzung im Bereich der Vorgesellschaft, Dissertation, Frankfurt a.M. / Bern / New-York / Paris 1987.

Brodmann, Erich: Aktienrecht, Kommentar, Berlin/Leipzig 1928.

Büttner, Hermann: Identität und Kontinuität bei der Gründung juristischer Personen, Dissertation, Bielefeld 1967.

Burkert, Manfred: Die GmbH, Bielefeld 1981.

Compart, Eddo: Kapitalistische Entwicklungswege bei der Genossenschaft, Dissertation, Frankfurt a.m. 1978.

Dauner-Lieb, Barbara: Haftung und Risikoverteilung in der Vor-GmbH, Die Haftungsverfassung der Vor-GmbH nach dem Vorlagebeschluß des BAG vom 23.8.1995 - AZR 908/94 -, GmbHR 1996, S. 82 ff.

Dehoff, Peter Ulrich: Die Konkursfähigkeit der Gründervereinigung der Kapitalgesellschaften und der Genossenschaft, Dissertation, Heidelberg 1967.

Denecke: Zur Haftung des nichtrechtsfähigen Vereins, JR 1951, S. 742 f.

Derwisch-Ottenberg, Gerald: Die Haftungsverhältnisse der Vor-GmbH, Dissertation, Berlin 1987.

Dilcher, Gerhard: Rechtsfragen der sogenannten Vorgesellschaft, JuS 1966, S. 89 ff.

Dinsthüler, Klaus-Jürgen: Die Abwicklung massearmer Insolvenzverfahren nach der Insolvenzordnung, ZIP 1998, S. 1697 ff.

Dißars, Björn-Axel: Die vereinsrechtliche Haftung der Vereinsmitglieder für (steuerliche) Verbindlichkeiten des Vereins, DStZ 1996, S. 37 ff.

Dregger, Alfred: Haftungsverhältnisse bei der Vorgesellschaft, Dissertation, Köln 1951.

Dreher, Meinrad: Die Gründungshaftung bei der GmbH, DStR 1992, S. 33 ff.

Dreßel, Robert: Kapitalaufbringung und -erhaltung in der GmbH unter besonderer Berücksichtigung des Gründungsstadiums, Dissertation, Frankfurt a.M. 1988.

von Einem, Hans-Jörg: Haftung der Gesellschafter einer Vorgesellschaft für Beitragsschulden - zugleich eine Besprechung der Urteile des BSG vom 28.2.1986, 2 RO 21/85 und 2 RO 22/85 -, DB 1987, S. 621 ff.

Enneccerus, Ludwig/Nipperdey, Hans Carl: Allgemeiner Teil des Bürgerlichen Rechts, 1.Halbband, 15. Aufl., Tübingen 1956.

Ensthaler, Jürgen: Haftung der Gesellschafter einer Vor-GmbH: Innenhaftung oder Außenhaftung ?, BB 1997, S. 257 ff.
derselbe: Anmerkung zum BAG-Urteil vom 22.1.1997 - 10 AZR 908/94, BB 1997, S. 1209 ff.

Erman, Walter: Handkommentar zum Bürgerlichen Gesetzbuch, 9. Aufl., Münster 1993 (zitiert: Erman-Bearbeiter).

Escher-Weingart, Christina: Aktienrecht und Differenzhaftung, AG 1987, S. 310 ff.

Eyles, Uwe: Die Auslagerung unternehmensübergreifender Aktivitäten auf rechtsfähige Vereine, NJW 1996, S. 1994 ff.

Fabricius, Fritz: Relativität der Rechtsfähigkeit, München/Berlin 1963.
derselbe: Vorgesellschaften bei der Aktiengesellschaft und der Gesellschaft mit beschränkter Haftung; ein Irrweg ?, Festschrift für Walter Kastner, Wien 1972, S. 85 ff. (zitiert: FS Kastner).

Farrenkopf, Stefan/Cahn, Andreas: Differenzhaftung im Aktienrecht ?, AG 1985, S. 209 ff.

Feine, Hans Erich: Die Gesellschaft mit beschränkter Haftung, in: Handbuch des gesamten Handelsrechts, herausgegeben von Dr. Victor Ehrenberg, Dritter Band, III Abteilung, Leipzig 1929.

Fikentscher, Wolfgang: Schuldrecht, 9. Aufl., Berlin-New York 1997.

Fleck, Hans-Joachim: Die neuere Rechtsprechung des BGH zur Vorgesellschaft und zur Haftung des Handelnden (§ 11 II GmbHG, § 41 I S.2 AktG), ZGR 1975, S. 212 ff.
derselbe: Neueste Entwicklungen in der Rechtsprechung zur Vor-GmbH, GmbHR 1983, S. 5 ff.

Fleischer, Holger: Kurzkommentar zum Urteil des BGH vom 27.1.1997 - II ZR 123/94 -, EWiR 1998, 463 f.

Flume, Werner: Allgemeiner Teil des Bürgerlichen Rechts, Band 1, Erster Teil: Die Personengesellschaft, Berlin/New-York/Tokyo 1979 (zitiert: PersGes.); Zweiter Teil: Die juristische Person, Berlin/New-York/Tokyo 1983 (zitiert: JurPers).

derselbe: Die werdende juristische Person, Festschrift für Ernst Geßler, München 1971, S. 3 ff. (zitiert: FS Geßler).

derselbe: Die Haftung der Vorgesellschaft bei der Gründung einer Kapitalgesellschaft, Festschrift für Ernst von Caemmerer, Tübingen 1978, S. 517 ff. (zitiert: FS v. Caemmerer).

derselbe: Gesellschaft und Gesamthand, ZHR 136 (1972) S. 177 ff.

derselbe: Zur Enträtselung der Vorgesellschaft - zugleich Besprechung von BGHZ 80, 129 vom 9.3.1981 -, NJW 1981, S. 1753 ff.

derselbe: Der nichtrechtsfähige Verein, ZHR 148 (1984), S. 503 ff.

derselbe: Die Rechtsprechung zur Haftung der Gesellschafter der Vor-GmbH und die Problematik der Rechtsfortbildung, DB 1998, S. 45 ff.

Foerste, Ulrich: Die Pflicht zur Begründung der Drittschuldnererklärung, NJW 1999, S. 904 ff.

Fromm, Friedrich Karl: Zur Haftung der Gründergenossenschaft, NJW 1962, S. 1656 ff.

Ganßmüller, Helmut: Die werbende Vor-GmbH, GmbHR 1953, S. 116 ff.

derselbe: Zur Rechtsnatur der Vorgesellschaften, NJW 1956, 1186 f.

Gehrlein, Markus: Die Haftung in den verschiedenen Gründungsphasen einer GmbH, DB 1996, S. 561 ff.

derselbe: Von der Differenz- zur Verlustdeckungshaftung - Anmerkung zum BGH-Vorlagebeschluß vom 4.3.1996 - II ZR 123/94 -, NJW 1996, S. 1193.

Geßler, Ernst/Hefermehl, Wolfgang/Eckardt, Ulrich/Kropff, Bruno: Aktiengesetz, Band I, §§ 1-75, München 1984 (zitiert: Geßler-Bearbeiter).

Glenk, Hartmut/Dietermann, Jürgen: Fallstudie zur Gründung einer eingetragenen Genossenschaft, WiB 1996, S. 276 ff.

Goette, Wulf: Anmerkung zum BGH-Vorlagebeschluß vom 4.3.1996 - II ZR 123/94 -, DStR 1996, S. 519 f.

derselbe: Kurzkommentar zum BAG-Urteil vom 22.1.1997 - 10 AZR 908/94 -, EWiR 1997, S. 849 f.

derselbe: Anmerkung zum Urteil des LAG Köln vom 21.3.97 - 4 Sa 1288/96 -, DStR 1998, S. 179 ff.

derselbe: Anmerkung zum BFH-Urteil vom 7.4.1998 - VII R 82/97 -, DStR 1998, S. 1132 f.

Großfeld, Bernhard/Aldejohann, Matthias: 100 Jahre Genossenschaftsgesetz, Tübingen 1989.

Großkommentar Aktiengesetz: Begründet von W. Gadow und E. Heinichen, Erster Band, 1. Halbband (§§ 1-75), 3. Aufl. Berlin/New-York 1979 (zitiert: Großkomm. AktG-Bearbeiter).

Großkommentar HGB: Herausgegeben von Claus-Wilhelm Canaris - Wolfgang Schilling - Peter Ulmer, 4. Aufl., 7. Lieferung (§§ 123-130b HGB), Berlin 1997 (zitiert: Großkomm. HGB-Bearbeiter).

Grunewald, Barbara: Gesellschaftsrecht, 3. Aufl., Tübingen 1999.

dieselbe: Die Rechtsfähigkeit der Erbengemeinschaft, AcP 197 (1997), S.305 ff.

Gummert, Hans: Die Haftungsverfassung der Vor-GmbH nach der jüngsten Rechtsprechung des BGH, DStR 1997, 1007 ff.

derselbe: Nochmals: Das neue Haftungskonzept der Vor-GmbH, DStR 1997, 1612 f.

derselbe: Anmerkung zum BGH-Urteil vom 27.1.1997 - II ZR 123/94 -, WiB 1997, 465 f.

Haas, Ulrich: Vor-GmbH und Insolvenz, DStR 1999, S. 985 ff.

Haberkorn, Kurt: Rechtliche Strukturen der werdenden Kapitalgesellschaft, BB 1962, S. 1408 ff.

Habersack, Mathias: Die Haftungsverfassung der Gesellschaft bürgerlichen Rechts - Doppelverpflichtung und Akzessorietät -, JuS 1993, S. 1 ff.

Habscheid, Walter F.: Der nicht rechtsfähige Verein zwischen juristischer Person und Gesellschaft, AcP 155 (1956). S. 375 ff.

Hachenburg, Max: Gesetz betreffend die Gesellschaft mit beschränkter Haftung, Großkommentar, herausgegeben von Peter Ulmer, Band 1, Allgemeine Einleitung, §§ 1-12, 7. Aufl., Berlin/New-York 1975 (zitiert: Hachenburg-Bearbeiter 7. Aufl.); Ergänzungsband, §§ 1-12, 7. Aufl., Berlin/New York 1982 (zitiert: Hachenburg-Bearbeiter 7 II. Aufl.); Band 1; Allgemeine Einleitung, §§ 1-34, 8. Aufl., Berlin/New York 1992 (zitiert: Hachenburg-Bearbeiter).

Häuser, Franz/van Look, Frank: Zur Änderung des Zwecks beim eingetragenen Verein, ZIP 1986, S. 749 ff.

Hartmann, Ingo: Gründerhaftung in der Vor-GmbH, WiB 1997, S. 66 ff.

Heckelmann, Dieter: Der Idealverein als Unternehmer?, AcP 179 (1979), S.1 ff.

Hemmerich, Hannelore: Möglichkeiten und Grenzen wirtschaftlicher Betätigung von Idealvereinen, Heidelberg 1982.

Henninger, Fritz: Die Besteuerung der Vor- und Gründergesellschaft, GmbHR 1974, S. 269 f.

Hommelhoff, Peter/Freytag, Lars F.: Wechselseitige Einflüsse von GmbH -und Aktienrecht (Teil 1), DStR 1996, 1367 ff.

Horn, Hans-Rudolf: Die Vorgesellschaft in der höchstrichterlichen Rechtsprechung, NJW 1964, S. 86 ff.

Hornstein, Andre Y.: Praktische Erfahrungen für die Durchsetzung von Ansprüchen aus Unterbilanzhaftung, GmbHR 1998, 229 ff.

Hornung, Paul: Der wirtschaftliche Verein nach § 22 BGB, Dissertation, Göttingen 1972.

Huber, Ulrich: Die Vorgesellschaft mit beschränkter Haftung - de lege ferenda betrachtet -, Festschrift für Robert Fischer, Berlin 1979, S. 263 ff. (zitiert: FS Fischer).

Hueck, Götz: Gesellschaftsrecht, 19. Aufl., München 1991.

Hüffer, Uwe: Aktiengesetz, 4. Aufl., München 1999.
derselbe: Gesellschaftsrecht, 5. Aufl., München 1998.
derselbe: Das Gründungsrecht der GmbH - Grundzüge, Fortschritte und Neuerungen -, JuS 1983, S. 161 ff.

Jäger, Axel: Die persönliche Gesellschafterhaftung in der werdenden GmbH, Dissertation, Heidelberg 1994.
derselbe: Anmerkung zum BGH-Vorlagebeschluß vom 4.3.1996 - II ZR 123/94 -, WiB 1996. S. 303 f.
derselbe: Rechtsprechungsbericht: Die Entwicklung der Judikatur zur AG in den Jahren 1997-1998, NZG 1999, 573 ff.

John, Uwe: Die organisierte Rechtsperson, System und Probleme der Personifikation im Zivilrecht, Berlin 1977.
derselbe: Zur Problematik der Vor-GmbH, insbesondere der Einmanngründung, BB 1982, S. 505 ff.

derselbe: Personenrecht und Verbandsrecht im Allgemeinen Teil des Bürgerlichen Rechts - Werner Flumes Buch über "Die juristische Person", AcP 185 (1985), S. 209 ff.

Jüntgen, David: Echo zu Lutter, JuS 1998, 1073 ff., JuS 1999, S. 728.

Kertess, Thomas: Die Haftung des für einen nichtrechtsfähigen Verein Handelnden gemäß § 54 S.2 BGB, zugleich ein Beitrag zur Eigenhaftung des Vertreters, Dissertation, Göttingen 1982.

Klein, Walter: Der Rückgriffanspruch des Handelnden gegen die Gründer einer Vor-GmbH, Dissertation, Frankfurt a.M. 1993.

Kleindiek, Detlef: Zur Gründerhaftung in der Vor-GmbH - Besprechung der Entscheidung BGH ZIP 1997, 679 -, ZGR 1997, S. 427 ff.

Kluge, Gerd: Anmerkung zu LG Nürnberg vom 4.7.1951 - 5 S 184/51 -, ZfG 2 (1952), S. 67 ff.

Knauth, Klaus-Wilhelm: Die Rechtsformverfehlung bei eingetragenen Vereinen mit wirtschaftlichem Geschäftsbetrieb, Dissertation, Köln 1976.

derselbe: Die Ermittlung des Hauptzwecks bei eingetragenen Vereinen", JZ 1978, 339 ff.

Knoche, Gunther: Gründerhaftung und Interessenausgleich bei der Vor-GmbH, Dissertation, Bochum 1990.

Kölner Kommentar zum Aktiengesetz: Herausgegeben von Kurt Hans Biedenkopf und Wolfgang Zöllner, Band 1, §§ 1-75 AktG, 2. Aufl., Köln/Berlin/Bonn/München 1988 (zitiert: Bearbeiter in Kölner Komm.).

Kohte, Wolfhard: Kurzkommentar zum Urteil des BAG vom 27.5.1997 - 9 AZR 483/96 -, EWiR 1998, 373 f.

Kort, Michael: Die Gründerhaftung in der Vor-GmbH, ZIP 1996, S. 109 ff.

derselbe: Kurzkommentar zum Urteil des LAG Köln vom 21.3.1997 - 4 Sa 1288/96 -, EWiR 1998, S. 123 f.

derselbe: Kurzkommentar zum Urteil des OLG Karlsruhe vom 19.12.1997 - 1 U 170/97 -, EWiR 1998, S. 1011 f.

Krebs, Karsten/Klerx, Oliver: Die Haftungsverfassung der Vor-GmbH - BGH, NJW 1997, 1507 -, JuS 1998, S. 993 ff.

Kropff, Bruno: Aktiengesetz, Textausgabe des Aktiengesetzes vom 6.9. 1965 mit Begründung des Regierungsentwurfes, Bericht des Rechtsausschusses des Deutschen Bundestages, Bonn 1965.

Kübler, Bruno/Prütting, Hanns: Das neue Insolvenzrecht, Band I, InsO, Köln 1994.

Kübler, Friedrich: Gesellschaftsrecht, 5. Aufl., Heidelberg 1998.

Kunz, Jürgen: Die Vorgesellschaft im Prozeß und in der Zwangsvollstreckung, Dissertation, Freiburg 1992.

Kusserow, Berthold: Die Einmann-GmbH in Gründung: Gründungs- und Haftungsprobleme, Steinbach/Taunus 1986.

Landfermann, Hans-Georg: Allgemeine Wirkungen der Insolvenzordnung, in: Kölner Schrift zur Insolvenzordnung, Köln, Herne, Berlin 1997.

Lang/Weidmüller/Metz, Egon/ Schaffland, Hans-Jürgen: Genossenschaftsgesetz (Kommentar), 33. Auflage, Berlin/ New York 1997 (zitiert: Lang-Bearbeiter).

Larenz, Karl: Allgemeiner Teil des deutschen Bürgerlichen Rechts, 7. Aufl., München 1989.

Lieb, Manfred: Abschied von der Handelndenhaftung. Versuch einer Neubestimmung der Haftung aus Rechtsgeschäften im Gründungsstadium von Kapitalgesellschaften, DB 1970, S. 961 ff.

derselbe: Meilensteine oder Sackgasse ? - Bemerkungen zum Stand von Rechtsprechung und Lehre zur Vorgesellschaft -, Festschrift für Walter Stimpel, Berlin 1985, S. 399 ff. (zitiert: FS Stimpel).

Lutter, Marcus/Hommelhoff, Peter: GmbH-Gesetz, 14. Aufl., Köln 1995.

Lutter, Marcus: Kapital, Sicherung der Kapitalaufbringung und Kapitalerhaltung in den Aktien- und GmbH-Rechten der EWG, Karlsruhe 1964.

derselbe: Das überholte Thesaurierungsgebot bei Eintragung einer Kapitalgesellschaft im Handelsregister, NJW 1989, S. 2649 ff.

derselbe: Haftungsrisiken bei der Gründung einer GmbH, JuS 1998, S. 1073 ff.

Maulbetsch, Hans-Christoph: Haftung für Verbindlichkeiten der Vorgründungsgesellschaft und der Vorgesellschaft einer GmbH, DB 1984, S. 1561 ff.

Meister, Burkhardt W.: Zur Vorbelastungsproblematik und zur Haftungsverfassung der Vorgesellschaft bei der GmbH, Festschrift für Winfried Werner, Berlin 1984, S. 521 ff. (zitiert: FS Werner).

Merkert, Erich: Die Gesellschafterwechsel im Gründungsstadium der GmbH, BB 1951, S. 322 f.

Meyer, Emil H./Meulenberg, Gottfried/Beuthien, Volker: Genossenschaftsgesetz, 12. Auflage, München 1983.

Meyer-Landrut, Joachim/Miller, Georg/Niehus, Rudolf J.: Gesetz betreffend die Gesellschaften mit beschränkter Haftung (GmbHG) einschließlich Rechnungslegung zum Einzel- sowie zum Konzernabschluß, Berlin 1987 (zitiert: Bearbeiter in Meyer-Landrut).

Michalski, Lutz: Haftung nach § 11 II GmbHG für rechtsgeschäftliches Handeln, NZG 1998, S. 248 f.

Michalski, Lutz/Barth, Wolfgang: Außenhaftung der Gesellschafter einer Vor-GmbH, NZG 1998, S. 525 ff.

dieselben: Anmerkung zu BFH-Urteil vom 7.4.1998 - VII R 82/97 -, NZG 1998, S. 724 f.

Monhemius, Jürgen: Bilanzrecht, Gründerhaftung und Scheitern der Vor-GmbH, GmbHR 1997, S. 384 ff.

Mülbert, Peter O.: Die rechtsfähige Personengesellschaft, AcP 199 (1999), S. 38 ff.

Müller, Klaus: Genossenschaftsgesetz - Kommentar zum Gesetz betreffend die Erwerbs- und Wirtschaftsgenossenschaften, Erster Band (§§ 1-33), 2. Aufl., Bielefeld 1991; Dritter Band (§§ 93m-161), 1. Aufl., Bielefeld 1980.

Münchener Kommentar zum Bürgerlichen Gesetzbuch:
Herausgegeben von Kurt Rebmann und Franz Jürgen Säcker, Band 1, Allgemeiner Teil (§§ 1-240), AGB-Gesetz, 3.Aufl., München 1993; Band 2, Schuldrecht, Allgemeiner Teil (§§ 241-432), 3. Aufl., München 1994; Band 3, Schuldrecht, Besonderer Teil, 2. Halbband (§§ 652-853), 3. Aufl., München 1997 (zitiert: MüKo-Bearbeiter).

Münchener Kommentar zur Zivilprozeßordnung mit Gerichtsverfassungsgesetz und Nebengesetzen: Band 1 (§§ 1-354); Band 3 (§§ 803-1048), München 1992 (zitiert: MüKo/Bearbeiter, ZPO).

Mugdan, Bruno: Die gesamten Materialien zum Bürgerlichen Gesetzbuch für das Deutsche Reich, BD. I, Einführungsgesetz und Allgemeiner Theil, Berlin 1899.

Mummenhoff, Winfried: Gründungssysteme und Rechtsfähigkeit, Köln, Berlin, Bonn, München 1979.

Musielak, Hans-Joachim: Grundkurs ZPO, 2. Aufl., München 1993.

Nitschke, Manfred: Die körperschaftlich strukturierte Personengesellschaft, Bielefeld 1970.

Oswald: Anmerkung zum Urteil des LG Memmingen vom 17.12.52 - O 195/51 -, MDR 1954, S. 235 ff.

Padeck, Ekkehard: Die Haftung der Mitglieder des nichtrechtsfähigen Vereins im Gründungsstadium sowie für rechtsgeschäftlich begründete Verbindlichkeiten unter besonderer Berücksichtigung von Haftungsbeschränkungen, Dissertation, Hagen 1988.

Palandt: Bürgerliches Gesetzbuch, 59. Aufl., München 2000 (zitiert: Palandt-Bearbeiter).

Paul, W.: Ausschluß aus der zweigliedrigen Vor-GmbH, NJW 1947/48, S. 417 ff.

Paulick, Heinz: Das Recht der eingetragenen Genossenschaft, Karlsruhe 1956.

derselbe: Die Rechtsstellung der nichteingetragenen Genossenschaft, ZfG 4 (1954), S. 149 ff.

Petersen, Jens: Erstattung von Rechtsanwaltskosten bei Abgabe der Drittschuldnererklärung nach § 840 ZPO, BB 1986, S. 188 f.

Petersen, Wolfgang: Spannungsverhältnis zwischen Gründerhaftung und Handelndenhaftung im Haftungssystem der Vor-GmbH bei Bargründungen, Dissertation, Mainz 1985.

Pohle, Rudolf: Anmerkung zu BGHZ 7, 383, ZfG 3 (1953), 332 ff.
derselbe: Anmerkung zum BGH-Urteil vom 23.4.56, ZfG 6 (1956), S. 313 ff.

Priester, Hans-Joachim: Die Unversehrtheit des Stammkapitals bei Eintragung der GmbH - ein notwendiger Grundsatz ? -, ZIP 1982, S. 1141 ff.
derselbe: Satzungsänderungen bei der Vor-GmbH, ZIP 1987, S. 280 ff.
derselbe: Nonprofit-GmbH - Satzungsgestaltung und Satzungsvollzug, GmbHR 1999, S. 149 ff.

Protokolle: Protokolle der Kommission für die zweite Lesung des Entwurfs des Bürgerlichen Gesetzbuches, Bd I, Allgemeiner Teil, Berlin 1899.

Raiser, Thomas: Recht der Kapitalgesellschaften, 2. Aufl., München 1992.

derselbe: Gesamthand und juristische Person im Licht des Umwandlungsrechts, AcP 194 (1994), S. 495 ff.

derselbe: Der Begriff der juristischen Person. Eine Neubesinnung, AcP 199 (1999), S. 104 ff.

Raiser, Thomas/Veil, Rüdiger: Die Haftung der Gesellschafter einer Gründungs-GmbH, BB 1996, S. 1344 ff.

Reichert, Bernhard/van Look, Frank: Handbuch des Vereins- und Verbandsrechts, 7. Aufl., Neuwied/Kriftel/Berlin 1998 (zitiert: Reichert-Bearbeiter).

Reiff, Peter: Die Haftungsverfassungen nichtrechtsfähiger unternehmenstragender Verbände, Tübingen 1996.

derselbe: Kurzkommentar zu LG Heidelberg - 8 O 97/96 - (ZIP 97, 2045), EWiR 1998, S 51 f.

Reinhardt, Rudolf: Anmerkung zu LG Berlin vom 17.3.61 - 15 O 326/60 -, ZfG 3 (1963), S. 255 ff.

Reuter, Dieter: Abgrenzung von Vereins- und Gesellschaftsrecht, ZGR 1981, 364 ff.

derselbe: Rechtliche Grenzen ausgegliederter Wirtschaftstätigkeit von Idealvereinen, ZIP 1984, S. 1052 ff.

derselbe: 100 Bände BGHZ: Vereins- und Genossenschaftsrecht, ZHR 151 (1987), 355 ff.

derselbe: Der nichtrechtsfähige wirtschaftliche Verein, in: Festschrift für Johannes Semmler zum 70. Geburtstag, Berlin, New York 1993, 931 ff. (zit.: FS Semmler).

RGRK: Das Bürgerliche Gesetzbuch mit besonderer Berücksichtigung der Rechtsprechung des Bundesgerichtshofs, Kommentar, Band I, §§ 1 – 240, 12. Auflage, Berlin/New-York 1982 (zitiert: RGRK-Bearbeiter).

Rittner, Fritz: Die werdende juristische Person, Tübingen 1973.

Rosenberg, Leo/Schwab, Karl Heinz/Gottwald, Peter: Zivilprozeßrecht, 15. Aufl., München 1993.

Roth, Günter H./Altmeppen, Holger: Gesetz betreffend die Gesellschaften mit beschränkter Haftung (GmbHG) mit Erläuterungen, 3.Aufl., München 1997 (zitiert: Roth/Altmeppen-Bearbeiter).

Roth, Günter H.: Handels- und Gesellschaftsrecht, 4. Aufl. 1994.
derselbe: Verfügungen über die Einlage vor Eintragung der GmbH, DNotZ 1989, S. 3 ff.
derselbe: Die kleine Erwerbsgesellschaft zwischen bürgerlichem Recht und Handelsrecht, ZHR 155 (1991), S. 24 ff.

Roth, Wulf-Henning: Die Gründerhaftung im Recht der Vor-GmbH, ZGR 1984, S. 597 ff. (zitiert: W.-H. Roth).

Rowedder, Heinz: Gesetz betreffend die Gesellschaften mit beschränkter Haftung (GmbHG), 3.Aufl., München 1997 (zitiert: Bearbeiter in Rowedder).

Sachau, Gerhard: Der nicht rechtsfähige Verein als Unternehmer eines Handelsgewerbes, ZHR 56 (1905), S. 444 ff.

Sack, Rolf: Der vollkaufmännische Idealverein, ZGR 1974, S. 179 ff.

Saenger, Ingo: Kurzkommentar zu LG Dresden - 8 O 0195/98 -, EWiR 1999, S. 171 f.

Sandberger, Georg: Die Haftung bei der Vorgesellschaft - Zur Interaktion von Rechtsdogmatik und Richterrecht, in: Festschrift für Wolfgang Fikentscher zum 70. Geburtstag, Tübingen, 1998, S. 389 ff. (zitiert: FS Fikentscher).

Sauter/Schweyer: Der eingetragene Verein, 16. Aufl., München 1997.

Schad, Peter: Eingetragener Verein oder Wirtschaftsverein ?, NJW 1998, S. 2411 ff.

Schäfer-Gölz, Reinhard: Die Lehre vom Vorbelastungsverbot und die Differenzhaftung der Gründer, Dissertation, Bonn 1983.

Schaible, Jörg: Der Gesamtverein und seine vereinsmäßig organisierten Untergliederungen, Baden-Baden 1992.

Schmidt, Karsten: Gesellschaftsrecht, 3. Aufl., Köln/Berlin/Bonn/ München 1997 (zitiert: GesR).
derselbe: Handelsrecht, 4. Aufl., Köln 1994 (zitiert: HandelsR).
derselbe: Zur Stellung der oHG im System der Handelsgesellschaften, Dissertation, Bonn 1972 (zitiert: OHG).
derselbe: Die Abgrenzung der beiden Vereinsklassen, Rpfl. 1972, 286 ff, 343 ff.

derselbe: Sieben Leitsätze zum Verhältnis zwischen Vereinsrecht und Handelsrecht, ZGR 1975, S. 477 ff.
derselbe: Grundzüge der GmbH-Novelle, NJW 1980, S. 1769 ff.
derselbe: Die Vor-GmbH als Unternehmerin und Komplementärin, NJW 1981, S. 1345 ff.
derselbe: Einmanngründung und Einmann-Vorgesellschaft, ZHR 145 (1981), S. 540 ff.
derselbe: Der bürgerlich-rechtliche Verein mit wirtschaftlicher Tätigkeit, AcP 182 (1982), S. 1 ff.
derselbe: Systemfragen des Vereinsrechts, ZHR 147 (1983), S. 43 ff.
derselbe: Verbandszweck und Rechtsfähigkeit im Vereinsrecht, Heidelberg 1984.
derselbe: Theorie und Praxis der Vorgesellschaft, GmbHR 1987, S. 77 ff.
derselbe: Unterbilanzhaftung - Vorbelastungshaftung - Gesellschafterhaftung, ZHR 156 (1992), S. 93 ff.
derselbe: Übertragung und Pfändung von Einlageforderungen, ZHR 157 (1993), S. 291 ff.
derselbe: Anmerkung zum BGH-Vorlagebeschluß vom 4.3.1996 - II ZR 123/94 -, ZIP 1996, S. 593 f.
derselbe: Außenhaftung und Innenhaftung bei der Vor-GmbH, ZIP 1996, S. 353 ff.
derselbe: Zur Haftungsverfassung der Vor-GmbH, ZIP 1997, S. 671 ff.
derselbe: Insolvenzordnung und Gesellschaftsrecht, ZGR 1998, S. 633 ff.

Schmidt-Leithoff: Die Rechtslage der nichteingetragenen Dauergenossenschaft, Dissertation, Hamburg 1965.

Schnorr von Carolsfeld, Ludwig: Bemerkungen zum Genossenschaftsrecht, ZfG 9 (1959), S. 50 ff.
derselbe: Genossenschaften ohne Rechtsfähigkeit, ZfG 34 (1984), S. 45 ff.

Schöpflin, Martin: Anmerkung zum BGH-Urteil vom 27,1,1997 - II ZR 123/94 -, JR 1998, S. 106 f.

Scholz, Franz: Kommentar zum GmbH-Gesetz, Band 1, §§ 1-44, 6. Aufl., Köln 1978/83 (zitiert: Scholz/Bearbeiter 6.Aufl.); Band 1 (§§ 1-40, Anhang Konzernrecht), 8. Aufl., Köln 1993; Band 2 (§§ 45-85), 8. Aufl.; Köln 1995 (zitiert: Scholz-Bearbeiter).
derselbe: Die Haftung der Gründergesellschafter, JW 1938, S. 3149 ff.

Scholz, Michael: Die Haftung im Gründungsstadium der GmbH, Dissertation, Tübingen 1979 (zitiert: M. Scholz).

Schreiber, Otto: Die Kommanditgesellschaft auf Aktien, München 1925.

Schroeder, Christopher: Rechtsprobleme bei der Entstehung einer KGaA durch Umwandlung, Dissertation, Baden-Baden 1991.

Schünemann, Wolfgang B.: Grundprobleme der Gesamthandsgesellschaft unter besonderer Berücksichtung des Vollstreckungsrechts, Bielefeld 1977.

Schütz, Carlos: Das Modell der Verlustausgleichspflicht der Vor-GmbH, Dissertation, Frankfurt a.M. 1995.

derselbe: Enträtselung des Rätsels Vorgesellschaft ? Die Haftungsverfassung der Vor-GmbH nach dem Vorlagebeschluß des BGH vom 4.3.1996 - II ZR 123/94 -, GmbHR 1996, S. 727 ff.

Schultz, Dietrich: Rechtsfragen der Vor-GmbH im Lichte der jüngsten höchstrichterlichen Rechtsprechung - BGHZ 80, 129 -, JuS 1982, S. 732 ff.

Schultze-von Lasaulx, Hermann: Gedanken zur Rechtsnatur der sog. Vorgesellschaft - Zugleich ein Beitrag zur Frage nach den Grenzen rechtsschöpferischer richterlicher Gestaltung, Festkrift Tillägnad Karl Olivercrona, Stockholm 1964, S. 576 ff. (zitiert: FS Olivercrona).

derselbe: Die unechte Vorgesellschaft, JR 1952, S. 350 ff.

derselbe: Die unechte Vorgesellschaft, JZ 1952, S. 390 ff.

derselbe: Die Genossenschaft ohne Haftpflicht und das deutsche Genossenschaftsrecht, ZfG 5 (1955), S. 176 ff.

Schumann, Hans: Zur Haftung der nichtrechtsfähigen Vereine, Köln/Berlin 1956.

Schuschke, Winfried/Walker, Wolf-Dietrich: Vollstreckung und Vorläufiger Rechtsschutz, Kommentar zum 8. Buch der ZPO, Band I: Zwangsvollstreckung (§§ 704-915h ZPO), 2. Aufl.. Köln/Berlin/Bonn/ München 1992 (zitiert: Bearbeiter in Schuschke/Walker).

Schwark, Eberhard: Voraussetzungen und Grenzen der persönlichen Gesellschafterhaftung in der GbR, Festschrift für Theodor Heinsius, Berlin 1991, S. 753 ff. (zitiert: FS Heinsius).

Schwarz, Günter Christian: Offene Fragen bei der der sogenannten unechten Vor-GmbH, ZIP 1996, S. 2005 ff.

Schwegler, Christa: Die allgemeine Differenzhaftung (Vorbelastungshaftung) im Aktienrecht, Dissertation, München 1989.

Schwierkus, Fredy: Der rechtsfähige ideelle und wirtschaftliche Verein, Dissertation, Berlin 1981.

Sethe, Rolf: Die personalistische Kapitalgesellschaft mit Börsenzugang, Dissertation, Tübingen 1995.

Smid, Stefan: Die Abwicklung masseunzulässiger Insolvenzverfahren nach neuem Recht, WM 1998, S. 1313 ff.

Soergel, Hans Th.: Bürgerliches Gesetzbuch, Kommentar, Band 1, Allgemeiner Teil (§§ 1 - 240, HaustürWG), 12. Aufl., Stuttgart/Berlin/Köln/ Mainz 1988; Band 2, Schuldrecht I (241-432), 12. Aufl., Stuttgart/ Berlin/Köln/München 1990.

Spiegelberger, Sebastian/Walz, Robert: Die Prüfung der Kapitalaufbringung im Rahmen der GmbH-Gründung, GmbHR 1998, S. 761 ff.

Spitzenberg, Heinz: Die Vereinssatzung und die Bestimmung über die Registereintragung (§ 57 BGB), Rechtspfleger 1971, S. 242 ff.

Staudinger v. J.: Kommentar zum Bürgerlichen Gesetzbuch, Erstes Buch: Allgemeiner Teil (§§ 21-103), 13. Auflage, Stuttgart/Berlin/Köln/Mainz 1995 (zitiert: Staudinger-Bearbeiter).

Steding, Rolf: Die AG - rechtförmliche Alternative zur eG ?, JZ 1995, S. 591 ff.

derselbe: Die eingetragene Genossenschaft - eine (noch) konkurrenzfähige Rechtsform zwischen Personen- und Kapitalgesellschaften ?, NZG 1999, S. 282 ff.

Stein-Jonas, Friedrich: Kommentar zur Zivilprozeßordnung, 20 Aufl., Vierter Band, Teilband 1 (§§ 704-882a), Tübingen 1986 (zitiert: Bearbeiter in Stein-Jonas).

Stimpel, Walter: Unbeschränkte oder beschränkte, Außen- oder Innenhaftung der Gesellschafter der Vor-GmbH ?, Festschrift für Hans-Joachim Fleck, Berlin 1988, S. 345 ff. (zitiert: FS Fleck).

Stöber, Kurt: Handbuch des Vereinsrechts, 7. Aufl., Köln 1997 (zitiert: Stöber).

derselbe: Forderungspfändung, 10 Aufl., Bielefeld 1993 (zitiert: Stöber, Forderungspfändung).

Stoll, Heinrich: Gegenwärtige Lage der Vereine ohne Rechtsfähigkeit, in: Die Reichsgerichtspraxis im deutschen Rechtsleben - Festgabe zum 50-jährigen Bestehen des Reichsgerichts, Band II, S. 49 ff.; Berlin und Leipzig 1929 (zitiert: Stoll FS RG II).

Stoltenberg, Ulrich: Rechtsfähigkeit nichtrechtsfähiger Vereine, MDR 1989, S. 494 ff.

Stumpf, Cordula: Die eingetragene Genossenschaft, JuS 1998, S. 701 ff.

Theißen, Thomas: Gesellschafterbürgschaften in der Insolvenz der OHG nach neuem Recht, ZIP 1998, S. 1625 ff.

Theobald, Wolfgang: Vor-GmbH und Gründerhaftung, Dissertation, Köln/Berlin/München 1984.

Thomas, Heinz/Putzo, Hans: Zivilprozeßordnung, 21. Aufl., München 1998.

Timm, Wolfram: Einige Fragen zum neuen Umwandlungsrecht, ZGR 1996, S. 247 ff.

derselbe: Die Rechtsfähigkeit der Gesellschaft bürgerlichen Rechts und ihre Haftungsverfassung, NJW 1995, S. 3209 ff.

Trapp, Christoph: Anmerkung zum Vorlagebeschluß des BGH vom 4.3.1996 - II ZR 123/94 -, WuB II C. § 11 GmbHG 1.96 S.719 f.

Turner, George: Die eingetragene Genossenschaft im System des Gesellschaftsrechts - zugleich ein Beitrag zur Wahl der Unternehmensform, insbesondere in den neuen Bundesländern, Göttingen 1992.

Uhlenbruck, Wilhelm: Das neue Insolvenzrecht, Berlin 1994.

Ulmer, Peter: Das Vorbelastungsverbot im Recht der GmbH-Vorgesellschaft - notwendiges oder überholtes Dogma ?, Festschrift für Kurt Ballerstedt, Berlin 1975, S. 279 ff. (zitiert: FS Ballerstedt).

derselbe: Vertretung und Haftung bei der Gesellschaft bürgerlichen Rechts, Festschrift für Robert Fischer, Berlin, New-York 1979, S. 785 ff. (zitiert: FS Fischer).

derselbe: Abschied vom Vorbelastungsverbot im Gründungsstadium der GmbH, ZGR 1981, S. 593 ff.

derselbe: Zur Haftungsverfassung in der Vor-GmbH, ZIP 1996, S. 733 ff.

derselbe: Die Gesamthandsgesellschaft - ein noch immer unbekanntes Wesen ?, AcP 198 (1998), S. 113 ff.

derselbe: Gesellschafterhaftung in der Gesellschaft bürgerlichen Rechts: Durchbruch der Akzessorietätstheorie ?, ZIP 1999, S. 554 ff.

Voigt, Helmut: Das System der Körperschaftsbildung als Kriterium der rechtlichen Behandlung privater Vorgesellschaften - dargestellt am Beispiel von Verein und Aktiengesellschaft, Berlin 1984.

Volmer, Michael: Die Pfändbarkeit der Stammeinlageforderung eines GmbH-Gesellschafters, GmbHR 1998, 579 ff.

Waldecker, Ludwig: Die eingetragene Genossenschaft, Tübingen 1916.

Weber, Hans-Otto: Die eingetragene Genossenschaft als wirtschaftlicher Sonderverein, Dissertation, Göttingen 1984.

Weimar, Robert: Abschied von der Gesellschafter- und Handelndenhaftung im GmbH-Recht ?, GmbHR 1988, S. 289 ff.

derselbe: Die Haftungsverhältnisse bei der Vor-GmbH in neuerer Sicht, AG 1992, S. 69 ff.

derselbe: Entwicklungen im Recht der werdenden Aktiengesellschaft, DStR 1997, S. 1170 ff.

Wieczorek, Bernhard/Schütze, Rolf A.: Zivilprozeßrecht und Nebengesetze, 2. Aufl., Vierter Band (§§ 704-1048), Berlin/New-York 1981.

Wiedemann, Herbert: Gesellschaftsrecht, Band I, Grundlagen, München 1980.

derselbe: Das Rätsel Vorgesellschaft, JurA 1970, S. 439 ff.

Wiedenmann, Kai-Udo: Zur Haftungsverfassung der Vor-AG - Der Gleichlauf von Gründerhaftung und Handelnden-Regress, ZIP 1997, 2029 ff.

Wiegand, Daniel: Offene Fragen zur neuen Gründerhaftung in der Vor-GmbH, BB 1998, S. 1065 ff.

Wilhelm, Jan: Rechtswissenschaft und Rechtsprechung im Gesellschaftsrecht - insbesondere in den Beispielen der verdeckten Sacheinlage und der Vor-GmbH, Gedächtnisschrift für Brigitte Knobbe-Keuk, Köln 1997, S. 321 ff. (zitiert: FS Knobbe-Keuk).

derselbe: Die Haftung des Gesellschafters der durch Gesellschaftsvertrag errichteten GmbH aufgrund der gewerblichen Betätigung vor Eintragung der GmbH, DB 1996, S. 461 ff.

derselbe: Rechtsanwendung und Konzepte - zur Vorlage eines Konzepts über die Haftung bei der Vor-GmbH durch den 2. Zivilsenat des BGH, DB 1996, 921 ff.

derselbe: Das Innenhaftungskonzept geht in sich, DStR 1998, S. 457 ff.

Wilken, Oliver: Anmerkung zum BAG-Vorlagebeschluß vom 23.8.1995 - 10 AZR 908/94 -,
WiB 1996, S. 18 ff.

derselbe: Anmerkung zum Urteil des LSG Baden-Württemberg vom 25.7.1997 - L 4 Kr 1317/96 -, WiB 1997, S. 1294 f.

derselbe: Aktienrecht und das Recht der verbundenen Unternehmen, 4. Aufl., Heidelberg/Karlsruhe 1981.

Zier, Klaus: Die eingetragene Genossenschaft und der Versicherungsverein auf Gegenseitigkeit, Dissertation, Würzburg 1968.

Zöller, Richard: Zivilprozeßordnung mit Gerichtsverfassungsgesetz und den Einführungsgesetzen, mit Internationalem Zivilprozeßrecht, Kostenanmerkungen, 21. Aufl. Köln 1999 (zitiert: Zöller-Bearbeiter).

Zülch, Christoph: Rechtsnatur und Haftungsverhältnisse der Vor-Genossenschaft, Dissertation, Heidelberg 1964.